Ina-Maria Greverus

Ästhetische Orte und Zeichen

TRANS
anthropologische texte/anthropological texts

herausgegeben von/edited by

Ina-Maria Greverus and George Marcus

Band/volume 7

LIT

Ina-Maria Greverus

Ästhetische Orte und Zeichen

Wege zu einer ästhetischen Anthropologie

LIT

Einbandgestaltung: Hans-Jürgen Müller, Dirk Gabriel und Ina-Maria Greverus

Bibliografische Information Der Deutschen Bibliothek
Die Deutsche Bibliothek verzeichnet diese Publikation in der Deutschen
Nationalbibliografie; detaillierte bibliografische Daten sind im Internet
über http://dnb.ddb.de abrufbar.

ISBN 3-8258-9085-6

© LIT VERLAG Münster   2005
Grevener Str./Fresnostr. 2   48159 Münster
Tel. 0251–62 03 20   Fax 0251–23 19 72
e-Mail: lit@lit-verlag.de   http://www.lit-verlag.de

Inhalt

Vorwort: Projekt einer reisenden Erfahrungssuche	1
Aphorismen über Mauern und Zwischenräume	12
Ästhetische Vermittlungen	38
On the Heritage Trail. Gegenüberstellungen und Begegnungen in Neuseeland	120
Protest und politische Utopie an der Wand	132
Imaginationen der Nähe. Naive Malerei	186
Ein Tag im Leben der Mongolei	242
„... der Weg, der dorthin führt". Über die Gegenwartskunst der australischen Aborigines	276
Die große Flut. Zu einer Ästhetik der Katastrophe in Bildern von Jugendlichen	312
Zukunftswerkstatt ästhetischer Ort. Vergleichende Feldforschung in fünf Akten	342
Spurensicherung von Orten und Zeichen. Eine Begegnung mit Nikolaus Lang	400
Grenzerfahrungen einer Reisenden	412
Nachwort: Auftauchen in einem anderen Ort	444
Literatur	450
Abbildungsnachweis	477

Vorwort: Projekt einer reisenden Erfahrungssuche

Dieses Buch ist der dritte und abschließende Band meines Projekts eines anthropologischen Reisens oder einer Bewegung zwischen den Wegen und Orten der Menschen in einer mobilen Welt, zwischen ihren und meinen Verortungen und Entortungen. Meine Feldforschung ist weder in der traditionalen Mikrowelt der langfristigen Lokalforschung verortet, noch in der postmodernen Makrowelt ortloser Individuen entortet. Mein Weg zielte und zielt auf jenes „Dazwischen", das Michel de Certeau mit dem Zaunzitat von Morgenstern „Es war einmal ein Lattenzaun – mit Zwischenraum hindurchzuschaun" beschreibt (Certeau 1988, 234). Dieser Zwischenraum bedeutet für mich einen Grenzraum und einen Begegnungsraum in den Suchbewegungen zwischen ausschließenden Verortungen und Entortungen, auch den fachwissenschaftlichen.

Wenn der Zwischenraum zugemauert wird, wie in dem Gedicht von Morgenstern, werden die Interaktionsgeschichten getötet. Übertragen heißt dies, daß der teilnehmende, auch emotionale, und vor allem wechselseitige Dialog zwischen Gesprächspartnern zugunsten der einseitigen, Wissen transferierenden Vermittlung erlischt. Vermittlung wird erziehender Wissenstransfer. Solche Vermittlung meint es ernst, zu ernst, deshalb vernachlässigt sie gern den Zwischenraum, der als eine Öffnung in den relativ umschlossenen, wenn auch oft sehr umfangreichen, Sinnhorizonten und Wissensvorräten gesellschaftlicher Gruppen (einschließlich derjenigen der wissenschaftlichen Communities) zu sehen ist.

Ob die Idee des Zwischenraums auch raum- und zeitübergreifend für ästhetische Vermittlungen gilt, möchte ich in diesem Buch fragen. Homi Bhabha ordnet den Zwischenraum den „Grenzexistenzen" zu, den Anderen der kolonialen und postkolonialen Zeit, die aus dem Dazwischen innovative, oft transnationale Orte einer kreativen Hybridität entwickeln: „Die ‚Zwischen'-Räume stecken das Terrain ab, von dem aus Strategien – individueller und gemeinschaftlicher – Selbstheit ausgearbeitet werden können, die beim aktiven Prozeß, die Idee der Gesellschaft selbst zu definieren, zu neuen Zeichen der Identität sowie zu innovativen Orten der Zusammenarbeit und des Widerstreits führen" (Bhabha 2000, 2). Die aus diesen

Vorwort

Zwischenräumen entstehende Kunst als „kulturelle Grenz-Arbeit" eröffnet als zwischenräumlicher Übergang zwischen festen Identifikationen „die Möglichkeit einer kulturellen Hybridität, in der es einen Platz für Differenz ohne eine übernommene oder verordnete Hierarchie gibt" (ebd.5).

Wenn ich uns Anthropologen und Anthropologinnen als Grenzgänger, als Collage, als Hybride (Greverus 1995, 22ff.; 2002, 23ff.) in einen noch offenen Zwischenraum „verbanne", dann bedeutet dies sowohl ein Darüberhinausgehen über die Grenzen der Fachhorizonte, und damit einen Verlust an Verortung und gesichertem Wissenstransfer, als auch jene Suche nach „offenen" Dialogen in einem Dazwischen, das, wie ich es ausgedrückt habe, die „Ebenen von Erfahrung und Interpretation" in einem offenen, je nur vorläufig abgeschlossenen Text vermittelt (Greverus 1989; 1990, 234ff.). Bhabha zitiert die afro-amerikanische Künstlerin Renée Green: „Ich wollte Formen gestalten oder Situationen erzeugen, die in gewisser Weise offen sind ... Meine Arbeit hängt eng mit einer Art Fließen zusammen, einer Vor- und-zurück-Bewegung, ohne einen Anspruch auf eine spezifische oder essentielle Daseinsweise zu erheben" (in: Bhabha 2000, 4). Ich sprach über den anthropologischen Weg zu einer ethnographischen Vermittlung: „Verstehen heißt, zwischen den Text-Fragmenten der verschiedenen Kulturen und den eigenen hin und her sich bewegend, diese zu reflektieren, um ihre Bedeutung zu entschlüsseln, Fragmente zu einem Bild zu fügen, das über den Anderen und über mich – dann auch als den Anderen – etwas aussagt" (Greverus 1995a, 286f.). Kann künstlerische und wissenschaftliche Vermittlung sich in einem Zwischenraum begegnen?

Vermittlung ist Teil der „gesellschaftlichen Konstruktion der Wirklichkeit", die von Berger und Luckmann als ein dialektischer Prozeß beschrieben wird, der aus den Komponenten Externalisierung, Objektivation und Internalisierung besteht (Berger, Luckmann 1971). Das Sein des Menschen in der Gesellschaft heißt Teilhabe an ihrer Dialektik. Externalisierung oder Entäußerung und Objektivation oder Vergegenständlichung schaffen die gesellschaftliche Welt in einem fortlaufenden Prozeß, dem die Internalisierung oder die Einverleibung dieser je geschaffenen Welt immanent ist. Diese geschieht über Sozialisation, das heißt die Vermittlung (Entäußerung) des gesellschaftlichen Wissens (und Fühlens) zu den „Unwissenden" durch Vergegenständlichung. In dieser Vermittlung wird gesellschaftliche Erfahrung transportiert, wahrgenommen und gewonnen (internalisiert), um weiter vermittelt werden zu können.

Identität als Sich Erkennen, Erkannt- und Anerkanntwerden, so meine Identitätsformel, entwickelt sich aus diesem Prozeß, der zwischen dem Ich und den Anderen stattfindet. Identitätssuche und -findung als einen lebenslangen Prozeß sehe ich zwischen den Polen von Erfahrung, Aneignung und Vermittlung des zugänglichen Weltstoffs, seiner erfahrbaren Objektivationen, in Raum und Zeit angesiedelt. Dieser individuelle Prozeß der Wissensaneignung und Wissensvermittlung bedarf allerdings der Interaktionen mit den eigenen und den fremden Anderen, die erkennen und anerkennen.

Die Identität der Anthropologen und Anthropologinnen als Reisende auf Erfahrungssuche bei den fremden Anderen habe ich mit Goethes Worten „Der Mensch kennt nur sich selbst, insofern er die Welt kennt" umschrieben. Sie bedürfen der Interaktionen und Dialoge im Zwischenraum, der ständigen Selbst- und Fremdreflexion als einer Form der kritischen Internalisierung, um aus der Erfahrung fremdes Wissen zu verstehen und zu vermitteln. Und zu dieser eigenen Erfahrung aus der Anschauung und dem Dialog kommt die historisch und vergleichend zu gewinnende Erfahrung, die sich in dem Wissensvorrat des wissenschaftlichen Wissens niedergeschlagen hat. Sich Erkennen, Erkannt- und Anerkanntwerden spielt in diesem Sonderbereich einer beruflichen Identitätsgewißheit eine ebenso große Rolle wie in anderen kulturellen, vor allem auch vortheoretischen Wissensbereichen, denen die Menschen, und auch die Anthropologen, zugeordnet sind.

Meinem Veröffentlichungsprojekt einer anthropologisch Reisenden liegt die Gewißheit zugrunde, daß ich selbst, in meiner eigenen Verfaßtheit, ein Teil des Prozesses bin, in dem kulturelle Welten über meine Erfahrung ihrer, der Anderen, Erfahrungen, über meine Vermittlung ihrer Vermittlungen verstanden werden. Da bleibt immer ein Rest an Ungewissem über die Identität des Anderen, wie auch über meine eigene. Der Vergleich, der sich zwischen meiner Welt und den fremden Welten und den fremden Welten untereinander in einer ständigen Selbst- und Fremdreflexion vollzieht, soll dazu beitragen, das Gemeinsame im Besonderen und das Besondere im Gemeinsamen besser zu verstehen.

Vorwort

Die drei Bände führen uns über alle Kontinente und in viele Länder. Sie sind keine Reiseführer. Oder sollten sie doch einmal als „andere" Reiseführer gelesen werden? Das Ziel dieser Bücher ist es, die Vielfalt der Prozesse kultureller Konstruktionen, die den Einzelnen in seiner sozialen Welt verorten oder entorten, zu verstehen. Die vermittelte Erfahrung einer kulturell geschaffenen Welt, ihre Verinnerlichung und ihre Veräußerlichung – als manchmal innovative Schöpfung – sind Bestandteile unserer menschlichen Identitätswege. Ich bin versucht, diesen Dreischritt als eine anthropologische Konstante oder das Gemeinsame zu bezeichnen, das sich so spannend für unsere vielfältige Welt im Kulturbesonderen veröffentlicht.

Die drei Bände meines Voyage-Projekts, und sicher auch meine anderen Veröffentlichungen, sind diesen Identitätswegen nachgegangen. Der eher essayistische Collagecharakter der Bände „Die Anderen und Ich" (1995), „Anthropologisch reisen" (2002) und „Ästhetische Orte und Zeichen" (2005) lebt allerdings aus den Wegen, der Suche, dem Finden und dem Loslassen gesellschaftlicher Konstruktionen von Wirklichkeit. Identitätssuche als anthropologische Konstante und als gesellschaftliches Produkt ist ihnen eingeschrieben.

In dem Band „Die Anderen und Ich", der das „Sich Erkennen, Erkannt- und Anerkanntwerden" als Frage nach dem Selbst bis zum Kulturdilemma in seiner Differenziertheit herausarbeitet, steht Identität – oder die Suche danach – im Vordergrund. Die Installation von Bruce Nauman „Anthro-Sozio" mit dem Schrei „Help me - hurt me, Sociology – Feed me - eat me, Anthropology" auf der documenta 1992 hat mich zu meinen Gedanken über einen Kulturkerker angeregt und die Rolle der Anthropologen bei der Analyse, Vermittlung und dadurch Mitkonstruktion einer geschlossenen kulturellen Identität. Diesem habe ich die Collage aus Eigenem und Fremdem als Lebensstil, als Suchen und Finden und Loslassen gegenübergestellt. Dieses auch als eine Aufgabe für den Anthropologen, der durch seine Interpretationen und Vermittlung von kulturellen Weltbildern in gesellschaftliche Prozesse eingreift. Allerdings sollten wir selbst nicht dem Dogma einer postmodernen flexiblen Identität als einzigem kulturellen Ziel verfallen und dieses dem kulturellen Gefangensein in einer traditionalen Identität entgegensetzen. Die Suche nach Identität, sei sie flexibel oder stabil, bedeutet die Suche nach dem „Sich-Erkennen, Erkannt- und Anerkanntwerden" im Rahmen der gesellschaftlichen, der räumlichen und zeitlichen Setzungen, der Möglichkeiten und Krisen. Das habe ich an Beispielen von Flucht und Migration, von erzwungener Ansiedlung einer nomadischen Bevölkerung, von Landbewegungen und neuer Spiritualität, von amerikanischer Glückssuche und einer sizilianischen Tradition der Traurigkeit als kollektiven Vermittlungen und Erfahrungen zu zeigen versucht, bis zum Thema des „enteigneten Träumens" der australischen Aborigines und meiner eigenen Suche nach Identität in der Verbindung zwischen einer kindlichen Imagination von abenteuernden Vorfahren und meinem anthropologisch reisen als Beruf. Die „gelebten Collagen des Möglichen" sind immer Kompromisse zwischen Hoffnungen und Zwängen.

„Anthropologisch reisen" habe ich im zweiten Band nicht nur als Titel aufgegriffen, sondern als durchgehende Fragestellung nach Erfahrungen, von meiner eigenen anthropologischen Erfahrungssuche und derjenigen der Anderen, von den kulturellen Erfahrungen, die sich uns aufdrängen, bis zur Thematisierung der geteilten Erfahrungen zwischen sich Fremden. Mobilität und Flexibilität, Dialog, transkulturelle Vermittlung, die Gunst des Augenblicks oder das Serendipity-Prinzip, Hybridisierung, Solidarität, vergleichende Erfahrung, Wege und Orte als Lebenskonstrukt und Forschungskonzept, Ausgrenzungen und Eingrenzungen, Balance und Ambivalenz sind Themen der Interpretation.
Das anthropologische Reisen in diesem Buch reicht von der Mongolei bis nach Haiti, von Ithaka bis in die Wüste Mauretaniens, von Kroatien bis nach Nicaragua und Guatemala, von den USA bis in das malaysische Borneo und von Friesland bis nach Sibirien. Es geht in den Untersuchungen um Beispielstudien zu thematischen Schlüsselbegriffen einer globalisierten Gesellschaft und deren Verarbeitung in spezifischen nationalen, lokalen und sozialen Kontexten, in denen das Hier und Heute auch eine historische Erinnerung hat.

Der dritte Band meines Voyage-Projekts bleibt dem Reisen und der vergleichenden anthropologischen Suche treu. Nunmehr steht Entäußerung des kulturellen Wissens als Vergegenständlichung und Vermittlung im Zentrum der Betrachtung. Ich habe mich in den „Fallbeispielen" auf eine ästhetische Vermittlung, hier vor allem über eine gemalte Interpretation von Welt, beschränkt. Meine Einführung in den ästhetischen Prozeß als Gegenstand einer ästhetischen Anthropologie will jedoch nicht nur eine Hilfe zur Bildinterpretation leisten, sondern die sinnliche Wahrnehmung kultureller Ästhetiken als Sinnvermittlung hervorheben. Sie vermittelt sich in ästhetischen Orten und Zeichen, die wir in einer ästhetischen Anthropologie zu entschlüsseln und zu vermitteln versuchen. Wir sind Vermittler der ästhetischen Vermittlungen. Ohne eigene ästhetische Berührungsmomente und die schwierige Entwicklung einer anthropologischen Poesie der Repräsentation wird ästhetische Anthropologie scheitern, keinen eigenen anthropologischen Standort im ästhetischen Diskurs beziehen können. Die Ästhetiken der Anderen als sinnliche Sinnvermittlung wahrzunehmen, bedarf der sinnlichen Berührung mit dem Anderen, der dialogischen Poesie, der Imagination und der reflexiven Urteilskraft. Es ist ein anthropologischer Weg in die Zwischenräume der Begegnungen von Kunst, Wissenschaft und eigenem und fremdem Alltag, der als dritter Weg sich aus der reisenden Suche nach Identität und Erfahrung speist.

Die Drei hat im „Volksglauben" und wohl auch im ethnologisch analysierenden Kontext eine beschwörende Bedeutung. Zwang der Wiederholung? Hat das Claude Lévi-Strauss veranlaßt, seinen dritten Band einer strukturalen Anthropologie „Der Blick aus der Ferne" (1983) und nicht „Strukturale Anthropologie III" zu nennen, der I (1958) und II (1973) abrundet? Lévi-Strauss reagiert auf mögliche und geschehene Anfeindungen, daß er „sich wiederhole"[1], mit dem „Blick aus der Ferne", dem „regard éloigné", in einer Ethnologenwelt, die, ebenso entfremdet wie er, Nähe einklagt, die Nähe der dazugehörenden, ja parteilichen Stellungnahme der siebziger und frühen achtziger Jahre. Ich gehörte und gehöre noch dazu, und so erklärt sich wohl auch, daß der Schwerpunkt meiner Analysen in diesem Buch sich auf den ästhetischen Protest konzentriert, auf die Grenzgänger in Zwischenräumen. In dieser eher dialogischen Forschung in gesellschaftlichen

---

[1] „Ein drittes Mal denselben Titel zu wiederholen hätte den Eindruck vermitteln können, daß ich mich im Laufe dieser vergangenen zehn Jahre, in denen sich meine Forschungstätigkeit auf für mich neuen Wegen bewegt hat, damit begnügt hätte, auf der Stelle zu treten, und daß die Ergebnisse, die heute der Prüfung des Lesers unterbreitet werden, lediglich in Wiederholungen bestünden" (Lévi-Strauss 1985, 9).

Zwischenräumen ist der Forscher, die Forscherin anwesend, zeigt sich selbst den Lesern und Betrachtern, versucht eigene, manchmal eigensinnige und neue Wege, um den Dialog aus dem Feld in das Buch und andere Darstellungsformen zu führen. Der anthropologische Globalisierungsdiskurs mit dem Ziel einer Makro-Ethnographie tendiert allerdings dazu, das nur kurzfristig infrage gestellte, altbewährte emotionale „Draußenbleiben" des Ethnologen in seiner Veröffentlichung (trotz der in Feldtagebücher verbannten Anwesenheit) nunmehr zum mediennahen und feldfernen Standard einer neuen Anthropologie zu machen, die sich aus der Umklammerung der Nähe befreit. Und auch das anthropologisch forschende Subjekt klammert sich selbst aus, legt sich postmodern nicht fest, diesmal aus einer makroethnographischen Notwendigkeit, deren Weltläufigkeit das eigene und das fremde Nahe empirisch nur noch über Anekdoten einbringt. Damit sind wir wieder beim Blick aus der ethnologischen Ferne.

Das klingt nach Grenzen und Mauern in der Anthropologenwelt. Sicher sind diese vorhanden und erschweren die Vermittlungen zwischen den Fachvertretern untereinander und gegenüber ihren anderen und erhofften Dialogpartnern, denen, über die gesagt und geschrieben wird, die vermittelt werden, und denen, die hören und lesen, die Vermittlungen als die Erfahrungen der Anderen (der Anthropologen) über die Anderen (die „Untersuchten") verarbeiten und glauben sollen. In einer Anthropologie des Eigenen verschwammen schließlich die Grenzen zwischen Ich und Du und Es in der Erfahrung. Irgendwann wurde das anthropologisch legitimierte Einordnungs-Wissen der Aufklärung über den Anderen fragwürdig. Das geschah auch mit dem parteilichen Wissen einer für den Anderen engagierten Anthropologie. Die Dekonstruktion der Konstruktion des Anderen, des Othering, schien die Lösung des anthropologischen Dilemmas. Die „fortschrittlichen" Anthropologen leiteten die Textualisierungsdebatte ein. Das führte einerseits zur Sprach- und Interpretationslosigkeit von Anthropologen, die nur noch den Anderen (den Untersuchten) sprechen lassen wollten, und andererseits zur Sprach- und Interpretationsgewalt von Anthropologen, die dem Hörer und Leser „Unsagbares" (aber offenbar wissenschaftlich Schreibbares!) aus der Konstruktion des Anderen vermittelten – und damit ihn, den Anderen, nur noch, wenn überhaupt, als in Zeit und Raum Konstruierten, als Fremdbestimmten, als (unter anderem)

Vorwort

anthropologische Phantasmagorie auftreten ließen.

In einem langen Leben anthropologischen Denkens und Suchens gehen diese Näherungen und Entfernungen und neuerlichen Näherungen an ein anthropologisches Denken und Wissen nicht spurlos vorbei. Sie regen nicht nur erneutes Reflektieren erworbener Felderfahrungen an, sondern auch erworbenen Theoretisierens, sie gehen ein in einen fortwährenden Prozeß eigenen Forschens. Vielleicht ist es die „Kunst" der Anthropologen und Anthropologinnen, sich zwar vor Wiederholungen zu hüten und doch ihre eigene, interpretierende Stimme in den Dialog einzubringen. Diese Stimme ist sich, trotz aller weiterführenden Erfahrungen, aller persönlichen und beruflichen Brüche, selbst treu. Und das heißt für mich, daß ich mich als Anthropologin in meiner selbst gestalteten Identität zwischen Erfahrung und Ausdruck einbringen muß. Und das Reisen gehört zu meiner Identität. Wenn mir die Vermittlung dieses suchenden und erfahrenden Reisens gegenüber den Menschen und ihren Dingen im Feld, gegenüber meinen Mitreisenden im Hier und Dort der nahen und fernen Erfahrungen und gegenüber den Hörern und Lesern meiner Schriften gelingt, dann ist es eine gute Erfahrung.

Mein Reisen als eine private und eine kulturanthropologisch-berufliche Identitätssuche – und diese beiden Suchen sind kaum voneinander zu trennen – ist nicht nur mit der Dankbarkeit gegenüber den fremden Anderen, die mir ihre Welt zeigten, verbunden, sondern auch mit der gegenüber jenen eigenen Anderen, die mit mir reisten und mir die Nähe des dialogischen Vertrauens in der Fremde gaben. Für dieses Buch bin ich in neue Länder und Orte, wie in früher bereiste Länder und Orte gefahren. Manche waren von Wiederbegegnung geprägt. Und das gilt nicht nur für die Orte, sondern auch für die Menschen, zu denen und mit denen ich reiste.
Am „treuesten" bin ich wohl Sizilien geblieben. Dort wohnte und forschte ich mit meiner Familie bereits Ende der fünfziger Jahre, später waren bei zwei Projekten Frankfurter Kulturanthropologinnen und Kulturanthropologen mit mir unterwegs. Die Untersuchung „Sizilien. Die Menschen, das Land und der Staat" (1986) leitete ich gemeinsam mit Christian Giordano. Von Ostsizilien verlagerte sich der Interessenschwerpunkt nach Westsizilien. Immer wieder, und oft mit Freunden, war ich in Selinunte und dem

Belice-Tal, besonders in der Einsamkeit von Gibellina, dem alten und dem neuen, über das ich in diesem Buch geschrieben habe. Und mit diesem Sizilien verbindet sich der Dank an meine ehemalige Schülerin und heutige Freundin Helga Thiem, bei der ich wohnte, die mich an die Orte meines Forschungsinteresses begleitete, mir Gesprächspartner vermittelte und über sprachliche Verständigungsprobleme hinweghalf.

Der institutionelle Schwerpunkt einer europäischen Anthropologie, die ich vertreten habe und die ich auch als eine Anthropologie des Eigenen in eine weltweite Sozial- und Kulturanthropologie einzubringen versuchte, führte mich mit Kollegen, Mitarbeitern, Studierenden, Freunden und allein oft in die nahe Forschungsfremde Europas, die auch in diesem Buch zu einer ästhetischen Anthropologie eine Rolle spielt. Das Kapitel „Die große Flut" wäre ohne die studentischen Projektgruppen zu den Untersuchungen „Auf Inseln leben. Rügen und Usedom" (1998) und „Überquerungen. Perspektiven anderer Mainufer" (2000), ihre Studierenden und die Assistenz von Kirsten Salein und Sabine Sukowski so nie zustande gekommen. Ästhetische Orte und Zeichen in Europa: zu dem Tarot-Garten von Niki de Saint Phalle in der Toskana konnte ich mit Erika Haindl fahren. In Barcelona erwanderte ich mit Ewald Neubauer die Verortungen von Picasso, Gaudí und Miró. Sardinien und besonders Orgosolo erreiste und fotografierte und erfragte ich gemeinsam mit Marietta Schult. Den „Park der Entmachtung" in Budapest entdeckte ich mit Elisabeth Katschnig-Fasch 2004, und auch jenes Hlebine in Kroatien, das ich anders erwartet hatte. In Mariposa auf Teneriffa, ausstrahlend auf Stuttgart und Frankfurt, erlebte ich die Freundschaft und die freundlichen Wege und Orte, die sich zwischen Menschen und Orten anbahnen können. Helga und Hans-Jürgen Müller, die Gründer der Zukunftswerkstatt Mariposa, wurden Freunde. Ich darf trotzdem kritisch sein. Und da waren neue Freunde und Freundinnen, sicher zunächst Dialogpartner/innen im Forschungsprozeß und doch gewannen sie irgendwann Bedeutung für mein ganzes Leben. Wenn ich nur zwei nenne, sind sie besonders wichtig und stehen doch für viele Möglichkeiten und Erfahrungen in Zwischenräumen. Sylvia Reich und Angelika Schlüter, es ist schön, Euch zu kennen.

Aber da war noch ein anderes Reisefieber, das mich an die Strände der

Vorwort

Tropen, in ferne Wüsten, in heiße und kalte Städte verschlug. Auch dort entdeckte ich gemeinsam mit vertrauten Menschen ästhetische Orte und Zeichen. Sibirien lernte ich mit Tamara Constable kennen, Neuseeland mit Ute Ritschel und China mit meinem Sohn Silvan Greverus und kleinen Reisegruppen. Die Mongolei und Nicaragua erschlossen sich mir durch Ewald Neubauer und Mitarbeiter und Bekannte von ihm. Von diesen danke ich besonders Saruul Tugs für ihre Begleitung durch die Wüste Gobi und Immanuel Zerger für die Einladung auf die Inselwelt von Solentiname im Nicaragua-See. Für meine drei Australienreisen zwischen 1990 und 2004 fand ich immer wieder mitreisende Freunde, die sich auf mein Fernweh und lange Zeiten im Outback einließen: Cornelia Rohe, Silvan Greverus, Marietta und Irina Schult und Ewald Neubauer. Nach drei Monaten auf kleinen Inseln im Südpazifik war unsere erste Begegnung mit der großen Insel Australien und der Großstadt Sydney für Ewald und mich wie eine Heimkehr in Urbanität, wenn auch dort die Museen und das andere, das schwarze Australien zu einer nächsten Reise lockten. Wenn sich dann zwei Spurensucher durch Australien in dem von einem Feuer verwüsteten Zwischenraum eines kleinen bayerischen Dorfs begegnen, wie Nikolaus Lang und ich, werden Erinnerungen Dialoge, die zu neuen Spuren ästhetischer Berührung führen können. Die faszinierende Bilderwelt von Haiti hätte ich ohne die Einladung von Laënnec Hurbon an seine Universität und seine Vermittlungen sicher nicht erfahren, ebensowenig die Wandmalereien in der mexikanischen Diaspora von Houston, wenn mich George Marcus nicht zu einer Gastveranstaltung eingeladen und Amanda Ziemba mich nicht so hilfreich betreut hätte.

Ich danke allen Mitreisenden und allen, die mir ihr Land zeigten, für Ihr Dabeisein. Und ich hoffe, daß auch Ihr Freude an den Reisen hattet. Das Buch wäre ohne Euch nicht entstanden. Aber dieses Buch wäre auch ohne Sabine Sukowski und Dirk Gabriel nicht zu einem Buch geworden. So danke ich Sabine für das sorgfältige Korrekturlesen meiner Texte und Dirk für die Bearbeitung und das Layout meiner Bilder, und beiden für die vielen anregenden Gedanken und die gemeinsame Erstellung eines druckreifen Manuskripts.

Wenn ich dieses Buch, das ich geschrieben habe, für das ich fotografiert habe, in den Händen halten und lesen werde, denke ich an Euch alle, die im DORT waren, die mit mir die WEGE dorthin gefahren sind, die im HIER meine Texte und Bilder verstanden – und die mich verstanden, auch wenn sie nicht bei diesen Reisen dabei waren. Aber wer kennt mich nicht aus gemeinsamen Reisen? Ich glaube, sie alle, Familie und Freunde, Kollegen und Schüler (die meist Schülerinnen sind) kennen mich gut genug, um Helena Wulffs Satz aus der „kleinen Enzyklopädie" (Stichwort „Anthropological Voyage") zu unterschreiben:

A TRAVELLER HAS TO TRAVEL

Aphorismen über Mauern und Zwischenräume

„Der Raum der Seßhaftigkeit wird durch Mauern, Einfriedungen und Wege zwischen den Einfriedungen gekerbt, während der nomadische Raum glatt ist und nur mit ‚Merkmalen' markiert wird, die sich mit dem Weg verwischen und verschieben". (Deleuze, Guattari 1997, 524)[1]

„Weiter pflegte ich das von Erde und Himmel für alle geschaffene Wild aus Neid, es möchte in das Gebiet meiner Brüder gehen, durch Bau von Palisaden und Erdwällen abzusperren, so daß ich von Seiten der Brüder Haßworte hören mußte". (Geheime Geschichte der Mongolen (1240) 1981, 178)[2]

„Wir kamen nach und nach durch mehr als zehn solcher Plantagen und Gärten, die alle besonders verzäunt waren ... Die Verzäunung ihrer Ländereyen schien einen höheren Grad von Cultur anzudeuten, als man hier wohl hätte vermuthen sollen". (George Forster 1773 über Tonga oder die „freundschaftlichen Inseln" in: Forster 1965, 344)[3]

„Der Schlüssel zum Erfolg, ... als ‚Wiedergeburt' von Downtown gefeiert, ... lag in der räumlichen Segregation des neuen Viertels und seiner Immobilienwerte durch einen Schutzwall aus gestaffelten Palisaden, Betonpfeilern und Freeways". (Davis in: Ökologie der Angst 1999, 411)[4]

„Fassaden als Anschlagtafeln der öffentlichen Phantasie ... Da artikulieren sich die, die ihre Belange in den Massenmedien unzulänglich vertreten sehen; die ihre Probleme und Hoffnungen in den Bildern der ‚Kunst' allzu selten wiedererkennen, denen nicht nur der Bau, sondern auch die Kunst am Bau vorgesetzt wird". (Sager, Zeitmagazin Nr. 5 v. 21.01.1977)[5]

„‚Es war einmal ein Lattenzaun mit Zwischenraum, hindurchzuschaun' [Morgenstern]. ... ist die Grenze sozusagen ein Leerraum, ein erzählerisches Symbol des Austausches und der Begegnungen ... der Lattenzaun ist ein Gebilde von Lücken, durch die der Blick hindurchschlüpft". (Certeau 1988, 234f.)[6]

---

[1] Vgl. Greverus 2002, 173f.
[2] Vgl. ebd. 232f.
[3] Vgl. Greverus 1995, 251ff.
[4] Vgl. Greverus 2002, 78ff.
[5] Vgl. Greverus 1979.

„Das soziale und kulturelle Geflecht überzog das Weichbild der Stadt mit einer von Löchern durchsetzten Textur. Sie brauchte man nur aufzusuchen und hindurchzuschlüpfen, um wie Alice auf der anderen Seite des Spiegels in Welten zu gelangen, deren Zauberhaftigkeit sie unwirklich erscheinen ließ". (Lévi-Strauss 1985, 377f. über New York 1941)[7]

„Ich erinnere mich an eine Mauer ... ich war damals ein Kind ... Jede Nacht schritt ich durch diese Mauer. Dahinter lag eine ganze Welt ...". (Lindner in: Schaeven 1977)

Dieser Satz, den ich vor 25 Jahren (Greverus 1979) wie meinen eigenen zitiert habe, fällt mir jetzt wieder ein, wenn ich für dieses Buch in den Feld- und Fotonotizen zu meiner Chinareise 1985 blättere.[8] Ich hatte einen Diavortrag gehalten, den ich „China, in einem fremden Raum" genannt hatte. Ist es mir gelungen, wenigstens einen Blick in diese ganz andere Welt zu werfen, wenn ich schon nicht wie das Kind die ganze Welt hinter der Mauer erfaßte?

Die Chinesische Mauer

China enthält in der „Karte im Kopf" des Fremden, der noch nie dort gewesen ist, sicher eine Mauer. Wir nennen sie die Chinesische Mauer, bei den Chinesen selbst heißt sie die Große Mauer. Die Mauer besteht schon über 2000 Jahre, sie erstreckt sich über 6000 Kilometer vom Golf von Bohai bis in die Wüste Gobi. Von ihren zehntausenden Wach- und Beobachtungstürmen existieren auch heute noch mehr als zwei Drittel. Begonnen in der Zeit der „Streitenden Reiche" wurde sie unter dem ersten Kaiser des vereinigten China im 3. Jahrhundert v. Chr. zu einem durchgehenden Wall zusammengeführt. Hunderttausende Soldaten, politische Gefangene

---

[6] Vgl. hier die Kapitel „Vorwort" und „Grenzerfahrungen".
[7] Clifford 1988a, 236ff. zitiert die Streifzüge von Lévi-Strauss, oft zusammen mit den Surrealisten André Breton und Max Ernst, durch das New York von 1941 unter der Perspektive „a chronotope for collecting".
[8] 2002 war ich ein zweites Mal in China. Der historische Gigantismus der Großen Mauer hatte in dem sich nunmehr verwirklichenden Jangtse-Staudamm, einen neuen Gigantismus geschaffen.

und andere Zwangsarbeiter bauten an dieser Mauer unter unmenschlichen Bedingungen. Die Leichen der Opfer wurden „eingebaut", heißt es, und so soll die Große Mauer auch den Namen „Längster Friedhof der Welt" haben. Andere preisen die Große Mauer als ein Weltwunder. Gegen wen und für wen war diese Mauer errichtet? Sie sollte die erklärte Einheit der „zivilisierten Insel China" (vgl. Wiethoff 1971, 181) mit ihrem Expansionsraum im Süden, das heißt einer südlichen dynamischen Grenze, gegen das Eindringen der umzingelnden Barbarei, der nomadischen Bevölkerung aus dem Norden, schützen. Diesen Anspruch hat die Mauer als reales Bauwerk nie erfüllt, wohl aber als Symbol des Vordringens eines seßhaften Drinnen namens Zivilisation gegen das Draußen des nomadischen Barbarismus. Und weiter hat diese Mauer – und das bis heute – den Prestigegewinn eines Herrschers, eines Volkes, einer touristischen Vermarktung über kulturellen Gigantismus bestätigt. Chinas Prestige hat viel mit der Mauer zu tun.
Mit einem chinesischen Sprichwort „Wer nicht die Große Mauer bestiegen hat, der ist kein rechter Kerl" wirbt die Tourismusbranche in einem mehrsprachigen Bildband um die Besucher: „Und wann besteigen Sie die Große Mauer?" (Great Wall 1997, 5).

Dann mein enttäuschter Brief: Die Hauptattraktion Chinesische Mauer wurde einem durch die Menschenmassen vergällt, ebenso die Ming-Gräber und der Totenweg mit riesigen Steinfiguren, die man vor Bussen kaum sehen konnte.[9] Und in meinem Feldtagebuch notiere ich: ... der zusammengesunkene Elefant (auf diesem Totenweg) vor einem Bus. Und überall wird fotografiert, der Mann, die Frau, die Kinder, die Omas und Opas haben Apparate und knipsen sich gegenseitig in Palästen, vor Tempeln, auf heiligen Figuren, auf der Mauer. Die Mauer – Pilgerweg der einheimischen und fremden Fototouristen.
Fremde und eigene Wahrnehmung der Mauer. Einige Beispiele zwischen ästhetischer Aneignung und selbstbezogener Interpretation durch die Mauerwanderer aus dem Westen fragen nach der ästhetischen Verfremdung des Objekts der Wahrnehmung, dieser Mauer, nach ihrem Wert als „mit Löchern durchsetzter Textur". Die Beispiele sind verschieden und doch insofern gleich als sie auf die historische Realität der Mauer in China wenig Rücksicht nehmen.

---

[9] Das war 1985, 2002 war der Weg für Busse und Autos gesperrt.

Mauerwanderer

Am ehesten tun dies vielleicht doch die süchtigen Mauerwanderer wie der Engländer William Lindesay, der mit seinem Mauermarsch in den achtziger Jahren alle bisherigen Mauerreisen in den Schatten stellen wollte. Er beginnt sein Buch mit einer Sentenz von Alfred Wainwright: „Es gibt eine Krankheit, die unter dem Namen Mauerfieber bekannt ist ... Es handelt sich um ein gesundes und erfüllendes Bestreben" (Lindesay 2001, 13). Weiterhin wird der Amerikaner William Edgar Geil zitiert, der 1905 mit einer Pferdekarawane an der gesamten Mauer entlang zu reisen versuchte: „Wir aßen mit der Mauer, schliefen mit der Mauer, dachten nur Mauer" (ebd. 19). Ist das eine Liebeserklärung oder ein Suchtbekenntnis oder eben beides? Jedenfalls wird auch bei diesen Mauerwanderern die Selbstbezogenheit zu dem Objekt der Begierde deutlich. Die Realität des Anderen führt gegenüber der Vereinnahmung nur ein Schattendasein. „Im Schatten der Chinesischen Mauer" heißt Lindesays Buch in der deutschen Ausgabe. Das ist zwar anders gemeint, aber stellt es nicht auch die Mauer in den Schatten eines ehrgeizigen Abenteuers? Im Original heißt es „Alone on the Great Wall", hier ist es in der Reihe „Reisen, Menschen, Abenteuer" erschienen. Das Thema Flow schiebt sich in die kulturanthropologische Betrachtung. Nach Mihaly Csikszentmihalyi (1987, 2001), dem Verfechter des glückbringenden Flow-Prinzips, ist Flow autotelisch, bedarf keiner Ziele und Belohnungen außerhalb seiner selbst. Flow ist die optimale Erfahrung einer selbstbezogenen Intensität des Handelns, auch Extremsport gehört dazu.[10]

Sowohl die baulichen als auch die historischen Betrachtungen zu der Mauer sind immer wieder bezogen auf die eigenen extremen Anforderungen und Körpererfahrungen. Der Lange Marsch Mao Zedongs mit seinem Heer wird zur Folie der eigenen Anstrengungen: „Ich konnte mich zumindest mit der Anstrengung der Teilnehmer am Langen Marsch identifizieren ... Wenn die Chinesen mich mit ihrem Gründungshelden verglichen, war das für mich eine große Ehre"; oder: „In meinem Zustand – ich konnte nicht laufen und kaum stehen – begann ich, die treibende Kraft hinter einer Sache, an die man glaubt, zu begreifen" (Lindesay 2001, 140, 147). Der Beschreibung des baulichen Weltwunders geht diejenige der eigenen

---

[10] Vgl. Greverus 2002, 175f.

extremen körperlichen Anstrengungen bei der Bezwingung der Mauer voraus, gefolgt von Gedanken zum „menschenfressenden Appetit" der Mauer: „Meine Füße rutschten über den Schotter ... meine Handflächen waren aufgeschrammt, die Fingergelenke von Dornbüschen zerkratzt, die Knöchel stießen an Felsen und Geröllbrocken ... Es war sicherlich ein Weltwunder ... Denn wenn einen die Faszination der Großen Mauer einmal ergriffen hat, erfaßt es einen wie ein Fieber, und man muß die Tausende von Jahren von Chinas wunderbarer Zivilisation einfach studieren" (ebd. 280f.). Das ästhetische Erlebnis der Mauer als einer „herrlichen Kreation" bezieht sich vor allem auf einen autotelischen Zustand der wandernden Aneignung dieser Mauer. Ästhetik der Selbstvergewisserung?

The Lovers. The Great Wall Walk

Auch der Schweizer Fotograf Daniel Schwartz hat Ende der achtziger Jahre in insgesamt achtmonatiger Dauer die Große Mauer erreist. Während für Lindesay das Fotografieren ein Nebeneffekt der wandernden Aneignung blieb, war für Schwartz das Fotoprojekt – „die ganze Mauer" – das ästhetische Ziel. „Das Maßlose der Mauer verlangte eine ästhetische Strategie", heißt es in der Einführung zu dem Artikel „Die Großen Mauern Chinas – eine Idee" (Schwartz 1997, 252). „Man kann sie nicht photographieren – die Große Mauer Chinas", sagt Schwartz, „... als gemauerte, steinerne Linie, die in einem Zuge die Landschaft durcheilt, existiert sie nicht; im Gegenteil. Es sind viele Mauern, gebaut während 2000 Jahren" (ebd.). Über tausende Kilometer versuchte Schwartz ein Bild von der Idee Große Mauer über Bilder zu gewinnen. Der unmittelbare Kontakt, die Bodenberührung, war ihm wichtig: „Flugaufnahmen hätten mich von der Mauer entfernt, mich darüber erhoben. Sehr oft aber war ich ihr verfallen ... Meine Bilder schildern die bewußte Konfrontation mit dem Gegenstand – nicht mit dem Mythos – , hier und jetzt" (Schwartz 1997, 253). Das Auge des Fotografen hat das Maßlose dieser Mauer in einer maßlosen Landschaft erfaßt, man könnte darüber fast die Menschen vergessen, denen sich diese Maßlosigkeit dankt. Ästhetik der Maßlosigkeit?

The Lovers. The Great Wall Walk

Es gibt eine andere Wegesymbolik der Mauer: das Aufeinanderzugehen und das Sichtrennen, die das Künstlerpaar Marina Abramovic und Ulay der Performance des Endes ihrer Paarbeziehung zugrunde legen. 1988 wird diese Trennung mit einer für das künstlerische Prestige der Beteiligten hoch aufgeladenen Stilisierung durchgeführt. „The Lovers. The Great Wall Walk" hieß der Ausstellungskatalog (Stedelijk Museum, Amsterdam 1989) zu diesem aufeinander zugehenden Trennungsweg: „Die Chinesische Mauer wird in der chinesischen Allegorik auch als Drachen gesehen, der zwei Pole hat: das Meer und die Wüste, die das Prinzip des Männlichen und des Weiblichen verkörpern. Abramovic startete im Osten vom Meer aus, Ulay im Westen in der Wüste Gobi. Auf halber Strecke wollten sie sich wieder treffen – ein erneuter langer Weg aufeinander zu, wie zwei Liebende ... Das Treffen auf der Chinesischen Mauer wurde statt des Starts in eine neue Phase zum Schlußpunkt ihrer Lebens- und Arbeitsgemeinschaft ... Diese Synchronizität von Privatleben und Beruf ... ist auch eine der wesentlichen Quellen für den ‚Mythos Abramovic/Ulay', der die beiden bereits seit Ende der siebziger Jahre umgibt. Ihr gemeinsames Werk ... verkörpert wie nur wenige andere die prinzipiell ganzheitlichen Kräfte von Kunst. Ihr Auseinandergehen ... bedeutet mithin auch mehr als die bloße Scheidung eines Künstlerpaars; es bedeutet das Ende einer Ära" (Malsch 1990, 243, 229). Und Ulay selbst schreibt in einem Brief: „Wie dem auch sei, Ulay/Abramovic wurden eine Institution, eine Institution zur Wiederbelebung der Kunst. Das Motiv dieser Institution: ‚Ästhetik ohne Ethik ist Kosmetik'". Ulay erzählt von den Reisen, die für ihre Performances wichtig waren, von dem Vertrauensverhältnis mit dem fremden Publikum durch ihr gemeinsames, ihr Mann-Frau-Auftreten. „Die Welt ist unsere Heimat", heißt es (ebd. 244).

Die inszenierte Einsamkeit des sich aufeinander zu bewegenden Paars – „Seine trockene Seele labte sich an der Wüste. Er sollte an der Spitze voranschreiten ... sollte manchmal zwischen den Dünen verschwinden, dann wieder auftauchen, stets ferner, auf einsamer, seelen-suchender Distanz", beschreibt einer der westlichen Begleiter (neben der chinesischen Mannschaft) den Great Wall Walk Ulays. Und sein eigenes Empfinden zeigt sehr deutlich die „Vereinnahmung" der Mauer zu einem sentimentalen Erlebnis, das sich dem Kitsch nähert:[11] „Die intensive Wirklichkeit der Zeit auf der Mauer war wunderbar – das sinnliche Gefühl für dieses vielleicht bedeutendste Bauwerk der Welt (des einzigen menschlichen vom Mond aus sichtbaren Bauwerks); seine zerfallende Erhabenheit und seine unheimliche Schwermut; seine versunkene Vorzeit (an manchen Stellen ragen menschliche Gebeine und Schädel aus dem Boden hervor); seine unglaubliche mythische Tiefe und seine im Grunde freundlich-scheinende Gegenwart; seine sich ständig ändernden Gestalten; sein verführerisches, meist qualvolles Verschwinden und Wiederauftauchen. Die westliche Mauer hatte eine komplexe Anziehungskraft. In ihrem zweideutigen Verfallszustand scheint sie zugleich Natur und Kultur zu sein. Eine enge Verbindung mit diesem Kulturobjekt ist wie eine Kommunion mit der Erde: die unermeßliche, archetypische, ewige, unermüdliche, unerschütterliche, pulsierende Unendlichkeit der Mauer. Jeder geriet auf dieser Mauer in eine gehobene Stimmung" (Thomas McEvilly in: Ulay 1997, 297f.).

Müllmenschen auf der Mauer

2001 wurde die Chinesische Mauer einem anderen ästhetischen Begegnungsprojekt zur Verfügung gestellt. Der Aktions- und Installationskünstler HA Schult hatte sie mit seinen 1000 „MüllMenschen" erobert. Wie eine Armee marschierten sie in der Gegend des Goldenen Bergtals nördlich von Peking in einem mehr als einen Kilometer langen Zug dem Besucher auf der Mauer entgegen. Die Imagination eines Heeres und die Erinnerung an die Terrakotta-Armee aus der Grabanlage des Kaisers Qin Shihuang war eine bewußt gesetzte ästhetische Anmutung des Künstlers.

---

[11] Killy spricht in seiner Kritik des Kitsches (1970, 13f.) von „uneigentlicher Ergriffenheit" und von der „Unterordnung der Gegenstände unter den Reizeffekt", bei dem das „Wort die Gefühlsstütze" durch eine Häufung von Adjektiven und Attributen erhält.

„MüllMenschen" von HA Schult

„Eine Armee von Rittern der Konsumzeit" oder „Boten einer vorweggenommenen Archäologie" nennt HA Schult seine Müllmenschen-Armee (HA Schult 2002).[12] Der chinesische Kaiser Qin Shihuang (259–210 v.Chr.) war Gründer der Qin-Dynastie. Über blutige Eroberungszüge hatte er sein Reich geschaffen und sich zum „Gottkaiser" krönen lassen. Er war der eigentliche Erbauer der Großen Mauer gegen die nomadische Gefahr aus dem Norden, indem er die vorhandenen Schutzwälle miteinander verband. Die Toten des Baus der Großen Mauer und die ausgegrabenen Massengräber in der Nähe seiner Grabanlage zeugen von der blutigen Spur einer Macht, die uns heutigen Betrachtern vor allem als ästhetische Leistung entgegentritt und vermarktet wird.[13]

"MüllMensch" von HA Schult

Die MüllMenschen (Trash People) von HA Schult – lebensgroße Figuren wie die der Kaiserarmee, zusammengesetzt aus glitzerndem Müll und Montageschaum, jede vierzig Kilogramm schwer. Auch sie sollen Eroberung und Sterben vermitteln. Ästhetisierung von Müll und Tod?[14] Oder ästhetische, sinnlich berührende Sinnvermittlung? Das Problem des in der textlich belehrenden und ästhetikfernen Kritik der Warenästhetik der sieb-

---

[12] Das Buch „HA SCHULT KUNST IST AKTION" erschien 2001 im Wasmuth Verlag Tübingen. Ganzseitige Farbfotos und Zeitungsberichte kommentieren die Aktionen des Künstlers.
[13] Vgl. den im Verlag Reise und Tourismus herausgegebenen Band: „Die wiedererwachte Terrakotta-Armee der Qin-Dynastie", 2001.

Aphorismen über Mauern und Zwischenräume

ziger Jahre vermittelten Untergangs im fremdgesteuerten Konsumschauer überführt HA Schult in ästhetiknahe, aber todbringende Müllinszenierung. Und es geht hier um konkreten Müll einer Konsumgesellschaft.
Die Einen, damals, haben die Mauern betont, die Anderen, heute, die Zwischenräume. Mit den Zwischenräumen, die die große Mauer heute bietet, meine ich nicht nur die Textur der verfallenden und ihres ursprünglichen Sinns entleerten Mauer, sondern ihr Angebot zu einer reflexiven ästhetischen Eroberung, in der die Denkmäler der Geschichte verwandelt werden in Imaginationen von Gegenwart und Zukunft. Das Moment der Juxtaposition wird von HA Schult genutzt, um die Gefahren der Heere des Konsums zu verdeutlichen.[15]
Können die Betrachter aber die Botschaft verstehen oder wird sie in der elitären Inszenierung des Ereignisses zum bloßen Event: Sekt und 1000jährige Eier auf der Mauer, Dinner mit Peking-Oper, in der eine Figur als Müllmensch à la Schult auftritt, Empfang der Gäste durch Schult auf der Treppe des Grand Hotels in Peking, auf der einst Mao Zedong die Staatsgäste empfing. Die weniger privilegierten Gäste konnten daheim vor dem

---

[14] Müll oder die weggeworfenen und aufbewahrten Dinge als ästhetische Objekte spielen nicht nur in zahlreichen Aktionen von HA Schult eine bedeutende Rolle, sondern auch in Arbeiten anderer Künstler der Gegenwart. So hat mich auf einer Performance Konferenz die sich täglich erweiternde urbane Müll-Aktion – es war der Müll ägyptischer Städte – von Ursula Stalder fasziniert. Sie ist auch eine der Künstlerinnen von Mariposa (vgl. das Kapitel „Zukunftswerkstatt ästhetischer Ort"). Nikolaus Lang (vgl. das Kapitel „Spurensicherung von Orten und Zeichen") will über Installationen des Abfalls, der Überreste unser historisches Gedächtnis zum Alltag der Anderen wecken. Die Schülerinnen und Schüler unserer Projekte zu ihrer Insel- und Flußheimat in der Zukunft haben den Müll als Gefahr ästhetisch vermittelt (vgl. das Kapitel „Die große Flut"). Martin Scharfe hat das Müllproblem, das er auch die „fäkale Produktivität" nennt, in die Todestrieb-Debatte gestellt (Scharfe 1994).
[15] „Die MüllMenschen werden auf allen wichtigen Plätzen der Welt aufmarschieren. Nächstes Ziel sind die Pyramiden in Ägypten", schrieb mir im Februar 2002 Elke Koska, die Ehefrau, Muse und Managerin von HA Schult. Die wichtigen Plätze sind immer historische Plätze nationaler und lokaler Identifikation. Bei der ersten Aktion marschierten die MüllMenschen 1996 im römischen Amphitheater von Xanten auf, in Paris besetzten sie La Défense, die gigantische postmoderne Trabantenstadt vom Reißbrett, deren Name an den Widerstand im deutsch-französischen Krieg von 1870/71 erinnert, und in Moskau den Roten Platz. 2003 waren sie auf 2006 Meter Höhe vor dem „Nationalberg" der Schweiz, dem Matterhorn, versammelt. 2005 hatten die MüllMenschen über eine Million Besucher auf dem Grand'Place in Brüssel.

Fernseher einen Werbespot der Danzas, Logistik-Tochter der Post, genießen, in dem der fernsehbekannte Moderator und Gummibärchen-Werber Thomas Gottschalk in atemloser „Überforderung" über die Mauer eilte und Müllmenschen zählte.[16]

Die Berliner Mauer oder: auf der anderen Seite gemalt

„Wenn etwas zusammenbricht ist immer eine große Chance da, daß etwas Neues beginnt und etwas Altes klar werden kann."[17] Das bezog sich auf den Zusammenbruch der Grenze zwischen den beiden Deutschland. Im Jahr 1999 feierten die Deutschen den 10. Jahrestag des Falls der Berliner Mauer, zusammen mit dem 50. Jahrestag der Bundesrepublik Deutschland, in ihrer wiedergegründeten Hauptstadt Berlin. Einer der Höhepunkte dieser Feier war die gigantische Ausstellung „Einigkeit und Recht und Freiheit – Wege der Deutschen 1949–1999". Es war eine Ausstellung des Deutschen Historischen Museums im Martin-Gropius-Bau. Der Eingang zur Ausstellung symbolisierte die zerbrochene Mauer in Originalgröße, hinter dieser Plastikmauer begann die Führung durch die deutsche Geschichte nach dem Zweiten Weltkrieg, der kapitalistische Weg des Westens wurde vorrangig gezeigt.

Bei einer Wanderung durch die Stadt im Sommer 1999 konnte man eine Menge neuer Grenzziehungen finden – vor allem Zäune um die Bauplätze der Verwaltungszentren der neuen Kapitale in dem ehemaligen Verwaltungsviertel der DDR. Hier wurden 40 Jahre ostdeutsche Geschichte ausgelöscht. Auch eine Auslöschung und ein Schleifen der Erinnerungen

---

[16] Die „Danzas" hat den Transport der Mauerwesen in 16 Containern gesponsort. Der Werbespot soll allein 2,5 Millionen DM gekostet haben (Die Welt v. 22.05.01).
[17] So die engagierte Sassnitzer Pfarrerin Pörksen bei einem Interview 1997 über die Zukunftschancen in Austauschräumen des Mare Balticum nach der Wende. Vgl. Greverus 1998, 46ff. Der hier vorliegende Abschnitt über die Berliner Mauer ist eine veränderte Fassung meines englischsprachigen Beitrags über die Mauer in Greverus 1999, 15ff. Meine Mauererfahrungen beruhen vor allem auf eigenen Wahrnehmungsspaziergängen und Ausstellungsbesuchen in Berlin in den Jahren 1999, 2001, 2002 und 2004 und Literatur über die Berliner Mauer. Zur Geschichte der Mauer vgl. Marienfeld 1991; Fleming, Koch 1999; Klausmeier, Schmidt 2004.

zwischen dem Westen und Osten Berlins? Es war schwierig, Erinnerungszeichen der Mauer durch Berlin zu finden. Erst 2004 erschien ein umfassender Führer zur Berliner Mauer unter dem Titel „Mauerreste – Mauerspuren" (Klausmeier, Schmidt 2004).[18] Müde von Besichtigungen und auf der Suche nach einer Bahn-Station am Potsdamer Platz im Zentrum dieser prosperierenden Stadt „entdeckte" ich schließlich die Mauer. Es waren nur wenige Segmente, auch diese hinter einem Zaun, gegenüber ein Bauwagen, vor dem ein Mann und eine Frau saßen, die Mauersouvenirs verkauften und eine Geschichte „ihrer" Mauer erzählten. Japanische Touristen machten Fotos von dem Mauerstück und dem seltsamen deutschen Paar. Ich tat das auch. Das war die Geschichte: Als die Mauer abgetragen wurde, kaufte er, der Mann der Geschichte, ein Stück Mauer. Nur der Rest war zum Zeitpunkt meiner Entdeckung noch zu sehen. Der längere Teil war irgendwo gelagert: Eigentum dieses seltsamen Anwalts der Erinnerung. Dieses Mauerstück war von den „Vollstreckern der Verschönerung" abgerissen worden, denn die Erde unter der Mauer ist das Eigentum des wiedervereinigten Berlin. Und der Erzähler der Geschichte kämpfte für den Überrest seiner Mauer als Dokument, als kulturelles Erbe. „Don't destroy history" war an einer Stelle aufgemalt. Traurig, aber wahr, dieses „häßliche Dokument" besetzte profitablen Grund und Boden der Innenstadt.

---

[18] Die Dokumentation wurde zwischen 2001 und 2003 im Auftrag des Landes Berlin vom Lehrstuhl Denkmalpflege der Brandenburgischen Technischen Universität erstellt. Es handelt sich hierbei vor allem um die Reste und Spuren der Grenzsicherung im Osten, denn die „Mauer", die insbesondere für den Westen zum sichtbaren Symbol der Trennung geworden war, ist größtenteils abgetragen worden.

Die Berliner Mauer oder: auf der anderen Seite gemalt

Teil aus Berliner Mauer, Nähe Potsdamer Platz, 1999

Der geschichtsträchtige Potsdamer Platz war Grenzstreifen, Brachland, Nicht-Ort bis zum Mauerfall. Auf der Seite des Westens war die Mauer in einer Abbildung von 1987 von Wandmalereien, wie an vielen Stellen der westlichen Stadt,[19] überzogen. 1990 hatte sich die Mauer geöffnet, aber ihre Bilderwelt war noch da, 2000 (oder eben zu meinem Besuch 1999) war der Potsdamer Platz noch eine Baustelle, 2004 war er das perfekte Zentrum einer (post)modernistischen High-Tech-Architektur, wenn auch in den Seitenstraßen viele der Nobel-Büros für eine Dienstleistungsgesellschaft noch/wieder leer standen. Was blieb an Geschichtserinnerung? Vor der U-Bahnstation ein versetztes Element der Mauer. Eine doppelte Kopfsteinpflasterreihe, die an den Grenzstreifen erinnern soll, zieht sich über die Straße.

---

[19] Die Berliner Mauer galt als „die längste Kunstleinwand der Welt". „Die Berliner Mauer Kunst war ein einzigartiges kollektives Kunstwerk, das sich täglich, oft über Nacht konstant veränderte" (Kuzdas, Nungesser 1998, 5). In den späten sechziger Jahren hatte die Studentenbewegung die Mauer als „Wandzeitung" entdeckt. Ihre Agitationsplakate und Wandparolen tauchten nun neben frühen vereinzelten Graffiti und Kindermalereien auf. Erst Ende der siebziger Jahre entwickelte sich eine bildliche Mauerästhetik, die von einer internationalen Kunstszene mitgetragen wurde.

Aphorismen über Mauern und Zwischenräume

Potsdamer Platz 1999

Die „längste Kunstleinwand der Welt" war aus dem Stadtbild, das aber eben nur ein westliches war, verschwunden.[20] Doch es gab noch eine gemalte Erinnerung: die East Side Gallery. Ihre ästhetische Geschichte begann jedoch nach der „Wende" auf einer rund 1,3 Kilometer langen Strecke im Ortsteil Friedrichshain entlang des Flusses Spree. Es war die innere Mauer oder die Hinterland-Mauer,[21] die Fluchtwillige an der Überschwimmung der Grenze hindern sollte. Die Straße ist voller Lärm und Staub und die Wandbilder sind von Umwelteinflüssen, der Witterung und Graffiti beschädigt worden, schrieb ich meine Eindrücke von 1999 auf. Ein Bild zeigt „Die weinenden Augen der East Side Gallery" mit dem Kommentar: „Sehet wie ich weine, denn Ihr ließet mich so vergammeln". Die East Side Gallery war ein kontrolliertes Experiment, um „wilde" Bemalungen der gerade geöffneten Mauer auf der Ostseite zu verhindern. Über hundert

---

[20] Ohne Fotografen wie Heinz J. Kuzdas (1998), der seit 1982 die Mauerkunst fotografierte und sie mit seiner Veröffentlichung und weltweiten Ausstellungen verbreitete, wäre diese Protestkunst heute nicht einmal mehr Erinnerung.

[21] Über die Bedeutung „innere Mauer" und „Hinterland-Mauer" im Zusammenhang der Grenzziehungen vgl. Klausmeier, Schmidt 2004.

Künstler aus 21 Ländern hatten bis zur offiziellen Eröffnung der East Side Gallery am 28. September 1990 die Mauer bemalt. 1991 wurde die East Side Gallery zur Dauereinrichtung und 1992 unter Denkmalschutz gestellt. Doch ihr Schicksal ist immer noch ungewiß, obgleich sie inzwischen vom Tourismus-Marketing zu den Sehenswürdigkeiten der Stadt gezählt wird. Ohne die 1996 gegründete Künstlerinitiative East Side Gallery,[22] die sich vor allem um eine dauerhafte Erhaltung durch Eigeninitiative und Sponsoren bemüht, wäre der Verfall dieses Kunstexperiments, das aus dem historischen Monument einer undurchdringbaren Mauer einen ästhetischen „Zwischenraum" der Dialoge geschaffen hat, vorprogrammiert, wie es die Autoren der Berliner Mauer Kunst befürchteten (Kuzdas, Nungesser 1998). Die transnationale Poesie einer mahnenden Politik von unten wäre wieder um einen Zwischenraum ärmer geworden.

„Viele kleine Leute, die in vielen kleinen Orten viele kleine Dinge tun, können das Gesicht der Welt verändern". Die Botschaft dieser Mauerinschrift (Kuzdas, Nungesser 1998, 95) ist so eindeutig hoffnungsvoll, wie die langfristige Verwirklichung einer politischen Poesie der kleinen Leute fraglich wird. Oder ist diese Poesie in der Politik nur ein Ausdruck von Menschen in der Krise? Der Ruf nach Frieden und Menschlichkeit war ein häufiges Motiv der Wandmalereien. Gerade deshalb wäre diese East Side Gallery als internationale „Anschlagtafel" von öffentlicher Phantasie und öffentlichem Protest mehr als nur ein Berliner Erinnerungszeichen.

East Side Gallery 1990: Mauerbild von Alexey Taranin, Moskau

---

[22] Vgl. zahlreiche Artikel unter East Side Gallery im Internet.

Aphorismen über Mauern und Zwischenräume

Die immer wieder gemalten Mauerdurchbrüche oder „Berlin wird mauerfrei" (1988) am Potsdamer Platz oder der Wunsch „Let my paint die with the wall", der ein 1984 gemaltes Bild auf der Mauer tanzender Menschen kommentierte, wurde am 9. November 1989 Wirklichkeit. Um Mitternacht tanzten Berliner von Ost und West auf der Mauer gegenüber dem Brandenburger Tor.
Die Mauer wurde pockennarbig und durchlässig. Die so genannten „Mauerspechte" hämmerten in verspätetem Protest, für Souvenirs und für etwas Geld.[23] Kleine Leute taten kleine Dinge! Aber der große Handel besetzte auch die Mauer. Und so sah der Ausverkauf der Mauer aus: Ein amerikanischer Geschäftsmann ließ Mauerreste gleich tonnenweise nach Chicago ausfliegen. Das animierte einen kalifornischen Millionär zu einem vergeblichen 50 Millionen Dollar-Angebot für die Rechte zu Mauerabriß und Verkauf. Eine Außenhandelsfirma der DDR bekam schließlich das Privileg, diesen Ausverkauf zu organisieren. Der Preis pro Segment lag im Februar 1990 bei 50.000 DM. Original bemalte Mauerteile wurden mit Zertifikaten versehen. Im Juni 1990 fand eine spektakuläre Auktion in Monaco statt, 81 farbige Mauerelemente kamen unter den Hammer, 1,8 Millionen DM wurden eingenommen. Die Mauer wurde Sammelobjekt und Ehrengeschenk. Weltweit sind ihre Segmente verstreut: vom Vatikan bis zur CIA-Zentrale in Washington, im Weißen Haus und der UNO, in Konzernen und Stadtverwaltungen von USA und Rußland, von Japan und Polen und bei den „Reichen und Schönen" des Events von Monaco (Kuzdas, Nungesser 1998, 84; Flemming, Koch 1999, 128). Die meisten der Mauersegmente allerdings wurden zerschreddert und vor allem für den Straßenbau in Ostdeutschland verwandt. Das war das Ende der Mauer in ihrer Realität, aber nicht das Ende der „Mauer im Kopf" (vgl. Greverus 1999, 9f.).

1993 organisierte das Deutsche Historische Museum eine Ausstellung „Lebensstationen in Deutschland 1900–1993" in Berlin (Beier, Biedermann 1993; Beier 1995). Die Ausstellung fokussierte auch die Unterschiede in der Entwicklung des Alltagslebens in Ost- und Westdeutschland nach 1945. Die Sektionen „Deutsche Demokratische Republik" und „Bundesrepublik Deutschland" wurden parallel gestaltet, aber sie wurden durch eine Imita-

---

[23] Und auch 1999 konnte man an der East Side Gallery noch eine Bude finden, die „I stamp your passport. Souvenirs and also pieces of the Wall" anpries.

tion der Mauer, auf der man sie abschreiten mußte, voneinander getrennt. Die Besucher konnten die beiden Deutschland von oben betrachten! Und es gab dort 7500 Statements von Besuchern aus Ost und West. Die alles andere in den Schatten stellende Äußerung war die deutsch-deutsche Entfremdung und die ostdeutsche Variante der Betrogenen der Geschichte. Die Kraft jenes „Wir sind das Volk", die poetische Euphorie des gemeinsamen Tanzens und Malens auf der Mauer war der Passivität der Erwartungshaltung an die demokratisch Gewählten gewichen.

Das ist das etwas bittere Ende der Reflexionen einer deutschen Anthropologin, die in Ostdeutschland aufwuchs und in Westdeutschland erwachsen wurde, schrieb ich 1999 in meinem Artikel „Poetics within Politics" (Greverus 1999, 19). Seitdem sind fünf Jahre vergangen, ich bin wieder und wieder in Berlin gewesen und habe nach Spuren der Mauer und der Mauerkunst gesucht. Was ich gefunden habe, ist die versteinerte, die eingefrorene Geschichte in einer Musealisierung, in der Zeit und Raum festgeschrieben werden und der Protest eine je historisch zu verortende Position bekommt. Museen haben selten Zwischenräume. Trotzdem sind wir ihnen und ihren Machern dankbar. Und wir sollten unsere eigenen Wahrnehmungsspaziergänge machen und auch zu den Museen und Ausstellungen gehen, um Informationen zu gewinnen und unsere Reflexionen denjenigen der Experten gegenüber zu stellen.[24]

---

[24] Im Haus am Checkpoint Charlie, dem bekanntesten Grenzübergang in Berlin, wurde bereits 1962/63 ein erstes Mauermuseum errichtet (Sikorski, Laabs 2004, 139ff.), das heute noch besteht. Die Geschichte der Mauer wird über Archivdokumente, ein eigenes Verlagsprogramm, Fotodokumentationen, Filmvorführungen, Gemälde und Fluchtmittel dokumentiert. Das Haus hat sich auch über einen Souvenirshop, in dem man T-Shirts, Postkarten, Dias und Poster mit Mauermotiven und schließlich auch „Original Mauerstücke" kaufen kann, ganz auf den schnellen Besichtigungstouristen eingestellt. Anspruchsvoller ist das Dokumentationszentrum Berliner Mauer in der Bernauer Straße mit wechselnden Ausstellungen, die gründliche Recherchen in einem multimedialen Informations- und Vertiefungsangebot aufarbeiten (Verein Berliner Mauer 2002).

Park der Entmachtung

Eingangstor Szobor-Park

Der Szobor-Park (Statuen-Park) liegt am Rande Budapests, in einer verödeten und versandeten Peripherie. Dort steht man vor einer hohen Mauer, aus deren Nischen Statuen von Marx, Engels und Lenin auf einen herabschauen. Hinter einem gewaltigen säulengeschmückten Eingangstor erschließt sich der Museumspark einer sozialistischen Vergangenheit Budapests.[25] Der Sozialismus Osteuropas hatte seinen Machtanspruch auch in tonnenschweren Monumenten über die Städte und Provinzen verbreitet: unübersehbare Zeichen der Herrschaft des Proletariats und seiner Führer. Nach der Wende beschloß man in Budapest, ein Museum zu schaffen, in dem die Statuen in der Erinnerungsstätte einer vergangenen und doch prägenden Geschichte vereint werden sollten, nicht als sozialistische Idylle, sondern als Mahnmal.

---

[25] Der Park ist von seiner Eingangsmauer ausgehend mit Stacheldraht umzäunt. In einer kleinen Bude kann man „sozialistische Souvenirs" kaufen. Der Park ist in drei Abteilungen aufgeteilt: Befreiung Ungarns von den Nationalsozialisten durch die Rote Armee, Persönlichkeiten der Arbeiterbewegung und schließlich die Konzepte der Bewegung mit ihren monumentalen Volkshelden und -heldinnen.

Im Szobor-Park

„Trafficking in history" (vgl. Macdonald 2002), hier wurde die Verhandlung mit dem Geschichtlichen nicht über Zerstörung und Verdrängung gelöst, sondern über eine Entmachtung, in der die Gebärdensprache der Monumentalität durch ihre Ummauerung und Einzäunung, ihre Zusammendrängung und museal verfremdete, auch zur Groteske tendierende Sichtbarmachung gebannt wurde. In der strahlenden Septembersonne auf dem versandeten Museumsplatz stehend, dachte ich an den Film „Good bye, Lenin" und die Filmszene, in der die Leninbüste mit ihrem erhobenen Arm – vom segnenden Gruß der Macht zum Symbol eines verlorenen Davongetragenwerdens – an den Ketten eines Hubschraubers über der Stadt Berlin in ein Irgendwo oder Nirgendwo entschwand. Und ich stellte mir vor, wie hundert Monumente eines kommunistischen Budapest gleichzeitig aus allen Richtungen der Stadt über dieser Stadt einschweben: entmachtete und doch nicht vergeßbare Zeichen, die in dem Irgendwo des peripheren Abseits landeten.

Aphorismen über Mauern und Zwischenräume

Walter Benjamins „Engel der Geschichte" fiel mir ein. Erscheint dieser Engel der Geschichte, der von einem Sturm aus dem Paradies unumkehrbar in die Zukunft des Fortschritts getrieben wird, in immer neuen Gestalten und ideologischen Zeichen? Sieht er immer wieder die vor seinen Füßen liegenden Trümmer der Vergangenheit, und sieht er neue Trümmer sich vor ihm auftürmen? Waren die kommunistischen Symbolfiguren eben auch „Engel der Geschichte", dem Fortschritt zugetrieben und gleichzeitig neue Trümmer der Geschichte schaffend?[26] (Benjamin 1977, 255). Benjamin fordert ein radikales historisches Umdenken, das sich vom fortschrittsorientierten Herrschenden der Geschichte der unterdrückten Klasse der Geschichte zuwendet.

Erzwingt der Park der Statuen des Sozialismus, betretbar durch die Mauer der Geschichte, ein solches Aufmerken? Was könnte der Park für die Stadt Budapest, die sich nun auch dem kapitalistischen Fortschritt verschrieben hat, bedeuten. Was für die ausländischen Besucher des Parks. Es waren nur wenige von den vielen Besuchern der „Schönen an der Donau" dort.[27]

---

[26] S. hier S. 112; vgl. auch Anderson 1993, 161; Highmore 2002, 65.
[27] So wird Budapest, die Schöne, in dem Dumont-Reiseführer „Ungarn" (Eberhardt 2002) eingeführt: „Buda – das Bergland, Pest – die Ebene, dazwischen die Donau; im Herzen die königliche Burg, daneben die ehemals reiche Bürgerstadt mit Fischerbastei und Matthiaskirche; Stadt der Lebensart und Kultur – Bäder, Galerien, Museen, Oper, Theater und luxuriöse Restaurants, Shoppingpaläste und Flohmarkt – nach wenigen Tagen weiß man, warum Ungarn ohne Budapest unvorstellbar ist". Bei Führungen, sei es mit dem Bus oder einem Donauschiff, wird die sozialistische Vergangenheit mit ihren gebauten Zeugnissen ausgeblendet.

Im Zaubergarten der Niki de Saint Phalle

„Im Absurden vermag der Geist einen Ausweg aus allen beliebigen Schwierigkeiten zu finden. Die Neigung zum Absurden öffnet dem Menschen aufs neue das geheimnisvolle Königreich der Kinder", schrieb André Breton über Alice im Wunderland (Caroll 1973). Wie die kleine Alice oder der große Claude Lévi-Strauss auf seinen Streifzügen mit André Breton und Max Ernst durch das New York von 1941, kurz ehe die USA in die Erschütterungen des Weltkriegs einbezogen wurden, mußte man durch Widerständiges auf die „andere Seite" gelangen, um die Zauberhaftigkeit einer anderen Welt zu entdecken.

Um in den Tarotgarten von Niki de Saint Phalle zu gelangen, muß man durch einen runden Eingang eine Mauer durchschreiten, die eine reale Welt, hier die einer toskanischen Kulturlandschaft, von der „irrealen" Zauberwelt des Tarotgartens trennt. Der Freund und Architekt Mario Botta, den Niki um den Entwurf dieses Eingangs gebeten hatte, schrieb dazu: „Niki muß gefühlt haben, daß der Garten eine abgeschlossene Insel bleiben sollte, um seinen außergewöhnlichen Zauber zu erhalten und zu beschützen" (Botta 1998, 24). Und so schuf er eine Eingangssituation, die beide Welten voneinander trennte. Der Eingang hat Schwellencharakter, soll den Besucher zu dem einzigartigen Ort einer „magischen Pause", dem Abstand von seinem Alltag führen.
Diese Mauer erschließt, wie der Lattenzaun im Sinne von Morgenstern, jenen Zwischenraum, in dem Grenzgänge noch stattfinden können, ehe er von ausschließenden Kulturen geschlossen wird. Was Michel de Certeau über die „Zweideutigkeit der Brücke" (Certeau 1988, 235) gesagt hat, – „mal verbindet und mal trennt sie" – kann auch für Zwischenräume der Mauern zutreffen. Der Grenzgang zwischen den Welten kann gelingen oder scheitern. Und das Scheitern ist zumeist anerkannter in den gesellschaftlichen Welten der Eindeutigkeiten als ein grenzgängerisches Gelingen, in dem die Verunsicherung der Ambivalenz verarbeitet wird.

Niki de Saint Phalle hat die Verunsicherungen ihrer Lebensgeschichte ästhetisch verarbeiten können. „Liebe, Protest, Phantasie" hieß die Ausstellung, die seit 1999 durch Deutschland lief (Niki de Saint Phalle 1999).

Wir stehen vor ihrer Botschaft, aber verstehen wir sie auch? Als Betrachter ihrer Schießbilder, ihrer naiven Traumbilder, ihrer Bilderbriefe „my Love what shall I do if you die", ihrer Nana Power und schließlich ihrer Monumentalskulpturen, in denen sie selbst, wie in ihrem Tarotgarten, wohnen konnte. Als Anthropologin *und* als Frau entsteht zunächst Verunsicherung, auch Abwehr, gegenüber einem derart selbstbezogenen Konzept. Diese Abwehr wird verstärkt durch die sowohl männlichen als auch weiblichen Enthusiasmen, wenn es um die „Erklärung" ihrer ästhetischen Konzepte geht (vgl. Niki de Saint Phalle 1999; Mazzanti 1998). Bezüglich des Tarotgartens steigert sich das zum Bild der „Muttergöttin einer sagenhaften Baustelle" (Restany 1999, 13). Doch Pierre Restany spricht auch von einem „erhabenen Kitsch": „Die Entwicklung von Nikis Ouevre läßt an die reißende Strömung eines barocken Sturzbaches denken, der allzeit bereit ist, seine Fracht an Pop-Anschwemmungen in die Mäander eines erhabenen Kitsches auszuschütten" (ebd. 12). Das Erhabene und der Kitsch. Ist das nicht ein Widerspruch in sich seit Adornos „impliziter Ästhetik des Erhabenen" für die Moderne (Welsch 1998, 114ff.), in der die Warenästhetik als deren Antipode gesehen wird. Tritt die „barocke Kraft" aus dem Zwischenraum heraus, um im breiten Fluß des distanzlosen und kitschigen Massenkonsums unterzugehen? Dazu sind ihre Figuren zu stark, zu absurd und gleichzeitig zu naiv.

Niki de Saint Phalle schuf gemeinsam mit Jean Tinguely zwischen 1979 und 1997 in Garavicchio in der Toskana ihren Tarotgarten, in dem die Grenzen zwischen Architektur und Skulptur aufgelöst werden. Niki hatte in der Gruppe der neuen Realisten um Yves Klein ihren eigenen monumentalen und auch aggressiven Weg gefunden. Anregungen von phantastischen Gartengestaltungen und begeh-, ja, bewohnbaren Skulpturen werden ebenso zitiert, wie die Faszination durch das „Palais Ideal" des Art Brut-Künstlers und Briefträgers Ferdinand Cheval, als auch durch den Park Güell von Antonio Gaudí in Barcelona (Crispolti 1998; Renftle 1999; Niki de Saint Phalle 2000), aber zentral bleibt ihr eigener Weg, der zu dem Tarotgarten führt: „Wenn das Leben ein Kartenspiel ist, dann sind wir geboren worden, ohne die Spielregeln zu kennen. Und doch müssen wir mitspielen" (Niki de Saint Phalle in Renftle 1999). Hier zeigt sich sehr deutlich, daß ihr Tarotgarten sich der „Lebenshilfe" für selbstbezogene Anhänger einer neuen

Spiritualität verweigert. Man ist eher mit der Absurdität eines Wunderlands hinter den Spiegeln konfrontiert wie Alice.

Im Tarotgarten begegnen die üppigen grellfarbigen Fabelwesen von Niki de Saint Phalle in Konfrontation und Dialog sich einander (am stärksten ausgedrückt in dem zweigeschlechtlichen Teufel) und den Metall- und Schrottassemblagen Tinguelys. „Seinen schaurig-schönen und unverwechselbaren Charakter erhält der Tarotgarten ... durch die Kakophonie eines monotonen Stöhnens und Ächzens, Jammerns und Klagens düstergespenstischer, stumpf bewegter Apparaturen, die auf die zivilisatorische Degeneration ebenso verweisen wie auf Tod und Apokalypse. Durch ihren ironisch-sarkastischen Zug bereichern und hinterfragen sie die emotionale Unmittelbarkeit von Niki de Saint Phalles Märchenzauber" (Renftle 1999, 94). Aber auch der „Märchenzauber" ist keine angepaßte Idylle, sondern Protest gegen die Zerstörung der sinnlichen durch die vernünftige Wahrnehmung in ihrer/unserer Gegenwart: „Die wahre Macht ist diejenige, die wir nutzen, um mit Liebe und Humor jene destruktiven Instinkte, die wir in uns tragen, zu zähmen. Schließlich habe ich niemals das Bedürfnis nach Vernunft verspürt" (Niki de Saint Phalle in: Renftle 1999, 106).

Um diese Gedanken, den Sinn der sinnlichen Berührung durch ihre ästhetische Verortung, vor der anästhetischen Vermarktung (vgl. S. 95) und dem Kitschmenschen zu schützen, hat Niki de Saint Phalle eine Mauer bauen lassen. Eine Mauer allerdings, die eine Schwelle zu ihrem Zwischenraum offen läßt.

Ein erstes Fazit

Wir sind in diesen Aphorismen über und durch Mauern in Zwischenräume gewandert, die Künstler und Künstlerinnen, Denker und Denkerinnen für uns und mit uns besetzt haben. Diese Zwischenräume, hybride Grenzräume, sind umgestaltende, ästhetische Aneignungen von Mauern, die ein Drinnen und ein Draußen der historischen gesellschaftlichen Grenzziehungen errichtet hatten. Der Widerstand ist den Zwischenräumen, den ästhetischen Orten, eingeschrieben. Auch dieser ästhetische Widerstand wandelt sich in den Zeiten, oft auf und mit den gleichen Mauern, zu neuen Setzungen ästhetischer Zeichen, zu neuen Schaffungen ästhetischer Orte. Sind Mauern nötig, um Zwischenräume zu schaffen?

Claude Lévi-Strauss schrieb 1977 zu seinen Erfahrungen von Zwischenräumen im New York von 1941: „Wer sich auf die Suche machen wollte, dem konnten sich ... Türen in der Mauer der industriellen Zivilisation öffnen, hinter denen andere Welten und alle möglichen Epochen lagen ... Heute, da man nicht mehr von Türen, kaum von Nischen zu träumen wagt, ... erscheinen jene geradezu mythisch. Aber selbst diese Nischen sind zum Spieleinsatz in einer unbarmherzigen Konkurrenz zwischen denen geworden, die sich nicht mit einem Leben in einer Welt ohne heimliche Schatten oder Unregelmäßigkeiten abfinden können, deren Geheimnis nur einige Eingeweihte bewahren. Während diese Welt nach und nach ihre früheren Dimensionen verliert, fesselt sie uns an die einzig verbleibende: man wird sie vergeblich nach verborgenen Ausgängen absuchen" (Lévi-Strauss 1985, 380).

Diesem resignativen Fazit gegenüber einer vermauerten Welt ohne Ausgänge möchte ich in diesem Buch das Prinzip Hoffnung (Ernst Bloch) ästhetischer Vermittlungen in Zwischenräumen gegenüberstellen, in denen Durchblicke stattfinden, sich wandeln, berühren, protestieren, träumen, heimliche Schatten werfen. Und ich möchte uns als Anthropologen und Anthropologinnen herausfordern, die Zwischenräume in den Mauern zuzulassen, um sie als Aura und Spur zu erfahren.

Ästhetische Vermittlungen

Die endlose Reihe der Dinge

Ich habe eine Performance gesehen, die meine Arbeit mit dem Begriff „ästhetische Vermittlung", wie ich sie in diesem Buch analysieren und vermitteln möchte, lesbar und sehbar wiedergeben soll. Der Alltag findet eine mit allen Sinnen wahrgenommene Überhöhung, die als Überhöhung „schön" sein und trotzdem als Vermittlung weh tun kann. Alltägliches wird über eine ästhetische Vermittlung in das Bewußtsein gerückt.
Die 5. „experimentelle Kunstbiennale" in den Gärten und Plätzen und Straßen des Darmstädter Komponistenviertels hieß „TransitArten". Die Gründerin und Kuratorin der Biennale, Ute Ritschel, sagt in ihrem Katalog-Vorwort: „Fremde und vertraute Orte erhalten Markierungen und liegen als neue ‚Landkarten' über dem Viertel. ‚Mapping Art' wird gerade in der Kunst und den benachbarten Wissenschaftsdisziplinen thematisiert, mit ‚TransitArten' in Darmstadt leisten wir dazu einen Beitrag" (TransitArten 2003, 5).[1]

Irgendwo an einer Straßenkreuzung des gepflegten Komponistenviertels mit seinen reichen Villen sah man eine seltsame Installation: auf den ersten Blick durch Schnüre verbundene rote Gegenstände zu einer Schleppe verknotet, die sich mit dem zweiten Blick als eine Collage aus Gegenständen unseres Alltags zeigte. „Die endlose Reihe der Dinge. Ein Lebenslauf", heißt es im Katalog. Ungefähr fünfhundert Meter davon entfernt sahen wir ein leeres Grundstück auf dem zwei Kräne standen, die mit weißem oder schwarzem Tuch überdeckt waren. Dazwischen zwei Menschen. 17.30 Uhr begann die Performance des Künstlerpaars Gabriele und Thomas Neumaier, beide Jahrgang 1948. Und dieser Jahrgang ist sicher wichtig, um auch die „endlose Reihe der Dinge", in 55 Jahren und den noch zu

---

[1] Diese „Biennale" wurde von der Kulturanthropologin, Performerin und Darmstädterin Ute Ritschel 1995 begründet und hat inzwischen ein hohes Niveau internationaler Besetzung erreicht. In diesem Jahr waren 75 aktiv Beteiligte aus 9 Ländern anwesend. 39 Kunstpaten hatten ihre privaten Gärten für die Künstler und das Publikum geöffnet, Plätze und Straßen waren mit Kunstaktionen besetzt.

erwartenden Jahrzehnten, und die einseitige Last der Dinge darzustellen. Der Mann setzte sich eine Maske auf, er schnallte die Frau an die Schleppe der Dinge („Die Schleppe und das Pneuma" hieß die Performance), er ging neben ihr, Hände in den Hosentaschen und eine für mich zerstörerische Musik spielend. Sie zog auf der Straße die endlose Reihe der häuslichen Dinge hinter sich her, immerhin real fünfzig Kilo, die Zuschauer standen am Straßenrand, gingen neben ihr, Autos, die die Straße ganz normal benutzen wollten, fuhren – von ihrem starren Gesichtsausdruck getrieben? – die Straße rückwärts. Als Zuschauerin sehne ich – in Solidarisierung mit der realen weiblichen Person, die das Ende ihrer Kraft vermittelte – das Ende der Wegstrecke herbei ... und wäre doch weiter gern Zuschauerin dieser ästhetischen, ja schönen Vermittlung eines geschlechtsspezifischen Elends der Welt geblieben. Die Performance nahm mir meine Ambivalenz ab. Der Mann schnallte die Frau von ihrer Schleppe los und sie gingen, kurz umarmt, auf die Kräne zu. Dort verschwanden sie in dem weißen oder schwarzen Gewand, wurden hochgehoben, die Gewänder entfalteten sich in Riesengröße, aus denen zwei kleine Köpfe herausragten, stumm, bewegungslos. Und die Frau bewegte sich doch, sie spielte mit einer roten Fahne mit Waschmaschinen-Anleitung, ließ sie fallen: ein kleines abgestürztes rotes Symbol auf einem weißen Gewand. „Weißt Du, Mama", sagte ein kleiner Junge unter den Zuschauern, „die weiße Frau ist die Braut des schwarzen Teufels".

Ein Alltag: nur ästhetisch, das meint sinnlich wahrnehmbar, vermittelt, als Ästhetisierung des Elends oder ästhetische Sinn-Vermittlung eben dieses Alltags, die zu Reflexionen zwingt?

Da war Haiti. In meinen „Grenzerfahrungen einer reisenden Anthropologin", ein Vortrag auf dieser Biennale, war Haiti in einem Bild und einem Text von Depestre angesprochen, über die Vernichtung des „kleinen guten Engels des Wissens und Verstehens, der Treuherzigkeit und des Traums" gegenüber dem „guten großen Engel der Muskelkraft", der im Zuge der Fremd- und Eigenkolonisation zum Zombie wird.[2]

---

[2] Vgl. Greverus 2002, 304ff.; hier Kapitel „Grenzerfahrungen".

Ästhetische Vermittlungen

Die endlose Reihe der Dinge, Performance von Gabriele und Thomas Neumaier

Das war der Text. Das Bild zeigt einen Schrottsammler, der die endlose – und schließlich nutzlose – Reihe der Dinge irgendwohin befördert. Auch hier Muskelkraft und jenseits des Traums. Da war nichts mehr schön. Ein Alltag der Ausgebeuteten, der weiblichen und männlichen. Die Bilder gleichen sich.
Es sind Alltage. Und diese Alltage sind Lebenswelten. Wer aber kann und will die der Anderen noch wahrnehmen? Bedarf es der ästhetischen Vermittlung von anderen? Von Künstlern, vielleicht auch von Anthropologen?

Näherungen und Fragen

Über diese Bilder und Texte, als Ein- und Abbildung, als Imagination und Repräsentation einer wirkenden Wirklichkeit, sollen verschiedene Ebenen einer ästhetischen Vermittlung entrollt werden, die uns Anleitung und Wegweiser für die Erfahrung der ästhetischen Orte und Zeichen sind.

Näherungen und Fragen

Schrottsammler in Haiti

Die Fragen konzentrieren sich auf einer ersten und zentralen Ebene auf die Relationen zwischen ästhetischem Objekt und dem gestaltenden und dem erlebenden Subjekt, auf Wahrnehmung, Vermittlung und Erfahrung eines Ästhetischen im Diskurs der Moderne und Postmoderne – und auf meine Position in diesem Diskurs.

Auf einer zweiten Ebene frage ich nach der Relation von Anthropologie und Kunst in der Vermittlung von „Welt" als Imagination und Erfahrung zwischen ästhetischem und rationalen Wissen. Die nahe Fremde und die fremde Nähe werden mir dabei ebenso wichtig wie die Begriffe von Konstruktion und Dekonstruktion oder auch die Othering-Debatte, die zu dem postmodernen anthropologischen Sündenbekenntnis der anthropologischen Konstruktion von historisch eingefrorener Andersheit geführt hat und nunmehr durch einen transnationalen Differenzierungsdiskurs abgelöst wird, der im Gegenwärtigen, das weder Vergangenheit noch Zukunft kennt, gefrieren könnte. Die vielfältigen ästhetischen Vermittlungen von Lebenswelten anthropologisch zu erfahren und zu vermitteln bedarf des analytischen Vergleichs in einem Gegenwärtigen, dessen Vergangenheitsprägung und Zukunftsorientierung nicht übersehen werden sollte. Ästhetik als Vermittlung nimmt viele Gestalten an und hinterfragt sowohl die Autonomie und Aura der Werke einer „hohen" Kunst als auch ihre Kategorisierung in Künste, ebenso die Nationalisierung dieser Künste und die Trennung einer westlichen autonomen Kunst sowohl von einer eigenen „niederen" Kunst (zwischen Volkskunst, populärer Kunst, naiver Kunst und Kitsch) und einer Ethnokunst des ganz Anderen, die dem fragmentierten Dasein des Eigenen als ganzheitlich gegenübergestellt wurde.

Aber bedarf der vernunftanthropologische Zugang zur Problematisierung ästhetischer Lebensführungen[3] auch einer ästhetischen Sensibilität der Anthropologen und Anthropologinnen, die sich auf die je verschiedenen ästhetischen Konstruktionen der Wirklichkeit einlassen und nach neuen Formen der Darstellung suchen, die den ästhetischen Prozeß nicht seiner Ästhetik berauben? Auf dieser Ebene bewegt sich meine dritte Fragestellung. Anthropologie wurde als „Wissenschaft vom kulturell Fremden" (Kohl 1993) geschrieben und gelesen, wobei das Fremde im Eigenen und das Eigene im Fremden durchaus einen neuen Stellenwert als Forschungsfeld bekamen. Vernunftanthropologisch können die Forscher und Forscherinnen jedoch immer noch außerhalb des Feldes der von ihnen dargestellten und (manchmal) problematisierten fremden sinnlichen Wahrnehmungen und Vermittlungen stehen. Macht sie nun gerade das zu Wissenschaftlern? Jedenfalls tun sich Anthropologen schwer, wird es ihnen trotz der „Krise der ethnographischen Beschreibung" schwer gemacht, sich jenseits des Paradigmas der interesselosen (im Sinne des persönlichen und „privaten" Nicht-beteiligtseins) wissenschaftlichen Neugierde und Vernunft einzuordnen. Ästhetik als Vermittlung aber ist nicht interesselos. Muß also eine inter-esse-lose anthropologische Vermittlung eines Ästhetischen eben an dieser Interesselosigkeit scheitern, oder wird sie erst dadurch wissenschaftlich? „Zwischen Poesie und Wissenschaft" hatten Ethnologen einen Sammelband genannt, in dem sie „den Rahmen der Ethnographie" überschreiten und „literarische Stile sowie den kunstschaffenden und musikalischen Aspekt" vorstellen. Ihre anthropologische Frage, ob die „Forschung in der ‚Fremde' nur wissenschaftlich darstellbar oder nur poetisch ausdrückbar" sei (Münzel, Schmidt, Thote 2000, 7) mündet in jenem „Zwischen" oder in dem Untertitel „Essays in und neben der Ethnologie", in denen das Fragen

---

[3] Vgl. zum „Projekt einer Anthropologie der Vernunft" Rabinow 2004.

aus einem dialogischen Zwischenraum und die ethnopoetisch darstellende Grenzüberschreitung gegen das selbstgewisse Problematisieren und „objektive" Darstellen eines fremden Raums aus einem unbeteiligten Wissenschaftsraum gesetzt wird.

Um der Dreiheit dieser anthropologischen Problemstellungen gerecht zu werden, sollen meiner Argumentation drei disziplinäre Stränge dienen, die sich dem Fremden und der ästhetischen Beziehung zwischen Fremdem und Eigenem zuwenden, als Interpretationshilfen für eine anthropologische Ästhetik[4] der Gegenwart: die künstlerische Avantgarde des ausgehenden 19. und frühen 20. Jahrhunderts mit ihrem ästhetischen und politischen Anspruch, die ästhetische Philosophie des Bruchs zwischen der Aura und der Atmosphäre in der Nachkriegszeit und das Verhältnis der ethnologischen Wissenschaften zu der Entdeckung des ästhetischen Gegenstands (dem „exotischen Ding") in der Geschichte des eigenen Fachs und in der Auseinandersetzung mit sich selbst, den anderen Disziplinen und dem Anderen selbst zwischen Exotisierung und Dialog.

Die Avantgarde: eine neue Ästhetik

Die wahrhaft transnationale künstlerische Avantgarde Europas zu Ende des 19. und zu Beginn des 20. Jahrhunderts überschritt nicht nur die Grenzen der akademischen Kunst im Eigenen, sondern erweiterte den ästhetischen Horizont um die Erfahrung und Vermittlung und Aneignung fremder, „exotischer" Ästhetiken bis zu den gesellschaftlichen Utopien, in denen das Leben selbst ein Gesamtkunstwerk werden sollte, an dem jeder sinnstiftend beteiligt wäre.

1891 begann Gauguins Südsee-Phase, die wie seine vorhergehende bretonische Malerei unter dem Label „Primitivismus" (Perry 1993) eingeordnet wird. 1913/14 malte Emil Nolde als Begleiter einer Expedition seine

---

[4] Wenn ich im folgenden von einer anthropologischen Ästhetik als einem (zu schaffenden) Schwerpunkt der Kultur- und Sozialanthropologie spreche, dann meine ich damit sowohl eine vergleichende Anthropologie der ästhetischen Prozesse als auch die anthropologische Suche nach den eigenen ästhetischen Vermittlungsmöglichkeiten einer Wissenschaft.

Südseebilder. Der „Vater der Naiven" Henri Rousseau war 1886 in die Ausstellung des „Salon des Indépendants" aufgenommen worden. Der Katalane Joan Miró, zutiefst beeindruckt von Henri Rousseau, aber auch von japanischen Holzschnitten und nicht zuletzt von der Landschaft seiner Heimat, malte von 1918 bis in die frühen zwanziger Jahre seine Bilder eines „poetischen Realismus" (Dupin 1961), die wir in ihrem „primitivistischen Detaillismus" (ebd. 90) als „naiv" bezeichnen können. „Im Augenblick, da ich an einer Landschaft arbeite", schreibt Miró 1918 an einen Freund, „beginne ich sie zu lieben ... Langsames Erfassen der vielfältigen Nuancen ... Ein Glück, in der Landschaft auf das Verstehen eines Grashalms zu warten ... Abgesehen von den Primitiven und den Japanern hat sich niemand wirklich mit dieser so göttlichen Sache befaßt. Man sucht und malt nur die großen Baum- und Bergmassen, ohne der Musik der winzigen Blumen, Grashalme und kleinen Steine am Weg zu lauschen" (ebd. 82).[5] Über den Weg des so eigensinnig verstandenen Primitivismus findet Miró jenen eigenen Weg eines abstrahierenden poetischen Stils, der für uns Spätere sich eher in der heiteren und verträumten Poesie des Surrealisten Miró zeigt, als in seinem „tragischen Realismus" (Dupin) und den monströsen Figuren seiner „wilden Bilder", mit denen er nicht nur die Schrecken des Spanischen Bürgerkriegs (1936–1939), sondern auch die wachsende Macht der europäischen Diktaturen zu bannen suchte. Paris war ihm in dieser Zeit des Bürgerkriegs Exil, aber bereits 1919 war ihm die Stadt zur zweiten Heimat geworden. Dort begegnete er seinem Landsmann Pablo Picasso, den Dadaisten und den Surrealisten und, wie es heißt, auch den Bildern Paul Klees, „der den Pariser Malern auf dem Weg des Irrationalen und des Unbewußten um mehrere Jahre voraus war" (Dupin 1961, 132).

Wie Emil Nolde hatte auch Paul Klee die Masken ozeanischer und afrikanischer Völker als jene „Primitivität" erfahren, die für viele Künstler der Avantgarde zu den Anfängen und dem Wesen menschlicher Kreativität führte und in ihre eigene künstlerische Bildkraft einging.

---

[5] Der Interpret Dupin schreibt dazu: „ ... sein poetischer Detaillismus ist Antirationalismus voll musikalischer Unruhe ... Diese Landschaften haben einen inneren und einen äußeren Aspekt, sie sind Montroig [Heimkehr-Ort und -Landschaft für Miró], wie es jeder sieht, und das zugleich von Miró erträumte und geschaffene Montroig, wirkliches Land und irdisches Paradies, phantastischer Garten, den ein Bauer durchschritten und ein Primitiver gemalt hat" (Dupin 1961, 84).

„Es gibt nämlich auch noch Uranfänge von Kunst, wie man sie eher im ethnographischen Museum findet oder daheim in der Kinderstube ... Parallele Erscheinungen sind die Zeichnungen Geisteskranker ... Alles das ist in Wahrheit viel ernster zu nehmen als sämtliche Kunstmuseen, wenn es gilt, die heutige Kunst zu reformieren", sagte Paul Klee 1912 in einer Rezension (in: Osterwold 1987, 31). Die Pariser Avantgarde hatte zu Beginn des 20. Jahrhunderts die Ästhetik Afrikas entdeckt,[6] vor allem ihre Masken gesammelt und zum verfremdeten Gegenstand eigener Arbeiten gemacht (Heinrichs 1995), von denen Picassos „Gitarre", die einer Grebo-Maske aus eigener Sammlung nachempfunden war, oder die Maskenköpfe der „Demoiselle d'Avignon" zu den berühmtesten Beispielen gehören. Bei der Eröffnung des „Premier festival des Arts Nègres" 1966 sagte André Malraux: „An dem Tag, an dem Picasso seine ‚période nègre' begann, hat der Geist, der Jahrtausende lang die Welt umspannte und nur sehr kurze Zeit verschwunden war (vom 17. bis zum 19. Jahrhundert europäischer Rechnung), seine verlorenen Rechte zurückerhalten" (in: Schneider 1987, 394).

In Deutschland war es insbesondere „Der Blaue Reiter", 1912 von Wassily Kandinsky und Franz Marc herausgegeben, der zu einem der bedeutendsten Manifeste der modernen Kunst vor dem Ersten Weltkrieg wurde (vgl. Gassen 2003). „Das hiermit angekündigte erste Buch", schrieb Franz Marc in einem Prospekt für die Subskription, „umfaßt die neueste malerische Bewegung in Frankreich, Deutschland und Rußland und zeigt ihre feinen Verbindungsfäden mit der Gotik und den Primitiven, mit Afrika und dem großen Orient, mit der so ausdrucksstarken Volkskunst und Kinderkunst, besonders mit der modernsten musikalischen Bewegung in Europa und den Bühnenideen unserer Zeit" (in: Kandinsky, Marc 1987, 267f.). Eine Ankündigung war mit einem Gemälde von Henri Rousseau geschmückt, und der gedruckte Almanach enthielt schließlich Bilder aus allen Bereichen der oben aufgeführten bildenden Kunst, die *nicht* als Textbegleitung gelesen werden sollten, sondern als eine eigene Sprache, als „innerer Klang" und

---

[6] 1915 war Carl Einsteins Band „Negerplastik" erschienen, der in seiner bald folgenden französischen Übersetzung auch in Paris große Beachtung fand, 1921 „Afrikanische Plastik"; zur Bedeutung einer afrikanischen Ästhetik für die Avantgarde vgl. auch Leiris 1953 und Heinrichs 1995.

„Gegenklang", die dem Betrachter trotz der äußeren Verschiedenheit die innere Identität entblößt. In seinem Beitrag „Über Bühnenkomposition" geht Kandinsky nochmals auf die eigene Sprache der Künste ein: „Jede Kunst hat eine eigene Sprache, d.h. die nur ihr eigenen Mittel. ... Im letzten innerlichen Grund sind diese Mittel vollkommen gleich: das letzte Ziel löscht die äußeren Verschiedenheiten und entblößt die innere Identität. Dieses letzte Ziel (Erkenntnis) wird in der menschlichen Seele erreicht durch feinere Vibrationen derselben. ... Der undefinierbare und doch bestimmte Seelenvorgang (Vibration) ist das Ziel der einzelnen Kunstmittel. Ein bestimmter Komplex der Vibrationen – das Ziel eines Werkes. Die durch das Summieren bestimmter Komplexe vor sich gehende Verfeinerung der Seele – das Ziel der Kunst" (ebd. 190f.). Wenn der Künstler die richtigen Mittel als Ausdruck seiner Seelenvibration findet, erzeugt er Schwingungen in der Seele des Empfängers, die identisch sind und doch der Phantasie, die am Werk weiter schafft, Raum gewährt. Was durch die notwendige Form vermittelt wird, ist, wie es an anderer Stelle heißt, „der schaffende Geist (welchen man als den abstrakten Geist bezeichnen kann)" („Über die Formfrage", ebd. 132).[7]

Kandinsky emigrierte 1921 von Moskau nach Deutschland, das er schon von Studienaufenthalten kannte.[8] Nach der Oktoberrevolution hatte er in der Förderung der russischen Avantgarde eine bedeutende offizielle Rolle gespielt. Noch kurz vor seiner Emigration gründete er die Russische Akademie der Kunstwissenschaften und entwickelte ein Konzept für deren physio-psychische Abteilung, dessen Ziel es war, die Prinzipien eines synthetischen künstlerischen Ausdrucks zu finden. Dazu gehörte ein Programm, das alle künstlerischen Zweige (Architektur, Skulptur, Malerei, Druckindustrie, Musik, Ballett, Literatur, Theater und Kunsthandwerk) einschließlich der außerästhetischen Schöpfungen (Konstruktion von Gebrauchsprodukten) umfaßte, sowie eine Untersuchung der ästhetischen Konzepte in „primitiver Kunst". Sie schloß die Kinderkunst, die Kunst primitiver und ländlicher Völker, die Primitiven des frühen Christentums und der mittelalterlichen Kunst, den Primitivismus in der modernen Kunst und die primitive Kunst des alten Orients ein (Bowlt 1988, 196ff.).

---

[7] Vgl. auch die wohl wichtigste theoretische Schrift von Kandinsky „Über das Geistige in der Kunst", 1912.
[8] Vgl. die Kurzbiographie in Utopie 1992, 744f. und Bowlt 1988, 17.

Die Kunst der russischen Avantgarde reichte von der primitivistischen Orientierung an der einheimischen bäuerlichen Kunst und der Entwicklung eines „naiven" Stils bis zu jenem Prozeß der Reduktion und Abstraktion, für den Malewitschs „Schwarzes Quadrat" (1915) des Suprematismus steht (Sharp 1992, 32ff.). Seit den späten zwanziger Jahren kündigte sich in der russischen Avantgarde, angeregt durch die neuen medialen Möglichkeiten von Fotografie und Kino, eine erneute Wendung zur Figurativität an, die nach Groys die Wende zum Sozialistischen Realismus und „den Visionen einer neuen, die ganze Menschheit umfassenden utopischen Massenkultur" verdeutlicht (Groys 2003, 28). Er zeigt den formalen Übergang von der Abstraktion der suprematistischen Phase zu dem „Aufbauvorgang", aus „den gleichen Elementen eine ‚neue' Welt und einen ‚neuen' Menschen" zu schaffen, am Beispiel der vier zwischen 1928 und 1932 gemalten drei weiblichen Figuren von Malewitsch. Das Bild „Schnitterinnen" (1928–1929) sehe ich in einem Kontext, der formal nicht nur an einer abstrahierenden Figurativität der transnationalen Avantgarde anknüpft und sie in einen sozialistischen Realismus überführt, sondern in eben diesem Zusammenhang auch die transnational gültig werdenden Inhalte je nationaler politischer Proteste und sozialistischer Utopien verkündet, die vor dem Heldenkult und dem wieder verbürgerlichten „fotografischen" sozialistischen Realismus einer Welt des „sozialistischen Glücks" der einfachen Sowjetmenschen stehen.[9]

Den internationalen Austausch und die Beharrungskraft der Form- und Inhaltssprache einer ästhetischen Vermittlung aus dem Stil der revolutionären Moderne halte ich für eine notwendige Aussage in der transnational gewordenen Ästhetik des politischen Protests. Es ist der Sinn des Protests, der sich ästhetisch vermittelt und Kunst wird. Wenn ich vor den Bildern der französischen und spanischen, der deutschen und der russischen Moderne stehe, wenn ich die künstlerischen Wege zwischen diesem Europa und dem revolutionären Mexiko, zwischen den Protestmalereien der Sandinisten Nicaraguas, einschließlich ihrer „Primitivistas", und einer weltweiten So-

---

[9] Zu der Kontroverse, ob es sich im sozialistischen Realismus um Kunst, Kitsch oder einen „anderen" ästhetischen Prozeß handelt, für dessen Sinnkonstruktion alle Mittel recht sind, vgl. hier auch S. 93ff. über Kitschinterpretationen und das Kapitel „Protest und politische Utopie an der Wand".

lidaritätsszene, oder die Wege der Mauermaler von Orgosolo in Sardinien verfolge, sehe ich ihre Verbindung eben in jenem transnationalen Protest gegen die Versklavung eines geistigen Lebens durch die Herrschaft des (bürgerlichen und verbürgerlichten) Nationalen. Die gemeinsame Formensprache, die sich jenseits der ästhetischen Zeiterscheinungen erhalten hat, ist für die Vermittlung eines Geistigen notwendig, das sich auf die revolutionären Vorbilder beruft. Die russische Avantgarde hatte die Ästhetik einer Kollektivierung der Sinnwahrnehmung über die sinnliche Wahrnehmung am weitesten vorangetrieben, schwankend und Verbindung suchend, zwischen der Verherrlichung eines bäuerlichen vorindustriellen Alltags und dem Sprung in die Technik und einen künstlerischen Futurismus, der eine Maschinenwelt vom Technischen in das Ästhetische überführen will. „Es ist zugleich der Augenblick, in dem die russische Moderne alle Opposition zur Modernisierung der Lebenswelt im Laufe der Industrialisierung und Massenproduktion aufgibt und sich selbst als Öl und Motor im Getriebe des Modernisierungsprozesses versteht und gebärdet" (Gaßner 1992, 110). In der Deklaration der Gruppe „Oktober", der Vereinigung für künstlerische Arbeit,[10] von 1928 werden die Organisation von Massenfesten, das künstlerische Design der Objekte der industriellen Massenkonsumption und der zentralen Treffpunkte für die neue kollektive Lebensweise, sowie die Konstruktion eines sozialen Wohnungsbaus als Ziele hervorgehoben. Abschließend heißt es: „... die künstlerisch fortgeschrittenen aktiven und an der Kunst interessierten Schichten des Proletariats wachsen vor unseren Augen. Die Laienkunst bezieht unübersehbare Massen in die künstlerische Arbeit ein. Diese Arbeit ist mit dem Klassenkampf verbunden, mit der Entwicklung der Industrie und der Umgestaltung des Lebens" (Gaßner, Gillen 1979, 183; vgl. Bowlt 1988, 279). Und Alexsei Gan,[11] schrieb in seinem Buch über Konstruktivismus (1922): „Kunst ist beendet. Sie hat keinen Platz mehr in dem menschlichen Arbeitssystem, in Arbeit, Technologie,

---

[10] Die Vereinigung wurde 1928 gegründet. Sie umfaßte zahlreiche künstlerische Aktivitäten, u.a. auch Architektur, Design, Film, Fotografie und Fotomontage, konzentrierte sich aber vor allem auf die industriellen und angewandten Künste. Vgl. Bowlt 1988, 273ff.; Utopie 1992, 721.

[11] Gan starb 1942 mit 49 Jahren in einem Gefängnislager. Er war Mitbegründer der ersten Arbeitsgruppe der Konstruktivisten, entwarf architektonische und typografische Projekte, Kinoplakate und Bucheinbände. Er war Mitglied zahlreicher Künstlervereinigungen, u.a. von Oktober (Bowlt 1988, 214ff.).

Organisation! ... Über die Kunst hinaus schließt sich der Konstruktivist mittels einer intellektuell-materiellen Produktion der proletarischen Ordnung im Kampf mit der Vergangenheit der Eroberung der Zukunft an" (in: Bowlt 1988, 223, 225).

In den frühen dreißiger Jahren setzte die Diktatur Stalins der künstlerischen großen Utopie der russischen Avantgarde von einer ästhetischen kommunistischen Zukunft, in der sich Kunst und Arbeit verbinden, ein Ende.[12] Die „Traumfabrik Kommunismus" (Groys, Hollein 2003) der Sowjetunion beherrschte die Künste und entfernte sich von der Utopie einer „Kunst in die Produktion" zu einer Realität der Trennung einer „realistischen" Kunst für die Massen, in der der Arbeitsalltag zur Idylle gerann, und einer industriellen Produktion, bei der die Massen diesem Prozeß gnadenlos ausgeliefert waren. Kunst und Produktion begegneten sich jedoch im Monumentalismus der nationalen Machtgebärde.

Und diese, jede avantgardistische Ästhetik durch Verbot, Vereinnahmung und Verfolgung der Künstler vernichtenden, totalitären politischen Machtgebärden haben die künstlerische Sprache einer transnational und kollektiv argumentierenden Avantgarde zum Verstummen gebracht. Über die stalinistische Diktatur, den spanischen Bürgerkrieg und den Sieg des Franco-Regimes, über den italienischen und den deutschen Faschismus, der im Zweiten Weltkrieg gipfelte, auch über die Nachkriegstrennung Europas in politische Blöcke der Abhängigkeiten wurde eine Stimme des Ästhetischen ausgelöscht, die in ihrem kollektiv-utopischen Anspruch so nie wieder gefunden werden wird. Zwischen der „traurigen Wissenschaft" (Adorno 1987) der Nachkriegszeit, die Reflexionen aus dem beschädigten Leben und den Verlust einer autonomen Kunst thematisiert (vgl. Greverus 1995, 14ff.), der postmodern fragmentierten Individualität „nomadischer" (Künstler)Persönlichkeiten und dem „Füllhorn der gekauften Identitäten" in der „Vielfalt marktgängiger Lebensstile" (Bauman 1995, 335) kann es keine Rückkehr in eine kollektiv gedachte Ästhetik des Widerstands[13] geben. Oder doch? Hat sich die Ästhetik des Widerstands aus den Provinzen der „unästhetischen Demokratie[n]" (Grasskamp 1992)[14] in neue „fremde"

---

[12] Die formale Proklamation des sozialistischen Realismus wurde auf dem Ersten Schriftstellerkongreß 1934 vorgebracht.

und fremd gemachte Nischen und Zwischenräume verabschiedet, die jenseits einer marktabhängigen „ästhetischen" One World-Ideologie marktgängiger Vielfalt liegen?

Poetische Erkenntnis und surrealistische Verwandlung

„Auf die Frage, was vom Surrealismus heute noch übrig bleibt, würde ich antworten: Alles. Ich denke nicht an Kunst oder Dichtung, Kino oder Theater, Fotografie oder Bücher. Ich denke an eine Lebensphilosophie, an einen Gemütszustand, eine Moral, eine Reinheit, ein Bedürfnis nach Freiheit. Ebenso wie von der Kenntnis des Klassenkampfes oder des Unbewußten, gibt es auch vom Surrealismus kein Zurück: der Surrealismus hinterläßt eine bleibende Spur" (Arturo Schwarz in: „Die Surrealisten" 1989, 102).[15] Zwischen den Weltkriegen erlangte der Surrealismus mit seinem Zentrum in Frankreich und seiner intellektuellen Leitfigur André Breton eine internationale Bedeutung des avantgardistischen Protests, der erneut die Freiheit des ästhetisch sich selbst (und damit auch, im Selbstverständnis, des politisch und gesellschaftlich) verantwortlichen Individuums einklagte. Diese Verantwortung wurde vor allem in einer „Aufgabe des Dichters und Künstlers [gesehen], das menschliche Problem in all seinen Facetten zu vertiefen. Was bedeutet, daß er unbegrenzt die Führung des Geistes übernehmen muß, bis er die Fähigkeit erlangt, die Welt zu verändern", denn die „Interpretation der Welt muß stets mit der Veränderung der Welt verbunden

---

[13] Ich habe diesen Begriff aus dem Buchtitel von Peter Weiss „Die Ästhetik des Widerstands" (1975) entlehnt. Wolfgang Welsch setzt sich mit dem Begriff des Widerstands von Weiss auseinander und stellt diesem eine an Lyotard orientierte „postmoderne Ästhetik als Widerstandskonzeption" gegenüber (Welsch 1998, 157ff.)

[14] Grasskamps Buch über die unästhetische Demokratie trägt den Untertitel „Kunst in der Marktgesellschaft". Bauman (1995, 313ff.) arbeitet in dem Kapitel „Die Zukunft der Solidarität" einen über die Konsumentenfreiheit entstandenen Verlust an einem Denken in Freiheit heraus: „Vor allem lenkt die Konsumentenfreiheit die Hoffnungen der menschlichen Freiheit erfolgreich von Gemeinschaftsangelegenheiten und der Verwaltung des kollektiven Lebens ab" (ebd. 319).

[15] Die zuerst von Schwarz für Mailand konzipierte Ausstellung wurde 1989/90 in der Schirn Kunsthalle Frankfurt gezeigt. Schwarz sagt von sich selbst: „Ich bin Italiener und verstehe mich als Surrealist und Anarchist" (ebd. 100).

bleiben" (Breton, Discourse pour la défense de la culture, 1935, in: Schwarz 1989, 69). Wenige Jahre später, in der Vorahnung des Zweiten Weltkriegs, nahm diese Forderung dringenden Charakter an. 1938 reiste Breton nach Mexiko, das auf die französischen Intellektuellen seiner Zeit eine große Anziehungskraft ausgeübt hatte.[16] Breton verfaßte mit Leo Trotzkij und Diego Rivera das Manifest „Pour un art révolutionaire indépendant" (Für eine unabhängige revolutionäre Kunst).[17] Das interdisziplinäre Projekt FIARI (Internationale Föderation der unabhängigen revolutionären Kunst) wurde in Mexiko ins Leben gerufen und nach Bretons Rückkehr in Frankreich begründet. Seine Monatszeitschrift Clé endete allerdings bereits nach der zweiten Nummer im Februar 1939 in der politischen Katastrophe, die sich über Europa ausbreitete. In der ersten Nummer dieser Zeitschrift geht es in dem Leitartikel „Pas de patrie" um die Absage an ein Frankreich, das Asylbewerber wieder ausliefern will. Damit wird erneut die geforderte Transnationalität der Kunst und des Lebens in einer veränderten Welt untermauert:[18] „Die Kunst kennt sowenig ein Vaterland wie die Arbeiter. Heute die Rückkehr zu einer ‚französischen Kunst' zu fordern, wie das nicht nur die Faschisten, sondern auch die Stalinisten tun, heißt, sich der Aufrechterhaltung der für die Kunst unerläßlichen engen übernationalen Bindung widersetzen, heißt, auf die Entzweiung der Völker, auf ihren Rückfall in die Verständnislosigkeit füreinander hinarbeiten" (Clé Nr. 1, Jan. 1939, in: Schwarz 1989, 72).

---

[16] Breton schreibt: „Es gibt noch ein Land auf der Welt, in dem der Wind der Befreiung immer noch weht ... Alle Hoffnungen, die andere Länder – die UdSSR, Deutschland, China, Spanien – geweckt haben, brennen nun in Mexiko" („Souvenir de Mexique", Minotaure 1939, 12–13, in: Schwarz 1989, 67). Der mexikanische Präsident Lazaro Cardenas (1934–1940) hatte auch dem 1929 aus der UdSSR verbannten Trotzkij politisches Asyl gewährt. Zu Bretons Mexiko-Reise vgl. auch: „Erinnerung an Mexiko" und „Besuch bei Leo Trotzkij" in: Breton 1981; „Frida Kahlo Rivera" in: Breton 1967.

[17] Breton 1981, 28–34; Metken 1976, 183–187. Dieses Manifest wird allgemein als von den drei Autoren verfaßt angesehen, vgl. hier Kapitel „Protest und politische Utopie an der Wand"; Werner 1994, 41. Schwarz dagegen schreibt, daß Rivera keinen Anteil an der Abfassung hatte und sein Name nur aus taktischen Gründen eingesetzt worden wäre (Schwarz 1989, 69).

[18] Breton sprach von der Abschaffung der „lange Zeit für notwendig gehaltenen Unterscheidung zwischen Kunst und Leben" (vgl. Schwarz 1989, 22).

Ästhetische Vermittlungen

Es gibt eine „Weltkarte" der Surrealisten,[19] die ich 2004 zum ersten Mal bewußt auf dem Prospekt der surrealistischen „Wunderkammer" der Menil Collection in Houston für mich decodiert habe.[20]

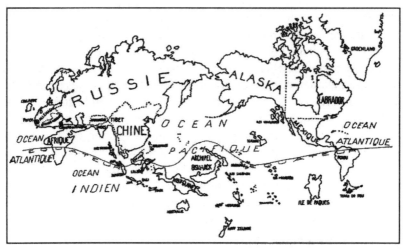

Surrealistische Weltkarte, 1929

Sie hat verschiedene Auslegungen erlebt: als Verweis auf die Länder, die den surrealistischen Blick auf „primitive Kulturen" lenkten (Rubin 1984), als „Schlüssel-Moment der Überraschung", das in depaysement (Entheimatung als Entnationalisierung) gefunden werden soll (Waldberg 1981), als eine Landkarte, „die topographische Orte in Räume des Wissens" überführt (Werner 2005). Französische nationale Identität, die sich über Grenzen definiert, wird in dieser Weltkarte durch die Löschung Frankreichs zerstört.
Paris allerdings bleibt als transnationale Heimat des Surrealismus zen-

---

[19] Erschienen 1929 in der Sondernummer „Le Surréalisme en 1929" der Zeitschrift Variétés. Revue mensuelle illustrée de l'esprit contemporrain. Brüssel 1929.
[20] In dem Prospekt der Menil Collection „Witnesses to a Surrealist Vision" steht: „Die surrealistische Weltkarte ... ist eine witzige, aber trotzdem ernsthafte Alternative zu den üblichen Karten, indem sie die Bedeutung aufweist, die die Surrealisten den primitiven Kulturen beimaßen – insbesondere denjenigen der amerikanischen Nordwest-Küste und der pazifischen Inselwelt".

tral,[21] wenn auch am Rande von Allemagne eingeordnet. Deutschland war 1938 für Breton noch die Heimat einer transnationalen und revolutionären Avantgarde für die Kandinsky steht: „Das bewunderungswürdige Auge Kandinskys ist einer der allerersten und allergrößten Revolutionäre des Sehens" (Breton 1967, 292).
In seinem Kapitel „Vorläufer, Weggenossen und Enthüllungen" geht Arturo Schwarz auf Breton als Entdecker ein, nicht nur als Entdecker der „meisten der lebensvollsten Maler unseres Jahrhunderts", sondern auch der „zeitlich und örtlich fernen Kulturen ..., die ein wesentlicher Bestandteil unserer emotionalen und rationalen Welt sind". Außer den alten Meistern gehören dazu der „Vater" der naiven Kunst, Henri Rousseau, der zur Art Brut gehörende „spontane Architekt", der Briefträger Ferdinand Cheval (1836–1924) mit seinem Palais Ideal (vgl. Plessen 1984), der in der documenta 1972 unter „Bildnerei der Geisteskranken" ausgestellte Adolf Wölfli (1864–1930) und vor allem die „wilden" und „primitiven" Kulturen, „die er nicht als ethnographische Fundstücke, sondern als Kunstwerke betrachtet. Zweifellos hat sich mit dem Surrealismus der Blick auf die Kunst der Polarregionen der amerikanischen Indianer, auf die Kunst Süd-Ostasiens und Ozeaniens verändert" (Schwarz 1989, 97).
Mit der Abteilung „Surrealistische Wunderkammer" der 1989 in Frankfurt gezeigten Ausstellung „Die Surrealisten" setzt Schwarz das Konzept der surrealistischen Wunderkammern fort, in denen sich neben den surrealistischen Gegenwartskünstlern, ihren „Vorläufern" und Werken indigener Kulturen auch Fundstücke, mathematische Objekte und bearbeitete und unbearbeitete Naturobjekte finden.[22]

Surrealistische Weltkarte und Wunderkammer. Wie habe ich diese für mich, als Kulturanthropologin, erfahren? In der Primitivisierung, Entnationalisierung, Politisierung und Transnationalisierung der Karte, die sich in der Juxtaposition und Auflösung der festgeschriebenen Identitäten, der Verwischung der Grenzen und der Verschiebung der Größendimensionen ausdrückt, kann ich die Koexistenz der Gegensätze und ihr Zusammen-

---

[21] „Paris ... ist der Ort, von dem aus die Landkarte konzipiert ist; es wird dadurch zum Ausgangs- und Bezugspunkt der surrealistischen Welt erklärt. Seine Betonung als Ursprung einer Welt ... zeigt eine spezielle kulturelle Identität an, die sich von einer französischen kulturellen und nationalen Identität unterscheidet" (Werner 2002, 10).

treffen auf einer neuen Ebene wie in der surrealistischen Collage ablesen. Doch die Karte legt mich in meiner Wahrnehmung nicht fest. Auch die surrealistischen Wunderkammern legen meine ästhetische Wahrnehmung nicht fest, sondern überlassen die gesammelten Dinge meiner Imagination und Interpretation.

Ginka Steinwachs nannte ihre 1971 erstmals erschienene Schrift „Mythologie des Surrealismus oder Die Rückverwandlung von Kultur in Natur" (Steinwachs 1985). Dieser Rückverwandlung stellt sie Levi-Strauss' strukturalistisches Bemühen um das Problem des Übergangs von Natur in Kultur gegenüber. Und sie hebt in dieser Gegenüberstellung von Strukturalismus und Surrealismus das „Finden" als eine surrealistische Tätigkeit gegenüber dem „Auseinandernehmen und Zusammensetzen" als einer strukturalistischen Tätigkeit hervor, ebenso den Unterschied zwischen dem surrealistischen Protest gegen Entmischung und dem strukturalistischen Protest gegen Mischung.
Der Surrealismus will die Mischung, den Synkretismus des Daseins, nicht nur erhalten wissen, sondern auch an der Aufhebung des Widersprüchlichen der Gegensätze mitarbeiten. „Alles läßt uns glauben", schreibt Breton im Zweiten Manifest des Surrealismus (1930), „daß es einen bestimmten geistigen Standort gibt, von dem aus Leben und Tod, Reales und Imaginäres, Vergangenes und Zukünftiges, Mitteilbares und Nicht-Mitteilbares, Oben und Unten nicht mehr als widersprüchlich empfunden werden. Indessen wird man in den Bemühungen des Surrealismus vergeblich einen

---

[22] 1936 organisierte Breton für die Galerie Ratton in Paris eine Ausstellung „Exposition surréaliste d'objets" (vgl. Schwarz 1989, 374f.; insbes. zu den mathematischen Objekten vgl. Werner 2002), die wohl als erste dieser surrealistischen Wunderkammern gelten kann, in denen die Natur sich mit der Kunst in ästhetischer Wahrnehmung und Vermittlung vereint. Im gleichen Jahr organisierte Roland Penrose in London „The International Surrealist Exhibition" mit einer Vielfalt von Objekten (indigene Objekte, Fundobjekte der Surrealisten, surrealistische Objekte und überarbeitete Naturobjekte, vgl. Schwarz 375ff.). Diesen folgten zahlreiche weitere ähnliche Ausstellungen (ebd. 377ff.) gegen die verordnete staatsgläubige Kunst von Faschismus und Kommunismus vor allem im Westen Europas und in den USA vor und nach dem Zweiten Weltkrieg. Vgl. auch die 1999 eröffnete Wunderkammer „Witnesses to a Surrealist Vision" der Menil Collection in Houston. Zu den Sammlungen der Surrealisten vgl. a. Clifford 1988.

anderen Beweggrund suchen als die Hoffnung, eben diesen Standort zu bestimmen" (Breton 1968, 55). Die Bestimmung dieses Standorts geschieht aus der Imagination, die mit Intuition und Phantasie zu den Schlüsselworten des Verstehens einer surrealistischen ästhetischen Vermittlung von Sinn werden. Im Ersten Manifest des Surrealismus (1924) hatte Breton gegen die Vorherrschaft der wahrnehmenden Vernunft und der interpretierenden Logik argumentiert und diesem die ästhetische Wahrnehmung entgegengestellt, über deren Imaginationskraft neue Fakten geschaffen werden: „Wenn die Tiefen unseres Geistes seltsame Kräfte bergen, die imstande sind, die der Oberfläche zu mehren oder gar zu besiegen, so haben wir allen Grund sie einzufangen, sie zuerst einzufangen und danach, wenn nötig, der Kontrolle unserer Vernunft zu unterwerfen. Auch die analytischen Denker können dabei nur gewinnen" (Breton 1968, 15f.). Auch Louis Aragon argumentiert mit der Erfindung, die aus poetischer Erkenntnis, also Inspiration, erwächst: „Die Erfindung ist ... die Herstellung einer surrealen Beziehung (die Berücksichtigung des Realen, dessen Negation, seine Versöhnung und Poetisierung) zwischen konkreten Elementen, und ihr Mechanismus ist die Inspiration".[23] Fundobjekte, seien es Naturobjekte oder künstlich hergestellte Objekte, werden wahrgenommen und neu bestimmt. Ihre Verwandlung ist ein Akt der ästhetischen Vermittlung, in der sinnliche Wahrnehmung, imaginative Objektivierung und Entäußerung sich in der Überwindung der Gegensätze, auch denen zwischen Natur und Kultur, treffen.

Breton wollte den surrealistischen Standort als Aufhebung der Gegensätze bestimmen, als denjenigen, „wo Konstruktion und Destruktion nicht mehr gegeneinander ausgespielt werden können" (Breton 1968, 55), aber doch zeichnet sich der Surrealismus eben auch durch ein Auseinandernehmen und Zusammensetzen aus. Allerdings ist dieses Auseinandernehmen eher ein Akt der Zerstörung von bürgerlichen Werten, Wahrheiten und Gewißheiten in Politik, Wissenschaft und Kunst, dem die poetische Erkenntnis und die surrealistische Verwandlung entgegengesetzt werden. Das Eigene wird verfremdet und das Fremde entfremdet und zu einem neuen Eigenen gemacht. Das ist sicherlich ein ästhetischer Einverleibungsprozeß. Max Ernst hat diesen Prozeß als Collage-Technik benannt: „Collage-Technik ist die systematische Ausbeutung des zufälligen oder künstlich provozier-

---

[23] Aragon „Der Schatten des Erfinders" in: Metken 1976, 52.

ten Zusammentreffens von zwei oder mehr wesensfremden Realitäten auf einer augenscheinlich dafür ungeeigneten Ebene – und der Funke Poesie, welcher bei der Annäherung dieser Realitäten überspringt" (Ernst 1986, 24).[24]

Fundstücke – ein Exkurs

Es handelt sich um Steine, gern runde, und schließlich auch zementene Kugeln. Sie blieben von mir oft unbeachtete Natur- oder Kulturobjekte irgendwo (das ist die häufigste Nichtwahrnehmung von möglichen Fundstücken). Diese weder sinnliche noch logische Wahrnehmung von „Steinen" gewinnt ihr erstes sinnliches Aufmerken, wenn ich mich auf einem Spaziergang zum Beispiel an einem Stein stoße. Das tut weh. Dieser Stein ist noch kein ästhetisches Objekt, wird zwar sinnlich, aber nicht sinnhaft wahrgenommen. Aber vielleicht reflektiere ich tatsächlich über den „unschuldigen" Stein und die Bedeutung meiner Schmerzen, oder ich denke über den Begriff „Stein des Anstoßes" nach, oder es fallen mir Geschichten von steinernen Bedeutungen ein.

Schon dieses Reflektieren ist anthropologisch, weil es danach fragt, was Menschen in einer bestimmten Kultur wichtig ist. Allerdings, um Steine zu sammeln, muß man sich nicht unbedingt daran gestoßen haben. Man nimmt sie einfach als schön oder bizarr wahr.[25] Das gehört zu meinem privaten Voyage-Projekt. Ich sammle Fundstücke zwischen „natürlichen" Muscheln und Steinen und „kultürlichen" Souvenirs und ich sammle die Eindrücke dort, oft auch mithilfe meiner Kamera, ich sammle die Gespräche und Gedanken unterwegs, die meiner Gesprächspartner dort, meiner Mitreisenden von hier nach dort und meiner Gesprächspartner hier im ästhetisch-anthropologischen Zwischenraum des Hier und Dort, der sich zwischen fremder Nähe und naher Fremde ansiedelt. Die Muscheln und Steine und Souvenirs kann ich mit nach Hause nehmen und in meiner

---

[24] Vgl. „Jenseits der Malerei" (1936) und „Was ist Surrealismus?" (1934) in: Metken 1976.

Wohnung arrangieren, „ausstellen". Sie bleiben privat, weil ich weder bezahlt-beauftragte Sammlerin für Museen bin, noch systematisch genug, um „wissenschaftlich" für den Privatgebrauch zu sammeln und zu kategorisieren, noch reich genug, um mir meine halböffentliche „Wunderkammer" einzurichten. Meine Fundstücke werden nicht kategorisiert, sondern sind eine sichtbare Erinnerung, haben eine allerdings unsichtbare Bedeutung für mich. Im Daheim der anthropologischen Reflexionen über steinerne, kugelförmige ästhetische Anmutungen gewinnen dann auch die von anderen bedeutungstragend imaginierten Steine Bedeutung für mich als die Wahrnehmung des Anderen zwischen Ästhetik und Logik einer Kulturanthropologin.

Zweimal Houston. War es ein Zufall oder ein „objektiver Zufall" im Sinne einer surrealistischen Erfahrung? Drei Jahre vor meiner Entdeckung der surrealistischen Wunderkammer in Houston reisten wir mit Maria, einem fünfjährigen Mädchen, über Houston nach Nicaragua. Wir gingen in den Zoo. Vor diesem Zoo, am Eingang, waren große steinerne Kugeln aufgebaut. Da sagte das Kind: „In diesen Kugeln leben die Babies, ehe sie zur Welt kommen". Meine Sprachlosigkeit (auch nicht wissend, was diesem Kind für Geburts- und Schwangerschaftsphantasien, jenseits vom Klapperstorch, vermittelt worden waren) führte mich zu einer imaginationslosen, aber logischen Frage: wie kommen die Babies aus diesen harten Steinen auf die Welt? Kaum ein Zögern des Kindes. „Unten in den steinernen Kugeln geht ein Loch in die weiche Erde. Das ist der Weg der Babies". Ich nahm auch diese Steine als Geburtssteine in meine Wunderkammer der Imaginationen auf.

Im Jahre 2003 begegnete ich in Neuseeland anderen kugelförmigen „Geburtssteinen", die nicht nur meine Phantasie über die logischen naturwissenschaftlichen Erklärungen hinaus anregten, sondern mir auch die Imaginationskraft der Maori vermittelten. Sie heißen Moeraki Boulders. Sie

---

[25] Ich weiß es nicht, aber ich könnte mir durchaus vorstellen, daß es eine detaillierte ethnographische Beschreibung der touristischen Muschel- und Steinesammler gibt, kategorisiert nach Geschlecht, Alter, Klasse, nationaler und Stadt/Provinz-Zugehörigkeit, sich vielleicht sogar auf Bourdieus „feine Unterschiede" (1987) bezogen wird. Zum Sammeln oder der Assemblage einer materiellen und immateriellen Welt als Bestandteil eines westlichen Identitätskonstrukts vgl. Clifford 1988.

liegen als große und kleinere kugelförmige Findlinge, manche zerborsten, an der Ostküste des südlichen Neuseeland. Aber sie stecken auch noch verborgen in den Klippen oder dringen „geburtsbereit" (das ist meine Imagination) aus ihnen hervor. Für die Maori sind sie das Cargo, die Fracht, ihres großen Ozean-Kanus, das in einem Sturm an der Küste zerschellte. Die runden Wasser- und Nahrungsbehälter sind die Moeraki Boulders. Der Rumpf des Schiffs ist ein Felsenriff, ein naher Felsen der Steuermann und viele Hügel tragen die Namen von Mitgliedern der Crew oder werden als die großen Wogen gedeutet, die das Schiff überwältigten. Die naturwissenschaftliche Erklärung führt uns sechzig Millionen Jahre zurück in das Paläozän. Das heutige Land war Ozean, in dessen schlammigem Grund sich harte mineralische Ablagerungen bildeten, die organisches Leben in sich einschlossen. Um die organischen Kerne kristallisierte das verbindende Mineral und bildete kugelförmige Körper, die mehr als zwei Meter Durchmesser erreichen konnten. Vier Millionen Jahre werden für die Entstehung eines solchen Boulders angesetzt. Vor fünfzehn Millionen Jahren begann sich die Küstenzone zu bilden. Die Boulders wurden mit den Landmassen über Meereshöhe angehoben, schließlich durch Brandung, Regen und Sonneneinwirkung freigelegt und an den Strand geworfen.[26] Fakten und Bilder zu den Moeraki Boulders heißt es in den Informationen des Institute of Geological and Nuclear Sciences. Diese reichen von den Maori Legenden über die geologische Erklärung bis zur künstlerischen Verarbeitung. Die Fotos und die Bilder im Kopf der Touristen, und täglich kommen die Busse hier an, aber auch die der individuell reisenden Einzelgänger und Anthropologinnen auf ästhetischer Spurensuche, wie ich und meine Kollegin Ute Rischel, fügen neue Ein- und Abbildungen hinzu. Die Moeraki Boulders sind noch imaginierbar.

Und wieder in einem Museum. Dort, in Brisbane in Australien, wurde mir von weißen ethnologischen Museumshütern die visuelle Begegnung mit den „lehrenden Steinen"[27], den sacred-secret Churingas oder Tjurungas[28] verweigert. Diese Objekte waren archiviert und in Schubladen verborgen. Es hieß, daß die Ältesten der Aborigines sie dem Museum gegeben hätten, weil ihre Jugend keine Achtung mehr vor ihnen habe.[29] Als ich dann doch ein solches Objekt „sah", weil es noch nicht in einer der Schubladen, die sich nur für wissenschaftliche Zwecke öffneten, verborgen worden war, erlebte ich an der Reaktion des mich führenden Kustoden eine nahezu magische Angst vor der Strafe des Objekts – oder war es die Angst vor dem Museumsdirektor und dessen „going overprotective" (Greverus 1995b, 224)? Als Strafe des Objekts wurde es mir mit der Geschichte eines Weißen vermittelt, der irgendwo im australischen Outback einen Stein (es war ein Churinga) aufgehoben und mitgenommen habe. Er wurde krank, gewarnt und aufgefordert, diesen Stein zurückzubringen, aber er weigerte sich – und so mußte er sterben. Geschichten über den Raub heiliger Objekte und dessen todbringende Folgen gehören zu den Mythen der Aborigines (Berndt, Berndt 1989). Jedenfalls wurde auch ich vorsichtig, an ausgewiesen heiligen Orten einen Stein aufzuheben. Magische Angst oder ästhetischer Respekt? Die „lehrenden Steine" und ihre ästhetische Sinnvermittlung sind in meine Wunderkammer eingegangen.

Und noch eine letzte Geschichte aus der Vielfalt meiner möglichen Stein- und Kugel-Beispiele. Es bezieht sich, und ist hier abgedruckt, auf die sinnliche Wahrnehmung und anthropologische Interpretation[30] von steinernen, zementen Kuppeln und Kugeln, die sinnen- und Sinn vermittelnd in unser Dasein eingreifen wollen. Die Kirchenkuppel in dem nach einem Erdbeben neu erbauten Gibellina in Sizilien: Zunächst erinnert der Architekt an den arabischen Einfluß in Sizilien, aber schließlich verweist er auf die Symbolik der Kugelform als Himmelskörper, als Universum ... Die gewaltige Kuppel der Kirche von Gibellina wurde übermächtig, verstärkt durch den nach dem Einsturz des Kirchenschiffs verbotenen Eintritt in die demonstrierte Macht des Religiösen. Oder Ästhetischen? Und da war die

---

[26] Vgl. The Moeraki Boulders, Institute of Geological and Nuclear Sciences Information Series No. 1.
[27] 1988 wurde der Bildband „The Teaching Stones of the Outcast Tribe" durch Australian Aboriginal Culture Abroad Pty. Ltd. veröffentlicht und in Deutschland gedruckt. Auf dem Cover heißt es: „The teaching stones, despite their simple form, have a deep inner significance which escapes the uninitiated observer. For the first time, the secrets of some of the stones have been revealed".
[28] „Churinga, Tjurunga. Ein Objekt gewordenes, über Generationen weitervererbtes personalisiertes Symbol der ‚Vorzeit' in der Form eines mit eingravierten Zeichen versehenen flachen Steines. Churingas können am ehesten als objektgewordene Symbole des Lebens definiert werden. Ihre Handhabung ist auch heute noch dementsprechend personalisiert und Außenstehenden nicht erlaubt" (ARATJARA 1993, 356).

Ästhetische Vermittlungen

„kleine" Erdkugel in Mariposa, vielleicht drei Prozent der anderen Kugel. Sie steht im Eingangsbereich. Wachend, schützend, „mahnend"? Überdimensioniert fotografiert vermittelt auch sie Macht. Das Runde beruhigt nicht in einer Zeit der Entgrenzungen.

Auch diese runden steinernen Zeugen einer architektonischen Postmoderne gingen in meine imaginäre Wunderkammer ein. Sie sind dort gespeichert und können für mich immer wieder wie andere materielle und immaterielle Fundstücke sinnlich abgerufen werden. Welchen Standort kann ich diesen Fundstücken in einer Vermittlung geben, die ästhetische Prozesse der Anderen, in die ich selbst einbezogen bin, in einem anthropologischen Prozeß des Erfahrens und Vermittelns von Sinn darstellen will. Die Fundstücke bleiben in ihrer Form bestehen, aber ihre ästhetische Wahrnehmung, ihre Sinnbesetzung ändert sich im Verlauf der sozialen und persönlichen Biographien, in der Eigen- und Fremdwahrnehmung, in der Imagination, die findet, gegenüberstellt und erfindet und verwandelt. Die Übergänge und die Aufhebung der Gegensätze zwischen den Erfahrenden, seien es Künstler, Kinder, Erwachsene oder Anthropologen, in einem ästhetischen Prozeß sich wandelnder und reflektierender Berührungsmomente werden wichtiger als die Einordnung der Erfahrenden in die trennenden Schubladen eines von „ererbter" Bildung, Geschlecht und Alter abhängigen Kapitals (Bourdieu 1987). Die Übergänge sind in den Zwischenräumen. Auch der Anthropologe, die Anthropologin können sich in den Zwischenräumen bewegen. Es gibt auch für die anthropologische Wissenschaft eine poetische,[31] eine verwandelnde Erkenntnis, die als „Er-Findung" aus dem Dialog mit den Menschen und den Dingen erwächst.

---

[29] Vgl. Greverus 1995, 14, Fußnote 10. Zum Kulturraub der heiligen Objekte, ihrem Dasein in völkerkundlichen Museen und den langwierigen Verhandlungen um Rückerstattung vgl. Cooper 1989.
[30] Vgl. hier das Kapitel „Zukunftswerkstatt ästhetischer Ort".
[31] Vgl. auch Greverus 1999.

Haben Anthropologen einen ästhetischen Standort?

Die künstlerische Avantgarde der ersten Hälfte des 20. Jahrhunderts, deren Aufstand gegen die bürgerlichen und nationalen Selbstgewißheiten der europäischen Welt ich hier zu skizzieren versuchte, hat nicht nur eine neue Wort- und Bildkunst geschaffen, sondern steht für mich vor allem für einen gesellschaftlichen Protest, der über die Idee der Imagination die Welt verwandeln, neu erfinden wollte. Poetische Erkenntnis und Vermittlung im Sinne des ursprünglichen Wortsinns von Poesie, nämlich Schöpfung. Diese ästhetischen „-ismen" der Avantgarde sind Schöpfungsgeschichten, wie diejenigen, die ich in diesem Buch darstelle.

Kann ich die einen wie die anderen über einen anthropologischen Zugang verstehen und vermitteln? Das ist die eine Frage, die ich sowohl an jene Kunstavantgarde als auch an die Aborigines auf ihrem Weg zwischen den im Wüstensand gemalten und verwehenden Traumpfaden und ihrem heutigen Weg in die Kunstwelten von New York und Sydney stelle, an den Maler des „mongolischen Alltags" in einer nationalen Identitätsarbeit eines sich von kolonialistischen Überlagerungen befreienden Landes, an die Verteidiger eines „Heritage Trail" zwischen Maori und Weißen in Neuseeland, die der ideologischen Konstruktion einer „one nation" widersprechen, an die revolutionären sandinistischen Mauermaler in Nicaragua und die sardischen Mauermaler in Orgosolo in Sardinien, die zur touristischen Vermarktung ihrer lokalen Identität beitragen, an die „Naiven" zwischen Kroatien, Nicaragua und Haiti, deren „Entdecker" sie eben zu Naiven machten, an die deutschen Schülerinnen und Schüler, die ihre Katastrophenvisionen für die Zukunft vermittelten, an die Gestalter jener neuen „ästhetischen Orte", in denen um die Jahrtausendwende wieder einmal die Hoffnung auf einen neuen Menschen formuliert werden sollen, an die Spurensicherer von heute, wie Nicolaus Lang in der fremden und der eigenen Welt, und an die Spurensucher von damals, wie Gauguin und Nolde auf ihrem ästhetischen Weg zu den Fremden und sich selbst.

Aber meine Frage geht noch einen anderen Weg. Kann ich selbst als Anthropologin aus den Erfahrungen dieser ästhetischen Denker und Künstler lernen, kann ich ihre theoretischen, methodischen und vermittelnden Schritte für meine Forschungen und Interpretationen fruchtbar machen? Die Ver-

Ästhetische Vermittlungen

bindung zwischen dem Ethnologen als Künstler und dem Künstler als Ethnologen (Greverus 1978 115ff.) taucht hier wieder auf. Durch dieses Buch zieht sich die Frage nach dem ästhetischen Standort des Anthropologen. Geht in seine Forschung die ästhetische Wahrnehmung des ästhetischen Gegenstands und eine ästhetische Vermittlung ein? Gehört dazu die Imagination des Fremden über einen Dialog und dient diese neben der realen Erfahrung der Fakten einer neuen Wahrheit, die aus dem Zusammentreffen zwischen Fremdem und Eigenem entsteht? Ich versuche nunmehr gewissermaßen die Zeiten der künstlerischen Avantgarde des 20. Jahrhunderts mit ethnologisch-anthropologischem Gepäck zu beschreiben, um schließlich Szenen der gegenwärtigen Anthropologie in einem philosophischen Kontext auf eine ästhetische Näherung zu befragen und meinen eigenen Standort in allen Näherungen, wie schon in den Kapiteln über die Avantarde, zu bestimmen.

Der ästhetische Diskurs und die ästhetischen Praktiken der ethnologischen Wissenschaften, die das Fremde und den Fremden zu ihrem Gegenstand gemacht hatten, wozu auch „die Bauern" in der eigenen urbanisierten und industrialisierten Gesellschaft gehörten, haben eine lange Geschichte. In ihrem Ursprung waren sowohl die Völkerkunde als auch die Volkskunde nostalgische Wissenschaften (Greverus 1969), die angetreten waren, zu retten was noch zu retten war (vgl. Greverus 1978, 24ff.). Diese Losung gab Adolf Bastian 1881 aus: „Wenn ein Gebäude in hellen Flammen steht, wie gegenwärtig das ethnologische der rapid schwindenden Naturvölker ... wo es vor allem zu retten gilt, was noch übrig sein mag" (1881, 28). Und in Jacob Grimms „Plan zu einem Altdeutschen Sammler" (Steig 1902, 133) heißt es: „Später könnte es immer zu spät gewesen sein ... zu retten suchend, was zu retten ist". Was gerettet wurde, waren Texte und materielle Objekte, gesammelt, klassifiziert und oft aus ihrem Kontext gelöst. Das reicht vom Archiv zu ethnographischen Atlanten, vom Völkerkundemuseum bis zum Heimatmuseum, und noch heute vermitteln die Museen und andere Ausstellungsorte, wie zum Beispiel Expos, Objekte, die weder der imaginativen Aneignung des Fremden noch einem negativ bewerteten Exotismus dienen sollen, sondern einer wissenschaftlich erarbeiteten und authentisch repräsentierten Kenntnis des Fremden. Die Vermittlung lebt aus der Distanz, die Präsentation simuliert gelebtes – eben „authentisches"

– Leben. Der Forscher stellt sich selbst, so auch die ästhetischen Anmutungen, die er erfahren hat, außerhalb des Kontextes seiner wissenschaftlichen Feldforschung und Sammlung, Archivierung und Musealisierung.

Vom exotistischen „Wildern"

Hier gleicht er sicher nicht den „gelehrten Besitzern der Raritätenkabinette des 17. Jahrhunderts", die es liebten, „sich mit den absonderlichsten und wunderlichsten Dingen zu umgeben. Je ferner ihre Herkunft, desto kostbarer erschienen sie ihnen. ... Manche von ihnen liebten ihre Sammlung so, daß sie hofften, einmal in ihr zu sterben", so zitiert Karl Heinz Kohl in seinem Buch „Das exotische Ding" ein Testament, in dem der Sammler mumifiziert in sein Kabinett eingereiht werden wollte (Kohl 1996, 19f.). Die Wunderkammern des Abendlands, die seit der Renaissance von Fürsten und einer gelehrten bürgerlichen Oberschicht eingerichtet wurden, waren als Naturalien- und Kunstkabinette Privatsammlungen, die der kosmopolitischen Selbstdarstellung der Sammler dienten und nur einem ausgewählten Kreis von Besuchern gezeigt wurden (Pomian 1988; 1990;[32] Kopplin 1987). Allerdings verband sich mit dieser privaten Musealisierung des Fremden oft auch eine öffentliche Festivalisierung, bei der die „Fundstücke" als Requisiten bei festlichen Umzügen eingesetzt wurden (Kopplin 1987, 297). Das Fremde wurde zur Dekoration des Eigenen angeeignet und nachgestellt.
Diese Aneignung hat sich in den verschiedensten exotistischen Wellen über Europa ergossen.[33] In Kunst und Architektur, in die Gestaltung der Innenräume und der Mode, in Musik und Theater wurde das Fremde hereingeholt. Chinoiserie und Japonismus, Ägyptenmode und Türkenmode, maurische und indische Elemente wurden in die Gestaltung des adligen und bürgerlichen Lebensstils des 18. und 19. Jahrhunderts integriert. Sie „spiegelten den Hang zum Luxus und das ästhetisch Verfeinerte" (Schneider 1987). Das verweist diese exotischen Moden in eine Oberschicht, die sowohl das ökonomische als auch das kulturelle Kapital besaß, um daran teilzuhaben, was sich natürlich auch auf die Teilhabe an dem Exotismus im

---

[32] Pomian führt dagegen den institutionellen Charakter der religiösen und weltlichen Schatzkammern des Mittelalters an.

öffentlichen Raum von Kunst, Musik und Theater bezieht. Erst das Zeitalter des Massentourismus, der technischen Reproduzierbarkeit (Benjamin) und der ungebremsten Vermarktung und Selbstvermarktung des Exotischen hat den Konsumentenkreis zu den heutigen Ausmaßen erweitert. Diese als „Exotismus" zumeist negativ bewerteten „europäischen Phantasien" werden einerseits vor allem unter der Perspektive ethnographischer (Ver)fälschungen, andererseits kolonialer und binnenkolonialer Ausbeutung und schließlich des touristischen Kulturkonsumismus kritisiert. In diese Kritik sind die sozialen Schichten vom Adel über die bürgerliche Oberschicht bis zum Kleinbürger einbezogen, wobei es dem Kleinbürger unserer Gegenwart besonders an den Kragen geht. Wenn von „exotischen Verschleißformen" (Exotische Welten – Europäische Phantasien 1987), vom „Kitschmenschen" (Giesz 1960), von „Bildungsbeflissenheit" in der Geschmackskultur (Bourdieu 1987), vom „jungfetten Deutschen" als Touristen (Zeit-Thema „Deutsche Touristen in Bankok", 28.11.1975) und der Verführbarkeit des Biedermanns (Launer 1987) die Rede ist, dann ist immer der Kleinbürger gemeint. Die Beiträge, Texte und Bilder in dem Band „Exotische Welten – Europäische Phantasien" (1987) zeigen ihn vor allem als einen paarweise auftretenden Bürger mittleren Alters, in unvorteilhafter Freizeitkleidung, auf der Jagd nach Foto-Objekten und Souvenirs, der, wie es Enzensberger in seiner Tourismuskritik ausdrückte, bei seiner Heimkehr nur das verkündet, „was alle längst wissen" (Enzensberger 1969, 203).

Nicht wenig trugen und tragen auch die Weltausstellungen (Goldmann 1987; Debusmann, Riesz 1995; Kretschmer 1999; Nebel 2001) zu diesem exotisierenden Wildern bei. Als ich im Jahr 2000 zum ersten Mal mit Bettina Nebel, die eine Untersuchung mit der Fragestellung „Eine Plattform

---

[33] Der Ausstellungskatalog „Exotische Welten – Europäische Phantasien" 1987 gibt in seinem ausführlichen Text- und Bildteil, einschließlich einer umfangreichen Bibliographie, einen guten Überblick über den Konsum des „Exotischen" in Europa. Allerdings sollten auch diese Texte, die vor allem von deutschen Kunstwissenschaftlern und Volks- und Völkerkundlern geschrieben wurden, als Versuche einer Neubestimmung ihrer Fächer gesehen werden, in die sowohl Imperialismuskritik und allgemeine Gesellschaftskritik als auch die massenmediale Erweiterung ihrer Gegenstandsbereiche, das zu kompensierende Theoriedefizit, die Orientierung an theoriereichen Wissenschaften, insbesondere der Philosophie, *und* die neue Lust an der Kritik des *eigenen* Anderen, eben des ästhetisch „unterentwickelten" Kleinbürgers, eingehen.

für Afrika auf der Expo 2000?" (Nebel 2001) durchführte, durch die Afrikahalle der Expo in Hannover ging, kam ich mir, verwirrt von Gedränge, Lärm und den Kaufangeboten einer Airport-Art, wie auf einem afrikanischen Bazar vor.[34] Der Bazar als eine Bazarstraße für alle beteiligten afrikanischen Länder war allerdings auch die Idee für die Afrikahalle. Hier konnte der Besucher, ohne in die Fremde zu reisen und in einem schnellen Einkaufsbummel durch den afrikanischen Kontinent, sich selbst und sein Heim über materielle Souvenirs exotisieren. Aber nicht nur in dieser Bazarstraße, sondern auch mithilfe der Musealisierung und Festivalisierung wurde Afrika für den Besucher „afrikanisiert".[35]

Weltausstellungen und Völkerausstellungen werden in ihrer historischen Entwicklung heute als fremdkonstruierend betrachtet. Im offiziellen „Selbstbild" der ausstellenden westlichen Nationen seit der Mitte des 19. Jahrhunderts dienten sie einer enzyklopädischen Aufklärung über die Kulturen der Welt. Im ökonomischen und politischen Interesse dieser ausstellenden Nationen dienten sie den kolonialen Expansionsbestrebungen, der nationalen Selbstdarstellung und der Vermarktung der kolonialen Produkte. Was hatte die „fremde", die „exotische" Kultur in diesen kolonialen Vermarktungsstrategien zu suchen? Das koloniale „Wildern" in ökonomisch nutzbaren Quellen wurde – heute spricht die Tourismusbranche von „Sympathiewerbung" – kulturell ab- und umgeleitet. Mithilfe exotischer Inszenierungen, zu denen sowohl Architektur und Landschaftsgestaltung als auch Kunsthandwerk und folkloristische Darbietungen und die eingeborenen Darsteller gehörten, wurden die Besuchermassen angelockt[36]

---

[34] Nach den Richtlinien des Bureau International des Expositions dürfen nur zwanzig Prozent der Standflächen der teilnehmenden Länder für kommerzielle Zwecke genutzt werden. Ein Beauftragter der GTZ (Deutsche Gesellschaft für Technische Zusammenarbeit), die für die Gestaltung der Afrika-Halle verantwortlich zeichnete, begrüßte die Bazarstraße sowohl als kommerzielle Attraktion als auch als Kontrollmöglichkeit hinsichtlich der Einhaltung von Richtlinien. Er verwies zum Vergleich auf die Weltausstellung von Lissabon, wo die Verkaufsfläche achtzig Prozent betragen habe (Nebel 2001, 80).

[35] Ich beziehe mich hier auf Edward Saids „Imaginative Geografie und ihre Repräsentationen: Den Orientalen orientalisieren" (Said 1981, 60ff.). Zu Said in der Othering-Debatte vgl. S. 73ff., 101ff.

[36] Die „Völkerschauen" der Weltausstellungen hatten ihre Parallelen in den Völkerausstellungen der zoologischen Gärten, für die besonders Hagenbeck steht (vgl. Goldmann 1987, 88ff.).

(Koppelkamm 1987, 170ff.; Wörner 1999; 2000; Hinsley 1991; Nebel 2001, 21ff.). Sie konnten auf den „Straßen der Nationen" flanieren und das Exotische konsumieren, ohne sich in die Fremde begeben zu müssen. Doch es waren nicht nur die „Massen", die konsumierend angelockt wurden, um in der Zerstreuung ihre „Entfremdung von sich und den anderen zu genießen", wie es Walter Benjamin unter der Perspektive von Weltausstellungen als „Wallfahrtsstätten zum Fetisch Ware" (Benjamin 1983, 50) ausdrückt. Es war auch die künstlerische Avantgarde, die sich dieses Fremde als ästhetische Kritik an einem alten Eigenen und als ästhetische Erneuerung eines gewandelten Eigenen einverleibte. Auch sie waren Besucher der Weltausstellungen. Viele begnügten sich mit der Anschauung vor Ort, andere gingen selbst in diese Fremde, als ästhetische Feldforscher wie Leiris oder als ästhetische „Aussteiger" wie Gauguin: „Ich will einzig und allein das Atelier der Tropen begründen. Mit dem mir zur Verfügung stehenden Geld kann ich eine Eingeborenenhütte kaufen, wie wir sie auf der Weltausstellung gesehen haben", schreibt Gauguin in einem Brief 1890 in Paris (Osterwold 1987, 27).

Haben sich durch den Massentourismus und die Entkolonialisierung die Inszenierungen der Weltausstellungen radikal verändert? Nach wie vor, und in verstärktem Maß, wird das Bild der Weltgemeinschaft über die Selbstpräsentation von Nationalstaaten vermittelt (Harvey 1996). Nunmehr kommen die Selbstdarstellungen der „jungen", der entkolonialisierten Nationen dazu, sowie seit der Expo 1992 in Sevilla auch die Präsentationen der ehemaligen Ostblockstaaten. Neben das Ziel des internationalen Handels- und Warenaustauschs und der Investorenwerbung tritt verstärkt die Werbung für Tourismus als einem wichtigen Industriezweig (Harvey 1998; Klenk 1999; Nebel 2001). Diese „Ziele" führen weitgehend zu historischen und gegenwartsgesellschaftlichen Selektionen in den Selbstdarstellungen. Wie es Nebel für die Afrikahalle auf der Expo 2000 sehr deutlich herausstellt, orientierte sich die „historische Perspektive" an einer vorkolonialen Heritage-Produktion und die Gegenwart wurde eine Mischung aus erfolgreichen Entwicklungsprojekten und folkloristischer und kommerzieller Touristenwerbung (Nebel 2001, 50ff.). Wildern im Eigenen? Oder doch und immer noch Fremdkonstruktion? Und wer „afrikanisiert" den Afrikaner mit seiner Einwilligung?

Von den „drei loci von Kultur" im Kontext öffentlicher Veranstaltungen – die Darsteller auf der Bühne, das Publikum im Saal und die Organisatoren und Veranstalter im Hintergrund – sieht Gisela Welz vor allem die letzteren, die cultural brokers, als eine wichtige Gruppe der Vermittlung und Repräsentation fremder Kulturen (die in den anthropologischen Fächern bisher zu wenig beachtet wird) (Welz 1996, 26ff.). Hinsichtlich der Afrikahalle arbeitet Nebel diese Vermittlungsarbeit mit der Dominanz des westlichen, hier deutschen, Geberlandes deutlich heraus (Nebel 2001, 97ff.). Idee, Finanzierung und Ausstellungsgestaltung kamen von deutscher Seite, ihre afrikanischen Ansprechpartner waren die nationalen Regierungen, Ministerien und innerstaatlichen Organisationen. Wo blieb noch viel Raum in diesem Rahmen für den Anspruch, daß „sich die Länder selbst so authentisch und facettenreich wie möglich" (ebd. nach Akzente 02/2000c) darstellen? So brachten die Ausstellungsmacher auch in diesen für die Selbstdarstellung gedachten inneren Raum ihre Authentisierungsstrategien ein, zu denen neben der Bühne für Vorführungen und dem Bazar auch eine „Erlebnisgastronomie" und das afrikanische „Personal" gehörten. „Live dabeisein", „total echt", „unheimliche Power", „hautnahe Erlebnisse" gehörte zu der Sprache der Brokers, und der führende Architekt der Afrikahalle bestätigte: „Wir haben gesagt, Afrika ist Leben, Afrika ist Vitalität, Lebendigkeit, Freundlichkeit, Farbe, ja und das genau wollen wir auch zeigen: un-mit-tel-bar." Die Afrikaner richteten sich in dem angebotenen Rahmen ein, wenn auch vorrangig unter folkloristischen und kommerziellen Gesichtspunkten, der fremde Andere war in ihren Augen der Tourist oder der potentielle Investor. Nebel vermißt jene kreative Provokation des Kulturschocks, der Reflexionsprozesse zwischen Eigenem und Fremdem bewirkt (Greverus 1995a, 270). Ähnlich argumentierten auch Marcus und Fischer hinsichtlich einer New Yorker Ausstellung in den achtziger Jahren: „Der exotische Andere inspirierte die Künstler der Avantgarde in den zwanziger und dreißiger Jahren, aber heute hat diese Quelle von Innovation und Kritik ihren Wert eines Schocks verloren; diese Ausstellung zeigt die endgültige Assimilation des Primitiven in die Geschichte der westlichen Kunst. Unser Bewußtsein ist globaler und historischer geworden: eine andere Kultur heute zu beschwören heißt, sie in einer Zeit und einem Raum zu lokalisieren, die unseren gleichzeitig sind, und sie, die andere Kultur, somit als einen Teil unserer gemeinsamen Welt zu sehen – statt sie als einen Spiegel oder eine Alternative für uns zu sehen, die sich aus jenem total fremden Ursprung erhebt" (Marcus, Fischer 1986, 134).

„Die Kulturvermittler auf der Expo 2000, die Bilder von Afrika und ‚indigenen' Gruppen produzierten, waren keine Anthropologen" (Nebel 2001, 125). Das war nicht immer so. Das Beispiel von Frederick Ward Putnam, Direktor und Kurator des Peabody Museums in Harvard, und seinem damaligen Assistenten Franz Boas und ihrer Rolle auf der Weltausstellung in Chicago 1893 steht im vielzitierten Zentrum (Hinsley 1991; Nebel 2001). Putnam übernahm die Leitung der Abteilung für Ethnologie und Archäologie. Vor allem sollten die „native people of America" in lebendiger Anschauung ihrer Lebensbedingungen, ihrer Traditionen und ihrer Kunst repräsentiert werden. Eine Gruppe von Kwakiutl-Indianern wohnte auf dem Gelände der Weltausstellung und fertigte unter der Leitung von Boas „ethnographisch wertvolle" Produkte an oder führte Tänze und Zeremonien vor. Ethnographisch wertvoll wurden die Produkte als historische Rekonstruktionen. „Putnam und Boas grenzten die gegenwärtige Zeit aus" (Hinsley 1991, 350).[37] Boas hatte bereits in den achtziger Jahren des 19. Jahrhunderts als Hilfsassistent am Völkerkundemuseum in Berlin Sprachproben und Gesänge bei neun Bella-Coola-Indianern aufgezeichnet, die der von diesem Museum zu einer ethnographischen Sammelreise beauftragte Adrian Jacobsen für Völkerschau-Tourneen „mitgebracht" hatte (Goldmann 1987, 91f.). Die Verbindungen zwischen Weltausstellungen, Völkerschauen und dem sich immer rasanter entwickelnden Museumswesen waren im 19. und beginnenden 20. Jahrhundert noch sehr eng. Ethnographische Sammlungen aus den Weltausstellungen wurden in Museen eingegliedert (Wörner 1999, 240f.; Nebel 2001, 25). Allerdings zog Boas sich aufgrund seiner Erfahrungen mit den Zumutungen profitinteressierter exotistischer Broker und konsumistischer exotisierender Betrachter sowohl auf den Weltausstellungen als auch in den Museen aus der öffentlichen Kulturarbeit zurück.

---

[37] Wie auf der Weltausstellung 1889 in Paris gab es auch in Chicago Ethnodörfer, eine orientalische „Street of Cairo" mit Bazar und mittelalterliche europäische Stadtbilder. Schließlich galten die historischen Rekonstruktionen auch der Gegenüberstellung (London 1908) einheimischer (irischer und schottischer) Dörfer zu den Dörfern kolonialisierter Gebiete (vgl. Coombes 1995). Weitere Beispiele bei Wörner 1999; 2000. Korff sieht Verbindungslinien zu den Freilichtmuseen und den Disney-Parks von den Weltausstellungen ausgehen (Korff 1994).

Das Andere der Imagination.
Von einer imaginären Ethnographie zur Faktenvermittlung

„Der Orientalismus starb an den Ufern der Ethnologie, während die Ausstellung vergaß, geheimnisvoll zu sein und verliebt auf ihre Kolonien zu blicken. Das Starsystem hatte den Star zerstört, weil es den Traum in reiner Form ablehnte. Denn die Kolonien waren zu Gebieten geworden, die entwickelt werden mußten und nicht mehr sinnlich erobert werden durften".[38] Und der „Orientalismus" – und ich meine diesen hiermit auch als „Verwissenschaftlichung" der Fremdwahrnehmung überhaupt – starb an vielen Ufern der Ethnologie und anderer antiästhetischer Kultur- und Geschichtswissenschaften, was dessen anästhetisches Weiterleben in Politik, Wirtschaft, Konsum und Xenophobien nicht behinderte.[39]

Die „sinnliche Eroberung" des Fremden, seine Imagination und Anmutungsqualität für eine De-Collage und Collage des Eigenen,[40] wie sie am authentischsten aus den Forderungen der künstlerischen Avantgarde zum Tragen kam, wich dem positivistischen sammelnden und klassifizierenden Denken, für das in der Anthropologie/Ethnologie das Archiv und das Museum stehen.
Zygmunt Bauman beschreibt in seinem Buch „Moderne und Ambivalenz" indirekt diese ethnologische Moderne. Der Ausgangspunkt der Ordnung ist die Angst vor der Ambivalenz und dem Fremden. Klassifizieren schließt ein und schließt aus, es trennt und zerlegt zusammenschauend Wahrgenommenes und ästhetisch Imaginiertes in „unzweideutige" Klassen von rationalen Dingen und Erscheinungen: „Das Ideal, das die Benennungs-/Klassifizierungsfunktion zu erreichen versucht, ist eine Art geräumiger Aktenschrank, der all die Akten enthält, die all die Einzelheiten enthalten, welche die Welt enthält – aber jede Akte und jede Einzelheit auf einem gesonderten Platz ganz für sich beschränkt (wobei etwaige Zweifel durch einen Querverweisungsindex gelöst werden)" (Bauman 1995, 15). Bauman sieht diese definierende Macht als einen Gewaltakt, der an der Welt verübt

---
[38] Sylviane Leprun über die französischen Welt- und Kolonialausstellungen, in: Halen 1995, 98; hier in der deutschen Übersetzung von Nebel 2001, 35.
[39] Zum Begriff Anästhetik vgl hier S. 95
[40] Vgl. Greverus 1990, 210ff.; Greverus 1995a.

Ästhetische Vermittlungen

wird: „Wenn (falls) sie [diese Macht] Erfolg hat, wenn das Untrennbare getrennt, das Unteilbare geteilt sein wird, wird die Existenz nicht länger als zerbrechlich oder die Welt als geheimnisvoll erscheinen" (ebd. 215).

Zu diesem Ordnen kommt der „Rettungsgedanke", der entweder (in der Völkerkunde) vom Aussterben der „Wilden" und ihrer „exotischen Dinge" ausgeht oder in den nationalen Kulturwissenschaften (u.a. der Volkskunde) vom Aussterben der Bauern als den „Mächten der Beharrung", wie sie Wilhelm Heinrich Riehl (1851) nennt, und deren kulturellen Überlieferungen. Die Herauslösung der Dinge aus ihrem gesellschaftlichen Kontext gehört zu den Vorwürfen gegenüber der im 19. Jahrhundert einsetzenden Sammelwut und Musealisierung, die insbesondere hinsichtlich der großen westlichen Metropolen-Museen als „Ergebnis einer gigantischen Plünderungsaktion" bezeichnet werden, die „die Kunsttraditionen der Völker gewaltsam unterbrochen" haben (Kramer 1977, 78).[41]
Besonders scharf ist die Kritik an Adolf Bastian (1826–1905), der als „Reisender ohne Schatten" die Dinge der Welt für sein ethnographisches Museum zusammentrug (ebd. 80), das als Berliner Museum für Völkerkunde sehr real war, aber gleichzeitig ein imaginäres Museum für den Weltreisenden Bastian darstellte, dem dieses Chaos der Dinge als „Völkergedanken" Weg zu den sich überall wiederholenden „ärmlich-armen Elementargedanken" menschlichen Seins war. „Bastian war von dem Wunderbaren betroffen und schließlich verwirrt: Die Enthüllung der immer gleichförmig wiederholten Elementargedanken diente der Entzauberung" (ebd. 81). Bastian wollte jenseits von einem Aktenschrank die Welt als offenbarte (Ur)ordnung erklären. Darin war er Romantiker, aber eben doch positivistisch infiziert vom Sammeln der Dinge als positiver Grundlage für die Erklärung des Ganzen aus den Details. Aber schon Johann Gottfried Herder (1744–1803) hatte das Sammeln der Überlieferungen, für ihn waren es besonders die Sprachdenkmäler, zur Grundlage einer Geschichte der Menschheit erklärt, die sich im „schöpferischen Volksgeist", dem je Einmaligen, Echten des Volkstums offenbart. Während es Herder noch um eine auf die Quintessenz aller Völker und Zeiten gerichtete Wissenschaft ging, haben sich schließlich aus der Lehre vom Volksgeist die nationalen Sprach- und Kulturwissenschaften, zu denen die Volkskunden gehören, entwickelt. Das Sammeln

---

[41] Zu den Kontroversen um Rückforderungen vgl. Clifford 1988; Herdt, Huropp 1994.

Das Andere der Imagination

im Eigenen der „vaterländischen Altertümer" gehörte und gehört zu jener verborgenen und immer wieder belebbaren Geschichtsideologie eines gemeinsamen (nationalen) Kulturgutes, die auch in der sogenannten transnationalen Postmoderne die modernen Strategien der Trennungen politisch einsetzt. Und die ästhetische Vermittlung der ästhetisch relevanten und relevant konstruierten Objekte spielt dabei eine wichtige Rolle. Schließlich werden diese Objekte als „authentische" Zeichen zur Ermächtigung des Nationalen eingefroren.[42]

Doch zurück zum 19. Jahrhundert.[43] Der Kampf unserer ethnographischen Wissenschaften in der Umbruchphase einer Moderne zwischen Aufklärung, Romantik und Positivismus muß beängstigend gewesen sein. Was Mühlmann für den späten Bastian sagt, „daß seine geistige Gestaltungskraft die Fülle der Geschichte nicht mehr zu meistern verstand" (Mühlmann 1968, 88) und damit auf die Unmöglichkeit anspielt, über den positivistisch kategorisierenden und trennenden methodischen Vorgang zu einer totalen Sicht der Menschheit zu gelangen, nennt Fritz Kramer „Bastians Wahn" (Kramer 1977, 74ff.). Das imaginäre Museum, das Bastian sich über seine Reisen geschaffen hat, steigt in seinen Spätschriften „wie ein phantastischer Maskenzug verfremdet aus der Erinnerung auf" (ebd. 80).[44] Und da steht ein harter kommentierender Satz von Kramer: „Bastians Wahn belegt das Scheitern seines Versuchs, durch die Sammlung den Verlust der Gemeinschaft zu ersetzen. Bastian war überzählig, weil er allen Kulturen entfremdet war".

---

[42] Jonathan Schwartz spricht im Zusammenhang der nationalen Neukonstruktionen im Auseinanderfall des sozialistischen Jugoslawien von „Petrified Forests of Symbols" (1995), die Autorin selbst vom „Einfrieren" der Geschichte auf eine Wir-Geschichte (Greverus 1995e; vgl. auch Greverus 2002, 334ff.); insgesamt vgl. außer den dort aufgeführten Werken auch Giordano, Greverus, Kostova 1995. Das Kapitel „Heritage Trails" in diesem Buch zeigt, wie die historisierenden (versteinerten, eingefrorenen) Konstruktionen einer „weißen" und einer Maori-Identität der One-Nation-Ideologie des neuseeländischen Staates widersprechen.

[43] Die/der „geneigte" Leser/in wird inzwischen registriert haben, daß ich keine in Zeitabschnitte geordnete Fachgeschichte(n) schreiben will, sondern die anthropologischen Fachdiskussionen im Zusammenhang sowohl der Sprünge als auch der langen Dauer oder der Wiederkehr innerhalb gesellschaftlicher Denkmuster sehen möchte.

Ästhetische Vermittlungen

Bastian wird in die „imaginäre Ethnographie" eingeordnet, die Fritz Kramer als „verkehrte Welten" an den Verkehrungsrelationen von Mythologie und Reisebeschreibungen des 19. Jahrhunderts festmacht, wozu er allerdings auch Gauguin und Nolde rechnet. Insbesondere aber am „Mythos des Orients" arbeitet er das Verfremdungsphänomen heraus, über dessen Gegenstand sich der Europäer selbst entdeckte: „Die Ethnographie des 19. Jahrhunderts entwirft im Hinblick auf die ‚eigene' Kultur die ‚fremde' als verkehrte Welt. ... Als Darstellung der ‚fremden' Kultur spricht sich aus, was in der bürgerlichen tabuisierte Wahrheit ist. Mythos und Positivismus, Prostitution und Kleinfamilie; Protestantismus: Idealisierung der Mutter und Dämonisierung von ‚Weib' und ‚Masse' – das Tabu ist eine Erfindung des 19. Jahrhunderts und bezeichnet sehr genau das, was die Ethnographie als ‚Urgesellschaft' und ‚Orient' ausgegrenzt hat. Das ‚Fremde' als das man das Archaische vorstellte, hatte den traumhaft-unwirklichen, den ‚geheimnisvollen' Charakter, der die Kunst des Symbolismus kennzeichnet; und das heißt: Sein Reiz bestand in der Ahnung eines unausschöpflichen Selbstverstehens. Deshalb möchte ich dies die imaginäre Ethnographie nennen" (ebd. 7ff.). Gleich darauf heißt es, unter Bezug auf die moderne Kunst, daß der Stil einer anderen Kultur sich weder erträumen noch nachahmen läßt, und daß sich die ethnographische Imagination in Hinblick auf ihren Gegenstand als beliebig erweise. Und unvermittelt folgt der Übergang in einen „unvermittelten Durchblick auf das Andere", der sich in der Feldforschung – und die führt uns ja wohl in das 20. Jahrhundert – „durch die Teilhabe am Leben einer alternativen Kultur" eröffnet. „... aber auch die Gegenstände des ethnographischen Museums geben ihn frei, wenn der Betrachter nicht in der Oberflächlichkeit synkretistischer Wahrnehmung befangen bleibt". Haben wir uns mit diesem Abschnitt etwas mühsam in die undatierte „Weltzivilisation" versetzt, „die zugleich exzessiv synkretistisch und auf das Neue fixiert ist", dann werden wir im nächsten Satz auf Albrecht Dürers Erfahrung der ethnographischen Entdeckung „wunder-

---

[44] Ebd. steht ein Zitat aus dem 1900 von Bastian geschriebenen „Die Völkerkunde und der Völkerverkehr unter seiner Rückwirkung auf die Volksgeschichte": „Dem ersten Augenschein wirrt es durcheinander in wüstem Graus der Phantastereien, in verzerrten Entstellungen bald, bald in burlesken Fratzen, gigantisch aufgetürmt hier, angrinsend dort mit gespenstischen Larven, fremdartig überall". Kramer läßt uns etwas im Stich mit der Frage, ob er „Bastians Wahn" subjektbezogen klinisch sieht oder als Ausdruck einer Epoche der „imaginären Ethnographie".

bahrlicher ding"[45] im „Spannungsfeld zwischen Imagination und Neugier" verwiesen.

Der „Orientalismus" als die Orientalismus-Kritik der siebziger Jahre ist über das – ein Jahr nach Kramer erschienene – Werk von Edward Said „Orientalism" (1978)[46] Ausgang für eine internationale Anthropologen-Debatte geworden, die unter Begriffen wie Writing Culture, Othering und Repräsentationskrise läuft.[47] Auch bei Said geht es um die Kritik an einer Imagination und Konstruktion des Orients, um einen verfremdenden orientalistischen Diskurs durch Wissenschaft und Literatur im Westen und vor allem um die These, daß dieser Diskurs aus dem kulturellen Überlegenheitsgefühl, aus der Hegemonie europäischer Vorstellungen über den Orient geführt wurde und geführt wird: „Unter der allgemeinen Vormacht einer Kenntnis des Orients und innerhalb des Schutzschirmes westlicher Hegemonie über den Orient seit dem Ende des 18. Jahrhunderts entwickelte sich ein komplexer Orient, der für ein Studium in der Akademie, zur Ausstellung im Museum, zur Rekonstruktion in einem Kolonialbüro, zur theoretischen Illustration in anthropologischen, biologischen, linguistischen und historischen akademischen Arbeiten über die Menschheit und das Universum geeignet war, wie auch für Beispiele ökonomischer und soziologischer Theorien der Entwicklung, Revolution, kultureller Persönlichkeit, des nationalen oder religiösen Charakters. Zusätzlich basierte die imaginative Überprüfung orientalischer Dinge mehr oder weniger auf einem souveränen westlichen Bewußtsein, aus dessen unzweifelbarem Zentrum eine orientalische Welt hervorging; zunächst nach allgemeinen Überlegungen darüber, was ein Orientale sei, und dann nach einer detaillierten Logik, die nicht einfach von empirischer Realität geleitet wurde, sondern von einem Arsenal von Wünschen, Repressionen, Investitionen und Projektionen" (Said 1981, 15).

Das ist eine Kritik aus dem Umgang mit dem Fremden, die in der hohen

---

[45] Das ist ein Tagebucheintrag Dürers zu seiner niederländischen Reise von 1520, wo er die mexikanischen Geschenke in der Wunderkammer Karls des V. bewundert (Kramer 1977, 9).

[46] Said nimmt keinen Bezug auf Kramer, was auch damit zusammenhängen mag, daß er ausschließlich den anglo-französischen Orientalismus behandelt.

[47] Vgl. S. 101ff.

Zeit einer westlichen Imperialismuskritik der siebziger Jahre des 20. Jahrhunderts geführt wurde. Auch sie kritisiert die Trennungen, die die Moderne geschaffen hat, fordert „empirische Realität", läßt der Imagination keine Chance und führt zu keinem Weg der dialogischen Näherung und ästhetischen Vermittlung zwischen dem zum Wir verallgemeinerten und konstruierenden westlichen Subjekt und dem zum Sie verallgemeinerten und konstruierten östlichen Objekt. Verstehen zwischen Fremdverstehen und Selbstverstehen wird ausgeschlossen.

Solche Gedanken allerdings wurden von jenen, die eine Ordnung der Dinge nicht philosophierten und/oder textkritisch analysierten, sondern eben in „empirischer Realität" klassifizierend aufbereiteten, wohl kaum geführt. Als gesammelte Realität lagen die Dinge vor. Sie mußten archiviert, wissenschaftlich geordnet, ausgestellt, veröffentlicht werden. Irgendwann gewann die Überzahl der Dinge und die Überforderung durch bürgerliche Bildungsprogramme jene Übermacht über die imaginativen Konstruktionen von „Menschheit", daß nur noch diese Ordnung der übriggebliebenen Dinge übrig blieb. Die elitären Wunderkammern der Kirche, der Fürsten, der Gelehrten und schließlich (und bis heute) der Außenseiter einer immer noch modernen Gesellschaft, für die wiederum nur Außenseiter eine postmoderne Poesie einklagen, wurden geschlossen – und manchmal als Museen wiedereröffnet. *Das* ist unsere Situation.

Die Wunderkammern wichen den öffentlichen Museen der Wissensvermittlung für den bildungsbeflissenen Bürger. Hier breitete sich das positivistische Faktenwissen aus. Erst im 19. Jahrhundert beginnt die Zeit der veröffentlichten Sammlungen in Museen, die sich gleichzeitig in Sparten der „Dinge" aufteilten, für den schaulustigen Bürger. Diesem steht der Experte gegenüber, der die „Dinge" wissenschaftlich vermittelt. Mineralogen, Biologen, Archäologen, Kunstwissenschaftler, Völkerkundler, Volkskundler haben sich ihre Zuständigkeitsbereiche aufgeteilt und sorgen für jene aufklärende „authentische Vermittlung", die das ästhetische Selbsterleben der Dinge zumindest verunsichert. Denn schließlich erfahren die Experten, so ihr Anspruch, ihre partielle Welt aus ihrer wissenschaftlichen Zuständigkeit. Die Zumutung der Wissensgläubigkeit setzt sich durch. Für uns als Anthropologen ergaben sich seit dem 19. Jahrhundert nicht nur die Trennungen in Fächer, sondern auch der Weg in eine imaginations- und ästhetikferne Dinggläubigkeit. Das ästhetische „Ding" wurde gesammelt, um klassifiziert, das heißt hinsichtlich seiner Zugehörigkeit eingeordnet zu werden. Daraus entwickelte sich auch der „Kanon" der beschreibenden – ethnographischen – Wissenschaften, die nicht nur das Andere und den Anderen in der (meist kolonialen) Ferne (Völkerkunde), sondern auch das Andere und den Anderen im national Eigenen (Volkskunde) anhand ihrer Objektivationen verorteten. Ganze Unterdisziplinen entwickelten sich daraus, die wiederum die Frage nach dem, was die beschreibenden Klassifizierungen zusammenhält, aufkommen ließen.

Im 19. Jahrhundert gab es da noch die querliegende imaginäre Ethnographie eines Bastian, der die „Völkergedanken" zu „Elementargedanken" gerinnen lassen wollte, aber bleibende, posthume „Erfolge" nur in seinem Beitrag zur Musealisierung des Fremden in einem Völkerkundemuseum gefunden hat. Auch für die Sammlungen der nationalen „Überreste"[48] in den Ländern Europas galt die Zusammenschau, hier auf das Ganze der Nation, damals als eigentliche Deutungsaufgabe, so wie es Wilhelm Heinrich Riehl für eine Volkskunde als politische Wissenschaft forderte, in der die Dinge erst „ihre wissenschaftliche wie ihre poetische Weihe durch ihre Beziehung auf den wunderbaren Organismus einer ganzen Volkspersönlichkeit" (Riehl 1858, 15) erhalten sollten. In den ethnographischen Wissenschaften trat im Übergang vom 19. zum 20. Jahrhundert allerdings die klassifizierende Präsentation der historischen Überreste immer stärker in den Vordergrund. In einer der zahlreichen kritischen Auseinandersetzungen der siebziger Jahre mit ethnographischen Praktiken heißt es: „Es scheint, als ob man über dem Sammeln, Registrieren, Archivieren, Nummerieren und Rubrizieren den Sinn dieser an sich löblichen Tätigkeiten vergessen hätte, als ob die gesammelten Daten sich aus ihren sozialen und politischen Bedingungen gelöst hätten und begännen, ein Eigenleben zu führen" (Schöck 1970, 86f.).

In den nationalen Ethnologien/Volkskunde/Folklore wurden die „ästhetischen Objekte" weiter im Rahmen des „alten" Kanons kategorisiert, archiviert, beschrieben und ausgestellt. Dazu aber kam die seit den sechziger Jahren nahezu unersättliche Lust an der Entdeckung neuer Ar-

---

[48] Zu diesem Begriff vgl. Droysen 1977. Korff, Roth (1990, 18) betonen in ihren Ausführungen zum historischen Museum, daß die Fragmentarik der überkommenen Realien einer Re-Dimensionierung bedarf, ohne die die musealen Objekte stumm blieben.

beitsfelder im Trivialen,⁴⁹ lange vor Böhmes Plädoyer für eine Ästhetik der „niederen Sphären" (Böhme 1995). Das „niedere" Regionale, Nationale und Transnationale wurde in einem „neuen" Kanon⁵⁰ aufgewertet – und kategorisiert. Mit wenigen Ausnahmen, wie zum Beispiel Heinz Schillings Rezipientenanalyse zum Wandschmuck (Schilling 1971; 2003, 134ff.), handelt es sich um Inhaltsanalysen, die sich, der Zeit geschuldet, unter Berufung auf einen gegengesellschaftlichen Diskurs gern ideologiekritisch einordnen wollen. Bei Kübler heißt es im Sprachduktus jener Zeit und unter Berufung auf die Vertreter der Frankfurter Schule: „... wird die Rezeptionssituation der Zuschauer vom konsumtiven Schleier der gesellschaftlichen Beziehungen geprägt, wie sie ihrerseits diesen bestärkt. So ‚verschmerzt' der zum Leistungsempfänger angeblich umfassender ‚Daseinsvorsorge' deklassierte Bürger seine politische Ohnmacht im ‚Status des Kunden', als fremdbestimmtes Objekt eines nahezu totalen ‚Versorgungsbonapartismus'; so können die herrschenden Produktionsverhältnisse unter dem Deckmantel eines gleisnerischen Warenangebotes und dem Vorwand ungehinderten Wachstums, der Wohlstand mit Warenfülle gleichsetzt, widerstandslos perpetuiert werden" (Kübler 1975, 323). Es handelt sich hier um eine Analyse der „Abendschau" im Fernsehen.

Auch in der außereuropäischen (oder eben postkolonialen) Ethnologie/ Völkerkunde wurde die ethnographisch-monographische Beschreibung des „Immer noch", mit einem Kapitel zur Kunst neben anderen Kategorien des Kanons, ebenso fortgesetzt, wie die vergleichenden Studien aus einem Bereich des Kanons.⁵¹ Auch hier wurde der Kanon in den einzelnen Ordnungsabteilungen erweitert. Insbesondere die Museen mit ihren Ausstellungen und Katalogen tragen diese Erweiterungen in das öffentliche Bewußtsein. Die erwähnte Ausstellung „Exotische Welten – Europäische Phantasien" von 1987 bezieht sich nicht nur auf die „exotischen Aneignun-

---

⁴⁹ Es entwickelte sich die sogenannte Massenkulturforschung als Massenkommunikationsforschung, in der sich „die Sozialwissenschaften und die Geisteswissenschaften auf den Zehen herumtreten" (Löwenthal 1972, 74). Vgl. zur Erweiterung des volkskundlichen Kanons um das „Populäre" und „Triviale" Greverus 1978, 124ff. und 191ff.

⁵⁰ „Wer nun freilich meint, die kecke Ausweitung des Kanons auf – sagen wir – Film, Fernsehen und Tagespresse schaffe da Änderung, der ist auf dem Holzweg", sagte Martin Scharfe in seiner „Kritik des Kanons" unter Bezug auf die „reaktionäre Kultur- und Gesellschaftskritik" einer Volkskunde, die den Bereich der Kulturindustrie ausklammere (Scharfe 1970, 82f.).

gen" in der Bildenden Kunst, sondern umfaßt ebenso Architektur, Interieur, Mode, angewandte Kunst, Musik, Literatur, Fotografie, Film, Werbung Science Fiction – und Touristen und Rocker. Hier wird der Kreis der Interpreten interdisziplinär, und die zumeist sehr süffisant Interpretierten sind nicht die „Exoten" oder die fremden Anderen, sondern die eigenen Anderen zwischen imperialistischer und kleinbürgerlicher Vereinnahmung. Auffällig ist die (selbst)konstruierte Distanz des Forschers, der Forscherin von dem menschlichen Objekt ihrer Kritik, das zumeist aus der eigenen Gesellschaftsschicht kommt.

Ästhetisch-anthropologische Verunsicherungen und Versuche

Aus der gleichen Richtung einer kanonerweiternden Ausstellungspraxis entstanden bereits 1981, wiederum beim Württembergischen Kunstverein in Stuttgart unter der Leitung des damaligen Direktors, des Kunsthistorikers Tilman Osterwold, die „Szenen der Volkskunst" (Osterwold 1981). Osterwold geht von einem neu erwachten Interesse der zeitgenössischen Nachkriegskunst, insbesondere der sechziger und siebziger Jahre, an „volkskulturellen" Phänomenen aus: „Die Künstler zeigten in ihrer Arbeit, daß volks- und subkulturelle Phänomene entscheidende Kulturträger unserer Zeit sind, daß dort etwas geschaffen und ausgesagt wird, mit dem man sich zumindestens auseinandersetzen, wenn nicht sogar identifizieren kann.[52] ... Denn wir alle spüren, daß wir in einer Zeit leben, in der das allgemeine Interesse ... an Volkskunde, Volkskunst, Laienkunst, Trivialkultur, Massenkultur, an subkulturellem Untergrund und Alternativen stark angewachsen ist, da Aktivitäten und Ausstrahlungen dieser Kulturbereiche

---

[51] Dieser völkerkundliche und kulturanthropologische Kanon bildete die Kapitelgrundlage für Einführungen in das Fach: Sprache und Kommunikation, Technologie und Wirtschaft, soziale Organisation, Verwandtschaft und Abstammung, politische und rechtliche Organisation, Religion und Magie, Lebenszyklus, die Künste (z.B. Taylor 1969; Haviland 1975; Fischer 1983). Diese Ordnungsbereiche des Kanons unterteilen sich dann wiederum in Unterabteilungen. So verweist Benzing (1983) darauf, daß, obwohl sich Kunst als Künste darstellt, die Kunstethnologie sich vorrangig mit den Bildenden Künsten beschäftigt und sich daneben weitere Sonderethnologien zu Musik, Oralliteratur, Architektur, Tanz, Mode bis zur Frage nach Sport als Kunst etabliert haben.

Ästhetische Vermittlungen

eine starke gesellschaftliche wenn nicht sogar politische Brisanz erhalten haben" (Osterwold 1981, 1.1.) Der Autor sieht in der Auseinandersetzung der zeitgenössischen Kunst, die neben Bildern und Skulpturen auch Installationen, Happenings, Performances, Spray, Fotografie und ein neues „enzyklopädisches" Sammeln umfaßt, ein Wiederaufleben der ästhetischen Intentionen der Moderne zu Anfang des 20. Jahrhunderts. Zeitgenössische Kunst und traditionelle Volkskunst, Laienkultur und Subkultur und alternative Kulturen (Wandmalerei, alternative Architektur, Hausboote und Truckitecture, Landkommunen) werden in diese Szenen der Volkskunst aufgenommen und miteinander in Verbindung gesetzt.

Am Ende der Ausstellung gibt es scheinbar nicht dazugehörige Bereiche. Einer ist die „Volkskunst aus Plastik" im Kapitel über „Massenkultur und Bewußtseinsindustrie als Volkskunstersatz" (Osterwold 1981a). Zentral wird ein Textauszug aus Roland Barthes „Mythen des Alltags" (1970, 80f.). Dort heißt es: „Die Mode des Plastiks zeugt von einer Entwicklung im Mythos der Imitation. Bekanntlich sind Imitationen ein bürgerlicher Brauch. ... Bisher hat die Imitation jedoch Prätentionen gehabt, sie gehörte zu einer Welt des Scheinens, nicht des Gebrauchs. ... Das Plastik verzichtet darauf, es ist eine Haushaltssubstanz. Es ist die erste magische Materie, die zur Alltäglichkeit bereit ist. Doch ist sie das, weil diese Alltäglichkeit für sie gerade ein triumphierender Grund zum Existieren ist. Zum erstenmal hat es das Artifizielle nicht auf das Gewöhnliche und nicht auf das Seltene abgesehen. ... Das Plastik geht gänzlich in seinem Gebrauch auf. ... Die Hierarchie der Substanzen ist zerstört, eine einzige ersetzt sie alle: die ganze Welt kann plastifiziert werden, und sogar das Lebendige selbst, denn, wie es scheint, beginnt man schon Aorten aus Plastik herzustellen" (Osterwold 1981a, 7.14). Der Text scheint vernunftanthropologisch überholt. Ist er auch für eine ästhetische Anthropologie überholt?

Ich blende in diesem Ausstellungskatalog zurück auf die zeitgenössische

---

[52] Der Autor spricht in seinem Kapitel „Volkskunst – was ist das?" auch die skeptischen Reaktionen von Volkskundlern, Museumskollegen und Künstlern auf den für diese Ausstellung neu gedachten Begriff an, der vor allem, und auch anknüpfend an die revolutionäre Moderne, auf die Intentionen der oft anonym bleibenden Kunstschaffenden hinsichtlich eines (politischen) „Gebrauchswerts" der Werke für die Allgemeinheit verweist (Osterwold 1981, 0.4ff.) Der Unterschied zu der volks- und völkerkundlichen „Exotismus"-Häme in den Ausstellungstexten von 1987 zum Projekt „Exotische Welten – Europäische Phantasien" fällt auf.

Kunst und deren „enzyklopädisches Sammeln". Dort heißt es: „Das enzyklopädische Sammeln von Materialien ästhetischer Erscheinungsformen unserer Um- und Ichwelt wird zum Prinzip künstlerischen Gestaltens. Die dadurch verursachte Entfremdung des Menschen von seiner eigenen natürlichen Kreativität spiegelt sich in den Zeichen unserer Welt. ... Der Künstler realisiert dies als zentrale Erfahrung seiner eigenen persönlichen Problematik und bis zur Absurdität eines nahezu entfremdeten Künstlertums (‚Antikunst'). Er sieht sein Werk immer im Gegensatz zum Vorgarten des Rentners, zum Laienfoto, zum eigenen Sammelobjekt. Er – der Künstler – exemplifiziert dies an sich selbst und stellt sich als Exempel eines von angeeigneter Kultur durchsetzten und verseuchten Menschen vor" (Osterwold 1981, 1.85).

Wenn wir davon ausgehen, daß Künstler und Kunst- und Kulturwissenschaftler diesen Entfremdungen als Selbsterfahrungen Gestalt geben können, dann ist das nur in der Kunst gelungen – und in seltenen Fällen in einer „anderen" Ethnographie, deren Wert als „Antiethnographie" nie anerkannt wurde. Michel Leiris ist für mich Beispiel eines enzyklopädischen Sammlers ästhetischer Erscheinungsformen in der Fremde und im Eigenen, die er sich nicht als zu klassifizierende Objekte (Ethnographie) aneignet, sondern als reflexiv und selbstreflexiv zu verarbeitende Imaginationsquellen sieht. Antiethnographie? Oder doch besser eine andere, eine ästhetische Ethnographie, die der sinnlichen Berührung, der Imagination und der Sinnsuche Raum gibt. Leiris war eben auch ein surrealistischer Sammler. Die Wunderkammern standen ihm näher als die neuen Museen. 1929 schreibt Leiris im „Museum der Hexer"[53]: „Als ewiger Strafgefangener der Bezüge und Gesetze wird der Mensch immer dem Absoluten nachjagen. ... und es bleibt ihm nichts anderes als der Versuch, es mit einer List und auf einem Umweg einzufangen, durch die Umwälzung des Bedingungsgefüges. ... Poesie und Fiktionen beruhen im wesentlichen auf dieser unbewußten List. Ihr allgemeinstes Ziel liegt gerade in jenem Bruch der Bezüge, aus dem das Wunderbare hervorgeht, ... Wenn wir uns ein ganzes Leben lang ans Bekannte zu halten hätten, ... Welche monotone, miserable, entehrende Welt wäre das, wo alle Dinge sorgsam geortet und etikettiert wären, wie einge-

---

[53] Der Titel bezieht sich auf den Dokumentationsband okkultistischer Werke des Okkultisten Grillot de Givry „Le Musée des Sorciers. Mages et Alcemists. Paris 1929".

ordnet in die Schubladen eines Krämers, in die farblosen Glaspokale eines Apothekers oder die Archive einer Polizei". Das Wunderbare zeigt sich „in diesem mächtigen Streben nach dem Neuen, Unerforschbaren, dem immensen Wald voller Abenteuer und Gefahren, dem unberührten Boden, wo kein Weg vorgezeichnet ist, dem unendlichen reinen Land des Geistes, das noch kein Pflug der Logik zerrissen hat" (Leiris 1978b, 245 f.)

Die volks- und völkerkundlichen Spezialmuseen mit ihren vor allem regional und traditional gesammelten Dingen als „Kulturgütern" taten sich schwerer, dem Absoluten nachzujagen, dem Anspruch auf ein mächtiges Streben nach dem Neuen oder auch nur einer Kanonerweiterung gerecht zu werden. Dafür fehlte nicht nur das Material, sondern auch die Bereitschaft, sich aus der Interpretation der „authentischen" einfachen – primitiven – Kulturen in die Höhen der Kunst und in die Niederungen der Ware zu begeben und einen Bruch der Bezüge herzustellen.

Aufgrund der didaktischen Forderungen der siebziger Jahre[54] wurde eher in Richtung Imperialismus-Kritik argumentiert. Brigitta Benzing verweist in ihren Studien zur ethnologischen Kunsttheorie (1978) neben der didaktischen und der kritischen Aufgabe noch auf die Vermittlung ästhetischer Qualitäten im Rahmen einer visuellen Kommunikation. Eine Ausstellung über Handwerk in Afrika im Frankfurter Völkerkundemuseum 1975 – mit den drei Aspekten, traditionelle Kunst und Kunsthandwerk, Airport-art oder Touristenkunst und moderne afrikanische Kunst – nimmt sie zum Anlaß ihrer Kritik, „weil die Kunst nicht als Sondererscheinung des visuell-kommunikativen Bereichs von Gesellschaften lebendig gemacht werden konnte. Weder ihre emischen Kategorien, noch die gesellschaftlichen Bezüge für das ästhetische Handeln und die ästhetische Sprache konnten aufgezeigt werden" (ebd. 101). Mithilfe eines dialektisch-materialistischen Grundkonzepts will Benzing vom Objekt zu der dieses Objekt „produzierenden gesellschaftlichen Tätigkeit" gelangen (ebd. 7). Zentral wird der Begriff der ästhetischen Aktivität als universelles Verhältnis zur Realität im Sinne einer materialistischen Ästhetik. Für die Kunstethnologie gelte es, die emischen, das heißt, die in den Gesellschaften und gesellschaftli-

---

[54] Vgl. z.B. Bott 1970; Geschichte als öffentliches Ärgernis 1974; Herrscher und Untertanen 1974; Museumsdidaktik 1976; Spickernagel, Walbe 1976.

chen Gruppen selbst bestehenden und für diese bedeutsamen, ästhetischen Kategorien, herauszuarbeiten.

Auch in dem 1989 erschienenen Buch von Sally Price „Primitive Art in Civilized Places" geht es um eine Verbindung von ethnologischer und kunsthistorischer Betrachtung. Die Arbeit ist aus der Othering-Debatte und in Auseinandersetzung mit der Überlagerung der „primitiven" Anderen durch die westliche „Kennerschaft" (Kunstliebhaber, Sammler, Händler, Kunst- und Kulturwissenschaftler) erwachsen, deren Ambitionen auf 160 Seiten erläutert, oder mit den eigenen Worten der Autorin „anekdotisch" belegt werden. Auf den letzten 20 Seiten wird schließlich ein eigenes Feldbeispiel aus Surinam hinsichtlich der Widersprüche in den ästhetischen Systemen zwischen westlichem Interesse und dem Selbstverständnis der surinamesischen Maronen dargestellt. Price will allerdings nicht zwischen (indigener) Kunst und (exogener) Anthropologie als „Feldforschung", sondern zwischen den Wissenschaften Kunstgeschichte und Ethnologie in ihrer Darstellung der „primitiven Kunst" vermitteln. Da Price vorrangig vom ästhetischen Gegenstand (Form, Linie, Gleichgewicht, Farbe, Symmetrie) und nicht vom ästhetischen Prozeß ausgeht, schränkt sie zwar das urteilsfähige „Auge" (ebd. 140ff.) sowohl der westlichen Wissenschaftler und Kenner als auch der „primitiven" Künstler und Kritiker ein, verweist aber gleichzeitig auf einen westlichen Prozeß der Fächertrennungen in einer ästhetischen Betrachtung. Das „primitive Werk" bedarf aus ethnologischer Sicht des erläuternden Kontextes, um seine soziale, ökonomische, rituelle und symbolische Bedeutung und seine ästhetischen Zusammenhänge im alltäglichen Leben der Anderen zu erklären, während aus kunstgeschichtlicher Sicht seine ästhetische Qualität, wenn es denn zum „Kunstwerk" erhoben worden ist, durch Texttafeln gelöscht würde (ebd. 126f.). Was Price fordert (148f.), ist eine beachtenswerte Umkehrung des ästhetischen Denkens: Die Integration der Kunst in das alltägliche Leben sollte interdisziplinär von den ästhetischen Systemen der „Betrachteten" ausgehen und gleichzeitig sollte für die „primitive" wie für die westliche Kunst ihre Einordnung in die soziale und die historische Umwelt erfolgen. Damit überwindet die ästhetische Betrachtung von (Kunst)Werken, so Price, die Zuständigkeitsgrenzen zwischen Kunstwissenschaften und Anthropologie. Einen anderer Weg der Repräsentation wurde in der vielumstrittenen Ausstellung „Primitivism in 20th Century Art" im Museum of Modern Art in New York 1984 gewäht.[55] Die Ausstellung wurde von William Rubin und Kirk Varnedoe mit vier Abteilungen konzipiert: Concepts (Konzepte) – History (Geschichte) – Affinities (Verwandtschaften) – Contemporary Explorations (Zeitgenössische Erforschungen). Das Ausstellungskonzept arbeitete vor allem mit Gegenüberstellungen von Werken der modernen Kunst mit Werken der „primitiven Kunst", wobei die Ausstellungsmacher betonten, daß sie nur die besten Werke der Stammeskunst aus den Sammlungen der modernen Künstler ausgewählt hätten.[56] Die Objekte sollten also als nicht-westliche Kunst wie die westliche Kunst ihre eigene visuelle Sprache sprechen, oder besser jene Sprache, die die Künstler, die sie gesammelt und für sich re-imaginiert hatten, verstanden. „In einem gewissen Sinn war die gesamte Ausstellung unter die Schirmherrschaft einer Bemerkung Picassos ... gestellt worden, daß ‚primitive Skulpturen nie übertroffen worden sind'. In ihrem Eifer, dieses Axiom zu illustrieren, scheinen sich Rubin und Varnedoe mit den modernen Künstlern identifiziert zu haben, deren Interesse an ‚primitiver' Kunst sie aufzeigen wollten – vor allem bei Picasso selbst" (Bois 1985, 179f.). Bei dem Primitivismus, der ausgestellt werden sollte, ging es also immer um die westlichen Primitivisten und ihren Blick in die fremde Ferne. Das war zugegeben ein anderer Blick als derjenige, den Anthropologen damals – oder gar heute – als ihren ethnographischen Blick auf das Fremde bezeichnen, bei dem die Dinge über der fachwissenschaftlichen Einordnung in „ursprüngliche" Funktionen oft ihr Eigenleben verlieren, in einer Schublade enden. Verstehen wird dann archivarisch und eines ästhetisch Prozeßhaften beraubt. Ob nun auch die kunsthistorische Einordnung des modernen Primitivismus diesen seiner ästhetischen – und damit prozeßhaften – Anmutung beraubt, diese Frage wurde in der heftigen Kontroverse um diese Ausstellung[57] eigentlich nicht gestellt. Vielmehr ging es im wesentlichen um das Desinteresse oder Unverständnis der Aussteller hinsichtlich der originalen Funktionen und der sozialen Einordnung der indigenen Objekte bis zu dem Vorwurf einer stillschweigenden Unterstüt-

---

[55] Vgl. den gleichnamigen von William Rubin herausgegebenen Katalog (Rubin 1984). Im gleichen Jahr erschien auch eine deutschsprachige Ausgabe.

[56] „Man braucht nicht das Meisterwerk, um die Idee zu erfahren", soll Picasso im Gespräch vor seiner eigenen Sammlung zu Rubin gesagt haben, und die Antwort sei gewesen, „aber laßt uns, wie dem auch immer sei, das Meisterwerk nehmen" (Bois 1985, 180).

zung imperialistischer Machtgebärden durch die Moderne Kunst und das Museum of Modern Art (s. Clifford 1985; McEvilley 1992; Lüthi 1993). Obwohl die anthropologische Othering-Debatte mit ihrem selbstgefälligen Sündenbekenntnis gerade gelaufen war und die trotzdem weiterhin schreibenden Anthropologen versuchten, die Fremden sich selbst über wenig kommentierte Originalerzählungen vermitteln zu lassen, wurde diese Möglichkeit hinsichtlich der „Dinge" der Ausstellung nicht in Erwägung gezogen. Im Gegenteil wurde nun auch für die westliche Kunst ihre Einordnung in das „tägliche Leben", Price erwähnt Ökonomie, Mäzenatentum, Politik bis hin zu Persönlichkeitskonflikten, gefordert (Price 1992, 149), wobei mehrfach die Kritik an der Primitivismus-Ausstellung angesprochen wird. Diese Überlegungen führten bei Anthropologen, unterstützt durch die Globalisierungsdebatte, zu jenem Forschungsanliegen, das sich am besten mit dem Buchtitel von George Marcus und Fred Myers „The Traffic in Culture. Refiguring Art and Anthropology" (1995) umschreiben läßt.[58] Hier kommen die Kunstwelten[59] vor allem als ökonomische Prozesse zum Tragen. Die „Macher" sind nicht mehr die Künstler, sondern die Kenner, die Händler, die Marketing-Strategen und die Makler (Broker), jene, die den kulturellen Fluß in sein reguliertes ökonomisches Bett leiten. Das gilt für die ästhetischen Gegenstände des Eigenen und des Anderen, wenn auch vorrangig ausgehend vom westlichen Markt.

Ich schließe mich aufgrund meiner vielen Begegnungen und Dialoge einer reisenden Anthropologin dem im Globalisierungskonzept geäußerten Gedanken der „gemeinsamen Welt" nur zögernd an. Am ehesten kann ich diese globalisierte Welt unter dem ökonomischen Aspekt des gemeinsamen

---

[57] Die Auseinandersetzung wurde insbesondere zwischen Anthropologen, Kunstwissenschaftlern und eben den Autoren der Ausstellung in Artforum 11, 1984 und 2, 5, 1985, sowie Art in America 4 und 5, 1985 geführt. Sie verstärkte eher die „ästhetische-anthropologische" Kontroverse (Clifford 1985) als zu einer Begegnung der Sichtweisen oder gar zu einer ästhetischen Anthropologie zu führen. Auch in deutschen und schweizerischen Tageszeitungen und späteren Veröffentlichungen fand die Kontroverse ihren Niederschlag, vgl. z.B. Lüthi 1993; Heinrichs 1995 und die Übersetzung des die Kontroverse auslösenden Artikels von T. McEvilley in Kunstforum International 118, 1992.
[58] Vgl. auch Appadurai 1998, Welz 1996, Myers 2001; 2002.
[59] Zum Begriff vgl. Becker 1982.

Marktes sehen, wenn dieser auch unter zutiefst ungleichen Machtverhältnissen steht, was sich auch auf dem Kunstmarkt zeigt. Trotzdem halte ich es für wichtig, daß die Anthropologie, neben der Untersuchung der Marktabhängigkeiten und ökonomischen Werte, auch ein ästhetisches Sehen für das fremde und eigene Andere, das sich so vielfältig in ästhetischen Prozessen spiegelt, zu entwickeln versucht, um sich verstehend in diese Ästhetik zu vertiefen, vielleicht auch Anregungen für ein eigenes – privates und anthropologisches – ästhetisches Denken zu gewinnen. Ich plädiere dafür, daß sich neben einer fortschreitenden ökonomischen Anthropologie, die ökonomische Prozesse untersucht, auch eine ästhetische Anthropologie entfaltet, die ästhetische Prozesse untersucht, wobei ich einschließe, daß der ästhetische Proceß sich nicht unabhängig von „Märkten" entwickelt.

Jean Baudrillard hatte von einem kapitalistischen „System der Dinge" (1968) gesprochen, dessen Zirkulation eine Welt der Werte in ständiger Bewegung hält. Zu dem ökonomischen Kapital können wir im Sinne Bourdieus das kulturelle und das soziale Kapital, alle Kapitalsorten als symbolisches Kapital gebündelt, hinzufügen. Der Besitz dieser Kapitalsorten, entscheidet über die Stellung des Individuums in der gesellschaftlichen Welt (Bourdieu 1987). Die vorweisbare Distinktion ist nun besonders aus dem Besitz der wertvollen Dinge abzulesen. James Clifford schreibt in seinem Aufsatz über das Sammeln von Kunst und Kultur: „Im Westen hingegen ist das Sammeln seit langem eine Strategie für die Entwicklung eines possessiven Selbst, einer ebensolchen Kultur und Authentizität" (Clifford 1990, 89f.). Aber, neben den wertvollen Dingen, gibt es eben auch noch den Reichtum an Wissen, Erinnerungen und Erfahrung. Gehört zu dem possessiven Selbst auch die ästhetische Erfahrung und Wahrnehmung?

Für Baudrillard ist der Besitz der persönlichen Gegenstände eine „ebenso wesentliche wie imaginäre Dimension unseres Lebens, ebenso wesentlich wie unsere Träume (Baudrillard 1974, 123). Wenn wir Traum und Imagination als wesentliche Dimension unseres Lebens nicht nur auf die persönlichen Gegenstände, sondern auch auf Wissen, Erinnerungen, Erfahrung beziehen, dann öffnet sich noch einmal ein Tor zu den Wunderkammern als eigene imaginäre Museen, insbesondere auch wie die Surrealisten diese wahrgenommen haben. Die sinnliche Anmutung des Fremden wird über eine ästhetische Erfahrung dem Eigenen einverleibt und in einen neuen ästhetischen Proceß überführt, wenn der Funke Poesie übergesprungen ist.

Ästhetisch-anthropologische Verunsicherungen und Versuche

Das ästhetische possessive Selbst kann die Anmutungsqualität, die dem ästhetischen Gegenstand innewohnt, somit auch über den erträumten, den imaginierten und reflektierten Aneignungsprozeß wahrnehmen.

Gab es eine Vermittlung ästhetischer Prozesse über die Primitivismus-Ausstellung, die – so das Vermittlungsziel der Macher – die Anmutungen der lokalen „primitiven Kunst" auf die internationale westliche Moderne zeigen konnte? Gab es diese jenseits der einseitig angeeigneten Formensprache?

In seinem Buch „Wilde Künstler. Über Primitivismus, art brut und die Trugbilder der Identität" greift Hans-Jürgen Heinrichs (1995) im Zusammenhang der Primitivismus-Bewegungen den auch von Rubin benutzten Begriff der Wahlverwandtschaft wieder auf. Er verweist auf die zahlreichen Ausstellungen, in denen die außereuropäischen Werke von indigenen Kulturen als Kunst vermittelt werden sollten, wobei auch immer wieder die Themen von Wahlverwandtschaft und Korrespondenz und Transformationen angesprochen werden. Um sich für das Fremde und das Eigene in seinen Verschränkungen zu sensibilisieren, käme es „uns zugute, wenn wir unseren Blick, unsere Sinne und unser Denken für ‚eine große Philosophie der Mischungen und Kreuzungen, der Identität als Summe oder Kombination aus Andersartigem' (Serres) schärfen würden" (ebd. 111). Der westlich erzogene australisch-indigene Künstler Gordon Bennett, der in seinen Werken eine Mischung der Ikonographie der Aborigines mit westlichen visuellen Zeichen erarbeitet, sieht eine Veränderung und Erweiterung menschlicher Identität aus kultureller Grenzüberschreitung erwachsen. Als Maler beschreibt er sein Verhältnis zur Ikonographie als ein allegorisches, „in dem Bilder als Orte historischer Bedeutung herausgelöst und neu zusammengesetzt werden, um neue Beziehungen und Möglichkeiten zu schaffen" (Bennett 1993, 91).

Sind das eigene und das fremde Andere für den Künstler und vielleicht auch für uns Anthropologen, mag unser Bewußtsein noch so „globaler und historischer geworden" sein (Marcus, Fischer 1986, 134), nicht doch immer noch einer Wiederverzauberung durch die transformative Kraft, den verwandelnden Funken Poesie der Collage wert? Ist dies ein Weg auch zu einer ästhetischen Anthropologie? In Levi-Strauss' „Der Weg der Masken" heißt es, „auf dem Pfade der Schöpfung wandelt keiner je allein"

(2004, 135). Die Masken afrikanischer und ozeanischer Kulturen sind in die Werke der modernen Künstler eingegangen. Und eine selbstbewußte junge Kunst der Länder einer Dritten Welt geht souverän mit wiederum ihren Anleihen aus dem künstlerischen Westen um, verbindet Eigenes mit Fremdem, um ein neues Eigenes zu schaffen.

Die Juxtaposition ist ein Stilmittel der künstlerischen Collage. Ich habe diesen Begriff für die Möglichkeiten der anthropologischen Darstellungen entlehnt. Gerade im Hinblick auf eine anthropologische Näherung und Durchdringung ästhetischer Prozesse möchte ich mich für dieses Denken, auch als Provokation und Evokation, einsetzen. Die Künstler der Moderne sind auf diesem Weg vorangeschritten. Sie haben einander Fremdes zusammengefügt, um die Erstarrung des eigenen Denkens durch Grenzüberschreitungen zu überwinden. Kunstvermittler sind ihnen in ihren Ausstellungsinszenierungen gefolgt, nicht nur in der umstrittenen Primitivismus-Ausstellung. Als Rudi Fuchs 1993 die Leitung des Stedelijk Museums in Amsterdam übernahm, schuf er das Ausstellungskonzept der Couplets. Er stellte darin Werken der zeitgenössischen Kunst Werke der klassischen Moderne gegenüber, ausgehend von dem Gedanken, daß Kunstwerke wie Menschen „versuchen, miteinander ins Gespräch zu kommen" (vgl. Puhan-Schulz 2005). Diese Dialogfähigkeit der Kunstwerke sollte auch die Reflexions- und Dialogfähigkeit der Betrachter zu und mit den Werken über die anfängliche Provokation der ungewöhnlichen Gegenüberstellung wecken. Die Dialogfähigkeit zwischen Eigenem und Fremden, zwischen Menschen und Menschen, zwischen Menschen und Dingen zu stärken, war nach der destruktiven Macht der Othering-Debatte deren mehr verborgenes Hoffnungsbild für eine „neue" Humanwissenschaft. Darin nähert sie sich in beiden Orientierungen dem Collage-Prinzip der künstlerischen Moderne. Oder waren diese Künstler doch eher Postmoderne, während sowohl die akademische Kunst als auch die akademische Wissenschaft, die politische Macht als auch ihre Wähler auf dem modernen „klassischen" und geräumigen Aktenschrank des „eindeutigen" Benennens und Klassifizierens beharrten. Es sind auch in der bereits wieder zerfallenden Postmoderne der Jetztzeit mit ihrer „intellektuellen Unbekümmertheit" (Heinrichs 1995, 107),[60] die einander Fremdes zusammenführte, eher die experimentierfreudigen Außenseiter im Kunstbetrieb, die den Dialog gegenüber den Separierungen stark machen. Im Gegensatz zu den textreichen, erklärenden Konzepten einer pädagogischen Museumspraxis der siebziger Jahre, gewannen in einer dialogischen Museumspraxis nicht nur die Dinge ihr Eigenleben zurück, sondern gingen in einen „kommunikativen Zirkel" (Perin 1992) ein, in dem sich Repräsentation und Rezeption verbinden sollen. Gisela Welz verweist unter Bezugnahme auf diesen Zirkel darauf, daß eine neuere Museumstheorie „in stärkerem Maße auf die evokativen Potentiale von Objekten und deren Inszenierungen" vertraut, wobei diese Inszenierungen „anstatt eindeutige Botschaften zu vermitteln – vielschichtige Zusammenhänge entstehen lassen" (Welz 1996, 76). Die ästhetische Botschaft wird im Dialog erarbeitet. Das ist ein hohes, oft nicht erreichtes Ziel, denn es bedarf nicht nur einer dichten und evozierenden Inszenierung[61] durch den Museumsautor, sondern auch der aktiven „Mitarbeit" der Betrachter und ihrer Sensibilität gegenüber der ästhetischen Anmutung der Dinge. Es bedarf des „Duells der Sinne und der Dinge", schreibt Marie-Louise von Plessen für das Autorenmuseum: „Das Autorenmuseum verfährt nach dem Prinzip der Leidenschaftlichkeit: es setzt den Betrachter den Dingen aus, nimmt ihn nicht an die Hand wie die didaktisch aufgebaute, nach gattungsgeschichtlichen Kriterien geordnete Sammlung, deren innere Bezüge durch Beschriftungsformeln hergestellt werden. Im Autorenmuseum müssen die Besucher die Bezüge selber herstellen, die Enträtselung selber vollziehen, am inneren Dialog der Dinge aktiv teilnehmen" (Plessen 1990, 181).

Auch für experimentierfreudige Ausstellungsmacher entsteht hier allerdings ein Dilemma, wenn sie davon ausgehen, daß „museale Objekte ohne Re-Dimensionierung stumm sind" (Korff, Roth 1990, 18) oder daß historische Tatsachen stumm wären „ohne den Erzähler, der sie sprechen läßt".[62] Dieses Dilemma gilt also nicht nur für museale Repräsentationen, sondern

---

[60] „Meiner Einschätzung nach", schreibt Heinrichs, „haben wir 1991/92 in der Kunstrezeption und auf dem Kunstmarkt bereits den Höhepunkt dieser Entwicklung im Zeichen der Postmoderne überschritten und werden schon sehr bald wieder zurückkehren zur Separierung von Erfahrungen, von Stilrichtungen und Disziplinen" (Heinrichs 1995, 107f.).

[61] Zu den Kontroversen um „Inszenierungen", vor allem in kulturhistorischen Museen, vgl. Korff, Roth 1990, 21ff.

Ästhetische Vermittlungen

für alle Repräsentationen ästhetischer Prozesse. Die Buchautoren haben es wohl noch schwerer, den Dialog zwischen dem ästhetischen Ding, seinem Schöpfer, der Botschaft und ihrem Rezipienten und sich selbst als Erzähler so zu gestalten, daß sie nicht nur „einordnende" Informanten sind, sondern die Leser als Reflektierende, sich Auseinandersetzende in die ästhetischen Prozesse einbeziehen. Auch der Buchautor muß Inszenierungen schaffen. Diese Inszenierungen als Interpretationshilfen versuchen, die Verbindung zwischen einem ästhetischen Objekt, seiner Botschaft, seinem Schöpfer, seinen Wieder-Schöpfern und seinen Betrachtern und Interpreten, seinen Brokern, Käufern und Verkäufern, zu sehen – und dieses Sehen, auch das wissenschaftliche, gleichzeitig als eine ästhetische Kategorie der gelungenen und mißlungenen oder mißachteten „Berührungsmomente" zu vermitteln. Diese Berührungsmomente – und ich greife hier eine Interpretation von Hans-Jürgen Heinrichs zu dem Surrealisten und Ethnographen Michel Leiris auf, in der es heißt: „Das Auge des Ethnographen – erfahrend, konstruierend, begrenzt erfassend, entlang an ‚Berührungsmomenten'" (Heinrichs in: Leiris 1978, 8) – sind ästhetische Momente. Sie machen die Poesie, oder eben die schöpferische Kraft der Berührung aus, begrenzt erfassend, aber doch vielleicht näher an dem ästhetischen Prozeß als der große Aktenschrank mit seinem Inhalt aufgespießter ästhetischer, unästhetischer, antiästhetischer und anästhetischer Dinge.

Zerstört die Sprache der Interpretation die Sprache der Berührung? Sind die Dinge stumm ohne den (wissenschaftlichen) Erzähler, der sie sprechen läßt, oder werden sie von diesem wissenschaftlichen Erzähler stumm gemacht, weil er die Berührungsmomente, und das meint den ästhetischen Augenblick eines Sich-im-Fremden-Verlieren, vergessen hat? „... und nachdenkenswert wirkt die Überlegung, daß es Aufgabe des Museums sei, ‚eine Gesellschaft, die sich an Identifizierungen klammert, in einen intelligenten Grenzverkehr mit dem Fremden zu verwickeln'", so zitieren die Herausgeber des Bandes „Das historische Museum. Labor, Schaubühne, Identitätsfabrik" den Philosophen Peter Sloterdijk mit seiner „Schule des Befremdens"[63] (Korff, Roth 1990, 11). Grenzverkehr, Authentizität und Aura sind drei Begriffe, die in diesem Sammelband als (museale) Wege

---

[62] Johann Gustav Droysen: Historik. Vorlesungen über Enzyklopädie und Methodologie der Geschichte, in: Korff, Roth 1990, 18.

des kulturhistorischen und ethnographischen Umgangs mit den fremden Dingen herausgearbeitet werden. Die Autoren beziehen sich auf Benjamins Aura-Definition (ebd. 17).

Haben wir als empirisch arbeitende ethnologische Anthropologen einen ästhetischen Pfad beschritten, der interdisziplinär ist und sich transnational verorten möchte? Hilft uns, und das ist mein dritter Strang, eine gegenwärtige Philosophie der ästhetischen Erfahrung und Vermittlung auf diesem, unserem, Weg der Erfahrungssuche und Vermittlung?

Von der Aura zur Atmosphäre

In Walter Benjamins Aufzeichnungen und Materialien zum Flaneur im Passagen-Werk gibt es eine Aussage zu „Spur und Aura", die uns mit beiden Begriffen in unserer anthropologisch deutenden Suche nach einer Vermittlung der ästhetischen Erfahrung und Vermittlung helfen könnte: „Die Spur ist Erscheinung einer Nähe, so fern das sein mag, was sie hinterließ. Die Aura ist Erscheinung einer Ferne, so nah das sein mag, was sie hervorruft. In der Spur werden wir der Sache habhaft; in der Aura bemächtigt sie sich unser" (Benjamin 1983, 560).

Wird hier die postmoderne Ambivalenz der empirischen Humanwissenschaften zwischen Indiziensuche und Berührung angesprochen, die unsere ethnographischen Fächer in der Zeit nach dem Zweiten Weltkrieg wieder in ideologische Lager trennte? Oder kann die Spurensuche sich mit der Aura verbinden, als ein Geschenk der Postmoderne an „ergriffene" Spurensucher? Ist das Moment der ästhetischen Berührung durch das Andere, das Fremde in seiner Ambivalenz zwischen Abwehr und Verlangen eben auch eine erneute Gabe an den postmodernen Anthropologen?[64]
Auch ästhetisches Denken ist in Raum und Zeit angesiedelt, auch die Ein-

---

[63] Titel eines Essays im FAZ-Magazin vom 17. März 1989, in dem es um den Trend einer zunehmenden Musealisierung als Zeichen der Fremdheitserfahrung in unserer Gesellschaft geht.
[64] „Abwehr und Verlangen" hat Karl-Heinz Kohl seine Erzählungen aus der „Geschichte der Ethnologie" genannt (Kohl 1987). Zum Wissen von der Ambivalenz als „Gabe" vgl. Bauman 1995, 214f.; vgl. hier das Kapitel „Grenzerfahrungen".

beziehung der ästhetischen Erfahrung einer Aura in eine wissenschaftliche Spurensuche und Spurensicherung. In Walter Benjamins unvollendetem Passagenwerk „als eine materiale Geschichtsphilosophie des 19. Jahrhunderts" (Tiedemann in Benjamin 1983, 11) spüren wir die Verbindung zwischen Spur und Aura, die selbst aus den Fragmenten spricht, wobei uns Heutige wohl gerade das Fragmentarische zwischen Nähe und Ferne zu eigenem ästhetischen Denken reizt. Benjamin bezieht sich immer wieder auf den Surrealismus und dessen Entdeckung der spezifischen Dingwelt des 19. Jahrhunderts (ebd. 16ff.). Er will das Prinzip der Montage in die Geschichte übernehmen – „Also die großen Konstruktionen aus kleinsten, scharf und schneidend konfektionierten Baugliedern zu errichten. Ja, in der Analyse des kleinen Einzelmoments den Kristall des Totalgeschehens zu entdecken" (ebd. 575).

1926 war Benjamin in Moskau, zurückgekehrt nach Berlin schrieb er in sein Moskauer Tagebuch, daß „für jemanden der aus Moskau kommt, Berlin eine tote Stadt ist" (Utopie, 296). Benjamins Moskau war noch ein Moskau voller Möglichkeiten: „Die gesamte Lebenssituation der westeuropäischen Intellektuellen ist völlig verarmt, vergleicht man sie mit den zahllosen verschiedenen Konstellationen, die sich dem einzelnen hier innerhalb eines Monats bieten". 1936 erschien sein vielzitierter Aufsatz „Das Kunstwerk im Zeitalter seiner technischen Reproduzierbarkeit". 1940 nahm er sich auf der Flucht vor der Gestapo das Leben.

Über Europa hatte sich die grell erleuchtete Nacht einer „Ästhetik des Krieges" ausgebreitet, der die Ästhetisierung der Macht in Politik und Ökonomie und die Vernichtung des und der fremden Anderen zeitgleich war und vorausging. Der Spanische Bürgerkrieg (1936–1939), auf der Seite Francos von Deutschland und Italien unterstützt, hatte mit der Vernichtung der Stadt Guernica durch die Flugzeuge der deutschen Legion Condor ein grauenvolles Fanal gesetzt. Das totalitär-zentralistische Spanien unter Franco blieb zwar dem Zweiten Weltkrieg fern, hatte aber enge Verbindungen zu den Achsenmächten. Daß in diesem Weltkrieg der deutsche Nationalsozialismus, der italienische Faschismus und der stalinistische Kommunismus einen Pakt im Sinne der über den Krieg zu etablierenden nationalen Herrschaft und Diktatur, auch über die Rolle der ästhetischen Erfahrungen und Vermittlungen, schließen konnten, war für die transnationale linke

Avantgarde sicher ein Todesstoß. Galt dieser auch ihrer Reflexion einer Mitverantwortung? 2004 habe ich in Barcelona im Picasso-Museum auch die Sonderausstellung „Guerra i pau" (Krieg und Frieden) gesehen. Nach einer ermüdenden und kommentarreichen musealen Wanderung durch die „Epochen" (Schubladen) der künstlerischen Entwicklung Picassos war diese Ausstellung wie ein Paukenschlag, der 1937 mit Guernica (hier in einer Nachgestaltung) begann – und Picassos Gedanke, daß man nicht das Meisterwerk (Original) haben müsse, um die Idee zu verstehen, wurde auch für die westliche Kunst, und seine eigene, deutlich. Krieg und Frieden, wie wurde das von 1937 bis zu dem Wandgemälde „La Guerra y La Paz" 1954 in einer Kapelle in Vallauris vermittelt? Die Bilder sprachen und machten betroffen, Schreie und hilflose Hände, Eulen der Einsamkeit und Tauben eines (un)möglichen Friedens. Die Aura der Bilder „bemächtigte" sich meiner, und das war ein ästhetisches Ergriffenwerden durch die Authentizität von Form und Bedeutung.

Hier setzt aus meiner Sicht jenes Erschrecken von Walter Benjamin ein, der die „Aura" des ästhetischen Ergriffenwerdens von der „Atmosphäre" der ästhetischen Okkupation trennen wollte. Die Nicht-Balance dieses Aufsatzes um das Kunstwerk im Zeitalter seiner technischen Reproduzierbarkeit zwischen der zarten Empirie einer Naturästhetik und der harten Empirie einer Kriegsästhetik vermittelt das humane Verstummen vor der Monumentalität und Macht, mit der sich die Ästhetisierung der Politik über Europa verbreitete.
Walter Benjamin beginnt seine Aura-Bestimmung – „einmalige Erscheinung einer Ferne, so nah sie sein mag" – mit einer Naturerfahrung: „die Aura dieser Berge, dieses Zweiges atmen" (Benjamin 1970, 18). Sein Aufsatz endet mit einem Zitat aus dem Manifest des italienischen Futuristen Marinetti (1876–1944)[65] zum äthiopischen Kolonialkrieg: „Seit siebenundzwanzig Jahren erheben wir Futuristen uns dagegen, daß der Krieg als antiästhetisch bezeichnet wird. ... Der Krieg ist schön ..., weil er ... die Herrschaft des Menschen über die unterjochte Maschine begründet. ... Der Krieg ist schön, weil er das Gewehrfeuer, die Kanonaden, die Feuerpausen, die Parfums und Verwesungsgerüche zu einer Symphonie vereinigt. Der Krieg ist schön, weil er neue Architekturen, wie die der großen Tanks, der geometrischen Fliegergeschwader, der Rauchspiralen aus brennenden

Dörfern und vieles anderes schafft ... Dichter und Künstler des Futurismus
.. erinnert Euch dieser Grundsätze einer Ästhetik des Krieges, damit Euer
Ringen um eine neue Poesie und eine neue Plastik ... von ihnen erleuchtet
werde!" (in: Benjamin 1970, 49f.).[66]
Walter Benjamin klagt im Zeichen des Zusammenbruchs einer avantgardistischen Ästhetik durch die Ästhetisierung von Politik und kapitalistischer Ökonomie die sich verlierende Ästhetik der Aura ein. Der Ästhetisierung der Politik im Faschismus stellt er die Politisierung der Kunst im Kommunismus gegenüber. Ist hier, 1936, als bereits der sozialistische Realismus in seiner technischen und ideologischen Reproduzierbarkeit die sowjetische Kunstszene beherrschte, der Verlust der Aura zugunsten der zu verwirklichenden „neuen Welt" zulässig? Diese Antwort ist uns Walter Benjamin schuldig geblieben.

An Benjamins Aura-Begriff dagegen hat sich die Ästhetikdebatte der Nachkriegszeit entzündet. Die Avantgarde der ersten Hälfte des 20. Jahrhunderts, so heißt es, hatte die Aura der Kunst abzuschütteln versucht (Böhme 1995, 26), indem sie die Kunst in das Leben, in die „Gebrauchswelt der Dinge" (Utopie, 61), auf die Straße, in die Fabriken überführen wollte. Auch für Benjamin ist durch die technische Reproduzierbarkeit, er verweist auf das Beispiel des (russischen) Films, die Mobilisierung der Massen, ja sogar deren Autorenschaft gegeben. Dieser neue ästhetische Prozeß ist an der Ästhetisierung der Macht in einer totalitären Politik, die

---

[65] Zum Futurismus und seiner Rolle in der künstlerischen Avantgarde vgl. Apollonio 1972; die Bedeutung der durch die „Beschleunigung des Lebens" veränderten menschlichen Psyche und die Versuche der Futuristen, dieses ästhetisch transparent zu machen, arbeitet Smuda 1992 heraus. Smuda zitiert aus Marinettis „Zerstörung der Syntax, Drahtlose Worte, Phantasie, Befreite Worte, Die futuristische Sensibilität" (1913): „Stellt Euch vor, ein Freund von Euch ..., befindet sich in einer Zone intensiven Lebens (Revolution, Krieg, Schiffbruch, Erdbeben usw.) und kommt gleich darauf, um Euch seine Eindrücke zu erzählen. ... Er wird nicht darauf achten, seine Rede auszufeilen, sondern er wird ... seine Seh-, Geruchs- und Hörempfindungen in Eure Nerven werfen, so wie sie sich ihm aufdrängen" (in: Smuda 1992, 138).

[66] Auf das erschreckende Umkippen einer Ästhetik des Krieges als Bemächtigung durch die Aura des Grauens in die ästhetisierende und reproduzierbare Selbstermächtigung des Kitschmenschen und seiner medialen Macher und politisch neutralisierten und ignoranten Medien-Interpreten verweisen die oft noch als „lehrreich" eingeordneten Kriegs-Computerspiele zwischen „Gut und Böse".

den „Staat als Kunstwerk" (Jürgens 1970) inszenierte, gescheitert – und an der Macht jenes Bürgertums, das die Aura der Kunst (einschließlich die der von Experten anerkannten Moderne) in den Hallen der Museen als ihr (Geschmacks-) Eigentum betrachtete. Aber hatte die Avantgarde wirklich die Aura abzuschütteln versucht, oder wollte sie diese nicht vielmehr in ein Leben als Kunstwerk überführen? Abgeschüttelt werden sollten sowohl die bürgerliche Kunst als auch Besitzansprüche auf eine Aura der Kunst durch eine Geschmackselite.

Aura im Sinne Benjamins ist nicht nur die Einmaligkeit des Kunstwerks, seine Originalität im Hier und Jetzt, sondern eben auch Aura als „eine Erscheinung der Ferne, so nah das sein mag, was sie hervorruft". Hier entsteht für mich eine wichtige Beziehung zu einer Anthropologie, die sich dem Ästhetischen als Prozeß im Hier und Jetzt und Dort und Damals seiner kulturellen Einmaligkeit zuwendet.

Das Nahe ist die sinnliche Anmutung der vom Erlebenden immer fern bleibenden ästhetischen Erscheinung. Das gilt nicht nur für den Exotismus, sondern auch für die Ästhetik des eigenkulturellen Alltags zwischen Aura und reproduzierbarer Ästhetisierung. Das gilt, oder sollte gelten, für die Experten wie für die Alltagsmenschen. Teil des ästhetischen Prozesses ist die reflexiv, das heißt auch distanziert, erarbeitete Verinnerlichung des ästhetischen Angebots und die verarbeitete Veräußerlichung als Vermittlung eines Ästhetischen, sei es als Kunstwerk oder als Erzählung oder auch nur als reflektierte Erfahrung im Subjekt.[67]

Es ist nicht die Reproduzierbarkeit als solche, die eine Aura zerstört, sondern die Distanzlosigkeit im ästhetischen Prozeß. Das verweist auf das Kitschproblem, wie es Elias (1934), Broch (1933, 1950) Greenberg (1939) und Giesz (1960) formuliert haben. Kitsch ist nicht „schlechte Kunst", sondern eine Erlebensweise. Kitsch ist undistanzierte, eben selbstbezogene Einverleibung des Fremden, des Anderen durch den „Kitschmenschen" (Giesz). Die Natur, das Bild an der Wand, der Film auf der Leinwand, das Mitbringsel von der Reise, das Designer-Kleid und selbst der Partner werden ihrer Eigen-Art beraubt. Alle dienen der eigenen Befindlichkeit als Folie oder gar als Aura. Giesz nennt das „ästhetische Selbstvergessenheit"

---

[67] Korff, Roth gehen im Zusammenhang der Authentizität musealer Objekte auf Benjamins Aura-Begrifff ein und heben ein „Spannungsverhältnis von sinnlicher Nähe und historischer Fremdheit" hervor (1990, 17)..

Ästhetische Vermittlungen

(1971, 57). Elias und Greenberg verweisen insbesondere auf die ästhetische Verunsicherung, die sich in der individualisierten bürgerlich-kapitalistischen Gesellschaft ausbreitet und für Elias insgesamt zu einem „Kitschstil" mit progressiven und konservativen Tendenzen führt, während Greenberg, neben dem Akademismus des Stillstands, für das 20. Jahrhundert einerseits die gesellschaftskritische Avantgarde-Kultur und andererseits den Kitsch als Produkt der industriellen Revolution, als „Ersatzkultur für die Massen" (Greenberg 1997, 39f.) hervorhebt.[68] Auch für Elias und Greenberg ist der Kitsch Erfahrung aus zweiter Hand, Ersatzbefriedigung. Für Elias sind die Darbietungen nicht mehr „Instrumente der Distanzierung" (Elias 2004, 37), für Greenberg zählen sie zum unreflektierten Genuß (Greenberg 1997, 46).

Wenn Broch behauptet, daß wir alle gar nicht selten kitschfreundlich sind, so enthebt er uns der Festlegung auf eine soziale Schicht.[69] Für Broch ist Kitsch schließlich das „Böse im Wertsystem der Kunst", reaktionäres Imitationssystem, abgeschlossen im Endlichen der persönlichen Bedürfnisbefriedigung, einschließlich der „schönen Effekte" bis zum „gigantischen Kitsch, den Nero mit dem Feuerwerk der brennenden Christenleiber in seinen Gärten arrangierte, er selbst dazu die Laute schlagend" (Broch 1975, 154). Der Verlust des Ethischen im ästhetischen Prozeß wird dafür verantwortlich gemacht.[70] Das einzige Kriterium der autonomen Kunst sei jene „Wahrhaftigkeit", bei der die Wertsysteme in ihrer Unabgeschlossenheit, ihrer lebendigen Fortentwicklung gezeigt werden. So im Kapitel über

---

[68] Sowohl Elias als auch Greenberg setzen ihre Hoffnungen auf eine künstlerische Avantgarde, die für Elias mittels der neuen künstlerischen Möglichkeiten einen radikalen Wandel vollzieht, oder für Greenberg als lebendige Kultur des avantgardischen Sozialismus erhalten bleiben soll.

[69] Heinz Schilling, der sich in seinem Buch „Kleinbürger" mit dem von Broch und Giesz angesprochenen Kitschmenschen auseinandersetzt, bevorzugt den Begriff der „funktionalen Ästhetik" für den Dinggebrauch des Kleinbürgers. „Alles muß sich ‚einpassen' ... sowohl in die Wohnung als auch in den kollektiven Geschmack von Freunden und Verwandten" (Schilling 2003, 150). Liegt aber nicht auch in dieser funktionalen Ästhetik des „Einpassens" jene schichtenunabhängige Vereinnahmung und Verendlichung von – allerdings – schichtenabhängigen Werten vor?

[70] Greenberg verweist auf den Kitsch als offizielle Richtung der Kultur in den totalitären Systemen in Deutschland, Italien und Rußland, wobei er diese als „Einschmeichelungsversuch" bei den Untertanen sieht: „Kitsch läßt den Diktator in engeren Kontakt mit der ‚Seele' des Volkes treten" (Greenberg 1997, 52f.)

„Kitsch und Tendenzkunst", wobei die Tendenzkunst durchaus als eine politisch notwendige Kunst gesehen wird, deren Gefahr zur „Verkitschung" allerdings gerade in ihrer „Verendlichung" des Wertsystems liegt (ebd. 147ff.).
Wolfgang Welsch hat in seine Analyse des ästhetischen Denkens 1990 den Gegenbegriff der Anästhetik eingeführt: „Anästhetik meint jenen Zustand, wo die Elementarbedingungen des Ästhetischen – die Empfindungsfähigkeit – aufgehoben ist" (Welsch 1998, 10). Wenn ich Anästhetik hier mit dem von mir im Sinne der obigen Autoren verstandenen Kitschbegriff zusammenführe, so bin ich mir der historischen Unterschiede sehr wohl bewußt. Für die Moderne des frühen 20. Jahrhunderts war Kitsch der bürgerliche, nationale Akademismus, gegen den eine empfindungsfähige internationale Kunst, die sich auch über gedachte Reproduzierbarkeit verstand, politisch aufstand. Totalitarismus und Weltkriege zerschlugen eine Ästhetik als reflexive sinnliche Wahrnehmung von sozialem Sinn, ja, führten diese zur Anästhetik – „Man anästhetisiert, um ästhetische Pein zu ersparen" (ebd. 11). Kitsch konnte distanziert in die Metapher von „brennenden Christenleibern" abgeschoben werden. Die ästhetisierte Politik, der politische Kitsch führten zur Anästhetisierung. Für die ästhetischen Denker blieb Selbstmord oder Exil, aus dem man kritisch wieder auftauchen konnte. Aber: die politische Anästhetisierung war inzwischen durch eine ökonomische, kulturindustrielle Anästhetsierung überholt, überrollt worden. Hier setzte die Kritik der alten und der neuen intellektuellen Linken am kulturindustriellen Kitsch an, aber auch, später, die genüßlich-distanzierte ethnographische Beschreibung des kleinbürgerlichen Kitschmenschen. Welsch betont für den Ästhetisierungs-Boom im „postmodern-konsumatorischen Ambiente" den Umschlag in Anästhetik, eine ästhetische und soziale Desensibilisierung. Er macht dies insbesondere an der „telekommunikativen Totalausrüstung" fest, die zu der „Umformung des Menschen zur Monade im Sinne eines sowohl bildervollen wie fensterlosen Individuums" führt. „Wer bildervoll ist, der braucht keine Fenster mehr", heißt es (Welsch 1998, 16).
Die ästhetische Selbstbezogenheit gegenüber der Bilderfülle und dem Warenangebot oder die Distanzlosigkeit im ästhetischen Prozeß führt zu dem, was Welsch Fensterlosigkeit nennt. Dem reflektiert wahrnehmenden Blick auf die Welt oder dem ästhetischen Empfinden, was der ästhetische

Prozeß freisetzen will, stehen Mauern und Zäune ohne Zwischenräume, ohne Durchblicke in ein selbst zu findendes „Wunderland" gegenüber. Das Wunderland wird fremdbestimmter und verendlichter Kitsch des selbst- und heimbezogenen Individuums. Der Blick auf die Welt weicht der Anästhetisierung.

Was bei Benjamin nur als Gefahr erschien und hinsichtlich der stalinistisch gedachten kommunistischen Verendlichung der Kunst noch nicht erfaßt wurde, während er die faschistische Verendlichung klar durchschaute, war die mögliche ästhetisierende Ausbeutung im Zeitalter der massenmedialen (technisch reprodzierbaren) Vereinnahmung des Subjekts. Die Ästhetik der Nachkriegszeit als Kritik war zunächst von der Trauer um die verlorene Aura des ästhetischen Gegenstands und der kritischen Urteilskraft bestimmt. Für Adorno ist das authentische Kunstwerk eine „Vermittlung" oder „die Verwandlung des ästhetisch erfahrenen Sozialen in die interne Struktur der Werke ... Die Kunstwerke kommunizieren mit der Empirie, sagen ihr zugleich aber ab und ziehen sich sozusagen so weit zurück, daß sie von der Realität nicht mehr erreichbar sind" (Schneider 1997, 198). Die Kunstwerke schaffen Distanz. Das gilt nicht für die Produkte der Kulturindustrie, die Adorno als Massenbetrug oder als „Negation von Kultur" bezeichnet (Adorno 1970). Die „Gebrauchswelt der Dinge" (Utopie, 61), die von der Avantgarde des frühen 20. Jahrhunderts eingebracht wurde, erstickte in den Begriffen Kulturindustrie (Adorno), Bewußtseinsindustrie (Enzensberger), Warenästhetik (Haug; Holz) oder Kitsch und schließlich in den „feinen Unterschieden" des Geschmacks (Bourdieu). Das schreibende linke Bürgertum hatte sich seine „kritische", aber vor allem distinktive – wieder zugelassene oder erhaltene – Domäne geschaffen. Die Aura des Kunstwerks vermittelt sich über ästhetische Bildung, die ästhetische Urteilskraft ermöglicht. Wer draußen ist, bleibt draußen aus den Museen und Theatern und Gymnasien und Universitäten, kurz, den „heiligen Hallen" auch und gerade des konservativen konsumierenden Bildungsbürgertums. Das gilt nicht nur für die Kleinbürger als Konsumenten, sondern auch für die Macher von angewandter Kunst oder für die Kunst der Außenseiter, solange sie nicht von Wissenden, von „Experten", anerkannt wurden.

Von der Aura zur Atmosphäre

Im Diesseits dieser spätkapitalistischen Trauergesellschaften über den Verlust des wahren „Ästhetischen" entwickelte sich nun allerdings ein neuer „postmoderner" Ästhetikdiskurs, der sich von der Aura und dem Schönen einer „wahren Kunst" und dem selbstgewissen „ästhetischen Geschmack" des Bildungsbürgers wieder abwendet.

So arbeitete Gernot Böhme 1995 in seiner „neuen Ästhetik" den Begriff der Atmosphäre als einen Grundbegriff der Ästhetik heraus. Auch er geht dabei von einer Analyse des Begriffs Aura bei Benjamin aus, in dem eben jenes Atmosphärische angelegt sei. Doch während, so Böhme, behauptet wird, daß die Aura, die das echte oder wahre künstlerische Objekt ebenso wie die Natur auf den empfindsamen Menschen ausstrahlt, durch die technische Reproduzierbarkeit verloren gehe, ist die Atmosphäre nach Böhme machbar und reproduzierbar und erstreckt sich auf den gesamten Bereich einer Alltagsästhetik. „Das kritische Potential einer Ästhetik der Sphären richtet sich also zunächst gegen die Verdammnis der niederen Sphären des Ästhetischen und zeigt die Legitimität einer Ästhetisierung des Alltagslebens" argumentiert Böhme (1995, 42), ohne allerdings auf die politischen Forderungen der frühen Avantgarde einzugehen. Zu dieser Ästhetisierung des Alltagslebens gehören Design, Kunstgewerbe, Kitsch, Werbung, Massenmedien. Über den Begriff der Macht, die einer Ästhetisierung der Politik und der Warenästhetik innewohnt, versucht Böhme sodann der Gefahr eines Tolerierens einer „Selbstinszenierung der Macht" und der „Ausübung von Macht durch die Beschwörung von Atmosphären" zu begegnen (ebd. 43). Insbesondere hinsichtlich der Warenästhetik hält Böhme auf der Basis der Atmosphären eine Kritik der ästhetischen Ökonomie für möglich. Aber, wenn der „ästhetische Wert" der Waren und die atmosphärische Inszenierung – „sich selbst in Szene zu setzen" – zur Lebenssteigerung gehört (von Individuen, von Gruppen, von Klassen, von Herrschern, von Unternehmen, von Städten und Nationen), wer bestimmt dann, wann die Kritik an der Vereinnahmung und „die Freiheit gegenüber der Macht der Atmosphären" (ebd. 46f.) einzusetzen habe oder einsetzen kann? Die Verführer oder die Verführten oder die Ästhetik der Atmosphären? Den „spielerischen Umgang mit den Atmosphären", wenn ihre Inszenierung denn der Lebenssteigerung dient, können sich sicher nur die Mächtigen leisten, und damit liefe die Kritik der ästhetischen Ökonomie schließlich doch wieder auf die Umverteilung der Eigentumsverhältnisse an dem nunmehr nicht nur ökonomischen und politischen, sondern auch kulturellen und sozialen Kapital hinaus.[71] Bedarf es dazu aber einer ästhetischen Kritik? Bereits in den siebziger Jahren hatte die Konjunktur des Alltagsbegriffs auch zu einer alltagsbezogenen Diskussion des Ästhetischen geführt.[72] Dabei stand allerdings weitgehend der ästhetische Gegenstand und nicht der ästhetische Prozeß im Fokus der Betrachtung. Da ist von der „Entkunstung der Kunst" und der „Verkunstung des Alltags" die Rede (Bubner 1978) oder von der „Entästhetisierung der Kunst" und der „Ästhetisierung der Wirklichkeit" (Gorsen 1978): „Der ästhetische Reichtum der Waren bestimmt jetzt die Forminnovation der Kunst ... ein Phänomen für das die Ästhetik Warhols ‚all is pretty' stellvertretend steht, aber auch Pop Art und Fotorealismus in den USA" (ebd. 24). Um die „Bildwelten der Ästhetik des Alltags bzw. des Alltäglichen" auszuloten, stellt uns Gorsen eine Fülle von Ausstellungskomplexen vor, die von den „fetischistischen Wunschzeichnungen" als Pissoirzeichnungen bis zu Tätowierungen, über die säkularisierte Volks- oder besser Alltagskunst, Außenseiterkunst (Kinderkunst, Irrenkunst, Art Brut, naive Kunst) bis zu den ästhetischen Demonstrationen der „Normalen" in Kosmetik, Mode, Wohnungseinrichtung und Reisen reicht. Über die Ästhetisierung des Alltags gewannen die sogenannten „Objekt- oder Bildwissenschaften"[73] der „niederen Sphären" ihre weidlich genutzte Aufwertung, die ihnen nicht nur den Zugang in den interdisziplinären Ästhetikdiskurs ermöglichte, sondern auch neue Arbeitsfelder erschloß.

Die atmosphärische Einverleibung der niederen Sphären in eine neue Ästhetik hat zwar den Bereich der ästhetischen Dinge und damit den Gegen-

---

[71] Ich meine hier die Kapitalsorten, die Bourdieu in die Diskussion um die Distinktionen (Böhmes „Glanz und Lebenssteigerung"?) eingebracht hat (1979). Daß diesen distanzierten, vor allem quantifizierenden Untersuchungen das Werk über das „Elend der Welt" (1993) folgte, in dem ganz gewöhnliche Menschen über die verlorenen, nie erreichten, viel imaginierten Lebenssteigerungen sprachen, ergibt einen weiteren kritischen Blick auf Atmosphären zwischen Macht und der „Ekstase der Dinge" (Böhme 1995).

[72] Vgl. z.B. das interdisziplinäre Kolloquium der Hochschule für Gestaltung in Offenbach „Ästhetik im Alltag" (1978 und 1979); Greverus, Schütz, Stubenvoll 1984.

[73] Korff und Roth bezeichnen Volkskunde und Ethnologie neben der Kunstgeschichte als Objektwissenschaften (Korff, Roth 1990, 22). 2004 wurde am Volkskunde-Institut der Münchener Universität eine Tagung zum Thema „Volkskunde als Bildwissenschaft" abgehalten.

standsbereich der Kulturwissenschaften erheblich erweitert, aber relativ wenig zu einer Analyse der Unterschiede in Prozessen ästhetischer Wahrnehmung und Vermittlung in Zeiten und Räumen kultureller Ästhetiken erbracht. Die Warenästhetik, ob nun kritisch oder deskriptiv betrachtet, wurde globalisiert, im eigenen (westlichen) Land untersucht (wenn überhaupt) und als globales Phänomen einer kulturindustriellen Überlagerung gesehen. Die fremden Zwischenräume und Übergangsräume ästhetischer Vermittlungen zwischen „wahrer (westlicher) Kunst" und „(westlicher) Kitsch- und Atmosphäreninszenierung" fielen den eindeutigen Zuordnungen (Schubladen) der alten und neuen Experten zum Opfer.

Wieder muß ich nach der Rolle der Kulturanthropologen in diesem ästhetischen Diskurs fragen. Sie sind, oder wollen sein, die Experten für die Wahrnehmung und Vermittlung des geographisch und historisch kulturell Fremden – und des Fremden im Eigenen. Sie sind, oder wollen sein, die Spurensucher und Spurensicherer in Zwischenräumen und Übergangsräumen einer Welt, die sich in ihrer ökonomischen Globalisierung kulturell nähert und doch entfernt. Sie sind, oder wollen vertreten, eine „Bildwissenschaft". Sie sind, oder wollen sich dazu bekennen, die Autoren/innen einer Othering-Debatte, die sich irgendwann nicht mehr nur als selbstgefälliges Sündenbekenntnis, sondern als Suche nach anderen, vielleicht „ästhetischeren" Repräsentationsformen versteht. Sie sind, oder waren es manchmal, ethisch und parteilich.

So betrachtet bereitet mir der ästhetisch neutralisierte Begriff der Atmosphären Unbehagen. Entzieht sich der Begriff der Atmosphäre letztendlich einer Kritik, die aus dem ästhetischen Diskurs selbst geführt werden muß? Muß in einer Ästhetik, die auf der Machbarkeit von Atmosphären zur Lebenssteigerung beruht, die Kritik der Urteilskraft, die der Kunst galt, auf anderen Feldern erlernt werden? Kann und darf und muß der Kritiker trotzdem ein „ästhetischer Arbeiter" sein, der seine Kritik an gesellschaftlichen Realitäten ästhetisch „verpackt", um zum Beispiel über die Inszenierung und Vermittlung einer traurigen, erschreckenden, beängstigenden Atmosphäre bei dem Anderen ein kritisches Bewußtsein zu entwickeln? Die beiden Bilder vom Alltag der Ausgebeuteten stehen für diese Frage. Sie vermitteln nicht die imaginierte Lebenssteigerung, sondern das erfahrene Elend der Welt.

Der imaginativen Vermittlung von Lebenssteigerung wird die Erfahrung von Entfremdung gegenübergestellt. Wohin lenkt eine gegenwärtige Ästhetik den Blick? Oder: welche Botschaften werden wahrgenommen?

Auf der Suche nach ästhetischen Erfahrungen und Repräsentationen

Dieses Buch beginnt mit Mauern und endet mit Grenzerfahrungen. Es sind fragmentarische und doch vielleicht besonders wichtige Kapitel, in denen Transiterfahrungen angesprochen werden, die sich ästhetisch vermitteln wollen. Dazwischen stehen die Kapitel von in Zeit und Raum angesiedelten ästhetischen Prozessen, die nicht nur als „traffic in culture" zwischen den Städten der Vermarktung verstanden werden sollten, sondern auch und immer noch als Erfahrung des Anderen, irgendwo im Erlebnis der direkten Begegnung mit dem ästhetischen Objekt, mit seinem Schöpfer als Vermittler einer Botschaft und den von ihm gemeinten Empfängern dieser Botschaft. Wir Anthropologen sind nicht die gemeinten Empfänger. Können wir trotzdem über einen Verstehensprozeß den gemeinten Sinn vermitteln? Rauben wir dem Anderen seinen Schatten,[74] wenn wir ihn selbst, seine Handlungen, seine Werke mit den uns möglichen textlichen und bildnerischen Mitteln darzustellen versuchen? Ist der „Topos des Lebendigen" als ästhetische Erfahrung für den Anthropologen im Zeitalter der globalen technischen Medialisierung überholt oder muß gerade heute eine Vertiefung ästhetischer Nähe erlernt werden?

Der „Topos des Lebendigen" wird von Gottfried Boehm mit dem System der Repräsentation zusammengebracht. Der Ansatz geht zwar mit diesem Topos vom Bildwerk und seiner Präsenz (seiner lebendigen Gegenwart) aus, verweist aber gleichzeitig auf den Prozeß zwischen dem Schöpfer und dem Empfänger solcher Präsenz: „Vieles von dem, was wir gesehen haben, an Werken der alten oder neuen Kunst z.B., mag uns unberührt gelassen haben. Was uns aber traf, das hatte mit dem Stachel einer Wirkung zu tun, mit einer Kraft, an die wir uns erinnern" (Boehm 2003, 94). Ästhetische

---

[74] „Der geraubte Schatten" hieß eine Ausstellung zur Fotografie als ethnographisches Dokument (Theye 1989).

Erfahrung und Lebendigkeit meint den Prozeß, der sich in einer Vergegenwärtigung manifestiert – „etwas so zu zeigen, daß es Gegenwart erlangt" (ebd. 105).[75] Ästhetische Lebendigkeit meint ein zweites, ein abgeleitetes, ein dargestelltes Leben. „Mit artifiziellen Mitteln soll eine Evokation gelingen, die sich auf Erfahrungen unmittelbaren Lebens bezieht, sie gar überbietet" (ebd. 95).

Diese ästhetische Lebendigkeit eines dargestellten Lebens, die aus den Erfahrungen unmittelbaren Lebens gewonnen wird, möchte ich dem Othering entgegenstellen. In den achtziger Jahren wurde die Ethnographie von der sogenannten „Repräsentationskrise" (Berg, Fuchs 1993) geschüttelt, in deren Zentrum das „Othering" als ethnographische Konstruktion des Anderen stand.[76] „Writing Culture" (Clifford, Marcus 1986) meinte es wörtlich: die Kultur der Anderen wurde schreibend – im ethnographischen Text – konstruiert. Othering wurde zum Sündenbekenntnis für ein Fach, das von seinen „sündenfreien" Mitgliedern am Schreibtisch kritisiert wurde (Greverus 1996). Das reichte von der Orientalismuskritik Edward Saids aus den siebziger Jahren (Said 1978) über Fabians (1983; 1993) Problematisierung des „Machens" und der Enthistorisierung des „primitiven" Anderen, über den geschrieben wird, in einem Prozeß, in dem „Literalität als Waffe zur Unterwerfung und Disziplinarisierung" dient (Fabian 1993, 345), bis zu Stephen Tyler's „to be is being spoken of" (Tyler 1987, 171; 1991, 163). Die oft doktrinäre Infragestellung des Fachs/der Fächer einer kulturwissenschaftlichen Repräsentation wurde gerade von seinen prominenten Vertretern kaum mit Alternativen zu Erfahrungssuche und Repräsentation versehen, um aus der Repräsentationskrise herauszuführen. Marcus und Fischer bezeichnen in ihrer Einleitung zu „Anthropology as Cultural Critique" Edward Saids „Orientalismus" als eine breite und unterschiedslose Attacke auf alle Genres des Schreibens, als Verdammung aller westlichen

---

[75] Gernot Böhme spricht von dem Ding und seinen Ekstasen als dessen Formen der Präsenz, durch die ein Ding aus sich heraustritt (Böhme 1995, 167).

[76] 1986 wurde im Rahmen des 85th Annual Meeting of the American Anthropological Association ein Panel „Othering: Representation and Realities" organisiert. Hier einige Literaturhinweise zum Thema: Fabian 1983; Clifford, Marcus 1986; Tyler 1987; Bräunlein, Lauser 1992; Berg, Fuchs 1993; Gottowik 1997. Von feministischer Seite und in Auseinandersetzung mit der männlich dominierten Debatte vgl. Rippl 1993; Behar, Gordon 1995.

Autoren, einschließlich der Anthropologen, die über die Anderen, die dominiert vom westlichen Kolonialismus und Neokolonialismus waren und sind, schreiben. Sie werfen Saids Polemik vor, daß sie von dem gleichen „rhetorischen Totalitarismus" getragen wird, wie demjenigen, den er seinen erklärten Feinden vorwirft, und daß er keine Näherung an einen Verstehensprozeß zuläßt: „Doch Said problematisiert in seinem Buch keine alternative Form für die angemessene, grenzüberschreitende Repräsentation anderer Stimmen oder Gesichtspunkte, noch flößt er irgendwelche Hoffnung ein, daß dieses je möglich sein könnte" (Marcus, Fischer 1986, 2). Und in einem Aufsatz, eine Dekade nach der „Writing Culture Critique", bedauert Marcus, daß im Zuge der Kritik der achtziger Jahre an der Konstruktion und Repräsentation des Anderen aus „ethnographischer Autorität" nicht genügend Experimentierfreude hinsichtlich alternativer Feldforschungs- und Repräsentationsformen erwachsen ist. Er selbst bringt Beispiele aus eigenen Experimenten, wobei es sich vor allem um die Zusammenarbeit mit einem kubanischen Performance-Künstler und die Anregungen aus der Interdisziplinarität für das eigene Fach handelt. Marcus spricht in diesem Zusammenhang von einer „Anthropologie als Performance". Jene Art, mit der ein Performance-Künstler Feldforschung betreibt und über Zusammenarbeit das Andere dialogisch und professionell repräsentiert, verdeutliche etwas, das zutiefst ein Teil des Ethos unserer Disziplin sei, die „es mit einer Kombination aus wissenschaftlicher Distanz und einer aktiveren Teilhabe an einer Kultur zu tun habe, immer aber im Rahmen einer professionellen Feldarbeit" (Marcus 1997, 18). In zwei späteren Manuskripten, „The Traffic in Art and Anthropology" (Marcus 2004) und „Artists in the Field" (Calzadilla, Marcus 2004), werden diese Gedanken unter Berufung auf Hal Fosters „Artist as Ethnographer" (Foster 1985)[77] weiter ausgeführt. Es geht um Zusammenarbeit zwischen Künstlern und Anthropologen, Polyphonie, reflexive Untersuchung, Dialog[78] und neue Strategien für die Feldforschung als „radikale Experimente, die die Ästhetik der Feldforschung berühren".

---

[77] Diese Fragestellung wurde von der Autorin bereits 1978 angeschnitten, vgl. das Kapitel „Ethnologen als Künstler, Künstler als Ethnologen" in Greverus 1978, wobei es mir damals vor allem um „Feldforschung" und Repräsentation im Zusammenhang von Literatur und Anthropologie ging. Über spätere, eher performative Versuche vgl. weiter unten.

[78] Zur Rolle des dialogischen Prinzips in und nach der Repräsentationskrise vgl. u.a. Berg, Fuchs 1993, 269ff.; Greverus 2002, 9ff., Greverus 2002c, 13ff.

Film, Theater, Performance und Installationen stehen im Vordergrund dieser Ausführungen, wobei Marcus vor allem den Künstler als anregenden Innovator für eine Wende in der Feldforschung sieht, die – aufgrund des Gewichts eines professionellen Machtapparates, autoritären Verhaltens, Traditionsbeharrung und der Selbstinteressen innerhalb der anthropologischen Community –nicht geleistet werden könne.

Mit dem Begriff „Performing Culture" habe ich selbst dem „Writing Culture"-Dilemma aus der Perspektive einer Wiederbesinnung auf die Bedeutung der Feldforschung für unser Fach zu begegnen versucht (Greverus 1997, 1999a). Othering beginnt im Feld und nicht erst am Schreibtisch. Um das „to be is to be spoken of" (Tyler 1991, 163) oder „being written at" (Fabian 1993, 345) in ein „to be is being spoken with" zu überführen, bedarf es zunächst der Begegnung im Feld, die immer auch, und oft vor dem Dialog, eine Wahrnehmung mit allen Sinnen, und das heißt, eine ästhetische Wahrnehmung ist. Dieses gelten zu lassen – von beiden Seiten – ist ein erster Schritt, um sich jenseits von „ethnographer's magic" (Stocking 1983), als einer monographischen und monologischen Praxis, dem dialogischen Prinzip zu nähern. Performing Culture sehe ich als ein Prinzip der dialogischen Gestaltung von Wirklichkeit, an der der feldforschende Wissenschaftler beteiligt ist. Die Performance ist die Inszenierung einer Interaktions- und Kommunikationssituation, in der ein kultureller Text hergestellt wird. Dieser Text ist neu, ist, wenn er glückt, für die Gesprächspartner eine selbst- und fremdreflexive Erfahrung, die Zwischenräume erschließt, in denen Inter- und vielleicht sogar Transkulturalität aufscheint. Daß der Text zwischen ästhetischer und rationaler Wahrnehmung als Austausch zwischen Forscher und Erforschtem im Feld glückt, ist selten, noch seltener ist allerdings die fachwissenschaftliche Akzeptanz der grenzgängerischen Versuche einer experimentellen Repräsentation des so Erfahrenen.

Gespräche in Sizilien – ein Exkurs

„Gespräche in Sizilien" (Greverus 1999a, 89ff.) hatte ich ein Kapitel meiner durchaus hybriden „Sizilien-Sehnsucht" genannt, aus der trotz der nunmehr seit 1959 bis heute stattgefundenen „Feldforschung" zu sehr verschiedenen

Ästhetische Vermittlungen

Themen keine Monographie entstanden ist. Da gibt es Beiträge von mir und den anderen, mit denen ich im Feld war (vgl. Greverus 1964; 1966; 1971; Giordano, Greverus 1986; Greverus 1995d). Das „Performing Culture" reichte von den alltäglichen Gesprächen und Interaktionen zwischen uns, meiner Familie und mir, und unseren Nachbarn und Besuchern, den Schäfern und Fischern oder den Tomatenpflückerinnen, die täglich um uns waren, den Städtern mit ihren Familien, mit denen wir uns besuchten, sei es der Kinobesitzer, der Töpfer, der Fachkollege oder der Baron, der zum Wochenende auf dem Feld vor unserer Wohnhöhle Wachteln schoß. Die Gespräche waren keine Befragungen, sondern wechselseitiges Fragen über das Leben des je Anderen. Diese Fragen wurden in den Kreis von akademischen Sizilienfans und schließlich von Studierenden in zwei sizilianischen Forschungsprojekten (1983–1986 und 1997) getragen und weitergeführt. Nicht nur der Kreis der Dialogpartner von hier wie dort erweiterte sich, sondern auch die räumliche Orientierung von Ostsizilien auf Westsizilien und die thematischen Fragestellungen. Und jetzt komme ich immer wieder mit Freunden von hier zu Freunden nach dort. Sizilien ist eine zweite Heimat für mich geworden, deshalb ist es wohl besonders schwer, den „Topos des Lebendigen" als ästhetische Erfahrung in eine Repräsentation zu überführen, die Evokation einer Präsenz leistet.

Meine ästhetische Wahrnehmung wurde und wird von der Theatralik gefangen genommen, die sich in der Selbstdarstellung der Sizilianer ausdrückt. Nirgendwo sonst hatte ich je so stark das Gefühl, daß das Leben als eine Performance, ein Performing Culture, verstanden wird, in dem der Einzelne seine „Rolle" spielt, mit der die Erfahrungen unmittelbaren Lebens ästhetisch überboten werden sollen. In der Literaturwissenschaft wird Luigi Pirandello (1867–1936) als der „Erfinder" eines sizilianischen „uomo solo" hervorgehoben, eines einsamen Menschen, der seine theatralischen Rollen in einer einsamen Geste auf dem kommunalen Markt der „fama" (des Gerüchts) inszeniert. Aber sie alle tragen eine Maske, und ... „jeder schminkt sein Gesicht, geht seinen Part nochmals durch und wiederholt im Kopf die Einsätze der Mitspieler, um den Rhythmus des Stückes nicht zu stören" (Sciasca 1953, 78). So wird der nach dem zweiten Weltkrieg auflebende Pirandellismo als ein Performing Culture zu einem sizilianischen Habitus erhoben, in dem die Tradition der Traurigkeit überwiegt (Greverus 1995d, 95ff.).

Mein fernes und nahes Leben in Sizilien war von Spur und Aura, oder besser von Aura und Spur geprägt, denn wir waren nicht ausgezogen, um Sizilien, ein sizilianisches Thema zu erforschen, sondern um Sizilien und uns selbst in Sizilien zu erleben. Sizilien traf zunächst mit seiner Aura unsere Sinne, unsere ästhetische Wahrnehmung. Das reichte von der Fremdheit, der Andersheit der Landschaft und des Klimas, den ästhetischen Vermittlungen zwischen Protestliedern und Prozessionen bis zu den theatralischen Rollen, die, zunächst undurchschaubar, von allen sozialen Schichten in unsere Dialoge eingebracht wurden. Es war „die Erscheinung einer Ferne, so nah das sein mag, was sie hervorruft". Aura, die sich unser bemächtigt, wie es Benjamin hervorhebt? „Nahe Fremde" als „das Vertrauen in eine Kultur, in die Möglichkeiten, die sie unserer menschlichen Entfaltung und unserer kommunikativen Interaktion gibt" (Greverus 1995a, 276)?[79]

Hier nun geht es mir insbesondere um eine ästhetische Wahrnehmung, die uns – auch als ethnographische Spurensucher – aus der erfahrenen Nähe, dem Finden, erst zu der Spurensuche und Spurensicherung führt, in der wir der Dinge fachwissenschaftlich „habhaft" werden wollen. „Je ne cherche pas, je trouve", beschrieb Picasso seine Spur. Für die Surrealisten waren das Finden und die Fundobjekte von höchster Bedeutung. Gauguin und Nikolaus Lang ordnen sich diesem „Finden" zu. Dieses Finden speist sich aus ästhetischer Wahrnehmung einer nahen Fremde. Ich selbst beziehe mich bei meinen anthropologischen Reisen auf die „Gunst des Augenblicks" (Greverus 2002, 33f.), die immer mit einer sinnlichen Erfahrung verbunden ist, in der sich oft die „Dinge" unser bemächtigen. So hat mich das Kunstwerk über dem alten erdbebenzerstörten Gibellina in seiner Einsamkeit und Theatralik „ergriffen", als ich es das erste Mal vor einem von düsteren Wolken verhangenen Himmel sah. Erst danach setzte meine ethnographische Spurensuche ein, die allerdings nie die Beziehung zwischen Ferne und Nähe, zwischen Aura und Spur verlieren wollte. Die Spur Gibellina, des alten und des neuen, machte Trauer und Theatralik zum wirkmächtigen Thema der Selbstrepräsentation für die Eigenen und die Anderen. Gibellina wurde als ästhetischer Gegenstand und als ästhetischer

---

[79] In diesem Aufsatz habe ich zwischen „naher Fremde" als emotionaler Zuwendung und Vertrauen gegenüber einer Kultur, die räumlich und sozial fern ist, und „fremder Nähe" als Entfremdung von (und Angst vor) einer Kultur, die mir räumlich und sozial nahe ist, unterschieden.

Prozeß vermittelt. Die Vermittler zwischen dem eigentlichen Schöpfer des
„Gesamtkunstwerks" Gibellina, dem Bürgermeister Corrao, den Schauspielern, den bildenden Künstlern und Architekten und berühmten internationalen Besuchern der ersten Zeit, wie Beuys im Gespräch mit Corrao, waren Rollenträger im ästhetischen Prozeß Gibellina. Wird der anthropologische Spurensucher in diesem Prozeß zugelassen, wenn die „Bemächtigung" der Ferne in die Spurensuche der Nähe umschlägt? Kann auch der Anthropologe in seiner Ethnographie Vermittlungsarbeit leisten? Muß er andere Repräsentationsmittel als die ethnographische Monographie des Fremden für seine Vermittlungsarbeit entwickeln? Da war mein Versuch einer audiovisuellen Performance, in die nicht nur meine vortragende Interpretation und die Originalstimmen der Gestalter und Bewohner der drei ästhetischen Orte, die ich verglichen hatte, eingingen, sondern auch die Bilder dieser Orte und der Menschen, die in ihnen lebten, die sie, wie die Autorin selbst, erlebten.[80]

Wie lernen wir als Anthropologen ästhetische Lebendigkeit oder jene vieldiskutierte „dichte Beschreibung", die sich als Evokation „auf die Erfahrung unmittelbaren Lebens bezieht, sie gar überbietet" (Boehm 2003, 95)? Die schreibtischlastige Writing Culture-Debatte hat über dem negativ besetzten Othering die Möglichkeiten eines positiv besetzten dialogischen Othering als Evokation und Vermittlung aus der Vor-Ort-Erfahrung unmittelbaren Lebens vernachlässigt. Evokation wurde zum therapeutischen Effekt erklärt, der sich zwischen Schreibenden und Lesenden abspielt (Tyler 1991, 194). Heute suchen wir als Anthropologen, oder eben einige von uns, erneut nach jenem Topos des Lebendigen, der aus dem Dialog im Feld entsteht und die Evokation als einen dritten Weg im Zwischenraum der Kulturen zuläßt.

Für eine ästhetische Evokation

Das anthropologische Denken und die anthropologische Rhetorik haben sich durch den Diskurs der achtziger Jahre geändert, weitgehend nicht aber die Praxis der Feldforschung – und auch nicht die der Repräsentation. Das

---

[80] Vgl. hier das Kapitel „Zukunftswerkstatt ästhetischer Ort".

Potential lag und liegt in der unerfüllten ästhetischen Dimension der Kritik. Hier vermittelt sich für mich die Gratwanderung des Anthropologen zwischen Spurensuche/sicherung und sinnlicher Berührung. Und das ist ein Problem des Auseinanderfalls zwischen Ferne und Nähe, das unsere professionelle Feldarbeit und Repräsentation schon immer verunsichert hat, weil sie so wenig Chancen für eine „Berührung" läßt, ohne diese zugleich zu einer rationalen „Spur" zu machen, die eine Imagination des Anderen nicht zuläßt oder als Othering verurteilt.

Wenn wir uns die beiden eingangs gebrachten Bilder nun nochmals betrachten. Vor ihrer Bildwerdung steht ein gelebtes Leben, das eher zu dem Elend der Welt, als zu einer Atmosphäre der Lebenssteigerung gehört. Dieses Elend der Welt objektiviert sich in der menschlichen Arbeit der Ausgebeuteten mit der endlosen Reihe der Dinge. Diese Dinge sind die (Abfall)Produkte des Fortschritts, der für Technisierung und Urbanisierung steht, aber eben auch für Entfremdung und Ausbeutung. Das unmittelbare Leben des (Nicht)Betrachters führt zumeist an dem unmittelbaren Leben des (Nicht)Betrachteten vorbei. Richard Sennett spricht in seiner Großstadtkritik von der engen Verbindung zwischen Differenz und Indifferenz gegenüber dem Anderen: „Wenn mich etwas zu beunruhigen oder zu berühren beginnt, brauche ich, um diesem Gefühl Einhalt zu gebieten, bloß weiterzugehen" (Sennett 1991, 169). Die artifizielle Repräsentation will das Wegschauen verhindern, oder das Hinschauen erzwingen, will durch die Präsenz des Objekts evozieren.

Um diese ästhetische Evokation, die als Anliegen den Repräsentationen zugrunde liegt, geht es mir. Der Schöpfer der Werke will über den ästhetischen Gegenstand dem Empfänger eine Botschaft geben, eine Erfahrung vermitteln. Diese Botschaft kann alle Bereiche eines kulturellen Denkens, das als kulturelle Ästhetiken in Zeit und Raum angesiedelt ist, umfassen. Im ästhetischen Prozeß verläuft der Weg zwischen sinnlicher Wahrnehmung und reflexiver Verarbeitung einer Botschaft (eines Sinns), ihrer ästhetischen Vergegenständlichung und Vermittlung mit dem Anliegen einer sinnlichen Wahrnehmung der Botschaft, die in eine Reflexion über die Botschaft mündet, um sich in die Erfahrung einzuspeichern. Dieser Prozeß verläuft in einer Endlosschleife, solange die Botschaft existent ist. Meine empirisch erfahrenen Beispiele zeigen deutlich, wie der Zusammenbruch oder die Vernichtung einer Botschaft ästhetische Prozesse zum Verstummen bringt oder auf neue Wege führt. Zentral aber bleibt die verlorene oder verlagerte ästhetische Anmutung und Vermittlung. Dem steht die rationale Vermittlung von „rationalen" Erfahrungen gegenüber, die scheinbar unser westliches Wissenschaftsverständnis prägen, und uns heute in jene Repräsentationskrise gestürzt haben, in der wir verzweifelt nach neuen – und vielleicht „ehrlicheren" – Textualisierungsmöglichkeiten unserer Erfahrungen als Wissenschaftler in einem sozialen und kulturellen Feld suchen. Als Anthropologen vor Ort suchen wir auch immer wieder bei den Anthropologen und Philosophen „jenseits der Orte" Hilfe. Ist der ästhetische Diskurs der Gegenwart eine Hilfe, die es uns ermöglicht, die Fülle unserer Erfahrungen, der sinnlichen und der rationalen, vieler gelebter Leben interpretativ *und* ästhetisch evozierend zu vermitteln? Hilft uns die ästhetische Theorie der westlichen Wissensgesellschaft mehr als die ästhetische Praxis der weltweit immer noch existenten Erfahrensgesellschaften, in denen die rationale und die sinnliche Erfahrung und Vermittlung von Welt eine ästhetische Einheit bilden?

Bazon Brock nannte seine Arbeitsbiographie eines Generalisten „Ästhetik als Vermittlung" (Brock 1977).[81] Ästhetik war für Brock weder die Konstruktion theoretischer Gedankensysteme noch die empirische Untersuchung der ästhetischen Vermittlungen der Anderen, sondern Fallbearbeitung aus allen Bereichen seiner ästhetischen Vermittlungen, sei es als „Theatermann, als Happening-Beweger, als Lyriker, als Ausstellungsmacher, als Alltagsästhetiker". Brock war ästhetischer Evokateur aus dem bewegten und provokativen Klima der siebziger Jahre. Aktionsbühne und Aktionsgegenstände waren ihm das gesamte Arsenal der Objekte und Objektfigurationen seiner Zeit. Sein Ziel war die „Schulung" der ästhetischen Wahrnehmung und urteilsfähigen Aneignung. So heißen denn drei seiner Buchabschnitte auch „Ästhetik der Bilder – Besucherschulung", „Ästhetik der Alltagswelt – Konsumentenschulung", „Ästhetik der Aktionen – Lebensschulung". Brock hält an der Bedeutung von ästhetischer Wahrnehmung und ästhetischem Urteil fest, betont allerdings nicht nur deren

---

[81] Das über tausend Seiten umfassende Werk des damals 41jährigen wurde von Karla Fohrbeck herausgegeben, „während er selber sich bei zufriedenstellender Gesundheit und ausreichender Zeit der Entfaltung seines aktuellen Lebens widmete" (aus dem Vorwort).

gesellschaftliche Bedingtheit, sondern vor allem die Notwenigkeit einer ästhetischen Urteilsbegründung im Kommunikationsprozeß. Damit bezieht er sich auf den Begründer der modernen Ästhetik, Alexander Gottlieb Baumgarten (Schneider 1997, 21ff.): „Im Sinne der Baumgartenschen Ästhetik wird eine Urteilsbegründung anerkannt, wenn der Urteilende seine eigenen Haltungen und Handlungen, seine eigene Bedingtheit im Wahrnehmen und Urteilen in die Urteilsbegründung einbringen kann. Genau das kennzeichnet eine Ästhetik als Vermittlung" (Brock 1977, 6) und als Handlungsanleitung.

Diese „bedingte Urteilsbegründung" in einer Ästhetik als Vermittlung führt nun den Kulturanthropologen genau zu seinem Gegenstand einer vergleichenden Forschung – und sich selbst – und eben der Relativität des ästhetischen Urteils oder der kulturellen Ästhetiken. Der Forscher und repräsentierende Vermittler der ästhetischen Prozesse muß nicht nur deren Bedingtheiten zu erkennen versuchen, sondern auch seine eigenen reflektierend erkennen. Die spurensuchenden „Kontexte" – die fremden und die eigenen – sind wichtig, aber wichtiger noch ist die ästhetische Präsenz der und des Beteiligten im Vermittlungsprozeß, der Topos des Lebendigen. Der Dialog im Feld kann zu jenen Urteilsbegründungen führen, die aus der reflektierenden Selbstdistanz aller Beteiligten entstehen und durchaus auch zu einem neuen ästhetischen Urteil führen können.[82] Das „Feld" oder das „Dort-Sein" verbindet den Künstler und Interpreten mit dem Wissenschaftler und Interpreten in einem ästhetischen Zwischenraum, der grenzgängerisch offen ist, Aura und Spur und Dialog findet und vermittelt. In traditionalen „primitiven" Erfahrensgesellschaften und in den Zwischenzeiten und Zwischenräumen von Kindern, von „Geisteskranken" und „Naiven" hatte die künstlerische Avantgarde diesen Zwischenraum gesucht, aber auch in den Utopien eines ästhetischen Noch-Nicht. Dieses Wünschen ist trotz aller Überlagerungen durch die für bloße Konsumenten gedachten und gemachten Atmosphären noch nicht verstummt.

---

[82] Price verweist nachdrücklich darauf, daß auch Künstler und Kritiker in anderen Kulturen über ein „urteilsfähiges Auge" verfügen (1992, 141). Benzing (1978), die ebenfalls von emischen ästhetischen Kriterien ausgehen will, zeigt über einige Beispiele allerdings auch die Schwierigkeiten, die sich bei der Erfassung fremder Ästhetiken ergeben.

Ästhetische Vermittlungen

Gibt es ein Denken, das nicht nur zwischen sinnlicher und rationaler Wahrnehmung von Sinn vermittelt, sondern auch zwischen den Orten des ästhetischen Denkens? Ich lese in Wolfgang Welschs „Ästhetisches Denken". Er sagt: „Ich möchte Ästhetik genereller als *Aisthetik* verstehen: als Thematisierung von Wahrnehmungen *aller* Art, sinnenhaften ebenso wie geistigen, alltäglichen wie sublimen, lebensweltlichen wie künstlerischen" (Welsch 1998, 9f.). In diesem ästhetischen Denken fließen Sinneswahrnehmung und Sinnwahrnehmung zusammen. Ästhetischem Denken geht es um ein „Erfassen von Sachverhalten, das zugleich mit Wahrheitsansprüchen verbunden ist". Welsch unterscheidet vier Schritte des ästhetischen Denkens: die Beobachtung als Ausgangspunkt und Inspirationsquelle, die imaginative und generalisierte Sinnvermutung, deren reflexive Überprüfung und schließlich die „Gesamtsicht des betreffenden Phänomenbereichs, die durch ästhetische Grundierung mit reflexivem Durchschuß gekennzeichnet ist" (Welsch 1998, 49).

Ist das bis auf den generalisierten Wahrheitsanspruch aber nicht die Forderung an kulturwissenschaftliches Denken überhaupt? Welschs Beispiele vom Stierkampf oder der Trachtenkapelle auf der durch Hinauf- und Hinunterfahren „endlos" genutzten Rolltreppe, dessen „metaphorische Potenzen" von Sloterdijk bis zu einem „Bild der Welt" ausgereizt werden,[83] führen nun direkt in eine ethnographische Methodik. Die Beobachtung als Ausgangspunkt und Inspirationsquelle ist dem Ethnographen und dem philosophischen ästhetischen Denker wohl gemeinsam. Dann allerdings entsteht jenes weite Feld des Erfassens von Sachverhalten, das nicht nur die Ethnologen und Anthropologen von den Philosophen trennt, sondern erstere auch untereinander. Während der ästhetische Denker im Sinne von Welsch von der einmaligen Detailbeobachtung (sofern diese überhaupt stattgefunden hat) reflexiv zu „einer Gesamtdeutung unseres gegenwärtigen Sozial- und Weltzustands vorgedrungen" ist, ordnet der Ethnograph

---

[83] „Wir stehen heute auf dem endlos rollenden Förderband eines autonom und unbeeinflußbar gewordenen industriell-technischen Komplexes, und jede unserer Bewegungen ist Bewegung auf diesem Boden. Das gilt gerade auch von unseren kulturellen Inszenierungen: alles ist Theater auf einer Bühne, deren Konstruktion und Bewegungsgesetze unserem Einfluß entzogen sind" (Welsch 1998, 49).

seine Felderfahrungen auf die verschiedensten Weisen. Im überholtesten (aber doch nicht ausgestorbenen) Fall legt er ein räumlich oder zeitlich vergleichendes Inventar der Stierkämpfe oder Trachtenkapellen an. Wenn er dagegen eine imaginative Sinnvermutung hat, findet die Reflexion zunächst im Dialog mit den Anderen, also denen, die den Sinn produzieren, am Ort des Geschehens statt. Es ist deren Wahrheit, die vermittelt werden soll. Das gilt für den direkten Dialog mit den Schöpfern von Sinn, wie für den inneren Dialog mit den Dingen und Handlungen. Daraus versucht der empirisch arbeitende Anthropologe ein Verstehen zu entwickeln, das sowohl mit der Erfassung von Tatsachen als auch von Meinungen und Sinndeutungen zu tun hat. Eine weitergehende Reflexion bezieht die Vergleichbarkeit der Sinndeutungen zu spezifischen Phänomenen in verschiedenen Zeiten, Räumen und Kulturen ein. Hier werden wiederum in empirischer Arbeit, sei sie im Feld, im Archiv oder in der Bibliothek erneut Daten gesammelt oder die eigenen Daten werden mit denen anderer Forscher verglichen. Die empirisch gewonnenen Erfahrungen werden schließlich vor ihrem Kontext interpretiert. Schließlich versuchen wir das Besondere vor dem Hintergrund des Allgemeinen, hier dem der kulturellen Ästhetiken, zu verstehen. Da diese Kulturen und ihre Ästhetiken zumeist die der Anderen sind, wird – und hier sind wir wieder bei der Repräsentationskrise – die Wahrheitsfindung des Anthropologen in diesen fremden Welten, die sich selbst auf eine Anthropologie des Eigenen erstreckt, eher hinterfragt, als wenn er sich in einen nicht empirisch vorgehenden Welt deutenden Globalisierungsdiskurs einklinkt. Ästhetische und anästhetische Globalisierung als Behauptung bedarf der vergleichenden Empirie als Bestätigung. Hierin sehe ich einen wesentlichen kultur- und sozialanthropologischen Beitrag zu einer „Gesamtsicht" ästhetischer Prozesse oder eines „Bilds der Welt".

Imagination und ästhetischer Prozeß

Der Begriff der Imagination ist uns auf dem Weg zu einer ästhetischen Anthropologie immer wieder begegnet. Wir, und ich meine damit die empirischen Sozial- und Kulturwissenschaften, gestehen der Kunst und vielleicht auch noch der Philosophie schöpferische Imaginationskraft zu, über unsere eigene Imagination haben wir uns weniger Gedanken gemacht. Im

Ästhetische Vermittlungen

Zentrum der anthropologischen Auseinandersetzung mit Imagination stand vor allem das Produkt, das Ding, und nicht der imaginative Prozeß. Der Umgang mit der Imagination glich dem Umgang mit Ästhetik. Und diese beiden Begriffe sind durchaus in ihrer Wechselbeziehung zu sehen. Wenn Vincent Crapanzano in seinem Buch „Imaginative Horizons" auf ein „Toward an Anthropology of the Imagination" (Crapanzano 2004, 1) verweist, dann gilt dies, ebenso wie die Suche nach einer anthropologischen Ästhetik, einem Weg, der noch offen für neue Erfahrungen ist – oder wieder offen. In meiner Auseinandersetzung mit einer Ästhetik des Alltags hatte ich in den siebziger Jahren auf die „vorenthaltene Bildung" einer ästhetischen Praxis verwiesen, die in der menschlichen Imagination ihren schöpferischen Ausdruck findet (Greverus 1978, 134ff.; Greverus 1979). Und ich schreibe: „Wenn wir Ästhetik und Alltag nicht nur als Kategorien für wissenschaftliche Analysen betrachten, sondern ihren Forderungscharakter für unsere Gegenwart erkennen, dann muß das für eine ästhetische Praxis bedeuten, daß wir den Menschen wieder die Chance geben, ihr Gestaltungs- und Wahrnehmungsvermögen aktiv in die Totalität ihrer Alltagswelt einzubringen, die Prosa der Welt wieder mit Poesie zu füllen" (Greverus 1979, 17).

Nun hat der Begriff der Imagination in der gegenwärtigen Anthropologie in zahlreiche neue Diskurse Eingang gefunden. Der meistzitierte Imaginationsbegriff ist wohl der von Benedict Anderson's „Imagined Communities" (1983), wobei der Untertitel auf Reflexionen zu Ursprung und Verbreitung des Nationalismus zielt. Dieser Titel bringt das Prozeßhafte eher zum Ausdruck als der deutsche Titel „Die Erfindung der Nation", der stärker auf das Produkt verweist. Erfindung steht dicht bei Konstruktion, jenem negativ besetzten Begriff der postmodernen Repräsentationskrise, der Dekonstruktion fordert. Die Imagination der Nation als kulturelle Gemeinschaft steht im Dienst des Staates. Imagination wird zu einem Herrschaftsbegriff und Anderson resigniert vor der Ohnmacht des „unsterblichen Engels der Geschichte" (Anderson 1993, 161f.), der, wie es Walter Benjamin ausdrückt, von einem Sturm (dem Fortschritt) unaufhaltsam in die Zukunft getrieben wird, während in seinem der Vergangenheit zugewandten Antlitz der Trümmerhaufen der Geschichte in den Himmel wächst (Benjamin 1977, 255). Hier, wie schon in den Gedanken über Ästhetik und Aura kommt jenes Erschrecken einer Generation zum Tragen, die Imagination als Instrument totalitärer Herrschaft, sentimentaler Vereinnahmung der eigenen Willfährigen und brutaler Vernichtung der widerständigen Eigenen und der hilflosen Anderen erfahren hat. Imagination wird hier im Sinne einer politischen Wissenschaft als herrschaftsabhängige moralische Ordnung analysiert, die von „großen Gruppen von Menschen, wenn nicht von der gesamten Gesellschaft" geteilt wird (Taylor 2002). Imagination wird kollektiv affirmativ zum Bestehenden. Taylor verbindet diese Affirmationen mit drei wesentlichen Institutionen: der Ökonomie, der öffentlichen Sphäre und der demokratischen „Selbstverwaltung".

Im stärker auf die postmoderne, global (ökonomisch) ermöglichte Flexibilität der Menschen orientierten Imaginationsdiskurs wird Imagination zu einer affirmativen Raum-Zeit subjektiver Bedürfnisbefriedigung zwischen personalem „selbstbestimmtem" Erfolg, dem „transnationalen" Eigenheim in sonnigeren Domizilen unseres Globus oder der grenzüberschreitenden Geschäfts- und Vergnügungsreise, und dem personalen „fremdbestimmten" Mißerfolg in den kälteren Regionen unseres Globus, wo man gekauft, verkauft und prostituiert wird. Die „Atmosphären" des ästhetischen Diskurses schieben sich ein: vermittelte „Lebenssteigerung" über medial-ökonomische Herrschaft. Wie mir der ästhetisch neutralisierte Begriff der Atmosphären Unbehagen bereitet, so auch der sozial und individuell neutralisierte Begriff der Imagination im Globalisierungs- und Weltgesellschafts-Diskurs. Einer seiner meistzitierten Vertreter in der Anthropologie ist Arjun Appadurai, der von einer kulturellen Ökonomie einer Welt in Bewegung spricht (Appadurai 1990), die „den Nährboden für das üppige Gedeihen von zusammengestückelten Phantasievorstellungen ganzer Menschengruppen" bildet (Appadurai 1998, 15). Appadurais Beispiele kommen, bis auf das Beispiel der „transnationalen Ironie" seines Familientreffens, eher aus den kälteren Regionen der Imagination „möglicher Leben", deren Scheitern in der „schwarzen Komik" einer Erzählung des magischen Realismus oder dem grauen Alltag von Prostituierten oder Nachtclubtänzerinnen dargestellt wird. Appadurai verweist auf die Rolle der Massenmedien im Prozeß der Imagination, bei dem „Möglichkeiten" als realisierbar suggeriert werden. „Sie präsentieren ein reichhaltiges, ständig wechselndes Repertoire an möglichen Leben, von denen einige erfolgreich in die gelebten Imaginationen gewöhnlicher Menschen übernommen werden, andere nicht" (ebd. 21). Diese „Realismen" existieren in unserer Welt, so Appadurai, nebeneinander, sie sind die „heute existierenden ästhetischen Ausdrucksformen" mit verschwommenen Grenzen. Imagination, selbst wenn ihre Zielvorstellung scheitert, ist heute Allgemeingut geworden. Die Frage nach der Qualität der Imagination allerdings wird dabei ebensowenig beantwortet, wie die nach der Qualität der Atmosphären. Der Kitschmensch, der letztendlich passiv einverleibend auf das Böse, die medialeVerführung (und deren Broker), im Wertsystem einer enträumlichten Imagination antwortet, könnte für mich eher der Gegenstand einer „Makroethnographie" sein als die Medienanalyse angebotener „möglicher Leben".

Während Appadurai für den Anspruch einer wiedererstarkten Anthropologie als Bestandteil der Kulturwissenschaften in „neuen globalen ethnischen Räumen" die Loslösung von der „Perspektive von Wilden" (ebd. 38) fordert, stellt Vincent Crapanzano seinen „Imaginative Horizons" (2004) die Forderung von Joseph-Marie de Gérando (1800) voran, die „Imagination als das vorzüglichste Vermögen beim Studium der Wilden" zu betrachten (Crapanzano 2004, 1). Nun geht es Crapanzano keineswegs um eine Reorientierung am Exotismus und einer Beschränkung der Anthropologen auf ihr klassisches Untersuchungsfeld, sondern um eine vergleichende Ethnographie in Zeiten und Räumen, bei der dem imaginativen Vermögen des Individuums und dem imaginativen Prozeß der individuellen und kollektiven Daseinsgestaltung das Hauptaugenmerk gilt. Crapanzanos Blick auf Imagination gilt nicht einer konsumistischen Imagination, sondern einer schöpferischen Imagination, deren Ausgangspunkt die kulturell differenten imaginativen Antworten der Menschen auf Grundbefindlichkeiten sind. Die imaginativen Horizonte erschließen sich an den verwischten Grenzen zwischen dem Hier und Dort im „between" und „beyond" der Zwischenräume und Zwischenzeiten, in der „frontier", dem Grenzraum, der nicht durchschritten, sondern nur in seiner dialektischen Spannung erfahren werden kann: „Die Irrealität der Imagination prägt sich dem Wirklichen der Realität ein und das Wirkliche der Realität erzwingt die Irrealität des Imaginären" (ebd. 15).

Imagination und ästhetischer Prozeß

Imagination als ästhetische Lebendigkeit überhöht die alltägliche Spur des Realen, gibt ihr eine artifizielle Aura, um sie dadurch an die Realität reflexiv rückzukoppeln. Dazu bedarf es nicht nur der Urteilskraft dessen, der die Aura imaginativ schafft, sondern auch der Urteilskraft der Empfänger einer ästhetisch vermittelten Botschaft. Das ist meine Position zur Bedeutung der Imagination in einem ästhetischen Prozeß. Sie ist auf dem Weg zu einer ästhetischen Anthropologie enger einer Idee der schöpferischen Imagination in einem Zwischen zugewandt, als der Analyse nationaler und globaler Ökonomisierungen von Imaginationen und ihrer urteilslosen Einverleibung, die sich in der anästhetischen Wirklichkeit des widerstandslosen Konsums von politischen und wirtschaftlichen Atmosphären zur „Lebenssteigerung" zeigt.

Wenn ich ein Unterkapitel dieser ästhetischen Vermittlungen – oder meiner theoretischen Näherungen zu den empirisch erfahrenen Ästhetiken – als „Das Andere der Imagination" bezeichnet habe, dann ist dies Auseinandersetzung mit meiner eigenen Wissenschaft, die ihre imaginative und ästhetische Kraft des „Wilderns" in Zwischenräumen der Erfahrung an die positivistische Präsenz in fachbegrenzten Wissenschaftsräumen verloren hat. Ästhetisches Wildern ist Grenzüberschreitung, und damit Grenzverletzung, ist das Durchschreiten von Mauern, die von einer herrschenden Ordnung gezogen werden.[84] Ohne dieses Wildern und sein Prinzip Collage wären keine Schöpfungsgeschichten möglich. Das Wildern und die Imaginationen bringen die Ordnung der Dinge immer wieder durcheinander. Doch die Kategorisierbarkeit in Aktenschränken siegte über die Imaginisierbar-

---

[84] Über die exotistische Aneignung des Fremden habe ich zwei Seiten des Wilderns gegenübergestellt: die ästhetische Berührung durch eine Aura des Anderen und deren imaginative Aneignung und reflexive Umsetzung am Beispiel der Avantarde (Kunst) und die konsumtive, auch imaginative, aber nicht reflexive Aneignung und Nutzung der atmosphärischen Angebote für die eigene Befindlichkeit (Kitsch). Die Übergänge sind fließend. Michel de Certeau gab der Frage nach dem Wildern über den Begriff der Taktiken von Konsumenten eine neue Richtung. Ihm geht es um die „unsichtbare" Produktion, die der Konsum in der Umgangsweise mit den Produkten der Eliten, zum Beispiel ihren Texten und Bildern im Fernsehen, „fabriziert" (Certeau 1988, 12ff.). Was hier als Ehrenrettung des als passiv beschimpften Konsumenten gedacht ist, sollte uns jedoch nicht dazu verführen, die kitschige Selbstvergessenheit des Konsumenten gegenüber dem ästhetischen Gegenstand als „Kunst des Handelns" oder kreatives Wildern mißzuverstehen.

keit von und in Begegnungsräumen mit dem Anderen, den Zwischen- und Grenzräumen der Dialoge. Das ist das Dilemma unserer Ethnographien. Wir sollten uns von dem Dilemma des Othering zu dem neuen Dilemma bewegen, das uns die eigene Imagination in einem ästhetischen Prozeß „fachwissenschaftlich" verwehrt. Die „ästhetisch-anthropologische Kontroverse" ist noch nicht aufgehoben. Meine in diesem Buch immer wieder erhobene Forderung, in der ethnographischen Feldforschung und Repräsentation die Imaginationskraft der Anthropologen als eine Ebene von Erfahrung und Interpretation im Erkenntnisprozeß zu reflektieren, drückt sich ähnlich in Paul Willis' „The Ethnographic Imagination" aus.[85] Auch für Willis ist die ethnographische Imagination nicht ein zu überwindendes Nebenprodukt einer Feldforschung zwischen Nähe und Distanz, deren Daten „objektiv" vermittelt werden müssen. Für ihn gründet ethnographische Imagination als „grounded imaginings" theoretisch orientierter Sozial- und Kulturwissenschaften auf der engen Beziehung zu empirisch erforschten und erfahrenen Phänomenen. Was mir wichtig und konvergent erscheint, ist die Chance, sich der ästhetisch-anthropologischen Kontroverse als Beteiligter zu stellen.

Mein Versuch auf dem Weg zu einer ästhetischen Anthropologie räumt dem ästhetischen Gegenstand, der zwischen authentischem Meisterwerk (für sich selbst sprechender Gegenstand der Kunstwissenschaften und Kunstmuseen) und authentischem „Ding" (der ethnographischen Einordnung bedürftiger Gegenstand der Ethnologien und ethnographischen Museen) angesiedelt wird,[86] nur eine Ebene im ästhetischen Prozeß ein. Die ästhetischen Orte und Zeichen sind Ausdruck (Objektivationen) von bedeutsamen Erfahrungen, die sich vermitteln möchten (Externalisierung). Einverleibung (Internalisierung) als ästhetische Berührung, jenes mit allen Sinnen einen Sinn, eine Botschaft wahrzunehmen, geht dem Bedürfnis nach Externalisierung voraus. Der Sinn, und das ist das ästhetische Anlie-

---

[85] Ich habe das Buch (Willis 2000) erst nach Abschluß dieses Kapitels „entdeckt". Seine Felddaten beziehen sich vor allem auf seine Forschungen aus den sechziger und siebziger Jahren zu subkulturellen Jugendkulturen der Arbeiterklasse. In diesem Buch stehen die Warenkultur und der Warenfetischismus der Postmoderne mit ihren globalen Möglichkeiten im Vordergrund. Stärker als Appadurai betont Willis dabei die kreative Eigenständigkeit kultureller Praktiken der Aneignung.
[86] Vgl. das Diagramm in Clifford 1985

gen, vermittelt sich über den ästhetischen Gegenstand als Bedeutungsträger in einem kulturellen Kontext. Das gilt für alle ästhetischen Prozesse und alle Werke, die in diesen Prozessen vermittelt werden. Und das bedeutet, daß wir uns auch für die Meisterwerke an den Gedanken der Ästhetiken gewöhnen müssen, selbst wenn ihre „Schönheit" als überzeitlich und überräumlich bezeichnet wird (von zumeist westlichen und westlich beeinflußten Experten). Denn: auch Schönheit ist nur eine ästhetische Botschaft unter vielen, und auch diese Botschaft findet in den verschiedenen Gesellschaften ihre verschiedensten Gestaltungen.

Die ästhetische Lebendigkeit des sinnvermittelnden Objekts oder der sinnvermittelnden Handlung, wir könnten diese Lebendigkeit eben auch als Aura bezeichnen, bedarf des Dialogs zwischen dem Schöpfer und dem Empfänger im ästhetischen Prozeß. Dieser Dialog muß kein unmittelbarer sein, er kann sich über das Werk vermitteln. Kandinsky sprach von den feinen Vibrationen zwischen Schöpfer, Werk und Empfänger. Es entsteht die Nähe der sinnlichen Berührung, die der Phantasie Raum gewährt, zu einem imaginativen „Gespräch" mit dem ästhetischen Gegenstand und seinem Schöpfer und zu einer reflexiven gedanklichen, manchmal auch gestalterischen Umsetzung führt. Hier setzt die Spurensuche und Spurensicherung des Empfängers ein, die, von der sinnlichen Berührung durch die Aura eines Werkes ausgehend, „der Sache habhaft" werden will. Spurensicherung gehört ebenso zum ästhetischen Prozeß wie die Erfahrung der Aura.

Auch Anthropologen sind Spurensicherer zwischen fremder Nähe und naher Fremde. In einer ästhetischen Anthropologie sollten Aura und Spur als Näherung an den ästhetischen Gegenstand, als Dialog mit diesem und seinen Schöpfern und Schöpferinnen Hand in Hand gehen. Und das verstehe ich als eine räumliche und zeitliche Spurensuche. Wir Anthropologinnen und Anthropologen sind weit gereist, um die Aura des Anderen zu erfahren. Wir haben sie aber auch in den kulturellen Aktenschränken der Moderne erstickt. Die Postmoderne gibt uns die Chance, mit der Ambivalenz zwischen Aura und Spur zu leben – ohne unser wissenschaftliches Gesicht als Ordner der Dinge zu verlieren. Unser Verstehen bleibt eine dialog- und imaginationsoffene Näherung in Zwischenräumen oder kulturell hybriden Räumen jenseits der Räume gesellschaftlich eindeutiger Gewißheiten.

Ästhetische Vermittlungen

Meine folgenden Fallbeispiele ästhetischer Prozesse, spurensichernd mit Daten belegt oder eher in der fragmentarischen Berührung verharrend, sind nicht Anhang, sondern Grundlage meiner Reflexionen zu einer ästhetischen Anthropologie. Diese Fallbeispiele danken sich der „Gunst des Augenblicks" (Greverus 2002, 33f.) einer reisenden Anthropologin. „Je ne cherche pas, je trouve" (Picasso) *und* „Ein Maler [ich sage auch: ein Anthropologe] ist verloren, wenn er sich findet" (Max Ernst) sind Leitmotive meiner Spurensuche. Daß ich vor allem ästhetischen Protest gefunden habe, ist sicher ein anthropologisches und biographisches Generationenphänomen. Wenn mein Weg zu einer ästhetischen Anthropologie trotzdem verallgemeinerbar ist, dankt sich das dem Gedanken der Berührungsmomente oder der ästhetischen Lebendigkeit, die als Lebendigkeit allumfassend ist, aber der spurensuchend-reflexiv bearbeiteten kulturellen (zeitlichen, räumlichen, sozialen) Berührungschancen bedarf. Hier bleibt der dialogische Anthropologe vor Ort eine Leitfigur der Spurensicherung zwischen Fremde und Nähe. Manchmal begegnen sich die Anthropologen und Anthropologinnen und die Künstler und Künstlerinnen in den Zwischenräumen ihrer Feldforschung, in der die ästhetischen Vermittlungen der Anderen nicht nur spurensichernd wahrgenommen werden, sondern auch in einen neuen ästhetischen Vermittlungsprozeß eingehen. Ich habe von der realen und imaginativen Begegnung mit spurensuchenden und spurensichernden Künstlern viel gelernt.

Im ästhetischen Prozeß der Vermittlung entwickelt jeder von uns seine Kunst des Handelns (Certeau) und der Darstellung.

Die Kunst (Art) ist das Handwerk, das man beherrscht. Für mich als Anthropologin ist es die vertextlichte Sprache und vielleicht, so sehe ich einige Versuche meiner ästhetischen Vermittlung in diesem Buch, die Sprache einer reflexiven Fotografie,[87] die Aura und Spur vereinigt: Bilder, die ihrem Dokumentationswert eine ästhetische Evokation hinzufügen möchten.

[87] Seit den Anfängen der Fotografie bis heute diskutierte man darüber, ob diese eine neue, eine andere Art ästhetischer Vermittlung sei oder ob sie nur Dokumentationswert besitze. In unserem Fach betrachtete und veröffentlichte man Fotografie vor allem hinsichtlich ihres Dokumentationswerts: von der wissenschaftlich „objektiven" Aufnahme des fremden Anderen durch den Ethnologen bis zu den kommentierten Familienbildern des fremden Eigenen durch den Ethnologen. Die Bildwissenschaften der Ethnologien diskutierten fotografische „Authentizität" über die fachspezifische Spurensicherung der Spuren der Anderen, was einerseits zum imperialismuskritischen Statement des „geraubten Schattens" führte und andererseits zur Kitschanalyse der Jedermann-Fotografie in Heim und Urlaubsfremde. Der Bildwissenschaftler, der sich selbst nicht ins Bild bringt, ist auch hier wieder unbeteiligt präsent. Einen vorzüglichen Überblick über wissenschaftliche und künstlerische Näherungen zu einer Theorie der Fotografie stellte Wolfgang Kemp in den vier Bänden „Theorie der Fotografie" (2000) zusammen.

On the Heritage Trail
Gegenüberstellungen und Begegnungen

Diese Bild-Text-Geschichte ist aus einer Exkursion durch Neuseeland erwachsen, zunächst zu zweit mit meiner Kollegin Ute Ritschel auf der Fahrt von Auckland zu der neunten Performance Studies International Conference (Psi9) in Christchurch, in die verschiedene dreitägige Feldstationen einbezogen waren. Unter dem Motto „New Zealand: Environment/Performance" konnte man sich in eine dieser Feldstationen einwählen. Meine hieß: Tangible Heritage: Museums, Heritage Trails and Heritage Sites. Der Gedanke war faszinierend. Fächerübergreifend sollte das „Feld" Neuseeland vor Ort erfahren und diese Erfahrung in den nächsten Tagen performativ umgesetzt werden. Wir, meine kleine interdisziplinäre Heritage-Gruppe,[1] arbeiteten hart und fröhlich im täglichen Feld der Erfahrungssuche und im nächtlichen Feld der Verarbeitung und Vermittlung, die schließlich auch eine ästhetische sein sollte. Diese Vermittlungsarbeit setzte sich nach der Konferenz e-mailend fort, planten wir doch zunächst eine eigene gemeinsame Veröffentlichung, die sich dann in der gescheiterten Kongreßveröffentlichung verlor. Performance und traditionelle wissenschaftliche Textualisierung sind offensichtlich immer noch ein „unglückliches Paar". Wenn ich meinen Beitrag zu „Tangible Heritage", hier „rückübersetzt" aus dem englischsprachigen Dialog in meine eigene Sprache, möglichst unverändert wiedergebe, vermisse ich eben diesen in welcher Sprache auch immer geführten Dialog, in dem sich gemeinsam gemachte Erfahrungen in ihrer differenzierten Wahrnehmung zu einer ästhetischen Collage zusammenfügen. Meine Bildergeschichte mit ihren Konfrontationen und Begegnungen versucht trotzdem, auch allein, einer ästhetischen Collage als Evokation gerecht zu werden.

Meine Perspektive auf den neuseeländischen Heritage-Trail, den Pfad des kulturellen Erbes, war der einer Anthropologin und einer Deutschen. Beide Identitäten begleiteten meinen „Blick aus der Ferne" (Lévi-Strauss) zwi-

---

[1] Ich danke rückblickend Greta Bond, Frederick Corey, George Parker, James Beaumont, Jerry Jaffe und Moe Meyer für die gemeinsame Felderfahrung und die Gespräche.

schen dem kulturellen Erbe hier und dort. In ihrem Buch über Tourismus, Museen und kulturelles Erbe, das uns für unseren Heritage-Trail als Grundlage diente, beruft sich Barbara Kirshenblatt-Gimblett (1998) auf Walter Benjamin, wenn sie von der historisierenden Überfrachtung des kulturellen Erbes als einer Katastrophe spricht. Wir müssen nachdenken über ihre Definition des Erbes als einer neuen Weise gegenwärtiger kultureller Produktion, die ihre Ressourcen aus der Vergangenheit bezieht, und ihre Betonung einer intensiven Verbindung zwischen kulturellem Erbe und Folklore. Denn,,,Folklore ist eines der gefährlichsten Worte in der englischen Sprache". Nicht nur als ein Wort, sondern auch als Idee in anderen Worten und anderen Sprachen und anderen Nationen, möchte ich hinzufügen.

Nunmehr betrachte ich Folklore (oder die wissenschaftliche Idee vom Wissen des Volkes) aus europäischem, besonders deutschem, Kontext: die Identitätskonstruktion der „verspäteten Nation" Deutschland hat, verstärkt im 19. Jahrhundert, auf dem kulturellen Erbe als einem der wertvollsten kulturellen Züge gegen den Prozeß der Zivilisation beharrt, einer Zivilisation, die mit dem hybridisierenden Prozeß der Internationalisierung und Urbanisierung gleichgesetzt wurde. Das Studium des „Deutschseins" in deutscher Sprache, Kunst, Literatur, Folklore und der materiellen Kultur der Bauern war ein bedeutender Bestandteil der nationalen Identitätskonstruktion. Es war ein Prozeß der gesuchten Reinigung, der „Läuterung" des nationalen Selbst. Und schließlich wurden das nationalsozialistische Deutschland und sein Krieg zur Klimax des deutschen Reinheitswahns. Die selektierte Geschichte stand im Dienst dieses Wahns. Nach dem Krieg wurde Geschichte zum Fall des selektierten Verschweigens und bestenfalls, eine andere Geschichte, zu einer selektierenden Zukunftssuche in der Vergangenheit. Wiederum wurde die Entfremdung von gegenwärtig gelebtem und historisch erlebtem Alltag über die Konstruktion eines kulturellen, vielfach folkloristisch gebrochenen Erbes ästhetisiert. Volkskunde hatte ihren Anteil. In den späten sechziger und den siebziger Jahren begann auch in Deutschland jener „Marsch durch die Institutionen", der das Alte, Überalterte, auch in den Wissenschaften hinwegfegen wollte. Ich war gerade dabei, eine Karriere als der Volkskunde entfremdete Kulturanthropologin zu starten: meine Idee war die Wende von einem deutschen ethnologischen Denken von der Vergangenheit zur Gegenwart, vom Erbe zur Bewegung, von der Folklore zum Alltagsleben. Da herrschte einige Übereinstimmung in der jüngeren ethnologischen Kommunität. Aber das „kulturelle Erbe" holte uns wieder ein. Es kam aus einer anderen Richtung und hatte doch ähnliche Argumente. In der Mitte der siebziger Jahre erhob sich eine weltweite Renaissance von regionalen, ethnischen und kulturellen Forderungen. Sie waren transnationaler Aufschrei national unterdrückter Minderheiten, die Selbstbestimmung und Selbstwert einklagten. Wieder wurden kulturelles Erbe und Folklore zum Medium einer Identitätskonstruktion. Die nationalen Politiken antworteten mit (zulaßbarem) kulturellem Pluralismus. So auch die Anthropologie. Später dann erhob sich der ökonomisch gründende Globalisierungsdiskurs, mit ihm der Ruf nach Flexibilität oder mobilem Mann/FrauSein, der sein Echo in der Anthropologie fand. Dazwischen der Diskurs von „Glokalisierung", als lokaler und imaginativer Umformung der globalen Überformung. Anthropologie folgte dem gesellschaftlichen Trend, wie es – vielleicht erfolgreicher – die Tourismusindustrie tat. Die Hochschätzung des kulturellen Erbes und der Folklore wurde wieder – für die ethnologischen Fächer ebenso wiederholbar wie für die Tourismusbranche – zum Feld der Untersuchung, der Repräsentation und Vermarktung. Oft wurde über dem schönen Schein von Festivalisierung und Musealisierung fremder und eigener Kultur der Sinn dieser folklorisierenden Vermittlungsarbeit und Abgrenzungsstrategien von Minderheiten und Mehrheiten vergessen.

Die Psi9-Konferenz in Neuseeland hatte uns ein Feld eröffnet, in dem in einem fernen und insularen Land diese Hochschätzung und Vermarktung des kulturellen Erbes besonders ihre trennende, abgrenzende Seite zum Vorschein brachte. Meine Bildergeschichte „An-Blicke auf dem Heritage Trail", die neben dem Text ihre eigene Geschichte erzählen soll, zeigt Gegenüberstellungen und Begegnungen. Unser interdisziplinäres kleines Forscherteam begab sich auf die so vielfach angebotenen „heritage trails": ein Muß für Touristen, Nebenwege nicht ausgeschlossen. Ich hatte meine Spurensuche nach dem kulturellen Erbe bereits auf der Fahrt von Auckland über Rotorua nach Wellington begonnen. Meine Erfahrung war die einer distanzierten Beobachterin in einem Kampf um Identität in einer geteilten Nation oder, wie es Raninui Walker ausdrückt, „Ka Whawhai Tonu Matou. Struggle Without End" (1990). Der endlose Kampf um Ressourcen, Herrschaft und Identität spielt sich zwischen zwei Nationalitäten ab, beide Eroberer von Neuseeland: die weißen Latecomer von Europa und die früheren Siedler aus Polynesien, die Maori. Zeigt sich hier ein anderes Problem der verspäteten Nationen? Die zweifache Vergangenheit von Siedeln und Landansprüchen entfaltet ihre Nachwirkungen im ungleichen Prozeß der Nationenbildung mit der politischen und wirtschaftlichen Übermacht der Weißen. Doch sind die beiden Nationalitäten sich ihrer vergangenen und gegenwärtigen Rechte aus besiedelnder Eroberung nicht so sicher, als daß es keiner Bestätigung bedürfte. Diese Bestätigung finden sie in ihrem verschiedenen kulturellen Erbe. Und diese Kultur der Vergangenheit wird wiederum in folkloristischen Schaustellungen imaginiert. Im Hintergrund lauert nicht nur die gewinnsüchtige Tourismusindustrie, die den kommenden und gehenden und zahlenden Touristen eine exotistische Erfahrung vermittelt, sondern auch die politische Ignoranz (oder ist es der politische Wille?) gegenüber jenem Prozeß, in dem Folklore zu Fakelore im Angesicht der doppelgleisigen Identitätskonstruktion einer Nation wird. Beschleunigt das die Verhinderung eines Dialogs?

On the Heritage Trail

Feldforscher posieren

Europäische Pioniere posieren

Feldforscher lauschen

Feldforscher „laufen auf Eis"

Das Erbe erkleiden

Das Erbe tanzen

Meine Suche nach Dialog wurde verunsichert, als ich merkte, daß Folklore nicht nur zur touristischen Unterhaltung oder als Grundlage für einen kritischen Dialog zwischen einheimischen und fremden Anthropologen angeboten wurde, sondern als nicht zu hinterfragendes kulturelles Erbe, so auch durch einheimische Kollegen und Kolleginnen bei diesem Kongreß. Die Bedeutung des Marae als lokales Versammlungshaus der Maori (vgl. Neich 2001, 121ff.), als Modell ihres traditionellen Kosmos, als Heimatzeichen für die Arbeitsmigranten und als Ausgangspunkt für das kulturelle Wiedererwachen zu verstehen und dem europäischen Verständnis von der Privatheit des „My home is my castle" entgegenzusetzen, ist die eine Seite. Aber bei einem Empfang in einem urbanen Marae, nach einem produktiven mit einheimischen Kollegen, Weißen und Maori, geführten Gespräch über die differenten Wege eines Pioneering in Neuseeland, mit einer folk/fakeloristischen Maori-Zeremonie konfrontiert zu werden, bei der sich Kollegen in halbnackte Kapahaka-Tänzer mit Baströckchen um die Lenden und aufgemalten Tätowierungen verwandelten, war nichts als ein Schock. Die Präsentation von Kapahaka, einem alten Kriegstanz, in offiziellen Veranstaltungen, in touristischen Events mit haufenweisen Animationen zum Mittun und in Fernsehsendungen hat mich schließlich regelrecht erschöpft. Die herausgestreckte Zunge der Tänzer – eine Geste, die weltweit in Kunst und Alltagsleben als sowohl abwehrend als auch drohend empfunden wird, und die in der traditionellen Kunst der Maori eine wichtige Rolle einnimmt – war auch nicht gerade Einladung zu einem Dialog. Und sicher diente diese Geste in alten Zeiten auch nicht dem Willkommen und einem freundschaftlichen Austausch, sondern war vielmehr eine bedrohende Geste in der Darstellung von Macht.

Die folklorisierten traditionellen Tänze auf den Bühnen touristischer Unterhaltung sind eher ein Angriff auf das kulturelle Erbe als ein Mittel zu seiner Erhaltung. Sie werden für die eigene Sozialität sinnlos und setzen auch die Bedeutung aktiver Proteste herab, die sie gemeinsam mit anderen kulturellen Dingen und Symbolen in den Protestbewegungen der Maori gegen die Herrschaft der Weißen im 20. Jahrhundert hatten.

On the Heritage Trail

Das Erbe erlernen

Das Erbe essen

Eingang

Ausgang

Europäische Ankunft

Wilde Schönheit

Ein politischer Report von 1979 faßt die Rolle und Bedeutung des Brauchtums in den Protesten zusammen: „Wir werden nicht länger ein politisches Verhalten tolerieren, das unsere Sprache, unsere Sitten und unseren Lebensstil nicht berücksichtigt, noch werden wir weiterhin akzeptieren, von irgend jemandem regiert und verwaltet zu werden, der die Art, wie wir denken oder unsere eigenen Werte schätzen, nicht versteht. ... Wir werden unsere eigenen Angelegenheiten meistern, wir müssen über unser eigenes Schicksal verfügen, und wir fordern jede Fläche Land zurück, die uns zu Unrecht genommen wurde" (vgl. Walker 1990, 227f.). Die Proteste richteten sich gegen die „one people"-, die „Ein Volk"-Ideologie der herrschenden (weißen) Politik. Diese kulturelle Renaissance umfaßte auch den Bau und die Gestaltung neuer ländlicher und städtischer Marae als Symbole einer Maori-Identität. Mit der Revitalisierung der Idee des Marae kam eine Wende zur erneuten Bedeutsamkeit gemalter und geschnitzter Geschichte und Geschichten (vgl. Neich 2001), aber auch der museale Zugriff auf das kulturelle Erbe und mit diesem die Entfernung der Dinge aus einem früheren und gegenwärtig-protestierenden gelebten Leben.

Wie steht es um die „one people"-Ideologie in den Museen und anderen Plätzen des kulturellen Erbes? Ich zitiere noch einmal Ranginui Walker: „Die universale Kultur des Kapitalismus ist es, die die Maori in die gesellschaftliche Hauptströmung der Pakeha-Gesellschaft (der Gesellschaft der Weißen) einbindet. Diese ökonomischen Bande werden durch religiöse Verbindungen und die gemeinsame Passion für das Nationalspiel Rugby ergänzt. Aber außerhalb dieser Transaktionen leben Maori und Pakeha ein getrenntes Leben" (Walker 1990, 198). In den Museen und anderen Heritage-Plätzen werden diese getrennten Leben sowohl rekonstruiert als auch verlängert. Im besten Fall findet man getrennte Sektionen einer Maori-Geschichte und einer Geschichte der Weißen, die sich vor allem auf den kolonialen Zeitraum bezieht. Schlimmstenfalls findet man, wie in dem Heritage-Zeittunnel der „Gondola" von Christchurch, eine Chronologie, die mit einem Panoramabild der frühen Jäger und Sammler beginnt, das von einem anderen Panorama der frühen Hortikultur der Maori gefolgt wird und mit der ausführlichen Geschichte der europäischen Pioniere endet. Die Maori werden von diesem Zeitpunkt an unsichtbar.

Frühe Jäger

Mahlzeit

Dame des Erbes im Ort des Erbes

Komm herauf in das Erbe

My Home is My Castle

Unser Heim ist der Marae

Auf unserer Fahrt durch die Banks Peninsula wiederholte sich diese Geschichtskonstruktion in den Ausstellungen und einem Film des Akaroa Museums. Nachdem ich in Akaroa so viel über französische und englische Siedler gehört hatte und uns die typischen französischen, englischen und schließlich neuseeländischen Häuser gezeigt worden waren, fragte ich schließlich nach dem Verbleib der Nachfahren der früheren Maori-Siedler in diesem zu einem lebendigen Museum stilisierten Ort. Sie lebten außerhalb der Stadtgrenzen. An einem Friedhof vorbei, der uns noch einmal die Geschichte der weißen Eroberung verdeutlichte, fuhren wir zu dem Dorf der Maori, ein eher unspektakulärer Marae, wo sich Kinder zum Spielen versammelten, eine kleine, zum Meer ausgerichtete Kirche. Diese Kirche war eine Maori-Interpretation des Christentums. Sie verweigerte die vollkommene Konformität mit der westlichen Interpretation der Kirche als Gottes Haus, war eher ein hybrider und einzigartiger Platz der Verehrung. Unser Zögern, ihr Haus der Gottesverehrung zu betreten, unser schweigendes Bewußtwerden war ein stiller Dialog zwischen dem Eigenen und dem Anderen. Aura, ästhetische Berührungsmomente vor der Spurensuche? Dort erlebten wir eine andere Vermittlung von Gegenüberstellung und möglicher Begegnung der Andersheiten als in den aufdringlichen Tanzveranstaltungen für Touristen und den festivalisierten und mu(seu)mifizierten heraushängenden Zungen einer folkloristischen Maori-Geschichte oder den historisierenden Pioniergeschichten der weißen Kolonisatoren in den Häusern und Dörfern und Museen eines „kulturellen Erbes". In dieser kleinen Kirche gab es keine Notwendigkeit für einen „Maori-Christus" wie in der Kathedrale der Hauptstadt Christchurch, um die „one people"-Ideologie ästhetisch zu vermitteln. Dieser Maori-Christus ist als ein Glasfenster da, und wird doch unsichtbar gegenüber der Vielzahl von anderen bunten Fenstern, er wird klein vor der ästhetischen Gewalt eines „weißen" Abendmahls, das diese Kathedrale dominiert. Und so verliert sich auch die kleine „South Pacific Chapel" dieser Kirche wie ein der Ideologie geschuldetes Einsprengel im Größenwahn einer Kathedrale der Eroberung. Die eingleisige nationale Ideologie der *einen* Nation scheut in ihrer hierarchischen Struktur auch nicht die Gotteshäuser.

Um im Kontext hybrider Weltsichten als Begegnungen zwischen Selbst und Anderem zu bleiben: da gab es einen anderen Maori-Christus in der 1920 erbauten St. Faith's Church von Ohinemutu/Roturoa.

On the Heritage Trail

Europäischer Jäger

Maori Tänzer

Maori Christus

Letztes Abendmahl

Angesichts des Erbes?

Auch diese Kirche war auf das Meer hin ausgerichtet und der in das Fenster eingravierte Christus in seinem traditionellen Maori-Gewand schien direkt vom Meer draußen in die Kirche zu schreiten – eine faszinierende Interpretation der Geschichte, in der die Fremden über das Meer kamen. Das Dorf ist noch die Heimat einer Maori-Gemeinde. Der Marae gegenüber der Kirche ist für Konzerte geöffnet. Irgendwo um die Ecke war ein kleiner Verkaufsladen mit Kunst und Handwerk der Maori. Besonders beeindruckt hat mich der Friedhof für die Gefallenen eines Maori Bataillons vor der Kirche, ein Gottesacker weißer Grabmäler im Angesicht des Meers. Sie erinnerten mich an eine Erfahrung auf Samoa. Ähnliche Grabmäler waren dort vor den Wohnhäusern und Versammlungsplätzen errichtet und ich dachte über die verschiedenen Begegnungen zwischen den Lebenden, die dort auf den Grabmälern saßen, sich unterhielten, spielten, und ihren Toten nach, dort wie hier. Verschiedene ästhetische Berührungen, verschiedene ästhetische Vermittlungen einer kulturellen Sinngebung.

Die Reise auf den Wegen eines kulturellen Erbes in Neuseeland eröffnete neues Fragen: kann es eine Begegnung in den Selbstdarstellungen geben, die die Barrieren der gegenübergestellten Differenzen in nationalen, regionalen, sozialen Identitätskonstruktionen zugunsten von Dialog und Toleranz für hybride Kulturen und Personalitäten durchbricht? Nicht Bestätigung des zweifachen und zweigeteilten Rückgriffs auf das „reine" kulturelle Erbe, nicht einseitige „one people"-Ideologie noch Meisterung der eigenen Angelegenheiten, sondern die Begegnung und Durchdringung in Kunst und Alltagsleben, die mehr ist als das geteilte Interesse für das Nationalspiel Rugby. Mag sein, daß diese Hybridisierung weniger „einsetzbar" ist als der Rückgriff auf das je eigene kulturelle Erbe und die Folklore, mag sein, daß politische und pädagogisierende Reinheitsfanatiker dem nicht gewogen sind, mag sein, daß Touristen und andere Reisende die Exotik des ganz Anderen nicht mehr finden, aber warum sollten sie es nicht auch lernen, sich vom Hybriden ästhetisch berühren zu lassen, wenn es eine gekonnte Collage ist. Das kulturelle Erbe der Vermischungen, der Grenzüberschreitungen, die seit jeher zur „Kunst des Handelns" (Certeau) gehörten, gilt es herauszuarbeiten. Das haben wir auf unserem Heritage Trail nicht gefunden, und auch der Kongreß war eher eine Hommage an das selbst- und fremdinszenierte ganz Andere einer Maori-Kultur.

Protest und politische Utopie an der Wand

Von der Utopie einer kollektiven Kunst

„Esta pintura nos procuró mucha persecución, mucha carcel" (Diese Malerei hat uns viele Verfolgungen und viele Kerker verschafft). Das sagte in einem Gespräch[1] der nicaraguanische Maler Pérez de la Rocha 2001 im Rückblick auf die sandinistische revolutionäre Wandmalerei. Um die politische Wandmalerei als ein kollektives Bekenntnis und als dessen ästhetische Vermittlung im öffentlichen Raum soll es in diesem Kapitel gehen.

Der Wandmalerei wird eine Jahrtausende alte Geschichte zugeschrieben (Reisner 1971; Grasskamp 1982), die von einfachen Zeichen bis zum durchgestalteten Wandbild reicht. Auch in den einfachen Gesten und Mitteilungen ist schon früh politischer Protest auf den Mauern der Stadt vermittelt worden, wie es die Schmähschriften und Karikaturen in den ausgegrabenen Städten Pompeji und Herkulaneum zeigen.

„Wilde Bilder" werden die Wandmalereien in den siebziger und achtziger Jahren genannt, einer Zeit, in der, ausgehend von der Achtundsechziger-Bewegung, Revolutionen und die Solidarität mit den Revolutionären die politische Kritik an den eigenen konservativen Regierungen und der Ohnmacht der Bürger den öffentlichen Raum – und die öffentlichen und halböffentlichen Wände – ergriffen hatte. Es wird von einer politischen „Wandbild-Kultur" gesprochen. Das Kollektiv der Protestierenden hatte ein altes Medium, die Mauer, neu für sich entdeckt.[2]

In der Kunstforum-Dokumentation „Von der Utopie einer kollektiven

---

[1] Ich danke Immanuel Zerger, dem Präsidenten des Consejo para el Desarrollo Económico, Eco Turístico y Cultural del Archpiélago de Solentiname, für die Bereitschaft, mit der er mir Gespräche mit Künstlern auf Solentiname und in Managua verschaffte und sprachlich zwischen uns vermittelte. Gleichzeitig danke ich Monika Oberfrank M.A. für die Transkription und teilweise Übersetzung von Tonbandaufnahmen.

[2] Vgl. z.B.: Faith of Graffiti 1974; Apitsch 1979; Wandmalereien 1979; Granzer, Schütze 1979; Schwarz 1980; Weißinger 1981; Grasskamp 1982; Gamber 1983; Greverus 1984; Welz 1984; Stahl 1989; Müller o.J.

Kunst" wird auf das Projekt Sozialismus in seiner Bedeutung für eine kollektive Produktion von Kunst und auf die Rolle der Kunst im System der proletarischen Kultur verwiesen: „Das Proletariat wird notwendigerweise zu einer Sozialisierung der künstlerischen Arbeit kommen, zu einer Aufhebung des Privateigentums nicht nur an den Produkten (das ist nur die Folge), sondern auch an den Werkzeugen und Mitteln der künstlerischen Produktion. ... Bei einer solchen Struktur der künstlerischen Arbeit werden aus vereinzelten Künstlern Mitarbeiter von Ingenieuren, Wissenschaftlern, Administrationsfunktionären. Sie alle organisieren ein gemeinsames Produkt. ... Die Kunst als unmittelbares und bewußtes, planmäßig eingesetztes Werkzeug der Lebensgestaltung – das ist die Formel der proletarischen Kunst" (Boris Arvatov,[3] in: Rötzer, Rogenhofer 1991, 74). In den Deklarationen der linken Kunstbewegung, von der russischen Avantgarde bis zum sozialistischen Realismus,[4] wird der Gedanke des schöpferischen Kollektivs immer wieder hervorgehoben. Allerdings läßt „Kollektiv" von der Idee her sich nicht auf einen gemeinsamen konkreten Schaffensprozeß, wie zum Beispiel das Malen eines Wandbilds, reduzieren, sondern wird als Ausdruck des „neuen Menschen" gesehen, der ein kollektives und kreatives Leben lebt und gestaltet. So schreibt Natan Altman 1918 in seinem Artikel über Futurismus[5] und proletarische Kunst: „Wir meinen, daß es zwischen dem Futurismus und dem proletarischen Schaffen eine tiefere Beziehung gibt ... So wie alles, was das Proletariat schafft, wird auch die proletarische Kunst kollektivistisch sein. ... Wir verstehen das nicht in dem Sinne, daß ein einzelnes Werk von vielen Künstlern ausgeführt wird, sondern so, daß das Werk selbst, obwohl von einem einzigen Schöpfer ausgearbeitet, auf kollektivistischen Grundlagen errichtet worden ist.... Ein futuristisches Bild lebt ein kollektives Leben. Durch dasselbe Prinzip, auf dem das Schaffen des Proletariats aufgebaut ist. ... Nur in der Gemeinschaft erhalten sie ihre ganze Kraft, ihre ganze Bedeutung" (Gaßner, Gillen 1979, 47f.; vgl. Bowlt

---

[3] Boris Arvatov (1896–1940) war seit 1920 Mitglied der kommunistischen Partei, außerdem war er Mitglied der Russischen Akademie der Künste und stand in enger Verbindung zu verschiedenen Gruppen der russischen Avantgarde, zahlreiche Veröffentlichungen zur modernen Kunst und Literatur (vgl. Bowlt 1988, 225f.).
[4] Vgl. hier „Ästhetische Vermittlungen".
[5] In seiner Anmerkung zu dem Artikel bezieht sich Altman auf die breitere („alltägliche") Bedeutung des Begriffs „Futurismus" als alle linken Tendenzen in der Kunst (vgl. Bowlt 1988, 161).

1988, 163). Und in der Deklaration von KOMFUT (Abkürzung für Kommunisten und Futuristen) heißt es 1919: „Ein kommunistisches System erfordert ein kommunistisches Bewußtsein. Alle Formen des Lebens, die Moral, die Philosophie und die Kunst müssen in Übereinstimmung mit den kommunistischen Prinzipien wiedergeschaffen werden. Ohne dieses ist die nachfolgende Entwicklung der kommunistischen Revolution unmöglich" (Bowlt 1988, 165).

Der Sieg der Revolution und die Gestaltung der neuen Ordnung war immer auch mit einer Förderung der Künste und Künstler verbunden, die allerdings in ihrem Öffentlichkeitsanspruch oft anders aussah, als es sich die artistischen Revolutionsanhänger versprochen hatten. Die Aussage der „kollektiven Kunst" sollte sich nun vor allem der Bestätigung des revolutionär erreichten „glücklichen" kollektiven Daseins im öffentlichen Raum zuwenden. Der verordnete sozialistische Realismus, vor dem viele Künstler emigrierten, wurde eine internationale Form kollektiver Wandkunst. Das Ende der kommunistischen Regime oder „die (jeweilige) Wende" hat vielfach zur Vernichtung oder zum Verfall der Kunstwerke geführt, hat hier und dort neue Versuche kollektiver Kunst entstehen lassen, aber sie hat vor allem die Künstler wieder als Individuen auf den kapitalistischen Markt geworfen. Viele geförderte Künstler der Revolutionsregierungen allerdings sind von diesem Markt verschwunden.

An einigen historischen und selbsterfahrenen Beispielen[6] möchte ich versuchen, die Mauerwerke in ihrer politischen Ästhetik und ihrem Handel mit der Geschichte zu vermitteln. Im Zentrum meiner Näherung steht das sandinistische Nicaragua.

---

[6] Geschichte und feldforschende Gegenwartserfahrung wird hier nicht als Widerspruch gesehen, sondern als eine spezifische sozial- und kulturanthropologische Näherung an den Gegenstand der Erfahrungssuche, bei der die unmittelbare Berührung und Erfahrung des Daseins der Dinge und Handlungen zu eben einer Spurensuche nach ihrem historischen Werden und Wandel führt.

Doch ich beginne in Sibirien

Es war 1995. Wir waren in Barnaul, in der Kulunda Steppe, in Slawgorod und den Dörfern des deutschen Rayon und schließlich auch im Altaigebirge. Überall zeigten sich in den Bauten und Monumenten der Städte und Dörfer die Schichten der Geschichte. Nur die neue „kapitalistische" Orientierung hatte sich in der gebauten Stadt noch wenig niedergeschlagen, wenn man von den „Büdchen" absah, kleinen privaten Verkaufsbuden, in denen neben billigem Wodka das verkauft wurde, was man gerade über einen westlichen Markt „bekommen" hatte. Die augenfälligste historische Schicht der Raumbesetzung blieb allerdings die des sowjetischen Sozialismus, wenn auch oft bereits dem Verfall überlassen, was besonders an den so zahlreichen Einrichtungen für Kinder und Jugendliche auffiel. Zwei Eintragungen aus meinem Feldtagebuch sollen meine Wahrnehmung und mein Erleben einer ästhetischen Vermittlung der sozialistischen Idee und Wirklichkeit wiedergeben:

Mamontovo, 17.9.95: Heute sind wir mit dem Bus in die Steppe aufgebrochen. Eine Fahrt mit klapprigem Bus auf oft ungeteerten und holprigen Straßen zu den Dörfern. Aber die Landschaft entschädigte: die Weite der abgeernteten Felder, fruchtbare schwarze Erde, Rinderherden mit berittenen Hirten, Pferdeherden und die zementgrauen, flachen Gebäude der Kolchosen. Dann begann die Steppe. Der sandige Boden war von dunkelroten Flechten durchzogen, dazwischen Seen und Moore und überall Birken. Der Himmel war verhangen und verstärkte das Gefühl von Weite und Einsamkeit. Die Einfahrt in den Ort war schon etwas erschreckend: ein kolossales Ortsschild, eine Tankstelle, lange nichts, dann Reihenhäuser, grau, Einfamilienhäuser mit Gärten mitten im Feld, wieder nichts, schließlich der Busbahnhof ohne ein Café, ohne Toiletten. Auch sonst war sonntags alles geschlossen, aber ein Hotel gab es. Wir liefen durch graue Blockbebauung, das Hotel aber, blau und freundlich gestrichen, hatte sogar Seeblick. Eine erste Ortsbegehung im Zentrum um den See. Die Häuser, meist aus Holz, zogen sich mit ihren bescheidenen Gärten bis an den See, überall kläfften Hunde, die Gänse wurden gerade aus dem See „heimgepfiffen". Alles wirkte klein, bescheiden, geduckt. Dann aber kam die sozialistische Ideologie für einen Zentralort voll zum Ausdruck: ein großer Platz umgeben von grauen Gebäuden, herausragend das Kulturhaus mit den Wandbildern der „Helden der Befreiung" und den „Helden der Arbeit" (im Vordergrund die vollbusigen Frauen, Ähren und Brot und einen Milcheimer in den Händen), graue Administrationsgebäude und „Gastronom" und „Univermag" für den Einkauf.

Sibirien, Wandbild

Hinter diesem Platz war der Schul- und Kindergartenkomplex: Gnomenfiguren am Eingang, Spielgeräte, ein Wandbild mit „Prinzeßchenmädchen" und glücklich spielenden Buben, eine Kinderballettschule. In der Nähe lag ein öffentlicher „Vergnügungspark" mit einem verrosteten Riesenrad. Die Karussells waren ebenso verrostet und die Skooter standen verlassen vor ihren abgenommenen blauen Dächern in Reih und Glied. Ging man ein wenig weiter, kam man in eine Birkenallee als Heldengedenkstätte mit den Gedenksteinen für die Gefallenen. Am Ende des mit Blumenrabatten gesäumten Weges auf Säulen die steinernen Riesenköpfe von ausgezeichneten Helden des Volkes, und schließlich vor einer monumentalen Wand mit einem „Mutter Heimat"-Spruch eine hochragende weibliche Figur mit der Fackel.

An anderer Stelle schrieb ich: Die Monumentalisierung hat in allen Orten das mehr oder weniger gleiche Schema: Eine breite, den ganzen Ort durchziehende Allee mit einem mittleren birkengesäumten Fußgängerstreifen, der zentrale Platz mit dem Lenindenkmal, silbern, schwarz oder steinern, sich wiederholende Herrscherposen und -gesten – wehender Mantel, geballte Faust, Siegesgruß –, am Platz oder in der Nähe das Kulturhaus, die Administrationsgebäude, die Gedenkstätte für die Gefallenen des „Großen Vaterländischen Krieges", Tafeln oder Kopfsäulen mit den ordengeschmückten Helden des Volkes. Weiterhin fielen in allen Orten die vielen Einrichtungen für Kinder auf, Lenins Ausspruch „Lernen, lernen, lernen" über dem Eingang.

Soweit meine Tagebucheintragungen zu meinen Wahrnehmungen einer Kultur im Übergang, in der das Alte seinen Stellenwert verloren hatte, aber als ästhetische Vermittlung in den Bauten und Zeichen der Stadt noch weiter lebte. Der Verfall der Orte und Bilder allerdings zeugt von einer anderen Wahrnehmung der Geschichte.

Erlebnisdichter war unser Einbezug in die Mauerwerke der Geschichte am ersten Tag unseres Aufenthalts in Sibirien. Wir machten unseren ersten Wahrnehmungsgang durch Barnaul. In meinen Aufzeichnungen erzähle ich: Ich fotografierte begeistert das große Mosaikwandbild mit Lenin und den Helden des Volkes. Da nahten zwei Militärpolizisten, nahmen uns unsere Pässe ab und den Fotoapparat und verfrachteten uns in eine Art „grüne Minna". Wir hatten nichtsahnend, wozu das Wandbild gehörte, Militärgelände und Gebäude des Staatssicherheitsdienstes fotografiert. Unnachgiebige Gesichter vor uns, hinter uns ein Schäferhund. Wir fuhren zur Militärpolizei und wurden irgendwem vorgeführt, der ununterbrochen telefonierte und in unseren Pässen blätterte. Wenigstens kamen wir nicht hinter die vergitterte „Arme-Sünder-Bank", wo ein tätowierter Trinker und – im größtmöglichen Abstand – eine junge Frau saßen. Nach einer ziemlichen Weile wurden wir dem Chef der Abteilung vorgeführt, der einigermaßen Deutsch sprach. Nach – unserem Gefühl nach – langer, langer Ausfragung, kam er auf die „deutsch-russische Freundschaft" zu sprechen (am Abend vorher hatte Jelzin von „mein Freund Helmut" gesprochen), wir nickten erfreut, bekamen unsere Pässe und den Fotoapparat mit dem verdächtigen Film, atmeten tief durch – und nichts wie weg.

Barnaul, Mosaikwandbild

Vom Sozialistischen Realismus zurückgedacht zur russischen Avantgarde

Die „Traumfabrik Kommunismus"[7] in ihrer provinziellen Form schien in diesen sibirischen Städten als gebaute und gemalte Umwelt die politische Wende überlebt zu haben, wenn da nicht der Verfall gewesen wäre. Zeichen von Armut, aber sicher auch vom Verlust der Ehr-Furcht gegenüber diesen Denkmälern der Vergangenheit.

Der „Traum" des Sozialistischen Realismus war ein Machttraum, der die Utopie der europäischen Avantgarde von der radikalen Veränderung nicht nur der Kunst, sondern des Menschen in einen totalitär verordneten Realismus weiterführte. Die Kunst wurde zwar aus ihrer Abhängigkeit vom Markt befreit, aber gleichzeitig in die Abhängigkeit von einer Staatsideologie ge-

---

[7] So der Titel einer Ausstellung in der Schirn Kunsthalle Frankfurt 2003 (vgl. Groys, Hollein 2003).

trieben, in der es darum ging, den „neuen" Menschen als bereits vorhanden darzustellen. Zu dieser Aussage mußten sich alle Künste vereinigen. Die Kunst im Zeitalter ihrer technischen Reproduzierbarkeit (Benjamin) für die Massen wurde als Kunst der Massen umdefiniert. „Der Zuschauer des Sozialistischen Realismus war als Teil des Kunstwerks gedacht – und zugleich sein eigentliches Produkt. Der Sozialistische Realismus war der Versuch, einen Träumenden zu schaffen, der sozialistische Träume träumen würde" (Groys 2003, 25f.). Die ästhetischen Mittel für diese Vermittlung lagen gewissermaßen auf der Straße, auf den Plätzen oder eben im öffentlichen Raum der Propaganda: es waren die Massenfeste, Paraden, Spielfilme, Plakate und jene „kollektive Kunst" der malenden Individuen, die sich im öffentlichen Raum ausstellte, auf den Podesten, den Wänden und Mauern. Ihre notwendige Form war der Monumentalismus, auch dieser schon angelegt in der russischen Avantgarde, die aus dem Salon in den Raum der Massen dachte. Öffentlicher Raum und Monumentalität sollten von der schöpferischen Freiheit künden, von einer Kunst, die politisch wirkte, aber nicht verstaatlicht war. So hieß es in der ersten und einzigen Nummer der anarchistischen „Zeitung der Futuristen" von 1918: „Im Namen des großen Fortschritts der Gleichheit jedermanns vor der Kunst möge das Freie Wort der schöpferischen Persönlichkeit geschrieben werden, überall auf die Häuserwände, Zäune, die Dächer, die Straßen unserer Städte und Ortschaften, auf die Rücken der Autos, Equipagen, Straßenbahnen und auf die Kleidung aller Bürger" (Utopie 1992, 118). Und bereits 1913 sagte Aleksandr Shevchenko[8] in seinen Ausführungen zum Neoprimitivismus: „... Es geht nicht um einen immer besseren Stil; nein, es ist ganz einfach die Sehnsucht nach Monumentalität" (Bowlt 1988, 53).

Die Monumentalität des staatlichen Sozialistischen Realismus bezieht sich nicht nur auf die Größe der Werke, die weithin sichtbar sein müssen, sondern auch auf die Monumentalität ihrer Inhalte als Bedeutendes und Unvergängliches: „Mit der Sprache der Massen, mit der Widerspiegelung der

---

[8] Zu diesem Text vgl. Bowlt 1988, 41ff. Shevchenko (1882–1948) studierte in Moskau und Paris, sein Interesse an primitiver Kunst stand in einem breiteren Kontext der Orientierung an fremder „primitiver" und eigener russischer Volkskunst. Der Titel des Buches: „Neoprimitivism: Its Theory, Its Potentials, Its Achievements, 1913 (russ. Ausgabe).

Wirklichkeit wird der Monumentalkünstler die Wände sprechen lassen von der schweren Vergangenheit, läßt er auf ihnen ein heldenhaftes Bild von den vor noch nicht langer Zeit vollbrachten Taten der Massen entstehen. Er wird großartige synthetische Gestalten des sozialistischen Aufbaus schaffen ...".[9] Neben den politischen Auftritten und Massenszenen sind es vor allem die Helden des Volkes, die Monumentalität versinnbildlichen, angefangen bei den Führern des Volkes bis zu den über die Veröffentlichung sichtbar gemachten unsichtbaren, unbekannten Helden des Alltags. Hans Günther spricht von einem sowjetischen Heldenmythos: „In der Phase des entfesselten Mythenschaffens wird der Held in ein Netz archetypischer Vorstellungen eingebunden. Auf der einen Seite steigt der Vaterarchetyp empor, verkörpert durch den seine Macht festigenden Stalin, auf der anderen Seite nimmt seit 1934 die in der russischen Volkstradition stehende Gestalt der ‚Mutter Heimat' Konturen an. Die Helden erhalten auf diese Weise den ihnen zustehenden Platz innerhalb der sowjetischen ‚Großen Familie'" (Günther 2003, 109f.).[10] Diese umfaßt neben den Helden der Revolution und den Kriegshelden die Helden der Arbeit, vom Bergarbeiter bis zum Erfinder, aber auch die vorbildlichen Kolchosbauern und -bäuerinnen. Das weibliche Geschlecht ist neben der Arbeit vor allem von Mütterlichkeit, Üppigkeit und Fruchtbarkeit geprägt. Das reicht bis zu den Sportbildern, die für beide Geschlechter eine wichtige Rolle spielen. Maxim Gorki wird mit seinen Gedanken über die Helden einer revolutionären Romantik, dem Bezug auf Mythos und Folklore zu einem Kronzeugen des optimistischen sowjetischen Heldenkults (vgl. Günther 1993; Günther 2003; Schmitt, Schramm 1974). Der Avantgarde-Künstler Alexander Rodtschenko schrieb 1937 in sein Tagebuch, „man sollte etwas sehr Warmes, Menschliches, Allgemeinmenschliches tun. ... Man sollte dem Menschen nicht übel mitspielen, sondern nahe, intim, mütterlich zärtlich an ihn herantreten. ... Mütterlichkeit. Frühling. Liebe. Genossen. Kinder. Freunde. Lehrer. Träume. Freude. u.s.w." (in: Günther 2003, 99). Diese Ästhetik des Positiven strahlen die Helden und Heldinnen aus. Sie wird durch eine dekorative Farbigkeit unterstrichen. Ob wir hier mit Greenberg von Kitsch

---

[9] Aus: F. Nevešin, D. Mirlas „Sowjetische Monumentalmalerei. 1929", in: Gaßner, Gillen.

[10] Vgl. hier in „Aphorismen zu Mauern und Zwischenräumen" das Unterkapitel „Park der Entmachtung".

als Anpassung an den Geschmack der Massen (Greenberg 1986) oder mit Groys von der „Hinwendung zum medialen mimetischen Bild"[11], „den Visionen einer utopischen Massenkultur" (Groys 2003) sprechen wollen, beruht auf unserem Kitschbegriff.[12]

Der sowjetische Sozialistische Realismus ist in seinem totalitären Anspruch auf den neuen Menschen in Leben und Kunst ideologisch allerdings nicht ohne seine Vorgänger in der europäischen Avantgarde und deren ebenso utopischen Kampf gegen das Bürgertum und die bürgerliche Kultur zu verstehen. Die russische Avantgarde – und nicht nur diese – berief sich auf Lenin, nicht nur als den Revolutionshelden und Führer, sondern auch auf seine Einbeziehung der Kunst in das Ganze der revolutionären Utopie. „Die Kunst gehört dem Volk. Sie soll mit ihren tiefsten Wurzeln in die breiten Massen der Werktätigen eindringen. Sie muß von diesen Massen verstanden und geliebt werden", zitiert die Deklaration der Vereinigung der Künstler der Revolution (AkhR) von 1928 einen Ausspruch Lenins (Gaßner, Gillen 1979, 305; vgl. auch Bowlt 1988, 271).

Die mexikanische Wandmalerei

Diego Rivera schuf ein Lenin-Mural mit einer entrollten Banderole am unteren Bildrand „Workers of the World Unite!" Im Zentrum des Bildes befindet sich Lenin, der in seinen großen Händen die Hände der Vereinigten aller Nationalitäten hält. Rivera trat 1922 in die kommunistische Partei Mexikos ein und war Mitbegründer der Gewerkschaft der revolutionären Maler, Bildhauer und Graphiker. 1927 reiste er auf Einladung der Kommission für öffentliche Bildung in die Sowjetunion und blieb bis 1928 in Moskau. Dort wurde er Gründungsmitglied der Gruppe „Oktober", die sich insbesondere dem proletarischen Klassenkampf verpflichten wollte: „Durch die bewußte Teilnahme am ideologischen Klassenkampf des Proletariats gegen die ihm feindlichen Kräfte wie auch für die Annäherung der

---

[11] Groys verweist darauf, daß diese Hinwendung zum medialen mimetischen Bild sich auch in den nicht totalitären Ländern der dreißiger Jahre überall bemerkbar machte (Groys 2003, 27).
[12] Vgl. hier S. 93f.

Bauernschaft und der Nationalitäten ... müssen die räumlichen Künste dem Proletariat und den ihm folgenden Massen auf zwei untrennbar miteinander zusammenhängenden Gebieten dienen: 1. auf dem Gebiet der ideologischen Propaganda (durch Bilder, Fresken, Polygrafie, Skulptur, Fotografie, Kino, usw.); 2. auf dem Gebiet der Produktion und der unmittelbaren Organisierung der kollektiven Lebensweise (durch die Architektur, die industriellen Künste, die Ausgestaltung von Massenfesten, usw.)" (Gaßner, Gillen 1979; 180; vgl. Bowlt 1988, 275f.). Unter der Perspektive monumental-rhythmischer Kompositionsgesetze wird in der sowjetischen Kunst 1928 auf den Vorbildcharakter Riveras hingewiesen: „Rivera ist einer der wenigen zeitgenössischen Maler aus dem Westen, dem es gelang, die Wände öffentlicher Gebäude ... mit Fresken auszumalen. Und hier sehen wir, daß der Kommunist Rivera, um sich den Massen zu nähern, um von ihnen verstanden zu werden, um mit ihnen eine gleiche Sprache zu sprechen, zu einer eigentümlichen ‚Verdichtung' kommt – seine Fresken stehen in ihrer Primitivität, ihrer verdichtet-kompakten Form und ihrer starken Rhythmik der Komposition der alten mexikanischen Volkskunst sehr nahe. In ihnen steckt kein ‚Amerikanismus' ... darin steckt eine bewußte Einstellung auf die Traditionen als ein Weg, um Eingang in die Herzen der Massen zu finden. Der Künstler unterwirft jedoch diese formale Tradition einem neuen sozialistischen Inhalt – dem Thema der Arbeit, des Kampfes, der heroischen Bauernschaft und dem Proletariat" (J. Tugendchold: „Das formale Element in unserer Malerei. 1928", in: Gaßner, Gillen 1979, 472f.).

„Der [mexikanische] Muralismo hat mexikanische und indianische Themen als eigentlichen Bildgegenstand zu seinem Anliegen gemacht und in die Öffentlichkeit getragen. Was der russischen Revolution versagt blieb, ist der mexikanischen gelungen: sie hat in ihrem Gefolge die kulturellen Werte nicht nur neu eingesetzt, sondern sie überhaupt erst begründet. Die Avantgarde Mexikos lag in der Wandmalerei ..." (Billeter 1987, 22).
„Man mag", schreibt María Carmen Ramírez in ihrer Bilanz der mexikanischen Wandmalerei 1920–1940, „in der mexikanischen Wandmalerei der ersten Jahrzehnte ein Phänomen sehen, das parallel zu den ästhetisch-sozialen Bewegungen der russischen Revolution und der Novemberrevolution in Deutschland entstand.

Die mexikanische Wandmalerei

Nationalpalast Mexico-City, Wandbilder von Diego Rivera, Ausschnitte u.a. mit Frida Kahlo

Bedenkt man jedoch das vergängliche Los dieser künstlerischen Bewegungen, so scheint gerade die politische Integration des Künstlers und seine Teilnahme an der Entwicklung des Nationalismus das Überleben der mexikanischen Wandmalerei bis in unsere Tage gesichert zu haben" (Ramírez 1987, 104f.). Anders wird das Überleben der klassischen Wandmalerei in einem entwicklungspolitischen Text der Friedrich-Naumann-Stiftung von 1980 begründet: „Politische, traditionelle Wandmalerei revolutionären Inhalts als staatlich subventionierte Kunst und ideologisch ausgenutzter Manipulationsmechanismus seitens der herrschenden Elite: das ist die eine Seite des komplexen Phänomens ‚muralismo' im heutigen Mexiko, in einem System des abhängigen peripheren Kapitalismus, das sich erlauben kann, vermeintliches oder tatsächliches real-revolutionäres Gedankengut in einem bestimmten, klar abgegrenzten Feld zuzulassen: in Palästen der schönen Künste, Ausstellungsräumen, Regierungsgebäuden und Universitäten, die nur einer kleinen intellektuellen linken Elite oder einer ohnehin an der Festschreibung des gegenwärtigen Zustands interessierten bürgerlichen Ober- und Mittelschicht der urbanen Ballungsräume zugänglich ist, jedoch nicht dem Großteil der Bevölkerung, die dort lebt, wo sich heute noch der Kampf ums Überleben und der Kampf gegen neo-feudalistische Ausbeutungsmethoden abspielen: auf dem Lande" (Schwarz 1980, 13).[13]

Der mexikanische Revolutionsmuralismo entwickelte sich zu der nationalen Kunst des postrevolutionären Staates.[14] Das verdankte sich vor allem der Rolle, die der Staat der Kunst beim Wiederaufbau der Nation beimaß. Besonders unter dem Erziehungsminister Vasconcelos wurde seit 1920 nicht nur eine großangelegte Alphabetisierungskampagne durchgeführt, sondern es wurden auch die Künstler aufgefordert, eine öffentliche und gesellschaftlich wirksame Kunst, die die Ideale der Revolution verkünden sollte, zu schaffen. Wände öffentlicher Gebäude wurden zur Verfügung gestellt. Der weltweite Ruhm allerdings, den der mexikanische Muralismo errang, war vor allem das Werk „der großen Drei": Rivera, Orozco und Siqueiros (vgl. Rochfort 1993). Aus der Begegnung mit der europäischen Kunst der Avantgarde, der für Rivera und Siqueiros so bedeutsamen „Pilgerfahrt" nach Italien, mit dem Studium der Renaissance-Fresken, und der Besinnung auf die indianische Vergangenheit entwickelten sie einen eigenen Stil, der dem Revolutionsgedanken und der Stärkung der nationalen Identität verpflichtet war. Als „Re-Envisioning Nationhood" bezeichnete Rochfort (ebd., 83ff.) jene mexikanische Ästhetik, die in den dreißiger Jahren des 20. Jahrhunderts nicht mehr nur aus der Revolution gegen eine koloniale Überlagerung leben wollte, sondern sich als imaginative Wiederbesinnung (haben sie selbst gesagt) oder Konstruktion (sagen wir, die analy-

---

[13] Zuvor wurde ein mexikanischer Maler zitiert: „Nach den Großen, wie Diego Rivera, Orozco ... Siqueiros ... kam eine sehr häßliche Periode, in der die Maler sich dem Karren des Staates verschrieben, Unterricht gaben und schließlich einkassiert wurden, umgewandelt in Bürokraten". Dieser Vereinnahmung der großen revolutionären Muralisten in die staatliche Politik stellt Schwarz den „Krieg der Wände" der siebziger Jahre gegenüber. Bei diesen kurzlebigen, weil oft gleich übermalten Wandmalereien, meist allerdings nur Schriftzügen, handelt es sich vor allem um Wahlpropaganda der verschiedenen Parteien.

[14] Bei den folgenden Ausführungen stütze ich mich vor allem auf Rochfort 1993 und Billeter 1987. Die große Ausstellung in der Frankfurter Schirn war im gleichen Jahr, in dem ich Mexiko City in Museen und im öffentlichen Raum wesentlich unter der Prägung durch seine Murales wahrgenommen habe: Die erhobenen Revolutionsfäuste setzen Merkzeichen über die Stadt, schrieb ich in mein Feldtagebuch.

sierenden Anderen) einer eigenen Identität als „Raza Cósmica" verstanden. Der Fokus des so betitelten, 1925 von dem ehemaligen Erziehungsminister Vasconcelos herausgegebenen Buches zielt auf den Mestizen als „wahre Essenz der mexikanischen Identität", als fünfte Rasse der Humanität, als „erwählte Rasse" einer endlichen Synthese aus einer präkolumbianischen und einer europäischen Vereinigung (vgl. Rochfort 1993, 83). Diese Gedanken sind nicht nur, wie wir es heute gern interpretieren möchten, einer zeitspezifischen und europäisch dominierten Rassenideologie geschuldet, sondern vor allem, und das ist das Faszinierende, einer dieser rassistischen Reinheitsideologie entgegenstehenden Hybridisierungsideologie, in der das Stigma der Vermischung in einem anderen Nationalen aufgehoben, ja zur Verkörperung des nationalen Bewußtseins erhoben wird.

Das Revolutionäre konnte sich sowohl mit der internationalen europäischen Linken als auch mit dem mexikanischen Nationalen verbinden. 1938 hatte Diego Rivera zusammen mit André Breton und Leo Trotzkij ein Manifest „Für eine unabhängige revolutionäre Kunst" verfaßt,[15] in dem es hieß: „Wahre Kunst, das heißt Kunst, die sich nicht mit Variationen über bereits gegebene Modelle zufrieden gibt, sondern danach strebt, den inneren Bedürfnissen des Menschen und der heute lebenden Menschheit Ausdruck zu verleihen, kann nicht anders als revolutionär sein, das heißt, sie kann nur eine vollständige und radikale Neuordnung der Gesellschaft anstreben und sei dies nur, um die intellektuelle Tätigkeit aus den Ketten zu befreien, die sie niederhalten, und um so der ganzen Menschheit möglich zu machen, sich in die Höhe zu erheben" (Breton 1981, 29). In Erinnerung an seinen Aufenthalt in Mexiko schreibt Breton über Diego Rivera: „Er verkörpert in den Augen eines ganzen Kontinents den Kampf, der mit Erfolg gegen die Mächte der Unterdrückung geführt worden ist, in den meinen daher das, was es an Wertvollstem auf der Welt gibt" (Breton 1967, 149).

Das war bereits in der dritten Phase des traditionellen Muralismo (1934–1940),[16] in der eine radikale Wandmalerei, die im Zusammenhang des antifaschistischen Kampfes der internationalen Linken stand, in Mexiko wieder möglich wurde, nachdem in der zweiten Phase (1926–1933) nur eine staatlich legitimierte und institutionalisierte „Revolutionskunst" zugelassen war. Viele der Wandmaler wanderten damals in die Vereinigten Staaten aus.

---

[15] Vgl. hier „Ästhetische Vermittlungen".

Rivera schuf von 1930 bis 1934 zahlreiche Wandbilder in den USA, in denen seine Hinwendung zu dem optimistischen amerikanischen Geist einer Industriekultur deutlich sichtbar wurde.
Das Wandbild für das Rockefeller Center 1933 in New York wurde zerstört, weil sich ein Bildnis Lenins darauf befand. Das Bild wurde später in Mexiko ausgeführt.
Die drei Großen des traditionellen mexikanischen Muralismo – Rivera, Siqueiros und Orozco – sind in dem System einer aneignenden „revolutionären Bourgeoisie" gefeierte Helden einer ästhetischen Vermittlung des neuen Mexiko geworden und geblieben. Sie und ihre Zeitgenossen haben den Stil und die Thematik eines Revolutionsmuralismus geprägt.

In den fünfziger Jahren wurde die Wandmalerei weniger aggressiv in ihrer politischen Aussage. Die nationale revolutionäre Thematik wurde von universalen Themen abgelöst, die präkolumbianische Zeit wird als in die Gegenwart wirkende dargestellt und die Themen Kunst und Wissenschaft, aber auch Fragen der Umweltgefahren und lokalhistorische rücken in den Vordergrund. Auch neue stilistische Mittel wurden entdeckt, wie farbige Mosaiken aus Glas und Stein und die Integration in die Architektur. So gestaltete Rivera 1953 das Mosaik „A Popular History of Mexico" auf der Fassade des Teatro de Los Insurgentes. Das Wandbild erobert den Außenraum und geht in die Gestaltung von Gesamtkunstwerken ein. Eines der imposantesten Wahrzeichen dieser muralistischen Gesamtkunstwerke ist das zwischen 1951 und 1953 geschaffene Wandbildensemble des Architekten und Malers Juan O'Gorman. Er dekorierte die vier Wände des Kubus der Zentralbibliothek der Universidad Nacional Autónoma in Mexico-City mit farbigen Mosaiken. Das traditionelle Thema der historischen Entwicklung wird über Allegorien zur prähispanischen und kolonialen Kultur, zur Revolution und zur beginnenden Moderne als Beitrag Mexikos zur Weltkultur aufgegriffen.

---

[16] Zu diesen drei Phasen vgl. Ramírez 1987. Rochfort 1993 bezieht in seine drei Phasen – zwanziger Jahre, dreißiger Jahre und 1940–1975 (Orozco und Rivera) bzw. 1940–1971(Siqueiros) – die Nachkriegsentwicklung und die amerikanischen Einflüsse stärker ein. Die dritte Phase der mexikanischen Revolution wird als eine Loslösung von den traditionellen Themen einer national befreiten agrarischen Gesellschaft zu denen einer sich international konsolidierenden Modernisierungsgesellschaft gesehen (Rochfort 1993, 166).

Wandgestaltung von Juan O'Gorman, Mexico-City

Mexikanische Murales in der Diaspora

Die Politik der dreißiger Jahre in Mexiko, aber auch die Faszination des amerikanischen Industrialismus und das Interesse USAmerikas an dem nunmehr berühmten mexikanischen Muralismus hatte viele Muralisten in die großen Städte der USA, aber vor allem Kaliforniens gezogen, das die höchste Zahl an mexikanischen Einwanderern, den Chicanos,[17] aufwies. Auch Orozco, Rivera und Siqueiros gehörten dazu. „Die großen Drei" und andere mexikanische Muralisten der dreißiger und vierziger Jahre werden auch immer wieder als Vorbilder für eine Kunstbewegung zur „Mexicanidad" gesehen, die in die in den sechziger Jahren beginnende Chicano-Bewegung einging. Diese Bewegung zielte, wie die gesamten Bewegungen zu einer „Latinidad" der lateinamerikanischen Bevölkerung in den USA, auf eine neue Wertschätzung der eigenen Kultur, auf wechselseitige Anerkennung der Nationalitäten, auf eine Verbesserung der sozio-ökonomischen Situation der Chicanos, auf bessere Bildungschancen und politische Mitsprache.[18] Die Städte sind Ausgangspunkt und Zentrum der Investitionen, Aktionen und langfristigen Praktiken. Jon Beasley-Murray (2004) spricht in diesem Zusammenhang von einer Globalisierung von oben und von unten.[19] Als Globalisierung von oben wird die Praxis der kulturellen Konsumption einer für urbane Erholungslandschaften zubereiteten Latinität gesehen, aber auch zum Beispiel eine zweisprachige Erziehung. Als Globalisierung von unten werden die, von Ethnologen bevorzugten, fordernden Proteste gesehen, die aus der Minderheitenpopulation selbst kommen.[20] Es geht nicht um Traditionserhaltung gegen eine globale Modernisierung, auch nicht um Widerstand gegen eine scheinbar homogenisierende Moderne, sondern um eine re-territorialisierte Ethnizität, die nicht nostalgisch-pittoresk verfaßt wird, sondern als scharfe Waffe einer politischen Mobilisierung. Die „globalen Kräfte" von Mobilität und technologischer Entwicklung befreien die Diaspora von Assimilationsdruck oder Traditionalismus und ermöglichen Grenzüberschreitung zwischen Diaspora und Auswanderungsland, die zu neuen Formen politisch motivierter ethnischer Differenzierungen in den nordamerikanischen Einwanderungsstädten führt. Beasley-Murray erläutert dies an einer vergleichenden Gegenüberstellung der Arbeiten von Mike Davis „Magical Urbanism" (2001) und Laó-Montes, Dávila „Mambo Montage" (2001).

In beiden Arbeiten geht es um die Ursachen, Mittel und Ziele von Latino/Chicano-Bewegungen in Großstädten. Während der Sammelband „Mambo Montage" sich ausschließlich mit New York und vor allem den Ein-

---

[17] Bezeichnung für die mexikanischen Einwanderer, die in der „Brown Power"-Bewegung der sechziger und siebziger Jahre von den mexikanisch-amerikanischen Aktivisten politisch eingesetzt wurde.

[18] Außer der mehrfach erwähnten Literatur beziehe ich mich hier auch auf Internet-Seiten wie: http://www.journalism.Bereley.edu/projects/mexico/meganlinacolor.html;
http://www.online96.com/california/39-show-SanFranciscoStreetArt&Murals-photos;
http://www.precitaeyes.org/missionhist.html;
http://www.new.nationalgeographic.com/news/2001/03/0312_missiondistrict.html;
http://www.cr.nps.gov/history/online_books/5views/5views5e.htm;
http://www.artchive.com/artchive/R/rivera.html.

[19] Ich beziehe mich hier auf seinen Internetartikel, der eine vergleichende Rezension zu Davis 2001 und Laó-Montes, Dávila 2001 darstellt (http://www.faculty.arts.ubc.ca/jbmurray/research/mambo.htm

wanderern aus Puerto Rico beschäftigt, wendet sich Mike Davis in seinem „Magical Urbanism" der Latinisierung des Südwestens und der Chicano-Bewegung zu. Beide Arbeiten legen Wert auf die Analyse der kulturellen Aneignung von Räumen in der Stadt. Mike Davis nennt es „Latinos reinvent the US City". Ob wir reinvent nun als wieder-erfinden, -erdenken, -erdichten übertragen, es ist immer mit Imagination, mit Phantasie verbunden: magical urbanism! In dem Kapitel „Tropicalizing the Cold Urban Space" geht es um die Verwandlung von „totem urbanem Raum in gesellige soziale Plätze" (Davis 2001, 65). Der Muralismus als ein ästhetisches Forum, um politische und „tropikalisierende" Belange zu veröffentlichen, spielt eine wichtige Rolle. Gesa Giesing spricht in ihrer Analyse des Muralismo der Chicanos von einer „Konstruktion von Heimat" (2001). Mike Davis, der das ethnische Phänomen dem Klassenphänomen unterordnet,[21] hat als Motto einen Ausspruch Diego Riveras von 1931 genommen, in dem sowohl der internationale Sozialismus als auch ethnische und nationale Grenzüberschreitung zum Ausdruck gebracht wird: „Wenn man ‚Amerika' sagt, bezieht man sich auf ein Terrritorium, das sich zwischen dem ewigen Eis der zwei Pole ausdehnt. Darum zur Hölle mit euren Barrieren und Grenzwächtern".

„Painting on the Left" hat Anthony W. Lee (1999) sein Buch über Diego Rivera und die Wandmalerei im öffentlichen Raum von San Francisco in den dreißiger und vierziger Jahren genannt, in der die neuen Arbeiter einer fortschreitenden Industrialisierung zentral werden. San Francisco wurde seit den sechziger Jahren erneut zum Zentrum eines Muralismus, der

---

[20] In den siebziger/achtzigerJahren sprachen wir in einer europäischen Ethnologie von „sviluppo dal alto" und „sviluppo dal basso" (Entwicklung von oben und von unten), die sich auf Modernisierungskonzepte bezog, ebenso untersuchten wir bereits damals Regionalismus und Ethnisierung als Widerstandspotential (vgl. z.B. Ethnizität und Integration 1981; Greverus, Haindl 1984). Der Verdacht, daß alte Konzepte schlichtweg unter dem neuen kultur- und sozialanthropologischen Marker Globalisierung vermarktet werden, ohne den alten Marker der Entwicklung und der regionalistisch-ethnischen Bewegungen zu erwähnen, drängt sich auf. Allerdings wurden unter Entwicklung von oben eher staatliche Entwicklungskonzepte verstanden.
[21] Auch hier wird eine seit den sechziger Jahren geführte Kontroverse, die weitgehend unter dem Begriff „Subkultur der Armut" lief (vgl. Greverus 1978, 200ff.) wieder aufgegriffen.

nunmehr aus den eigenen Reihen einer sich immer wieder lokalisierenden Chicano-Bewegung kam. Konzentrationspunkt der muralistischen Eroberung der öffentlichen Wände war der lateinamerikanisch dominierte Mission District, dessen Name sich auf das älteste noch vorhandene Gebäude San Franciscos, die über 200 Jahre alte Mission Dolores, bezieht. Berühmt wurde die Balmy Alley, eine schmale Straße, in der 1971 lokale Muralisten und Muralistinnen (wie die Mujeres Muralistas) eine einmalige Straße der bemalten Wände zu gestalten begannen. 1984 war ein weiterer Meilenstein für die Balmy Alley. Vierzig Muralisten, die sich PLACA nannten,[22] schufen 28 sehr evokative Wandmalereien gegen US-Interventionen und für Frieden in Zentralamerika.

Als ich 1987 durch diese Straße ging, war sie noch geprägt von pan-ladinistischem Protest. Ich war allein in der Straße. Heute ist sie zur Touristenattraktion geworden. Tägliche „geführte" Touren finden statt und die Nachfrage wird immer größer. Ergibt sich dadurch eine Musealisierung, die sich für den Touristen nicht von anderen Führungen durch eine eingefrorene Geschichte unterscheidet, oder kann die ästhetische Evokation auch in die flüchtigen Begegnungen eindringen? „Murales sind eine öffentliche Kunst; sie zeigen das Leben der Menschen, die hier lebten und leben. Das Publikum, das die Muralisten erreichen möchte, ist nicht gerade der Museumstyp", sagte ein mexikanischer Student, der in der Organisation „Precita Eyes Mural Arts Center" arbeitete und Führungen zu den Wandbildern machte. Eine andere Tourenführerin erklärte: „Murales sind nicht elitär. Sie sind einfach da in den Straßen. Sie sind schließlich die Kunst des Volkes" (Lardner, Katz 2004). Wenn einerseits positiv von dem sich ständig verändernden Gesicht der Balmy Alley gesprochen wird, so schleicht sich auch, wie bei dem dort lebenden Wandkünstler Ray Patlan eine gewisse Wehmut ein, wenn er von den Veränderungen spricht: „Die anfänglichen Werke waren so mächtig, sie hatten eine so starke Wirkung. Heute werden die Künstler vom Business und anderen Geldgebern umklammert, und wir können besser kontrolliert werden" (ebd.).

In diesem Heute von 2004 habe ich mir in Houston/Texas, einer anderen Stadt eines anderen „magical urbanism", der für mich vor allem durch De-

---

[22] PLACA bedeutet, Zeichen zu setzen, etwas auszusprechen, eine Idee zu haben, die auf Antwort wartet (http://www.precitaeyes.org./missionhist.html).

zentralisierung und Grenzziehungen geprägt war (vgl. Greverus 2002, 71f.), im „mexikanischen" und im „afro-amerikanischen" Viertel, nebeneinander und doch getrennt, Wandbilder angesehen. Ich hatte das Glück, über eine Doktorandin der Rice University, an der ich unterrichtete, in die „Drive-by Art"-Szene der Houston Hispanics zu kommen. „Drive-by Art: Hispanic Murals from Houston's East End" war ein Foto-Projekt mit Aufnahmen von Richard Sánchez. In einem Beiblatt zu der Ausstellung heißt es: „Diese Sammlung von Fotografien einer gegenwärtigen Wandkunst hebt die Verbindung zwischen Vergangenheit und Gegenwart hervor. Mittelamerikanische Masken, Trachten, Pyramiden und Todesmotive aus der Vergangenheit erscheinen hier in stilisierter Form. Alte Formen vermischen sich mit einem Picasso-kubistischen Postmodernismus. ... Als in der Gemeinde entstandene Kunst, kommt diese Kunst zu den Menschen – im Gegensatz zu einer elitären, begrenzten Kunst, die man in den Museen suchen muß. ... Die Straßen werden in Museen für die Öffentlichkeit verwandelt". Und an anderer Stelle: „Lateinamerikaner in den U.S. zu sein, heißt an einer ikonographischen Dimension teilzuhaben, die eine tiefe Identifikation mit einer breiten, reichen, großen mexikanischen Ikonographie fordert". In einem Informationsblatt von 2003 werden Murales im East End von Houston beschrieben. Sie reichen von altmexikanischen und religiösen Darstellungen über „kulturelles Bewußtwerden" und die Geschichte des East End bis zum modernen Sport, von Landschaftsdarstellungen bis zu zahlreichen Wandbildern, die direkt auf die Funktion der Gebäude Bezug nehmen: von einer Kanalszene über ein Shopping-Center-Bild bis zu den „weiblichen mexikanischen Ikonen", u.a. auch Frida Kahlo, die Frau Diego Riveras, in Verbund mit Familie und Gesundheitsvorsorge an einem Gesundheitszentrum. Die Wandbilder datieren zumeist aus den neunziger Jahren und dem beginnenden 2000. Die Themen haben sich von politischem Kampf eher zu viertelbezogenem Selbstbewußtsein, das auf die Mexicanidad Bezug nimmt, gewandelt. Die Einheitlichkeit und Dichte der politischen Aussage, die 1987 die enge Balmy Alley in San Francisco auszeichnete, war der Vielfalt eines eher unpolitischen „magischen Urbanismus" gewichen. Dieser Dezentralisierung der Aussagen entsprach die Dezentralisierung der Orte, obgleich wir uns nur in dem mexikanischen Viertel des East End von Houston bewegten (und ich war dankbar für die Auto-Führung. Drive-by Art!). Haben wir es in dieser Dezentralisierung und Differenzierung der ästhetischen Aussage noch mit einer Globalisierung von unten zu tun, oder doch eher mit dem Business einer Globalisierung von oben, in der Ethnisches sozialpolitisch und kommerziell aufbereitet wird? Ist der lateinamerikanische Muralismus dann noch eine „Konstruktion von Heimat"? Die entlegenen und weit voneinander entfernten Orte der Mauermaler in Houston erfordern eine Spurensuche, die dem Fußgänger wohl eher verschlossen bleibt, auch dem Viertelbewohner. Und wer aus dem Zentrum begibt sich überhaupt in die Peripherie der Viertel der Anderen, sei es zu Fuß oder in seiner Wagenburg? Ästhetische Berührungsmomente bedürfen der menschlichen Nähe eines sozialen und kulturellen Verstehens. Auch Diaspora, die sich als religiöse und ethnische und klassenbedingte Entfernung aus dem Eigenen in das Fremde verstand und versteht, sucht Nähe, ob in der Heimat im Fremden, der Orientierung an einem rekonstruierten fernen Eigenen oder in einer hybriden Neukonstruktion eines lokalen Eigenen, einer Collage aus Erworbenem und Mitgebrachtem. Angebotenes von oben und von unten gibt Entscheidungshilfen. Mauern, die sich als Zwischenräume oder Grenzräume einer ästhetischen Inbesitznahme erweisen, sind Möglichkeitsräume kollektiver Selbsterfahrungen.

Mexikanische Murales in der Diaspora

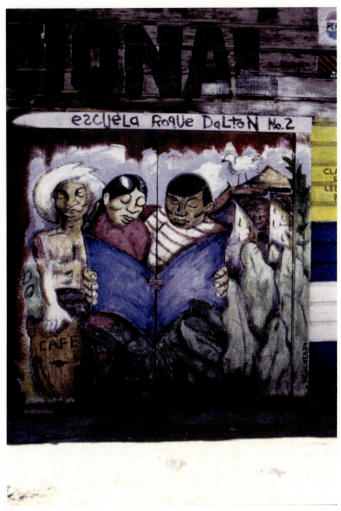

Wandbild, Balmy Alley / San Francisco

Protest und politische Utopie

Wandbild, Balmey Alley /San Francisco

Wandbild, Balmey Alley /San Francisco

Mexikanische Murales in der Diaspora

Wandbild (2 Ausschnitte), mexikanisches Viertel /Houston

Protest und politische Utopie

Wandbild, mexikanisches Viertel /Houston

Wandbild, mexikanisches Viertel /Houston

Ein nicaraguanisches Wandbild für Dietzenbach

Mit dem nicaraguanischen Muralismo wurde ich über die „Demontage" eines politischen Wandbildes in einer deutschen Kleinstadt bekannt (vgl. Klös 1994; Greverus 2002, 186ff.). Die linke Regierung der Stadt hatte, gemeinsam mit der Kulturgesellschaft und dem aus der Solidarität mit dem sandinistischen Nicaragua erwachsenen Verein Monimbó, anläßlich des „Kolumbusjahres" 1992 Künstler aus der Partnerstadt Masaya aufgefordert, ihre Sicht der Situation Lateinamerikas 500 Jahre nach der „Entdeckung" in einem 8 x 17 Meter großen Murale für die Wand des neuen Rathauses darzustellen. Das Bild der Künstlergruppe „Cacique Diriangen" wurde in Deutschland gemalt, bei einem Volksfest den Bürgern vorgestellt und dann aufgrund politischer Gegenpropaganda und einer negativen Bürgerabstimmung eingelagert.

Die Künstler hatten ähnliche Themen wie die mexikanischen Muralisten der ersten Phase aufgegriffen, in der die Aufarbeitung und Darstellung der Geschichte seit der präkolumbianischen Zeit der Herausbildung einer neuen und selbstbewußten kulturellen Identität dienen sollte. Die nicaraguanischen Künstler hatten die sandinistische Wahlniederlage 1990 erlebt, sie kannten die Zerstörung und Übermalung der Wandbilder in Managua, die unter dem Bürgermeisteramt von Arnoldo Alemán dazu geführt hatte, daß in Managua die Zeugnisse des revolutionären Muralismo nahezu vollständig vernichtet worden waren. Hatten die Künstler sich in Deutschland eine bessere Aufnahme erwartet?

Das Wandbild war in vier historische Sequenzen aufgeteilt.[23] Die erste ist der präkolumbianischen Zeit gewidmet. Vulkankegel und die Maya-Pyramide von Chichén Itza stehen für Natur und Kultur: „Die die Bauwerke umgebende Darstellung von üppiger Vegetation symbolisiert, laut Diriangen, die ‚wahrhaften Zivilisationen, die die Invasoren in Staunen versetzen'. Des weiteren wird die Schönheit des präkolumbianischen Zeitalters als ‚freier Tagesanbruch' (im Hintergrund der Herrscherporträts) gekennzeichnet". Es folgt die Sequenz der Entdeckung und Eroberung, symbolisiert durch drei Schiffe, die Schlachtenszene mit der Überlegenheit der Spanier und die

---

[23] Alle Zitate aus Klös 1994, 11ff. nach der Beschreibung der Initiatorengruppe im Exposé einer Anfrage bei Stiftungen zur Unterstützung des Projekts.

Kreuzesszene als Hinweis auf die Missionierung, rechts davon die Zerstörung der indigenen Göttersymbole, links wird die Ausbeutung und Versklavung der einheimischen Bevölkerung gezeigt: „Eine Kette von Totenschädeln von der Bildmitte bis zum rechten Rand weist auf den hohen Blutzoll der Einheimischen in der Zeit der Entdeckung und Eroberung hin". Der westlich gekleidete Mann mit Aktenkoffer und Holzhammer als Vertreter des Weltwährungsfonds (F.M.I.) leitet zur dritten Sequenz über, derjenigen der gegenwärtigen Zeit, in der die Freiheitsstatue eine Hoffnung verbildlicht, die nur für das weiße Amerika gilt. Der Sensenmann im Hintergrund und die Weinenden verweisen auf „rassische Diskriminierung, Ausbeutung und wirtschaftliche Erpressung der jeden Tag ärmer und elender werdenden Völker Lateinamerikas (Diriangen)". Für die vierte Sequenz folgt hier die ausführliche Beschreibung durch die Initiatorengruppe: „Mit dem Bild des ausbrechenden Vulkans wird das Motiv aus dem ersten Abschnitt wieder aufgenommen und leitet zum Thema des Unabhängigkeitskampfes über. Staatliche Unabhängigkeit wird durch die Fahnen von Guatemala, El Salvador, Nicaragua, Panama, Kuba, Puerto Rico, Ecuador, Bolivien, Kolumbien und der schwarz-roten Sandinistenfahne dargestellt. Darunter tauchen Demonstranten auf: Bauern mit Heugabeln, Leute, die die Fäuste erhoben haben, und die Träger von Transparenten mit den Aufschriften: ‚500 Jahre Raub und Mord, 500 Jahre Elend und Hunger, 500 Jahre Leiden', ‚Nein zum vergangenen Kolonialismus, Nein zum gegenwärtigen Kolonialismus, Es lebe die Einheit Lateinamerikas'. Über der demonstrierenden Masse, in deren Darstellung die ‚Madres del Plaza del Mayo' (die Mütter von der Plaza del Mayo in Buenos Aires, die 1983 entscheidend zum Sturz der argentinischen Militärdiktatur beigetrugen) eingearbeitet ist, erheben sich die Konterfeis berühmter Persönlichkeiten neuzeitlichen lateinamerikanischen Widerstandskampfes: Benito Juarez (Mexiko 1806–1872), Emiliano Zapata (Mexiko 1877–1919), Antonio Maceo (Kuba, gest. 1896), Simon Bolivar (Venezuela 1783–1830), Farabudo Martí (El Salvador, gest. 1932), Salvador Allende (Chile 1908–1973), und Augusto Sandino (Nicaragua 1893–1934)."

Wandbilder in Nicaragua.
Beginn und Ende eines politischen Muralismus

Zwischen 1998 und 2004 begegnete ich dann bei mehreren Aufenthalten in Nicaragua den Wandbildern aus der Revolutionszeit, soweit sie noch vorhanden waren.[24] Der ehemalige Außenminister der sandinistischen Regierung Miguel d'Escoto Brockman gibt in seinem Vorwort zu dem Buch des USAmerikaners David Kunzle „The Murals of Revolutionary Nicaragua" (1995) der Hoffnung Ausdruck, daß „es helfen könnte, die verbliebenen Murales sowohl physisch als auch moralisch zu verteidigen, und daß diese Werke als Zeugnis der Werke einer unmittelbaren Vergangenheit in der Zukunft neue Wellen einer Wandmalerei anregen könnten". Scharf kritisiert er die Zerstörung der Wandbilder: „Heute sind viele unserer besten Murales durch den anti-sandinistischen Eifer von Manuaguas neo-faschistischem Bürgermeister Arnoldo Alémán ausgelöscht worden. ... So sagte der Dichter und Kunstkritiker Julio Valle, die Wandbilder zu zerstören, ist auch ein Versuch ‚Schönheit zu zerstören, den Ausbruch von Phantasie und Zauber, der durch die Befreiung und die utopischen Träume unseres Volkes freigesetzt wurde'".

Der ehemalige Direktor des Museum of Contemporary Art und der National School of Plastic Arts in Managua, Raúl Quintanilla, schreibt in diesem Buch über „A Suspended Dialogue: The Revolution and the Visual Arts in Nicaragua". Er betont, daß er als Künstler der aktive Teil eines Prozesses war, der in einer neuen Weise eine kulturelle nicaraguanische Identität herausbildete: „Als ein Künstler gehöre ich zu der Generation, die unter der von den U.S.A. unterstützten Somoza-Diktatur aufwuchs. In den sechziger und siebziger Jahren entstanden progressive urbane Gruppen wie Ventana, Praxis und Gradas, und die Befreiungstheologie zentrierte sich in der Gemeinde von Solentiname um den Priester-Poeten Ernesto Cardenal. Selbst da versuchten wir, hohe Kunst und populäre Kultur, die Intellektuellen und die einfachen Menschen in einem dynamischen Prozeß zusammenzuführen, der das Leben und die Kultur des nicaraguanischen Volkes bereichern und neue Parameter für die sozialistische Erfahrung als ein Ganzes setzen

---

[24] Einen wichtigen Überblick aus der Zeit von 1979–1992 gibt David Kunzle (1995), der auch einige der Wandbilder noch vor ihrer Zerstörung erfassen konnte. Kunzle hat sich selbst an der nicaraguanischen Muralismo-Bewegung beteiligt.

sollte" (zit in: Kunzle 1995, XIII). Im Gegensatz zu den berühmten und eher einer individuell praktizierten „hohen Kunst" zugehörigen Murales der mexikanischen revolutionären Wandbilder, deren sich die nachrevolutionären Regierungen schließlich zu ihrer politischen Imagebildung bedienten, hatten die nicaraguanischen revolutionären Wandbilder nur den kurzen, aber spektakulären Weg einer kollektiven nationalen und internationalen Kunst von unten. Sie dienten einer kurzen nationalen sozialistischen Erfahrung und erfuhren eine ebenso kurze internationale sozialistische Beachtung. Die Vielfalt des nicaraguanischen Muralismo dankt sich dem revolutionsstaatlich inszenierten und basisgetragenen Massenphänomen einer revolutionären Kunst, die national und international den Triumph der sandinistischen Revolution über die Schreckensherrschaft der Somazas ästhetisch zu vermitteln versuchte. Neben den Murales kam es in den achtziger Jahren in einer politisch geförderten Kampagne zu einer vielfältigen ästhetischen Vermittlung von Revolutionsidealen in Plakaten, Postern, Grafiken, Festival-Dekorationen,[25] Kunsthandwerk, Musik, Videos und Ölmalerei: „All dieses taten wir während wir einen Kampf führten, eine Schlacht, die sich heute auf eine andere Art fortsetzt, die, wenn auch nicht militärisch, vielleicht noch härter zu ertragen ist", schreibt Raúl Quintanilla rückblickend 1992. „Heute", fährt er fort, „wo die Unabhängigkeit der Vereinigungen der Kunstschaffenden unterminiert ist, ihre Verbindungen zu volkstümlichen Organisationen und der FSLN aufgeweicht sind, finden die Künstler sich in einem verzweifelten wirtschaftlichen Engpaß wieder (wir nennen das die ‚Politik des Hungers'). Der Nachdruck, mit dem die Regierung sich für eine individuelle Kunst zum persönlichen Nutzen einsetzt, hat zu der Abkehr vieler Künstler von der gemeinsamen sozialen Erfahrung der Achtziger geführt. Und das hat die Qualität der Werke deutlich beeinflußt. Jetzt sind es die Galeriebesitzer und die Händler, die organisiert sind" (in: Kunzle 1995, XIV, XVI). Ein Maler aus León, der sich zu den Primitivistas zählt, berichtete in einem Gespräch: „Zusammenfassend könnte man sagen, daß in der Zeit der Revolution die Primitivistas eine große Blütezeit hatten. Kulturminister Ernesto Cardenal kaufte uns die Farben und wir machten Fortschritte in der Arbeit,

---

[25] Vgl. das Gedicht von Ernesto Cardenal über den Aufbau des Landes, wo es heißt „... und so viele Kulturfestivals in den Vierteln – politisch-kulturelle Veranstaltungen nennt man sie jetzt ..." (Cardenal 1978, 22f.; Greverus 2002, 185).

in der Technik, in der Farbe. Er förderte uns, indem er uns besser für unsere Arbeiten bezahlte. ... Aber mit dem Wechsel der Regierung, als die Violeta gewann, schlossen alle diese Schulen. ... Wir schlossen uns zusammen wegen dieser Situation. Wenn es Türen gab, so waren es verschlossene Türen. Das war so, weil die Revolution ihren Platz verloren hatte. So begann der Hunger ..." (vgl. Greverus 2002, 185f.).

Ernesto Cardenal wurde nicht nur im sandinistischen Nicaragua, dessen Kulturminister er unter der neuen sandinistischen Regierung nach dem Sieg gegen das Somoza-Regime wurde, hoch verehrt, sondern auch in den sozialistischen Partnerländern und innerhalb der Solidaritätsbewegung der kapitalistischen westlichen Länder (vgl. Greverus 2002, 177ff.). Die sicher besondere Note gewann diese Solidarität über den kirchlichen Aspekt, denn es war der Theologe Cardenal, der 1966 die christliche Kommune von Solentiname in der Inselwelt des Nicaragua-Sees gegründet hatte.[26]
Der gegenwärtig als einer der bekanntesten Maler Nicaraguas geltende Róger Pérez de la Rocha[27] war einer der Lehrer der Bauern und Fischer von Solentiname. Cardenal hatte dem 18jährigen Róger, der sich in revolutionären Kreisen bewegte, Zuflucht auf Solentiname angeboten.[28] Das war 1967. Eines der ersten revolutionären Wandbilder, das sehr schnell zerstört wurde, soll von Pérez de la Rocha und anderen gemalt worden sein (Kunzle 1995, 21f.). Nach dem sandinistischen Sieg schuf der Porträtist eine „ganze sandinistische Ikonographie, in der, ausgehend von Fotografien des Generals Sandino und seiner Generäle und Soldaten, ein neuer Archetypus des nationalen Helden entwickelt wurde. Gleichzeitig arbeitete er als Muralist und gestaltete 1979 mit anderen „eine Wandmalerei, die, durch die Verflechtung der Porträts von General Sandino, Rigoberto López Pérez und Carlos Fonseca Amador mit Episoden des Kriegs gegen

---

[26] Vgl. hier das Kapitel „Imaginationen der Nähe".
[27] „Róger Pérez de la Rocha ist einer der jüngsten und blendendsten Meister der gegenwärtigen Malerei Nicaraguas" (Francisco J. Mayorga, Presidente del Banco del Café de Nicaragua, in: Valle-Castillo 1999, Presentación).
[28] In seiner Biographie spricht Pérez de la Rocha von einer psychischen Krise, einem Selbstmordversuch und Drogenabhängigkeit (vgl. auch Cardenal 2002, 143). Es war, wie er sagt, der Schmerz über die Ermordeten, über Terror und Repressionen, die Ungewißheit über seinen Vater im Exil und die Angst vor Verfolgung, die jene Krise bei ihm bewirkt hatte (Valle-Castillo 1999, 179)

die Besetzung von 1927–1933 und des urbanen Aufstands von 1977–1979, die nicaraguanische Geschichte des 20. Jahrhunderts in der Lesart des Sandinismus darstellt und erzählt" (Valle-Castillo 1999, 29). 1983 wurde das Wandbild zerstört.

1971 trat Pérez de la Rocha der 1961 gegründeten Gruppe „Praxis" bei. Praxis gehörte, wenn auch nicht in dem Ausmaß wie im avantgardistischen Rußland des beginnenden 20. Jahrhunderts, in den Bereich eines nicaraguanischen revolutionären und kollektiven Avantgarde-Mythos, der nicht nur die Kunst als Form, sondern vor allem als Inhalt neu gestalten wollte (Torres 1995, 55ff.). Avantgarde war nicht nur ein künstlerischer, sondern auch ein politischer Anspruch, weltweit und national bestimmt. Die sechziger und siebziger Jahre, das war eine neue internationale Utopie der Vernichtung imperialistischer Macht durch eine Bewegung von unten. Die USA und ihr Vietnamkrieg waren das erklärte Feindbild. Und dieses Feindbild USA gewann für das revolutionäre und sandinistische Nicaragua eine erfahrene Dimension der Zerstörung individueller und nationaler Identität, ein Vorgang, der sich in der Geschichte wiederholte.[29] „Die Revolution von 1979", schreibt Raúl Quintanilla, „gab uns das Recht zur Freiheit des Ausdrucks, zu Experimenten und zu der Wiederentdeckung des kulturellen Erbes, das uns durch eine fünfhundertjährige Enteignung durch Kolonialismus und Neokolonialismus genommen wurde. ... Wir wollten kein Appendix ... der so genannten internationalen Kunstzentren sein, noch beabsichtigten wir, uns selbst zu ‚other-ize'[30] ... Wir wünschten uns und wir schufen eine neue visuelle Sprache, die national und doch international war" (in: Kunzle 1995, XIII).

---

[29] Vgl. auch Kunzle 1995, 1ff.: „The United States and Nicaragua: A History of Hostility".
[30] Vgl. S. 101

Wandbilder in Nicaragua

Bolívars größter Traum von Victor Canifru und Alejandra Acuua Moya

Die sandinistische Revolution fand eine beispiellose internationale Solidarität, nicht nur in Lateinamerika und den westlichen sozialistischen Ländern, sondern auch in der Linken der kapitalistischen Länder (Kunzle 1995, 39ff.; Greverus 2002, 177ff.). Solidarität mit Nicaragua meinte auch die aktive Beteiligung an einer kollektiven und nationalen Befreiung der Anderen dort als Projektionsfläche einer Selbstbefreiung aus der kapitalistischen Umklammerung, vertreten durch den Feind U.S.A.. Kollektivität wurde zum Zauberwort einer Solidaritätsbewegung, Nicaragua wurde zum Beispielland, der Muralismo in Nicaragua zur beispielhaften Zeichensetzung eines Engagements der internationalen Linken, die offensichtlich manchmal vergessen hatte, daß ihr Ziel die kollektive Befreiung der Anderen war, und somit auch die Achtung ihrer anderen Art der Selbstdarstellung. Im Hinblick auf die Wandmalerei verweist Kunzle (1995, 67) auf einen typischen Fall, bei dem von einer U.S.amerikanischen Brigade das erzählende primitivistische Wandbild über einen Aufstand modernistisch übermalt wurde.

Die politische Wandmalerei Nicaraguas war ein internationales Anliegen, das vor allem von lateinamerikanischen Künstlern und der europäischen Linken getragen wurde.[31] Oft waren die Wandbilder kollektive Arbeiten, wie bei der Felicia Santizo Brigade aus Panama, die seit 1979 mit nicaraguanischen Assistenten zusammen arbeitete: „Die Tage waren der Malerei

---

[31] Die folgenden Ausführungen orientieren sich wesentlich an Kunzle 1995.

gewidmet, in den Nächten wurde Musik gemacht, denn Virgilio [Ortega, der leitende Maler] ist ein vollendeter Trommler und Cáncer [sein Bruder Ignacio] ein Guitarrist und Sänger. Manchmal vermittelte die Musik das nächste Projekt – wenn zum Beispiel ein Nicaraguaner und Mitmusiker ein Wandbild für sein Viertel wünschte" (in: Kunzle 1995, 22).[32]
Neben den nicaraguanischen Künstlern malten Internationalisten aus zwanzig fremden Ländern an den Wandbildern Nicaraguas. Sie kamen nicht immer als professionelle Muralisten, sondern auch als Freiwillige, die in Kaffeeplantagen, Schulen und Kliniken arbeiteten, oder als Mitglieder breit angelegter kultureller Brigaden. Der italienische Künstler Sergio Michilini gründete 1982 eine Muralisten-Schule in Managua, die von italienischen Solidaritätsorganisationen finanziert und vom sandinistischen nicaraguanischen Kultusministerium, progressiven Priestern und Künstlern unterstützt, aber auch von sandinistischen Kunstfunktionären unterminiert wurde (Kunzle 1995, 43ff.).

Das neue Managua, das ich zwischen 1998 und 2001 unter der Regierung Alemán erlebte, war zwar nicht bilderarm, aber entleert von den Wandbildern der sandinistischen Zeit im öffentlichen Raum. Und die Kirche Santa Maria de los Angeles in einem Armenviertel von Managua, in der die Muralistenschule 1985 einen politisch-religiösen Zyklus geschaffen hatte (ebd. 46; Kunzle 1989),[33] war immer geschlossen; wie man mir sagte, wegen Drogengeschäften. Erst bei meinem erneuten und kurzen Aufenthalt in Nicaragua 2004 gelang mir ein Besuch dieser Kirche, und ich war sowohl von ihrer historischen Aussage, die von der präkolumbianischen Zeit bis

---

[32] An anderer Stelle betont Kunzle die enge Zusammenarbeit zwischen den malenden Internationalisten und Nicaraguanern, die nicht nur die Quelle von Ideen, sondern oft auch von Elementen der Malerei waren (Kunzle 1995, 40).

[33] Nach Kunzle erlangte das Gemälde internationalen Ruhm und zog zahlreiche Besucher aus aller Welt an. Allerdings fürchtete Kunzle auch hier, daß das Gemälde gefährdet sei, nachdem sein Sponsor, Pater Uriel Molina, 1990 seines Postens enthoben worden war. Zwar ist der Wandzyklus, der sich über die Mauern des gesamten Kirchenraums zieht, noch erhalten, aber den internationalen Ruhm und die internationalen Besucher gibt es wohl nicht mehr. Reiseführer erwähnen diese kleine und auch von ihrer architektonischen Gestaltung her herausragende Kirche nicht, und auch für einen Managuaner Tourismusmanager, der mich bei meinem Besuch begleitete, war sie eine Neuentdeckung.

zur sandinistischen Befreiung reicht, als auch von ihrer künstlerischen Gestaltung tief beeindruckt.

„Ob die riesigen Wandgemälde des Mexikaners Arnold Belkin, die die Geschichte der mexikanischen und nicaraguanischen Revolutionen in einer ungewöhnlichen Kombination von kubistischen und naturalistischen Stilelementen zeigen, erhalten bleiben, muß abgewartet werden. Die Porträts Augusto César Sandinos und Carlos Fonseca Amadors, den Protagonisten der revolutionären Geschichte Nicaraguas, die zu beiden Seiten des Eingangs prangten, sind jedenfalls zwischenzeitlich entfernt worden", schreibt Jungblut (1997, 88f.). Das Wandgemälde (vgl. Kunzle 1995, 89f.) findet sich in der Eingangshalle des Nationalpalastes, der in der sandinistischen Zeit Palast der Revolutionshelden hieß[34] und Ende der neunziger Jahre in ein Museum umgebaut wurde. Belkins Werk „Los Prometeos" habe ich auch 2004 noch gesehen. Hat man sich bei der „Reinigung" Managuas von seiner revolutionären sandinistischen Vergangenheit gescheut, einen Künstler zu eliminieren, der in der politischen Tradition der „großen Drei" – Rivera, Orozco und Siqueiros – des mexikanischen Muralismus stand? Auch wenn, wie Kunzle (1995, 71) konstatiert, die Nicaraguaner Belkins Wandgemälde als „zu kalt und mechanisch" oder „zu machtvoll und zu mexikanisch" empfanden. Die zentralen Figuren des Wandgemäldes, der mexikanische Revolutionsheld Zapata und der nicaraguanische Revolutionsheld Sandino werden als die neuen prometheischen Helden dargestellt, die das Feuer der Revolution den Göttern des Kapitalismus entwinden.

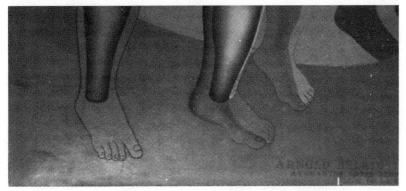

„Los Prometeos" (Ausschnitt) von A. Belkin

Protest und politische Utopie

Trotz der internationalen Vielfalt der Maler und der Stilelemente hatte sich auch in Nicaragua ein revolutionärer Wandbildstil durchgesetzt, der nicht nur thematisch, sondern auch in seiner Formgebung „realistisch" war, wobei dieser Realismus von den machtvollen kubistischen Elementen eines mexikanischen Muralismus über die Anlehnung an einen sozialistischen Realismus, über den naiven Realismus der Primitivisten bis zu dem romantischen Realismus eines Pérez de la Rocha reicht.

Die Themen der nicaraguanischen Wandmalerei beziehen sich auf die revolutionäre Gegenwart, in die eine sandinistische Aneignung der Geschichte einbezogen ist. „Sie sind gelebte Erfahrung, sowohl in ihrer Wirklichkeit als auch in ihrer Idealisierung", sagt David Kunzle und beruft sich auf eine Äußerung von Leonor Martínez de la Rocha, dem Direktor des Nationalmuseums: „Wandkunst ist Ideologie, Erziehung, Geschichte, Alltag, Schönheit, Konflikt, Aktion, selbst Gewalt" (Kunzle 1995, 26). Zentrale Themen sind der Aufstand und das Märtyrertum, oft angelehnt an eine christliche Ikonographie. Das „sandinistische Pantheon" umfaßt deshalb auch vor allem die historischen Revolutionshelden und Märtyrer, vor allem Sandino und Carlos Fonseca.[35]

Sandinos Schatten, Ausschnitt aus einem Wandbild in León / Nicaragua

Wandbild in León / Nicaragua

Aber auch die Vernichtung der Feinde wird thematisiert. Der Sieg der Revolution wird über die Bilder einer besseren Welt vermittelt, in der das Volk die Macht übernimmt, Alphabetisierung, Bildung (das Buch tritt neben Hammer und Sichel), „frohe" Arbeit, zumeist im traditionellen landwirtschaftlichen Bereich, Kunst, Spiel und Gesundheit sind die vorherrschenden Komponenten des neuen Daseins.

---

[34] Am 22. August 1978 wurde der Nationalpalast von einem sandinistischen Kommando erstürmt, die Freilassung politischer Gefangener und die Bekanntmachung der Revolutionsziele über die Radiostationen wurden erzwungen.

[35] Der achtzigtausend Toten aus dem Befreiungskampf und dem Kampf gegen die Contras wurde in anderen Mahnmalen gedacht, jetzt vergessene oder zerstörte kleine Gedenksteine oder Gedenkstätten, die als Museen der Märtyrer von ihren Angehörigen errichtet und betreut wurden. In dem Museó de los Mártires in León schaute man in die jungen, oft kindlichen Gesichter von getöteten Widerstandskämpfern und -kämpferinnen, deren Fotos von den Angehörigen ausgestellt wurden.

Protest und politische Utopie

Helden der Befreiung, Ausschnitt aus dem Altarbild von Sergio Michilini,
Muralistenschule in Managua

Der Kulturminister Ernesto Cardenal hatte die Kultur der Massen als zentrales Thema einer Demokratisierung der Kultur hervorgehoben. In den Zentren für Volkskultur wurde sie produziert, von der Wandbildkultur, der naiven Malerei und der Töpferkunst über die Literaturschmieden bis zu Tanz- und Theaterveranstaltungen. Die Volkskultur darf wieder gefeiert werden und stellt die Verbindung zwischen dem politischen Protest und der eher „heilen" Welt der Primitivistas her. Der Künstler Abel Vargas[36] erzählte in einem Gespräch im Mai 2001: „Eine Tradition der Wandmalerei wie in Mexiko gab es in Nicaragua nicht. Aber seit dem Triumph der sandinistischen Revolution galt die Überlegung, daß die Kunst dem Volk gehört. ... Damit die Kunst für das Volk da sein konnte, war es notwendig, sie an die Wände, an öffentliche Orte, Gebäude und Märkte zu bringen. Und so entstand in dieser Zeit die Bewegung der Wandmalerei. Und bei all diesen Wandgemälden sind auch die primitivistischen Wandbilder von Menschen vertreten, die sich der Bewegung anschlossen. Die Wandgemälde waren eine Möglichkeit, die Kunst und den Primitivismus massenhaft zu verbrei-

---

[36] Vgl. hier das Kapitel „Imagination der Nähe".

ten. Die Beziehung zwischen den Naiven und der Wandmalerei sehe ich darin, daß diese Kunst von einfachen, bescheidenen Menschen, den Bauern und Arbeitern, geschaffen wurde, die sowohl zu der primitivistischen Bewegung als auch zu der Bewegung des Muralismo gehörten".

Durch den Bildersturm, der in den neunziger Jahren unter dem Bürgermeisteramt von Arnoldo Alemán, dem späteren Präsidenten Nicaraguas, in Managua stattgefunden hatte, sind dort die meisten Erinnerungen an die sandinistische Zeit zerstört worden (vgl. Kunzle1995, 12ff.). Um sandinistische Wandmalerei zu sehen, müssen wir nach Estelí oder León fahren. Beide Städte blieben bei den Wahlen von 1990 sandinistisch und schützten ihre Wandbilder. In Managua hält die neue Bilderflut der Werbung Einzug in den öffentlichen Raum. Die ewige Flamme am Grabmal von Carlos Fonseca, der im Befreiungskampf sein Leben verlor, brennt nicht mehr, das sandinistische Pantheon der Revolutionshelden ist verschwunden, dafür prangt vor dem neuen Regierungsgebäude die riesige Statue der folkloristischen Gigantona. Die Künstler haben sich in die Ateliers und Galerien zurückgezogen, einige Primitivistas verdingen sich auf den Tourismusmärkten.

Nicaraguanischer Bauer trägt das Kreuz,
Wandbild von Sergio Michilini

Protest und politische Utopie

Wandbild in Estelí / Nicaragua

Frauen verteidigen

Wandbilder in Nicaragua

Carlos Fonseca und Sandino ermöglichen das Glück der Kinder. Wandbild von Sergio Michilini, Muralistenschule in Managua

Frauen ernten Wandbilder in Jinotega / Nicaragua

Protest und politische Utopie

Alte Frauen und Kinder bleiben im Dorf zurück. Von Pasquale Buesca /Orgosolo

Das Flötenspiel von Francesco Del Casino /Orgosolo

Ästhetischer Ort Orgosolo

Frauen kommen zu ihren Angehörigen ins Gefängnis.
Von Pasquale Buesca /Orgosolo

Ästhetischer Ort Orgosolo:
zwischen politischem Protest und lokaler Vermarktung

Orgosolo auf Sardinien hat mir keine Ruhe gelassen, und 2004 war ich dann endlich dort. Auch hier begegnete mir Diego Rivera, als Wandbild gemalt und als stilbildendes Vorbild nachgestaltet. Und damit spreche ich zwei der Eigenarten des ästhetischen Orts Orgosolo an. Diego Rivera wird politisch und künstlerisch als ein Vorbild unter anderen gesehen. Auch der Gründer der Kommunistischen Partei Italiens Antonio Gramsci, Mahatma Gandhi, Rosa Luxemburg und Che Guevara verweisen in den Bildern auf ihr „politisches Testament". Orgosolo protestiert in seinen Wandbildern international, bringt seine eigene Geschichte der Ausbeutung in diesen Kontext ein, klagt weltweit an.[37] Für diese Anklage entwickeln die Künstler keinen eigenen Orgosolo-Stil, sondern greifen auf bewährte Vorbilder einer politisch motivierten Avantgarde zurück: Picasso, die mexikanischen Muralisten dienen als Vorbilder, aber auch Miró wird „abgemalt", dazwischen in diesem Kontext nicht mehr naive Naive einer Orgosolo-Identität, die muralistische Werbung für Läden und Bars und auch der gemalte Kitsch „begeisterter" Touristen. Ist das nicht schließlich doch genau der Orgosolo-Stil um die Jahrtausendwende?

1979 erschien der Bildband „Corazzu. Bilder des Widerstands an den Mauern Orgosolos" (Granzer, Schütze 1979). Es war die Zeit, in der Orgosolo als „Wallfahrtsort" der westlichen Linken bezeichnet wurde. Die Wandbilder wurden als Ausdruck des „Existenzkampfs der Orgolesen" gesehen, als „antikolonialer Widerstand gegen den Vormarsch der europäischen Siedler und Geschäftemacher". Nato-Stützpunkte, eine korrupte italienische Bürokratie und Industrieansiedlungs-Projekte galten damals als die neuen Belagerungen eines sardischen Hirtenvolkes, das in seinen Bildern anklagt. Der Band „Corazzu" verbindet Fotos aus dem Alltagsleben der Orgolesen, Wandbilder mit geschichtlichen und gegenwärtigen Themen, Gedichte und Interviews mit einer Einführung zur Hirtenkultur und ihrer allmählichen

---

[37] Ich beziehe mich im folgenden auf Granzer, Schütze 1979; Apitsch 1979; Weißinger 1981; Grasskamp 1982; 119ff.; Greverus 1984; Kikinu o.J. und eigene Anschauungen und Gespräche 2004.

Zerstörung auf Sardinien. Ein einschneidendes Ereignis in dieser Kette der Zerstörung war das „Gesetz zur Einzäunung" aus dem Jahr 1836, das die piemontesische Regierung erließ. Damit wurde die freie Weidewirtschaft zugunsten des ummauerten Bauernlandes zurückgedrängt, was zu bürgerkriegsähnlichen Auseinandersetzungen zwischen Hirtendörfern und Bauerndörfern führte. In einem Volkslied gegen das Einzäunungsgesetz hieß es: „Besitzungen mit Mauern zugemauert ... Wenn der Himmel auf die Erde käme, würden sie auch ihn zumauern". Das Lied steht auf einem Wandbild, in dem die Mauern um den Privatbesitz gezogen werden. Diese Zeit schildert auch ein Wandbild von 1978. Ein Hirte hält einen Ziegenschädel in der Hand. Das freie Weideland wurde mehr und mehr privatisiert und die Armen, die keine Pacht zahlen konnten, sahen wie ihre Tiere verhungerten. „Hirten und Arbeiter vereinigt euch gegen die Grundbesitzer und die Herrschaft der Patrone", steht auf der roten Fahne im Bild. Wenn auch etwas verfallen, so kann man dieses Wandbild auch heute noch sehen, wie einige der Bilder aus den siebziger und achtziger Jahren.

Die Bilder sind erzählende Bilder, deren Aussage von Texten unterstützt wird. Die Inhalte sind vor allem ein politischer Protest von unten, der aus der eigenen sardischen Betroffenheit kam, aber international sich bezog und argumentierte. „Da ist unser Kampf, unsere Lebensbedingungen, das Elend, das Unrecht, der Hunger. Nicht nur bei uns gibt es das, sondern auch in Chile, in Spanien, in Vietnam, und so weiter. ... Orgosolo war schon immer ein kämpferisches Dorf. Und weil es hier die verschiedensten Formen der Unterdrückung gab, verstehen auch alle Leute die Wandbilder. ... die Motive kommen von der ganzen Bevölkerung. ... Alle kennen die ganz genau: Arbeitslosigkeit, Emigration, Natobasis – Sardinien ist ja eine Kolonie!"[38]

---

[38] Der Orgolese Pasquale Buesca, Sohn einer Hirtenfamilie, selbst Tagelöhner und Waldarbeiter in einem Interview in: Granzer, Schütze 1979; vgl. auch Kikinu, 11.

Protest und politische Utopie

Die amerikanische Bombe. Von Francesco Del Casino

Donne unite. Von Francesco Del Casino

Ästhetischer Ort Orgosolo

Neben den politischen Bildern spielen im heutigen Orgosolo Wandbilder des Alltags eine wichtige Rolle. Aber auch sie drücken vor allem Traurigkeit aus, über Arbeitslosigkeit, Wassermangel, Naturkatastrophen. Selten sind sie Bilder eines fröhlichen Alltags wie in dem Gemälde „auf dem Rückweg vom Markt" von Francesco del Casino.

Am Brunnen

Orgosolo ist nicht das einzige sardische Dorf, in dem sich die Kultur der Murales verbreitet hat, wie wir auf unserer Fahrt durch das Landesinnere feststellten. Angefangen hat alles in dem Dorf San Sperate nördlich von Cagliari. Heute ist dieses Dorf mit seinen eher unpolitischen Wandbildern verschiedenster Künstler und Nationalitäten ein „Paese Museo", ein Dorf als Museum, wie es das Ortsschild verkündet. Das dankt es dem international bekannten Künstler Pinuccio Sciola, auf dessen illustrem alten Anwesen wir seine alten und neuen Schöpfungen, die Klangsteine, besichtigen konnten. Der Bildhauer Sciola wollte und will seinen Geburts- und Heimatort zu einem Brennpunkt kulturellen Geschehens machen: ein Skulpturenpark, Wandbilder, Konzerte, Workshops, schließlich eine Akademie sollen San Sperate weltbekannt machen. Seit 1968 entstanden dort von ihm und anderen Künstlern gemalte Murales, die sich zunächst der Unterdrückung in Sardinien zuwandten, später vor allem die Kunst der Gegenwart in das Dorf bringen sollten. Über einen Mexiko-Aufenthalt entsteht ein

Künstleraustausch mit Mexiko, später auch mit Chile. USamerikanische und europäische Künstler bemalen die Wände. Der Tourismusverein wirbt mit einer Wegführung zu den Murales und dem „Fest der Pfirsiche", die einen gleich am Eingang des Ortes in einem großen Wandbild des einheimischen Künstlers Angelo Pilloni begrüßen. Von San Sperate, so heißt es, nahm der sardische Weg der Wandmalerei seinen Ausgang.

Sciola kannte auch den Maler Francesco Del Casino, der als der eigentliche Begründer des Muralismo von Orgosolo gilt. Del Casino, aus Siena stammend, erteilte Kunstunterricht an der Mittelschule von Orgosolo. Der dreißigste Jahrestag des Partisanenkampfes gegen den Nazifaschismus und des Tages der Befreiung war 1975 Anlaß für eine öffentliche Flugblattaktion, bei der auch andere Themen lokalen Interesses, aber auch der Krieg in Vietnam angesprochen wurden. Die Übertragung dieser Flugblätter auf die Außenmauern von Orgosolo durch Del Casino und seine Schüler leitete eine Tradition des politischen Muralismo in Orgosolo ein,[39] die der Künstler auch fortführte, der nicht nur zwanzig Jahre in Orgosolo lehrte und malte, sondern auch jetzt aus Siena immer wieder in seine Wahlheimat zurückkommt. Aber auch seine Schüler und andere Maler des Dorfes haben zu dieser Kontinuität beigetragen, wie auch der Fotograf Kikinu, der es sich zur Aufgabe gemacht hat, in vorzüglichen Aufnahmen einen Leitfaden zu den Murales von Orgosolo zu erstellen. Diese sind nicht nur in einem Bildband veröffentlicht, sondern auch für Ausstellungszwecke erhältlich. In seinem „Studio Kikinu" kann man Bilder und Postkarten erwerben, aber sich auch mit ihm über die Geschichte des Muralismo in Orgosolo unterhalten. Und er selbst ist auch Mauermaler: bereits am 28. September 2001 hatte er den Terrorangriff auf die Towers von New York vom 11. September auf eine große Hauswand gemalt.

---

[39] Die ersten Wandmalereien allerdings stammten von einer anarchistischen Theatergruppe „Dioniso" aus Mailand von 1968.

Ästhetischer Ort Orgosolo

Terrorangriff auf die Twin-Towers. Von Kikinu

Der individualistische und Gespräche suchende Polit-Tourismus der siebziger und achtziger Jahre ist jetzt einem Bus-Tourismus gewichen, der wohl, zum Glück für den Ort, eher zeitlich limitierten Überfällen gleicht. Die Busse bleiben auf der „Piazza Caduti in Guerra" stehen, von dort fahren dann kleine Touristenbahnen durch den Ort, Fotografieraustieg möglich. Diese touristischen Arrangements sind, wie uns eine Assistentin des Verkehrsamtes erzählte, meistens mit einem sardischen Hirtenessen und dem Besuch der ständigen Ausstellung des „Diorama del Supramonte" verbunden, bei dem man die dreidimensionale Rekonstruktion der natürlichen Umwelt, der Fauna und Flora des Supramonte erleben kann. Dann kehrt wieder Ruhe in dem Dorf ein. Oder täuscht diese Ruhe? Die alten und oft auch weniger alten Männer versammeln sich immer noch auf den Plätzen, die alten und oft auch weniger alten Frauen bleiben im Haus, fegen die Straße vor dem Haus, stehen zusammen und schwatzen, und die Farbe schwarz von Kleidung und Kopftuch prägt die Erscheinungen. War das nicht so in den Bildern von 1970/80? War da nicht ein Protest, waren das nicht diejenigen, die heute wieder, immer noch schwarz tragen? Bleibt der Ort ein Ort der „So ist es richtig"-Tradition, der „in aller Traurigkeit"[40] zwar den gemalten Protest der politischen Unterdrückung stilisiert, aber gleichzeitig in den eigenen Reihen nach neuen „Unterdrückungen" fahndet? „Fundamentalismus der alten Männer"[41] (und der alten Frauen), die ihren damaligen Protest, ihre Suche nach Gleichheit und Freiheit in der heutigen Richtigkeit der alten Werte der Alten aufgehen lassen. Ist der Ort der Ruhe zerstört?

Francesco Del Casino

---

[40] Zur „Tradition der Traurigkeit" auf Sizilien vgl. Greverus 1995, ebd. S. 109 der Hinweis auf die „dämonische Traurigkeit", die Salvatore Satta in seinem Buch „Der Tag des Gerichts" (1983) über Sardinien vermittelt.
[41] Zu dem Begriff vgl. Greverus 1995, 245ff.

Die alten Männer von Orgosolo

Mauerwerke der Geschichte

Ich habe Beispiele gebracht, wie in kulturellen Räumen und sozialen Zeiten ästhetische Zeichen gesetzt werden, die über sinnliche Berührung revolutionären Sinn vermitteln sollen. Es entstehen ästhetische Orte, Zwischenräume, in denen Mauerwerke Geschichte erzählen. Solche Orte können wie Orgosolo oder das sandinistische León oder die Berliner Mauer zu politischen „Wallfahrtsorten" werden. Was aber ist, wenn die ästhetischen Dinge, die Monumente in ihrer materiellen Haltbarkeit die politische Aussage, den zu vermittelnden Sinn, im öffentlichen Raum überleben? Die Antworten sind verschieden und werden oft von oben mit der oder gegen die „Stimme des Volkes" entschieden. Diese Antworten liegen zwischen Abriß, Musealisierung, neuer oder „ewig" gültiger Sinngebung und Vermarktung.

Eine Antwort: Der Durchbruch und die Arbeit der „Mauerspechte" an der Berliner Mauer war zunächst eine spontane Aktion von unten aus einem befreiten Bewußtsein, selbst wenn dabei die ästhetisch materialisierten

Visionen des Mauerfalls beseitigt wurden. Der Verkauf der Mauerstücke und -segmente war einem ökonomischen Denken der großen und der kleinen verkaufenden Gewinner des Mauerfalls geschuldet und der Begierde der kaufenden Sammler historischer Souvenirs. Mauerstücke als Berliner Gastgeschenke dienten dem Image der zukünftigen Wieder-Hauptstadt, die sich gleichzeitig bemühte, die einstige Teilung Berlins in „saubere" und nahezu unsichtbare Erinnerungsspuren zu kanalisieren. Ökonomie und Prestige wiedergewonnenen Terrains, wie des Potsdamer Platzes, spielten dabei eine Rolle. Die ästhetische Geschichte zog sich in Nischen wie die East Side-Gallery oder Museen oder die erinnerten und erinnernden Geschichten von Souvenirverkäufern zurück.

Eine andere Antwort: Während in den meisten westlichen postsozialistischen Ländern und Orten die öffentlichen Monumente des Kommunismus, der Helden und Heldinnen des Volkes und der „glücklichen neuen Menschen" zerschreddert, übermalt oder archiviert wurden, hatte man sie in Sibirien einfach vergessen und nur ihre Vernachlässigung, ihr Verfall zeugt von der neuen Zeit. Eine andere Strategie der Bewältigung versuchte Budapest mit seinem ein- und ausgrenzenden Skulpturenpark der kommunistischen Vergangenheit an der Peripherie. Noch vor drei Jahren konnte man ihn, wie mir eine Kollegin erzählte, ohne Eintrittspreis betreten. Allerdings wurde auch hier nunmehr die Konfrontation mit der Vergangenheit durch Souvenirverkauf verkitscht.

Eine dritte Antwort: Mexiko hat seine Mauerwerke einer Revolutionskunst durch die gezielte Ästhetik einer nationalen Identitätsarbeit, die an die präkolumbianische Vergangenheit, aber auch an die Gegenwart mestizischer Identität anknüpfte, in den Kontext der Forderungen eines permanenten Befreiungskampfes gesetzt, in den später auch die internationalen Themen von Imperialismuskritik bis ökologischem Protest eingehen konnten. Nicht zuletzt dankt sich die bleibende Ästhetik der bemalten Wände und Mauern allerdings auch der Förderung der großen Künstler durch eine nationale Kulturpolitik, die Qualität, auch der eingesetzten Mittel, bezahlte und ihre öffentlichen Gebäude dafür zur Verfügung stellte. Um diese Qualität und die nationale Idee kamen letztendlich auch die späteren politischen Feinde der Revolution nicht herum. Die mexikanische Wandmalerei läßt sich nicht verkitschen. Wie wirkkräftig sie sich auch jenseits der Großen, und doch von ihrem Stil abhängig, in der mexikanischen Diaspora verwirklicht, habe

ich am Beispiel von San Francisco und Houston gezeigt.
Eine vierte Antwort: Die sandinistische Revolutionsregierung und vor allem ihr Kulturminister Ernesto Cardenal in Nicaragua haben den Muralismo zur Volkssache erklärt. Eine internationale Solidaritätsszene von Künstlern und Laien verband sich mit einheimischen Künstlern und Laienkünstlern. Die Quantität der Aussage stand im Zentrum, nicht so sehr die Qualität. Ein sandinistischer, nicaraguanischer Stil konnte sich nicht herausbilden. Viele der einheimischen Laienkünstler waren, auch finanziell, abhängig von den Gaben eines verarmten und schon wieder, immer noch korrupten Landes. Dazu kam die Anfälligkeit der Mauerwerke gegen Witterungseinflüsse und Vandalismus. Der politische Mauerwerk-Vandalismus in Managua nach dem Ende der sandinistischen Ära war nur der Kristallisationspunkt einer schleichenden Zerstörung dieser Mauerwerke, deren ästhetische Kraft, deren „Topos des Lebendigen" sich in postsandinistischer Zeit und postsandinistischem Raum verflüchtigte. Die Verflüchtigung einer polittouristischen jugendlichen Solidaritätsszene in andere Regionen des antiimperialistischen Kampfes mag dazu beigetragen haben. Die erhaltenen Wandmalereien in León oder Estelí sind Bollwerke gegen interne kapitalistische Zentralisierung und externes Vergessen.
Eine fünfte Antwort: In Sardinien war die Mauermalerei keine direkte Einbindung in eine nationale Revolution gegen aktuelle Unterdrückung, sondern Aufgreifen einer internationalen Bewegung gegen einen generalisierten Kolonialismus, der sich aus der regionalen und lokalen Geschichte einerseits und andererseits aus dem ästhetischen (und oft von außen eingebrachten) internationalen Widerstand speiste. Der gemalte Widerstand war bereits Erinnerung, die sich lokalisieren und verallgemeinern ließ. Das war Orgosolos Chance in einem polit-ästhetischen Konzept. Widerstand wurde transnational vermarktet und „glokal" vermittelt. Orgosolos Mauerwerke bewahren Widerstandsgeschichte, prangern politische Verbrechen an und zeigen auch immer wieder ein dörfliches Leben, das sich dem Besucher auch im gelebten Alltag vermittelt. Die Entwicklung vom „Wallfahrtsort" einer europäischen Linken zum „Muß" für heutige Bustouristen ist sowohl dieser Bildervielfalt zu verdanken als auch dem Engagement von Künstlern, insbesondere von Del Casino und dem Fotografen Kikinu.

Was in den politischen Wandbildern vermittelt wird, ist nicht nur die Geschichte der politischen Entscheidungen und Entwicklungen und Hoffnungen, sondern es sind auch die Geschichten derjenigen, die, beteiligt oder unbeteiligt, ihre Geschichten in Geschichte eingeschrieben haben. Ihre Geschichten als Opfer und Täter werden sichtbar gemacht. In der Geschichte und im Raum der Geschichte leben Geschichten, die sich übereinander schichten, sich wiederholen, sich wandeln und in dieser Vielfalt nach Aussage und Wahrnehmung in einem ästhetischen Prozeß drängen. Als Anthropologen sehen wir eher auf diese Geschichten und ihr „trafficking in history" (Macdonald 2002) als auf die Geschichte als einen linearen Ablauf der großen Ereignisse. Sharon Macdonald fordert neben dem neuen Anspruch auf eine sich vielfältig im Raum bewegende und verortende Feldforschung auch eine multitemporale Feldforschung, die der Vielfalt von Wahrnehmung, Dokumentation, Materialisierung, Codierung und Decodierung von Ereignissen zu ihrer Zeit und in späteren Zeiten gerecht wird. Dazu gehört auch die Frage nach dem Verschwinden und Überleben, nach der Wahrnehmung und Nutzung der historischen Spuren in den Folgezeiten (ebd. 101f.). Die anthropologische Spurensuche gleicht mehr einer Hin- und Her-Bewegung im Raum und in der Zeit. Diese Spurensuche ist eine vergleichende (Greverus 2002, 34ff.).

Die Mauerwerke der Geschichte, in die Geschichten der Entstehung und späteren Aneignung und Verwerfung eingehen, sprechen zu uns. Wir versuchen, ihre ästhetischen Vermittlungen von damals zu entschlüsseln, ihre heutigen Botschaften wahrzunehmen, ihre Berührungsmomente für die vielen Anderen und uns selbst zu erkennen, kurz, die ästhetische Biographie dieser Mauerwerke zu verstehen.

Manchmal werden die Erzählungen dieser Mauerwerke für uns zu Geschichten, in die wir selbst als politisch und ästhetisch wahrnehmende Subjekte verwickelt waren. Ich habe als Kind in der sowjetischen Besatzungszone gelebt und, wenn damals auch für mich noch nicht reflektierbar, nach dem nationalsozialistischen Terror den stalinistischen Terror erfahren, ich habe als Deutsche der Bundesrepublik den Bau und den Fall der Mauer erlebt, ich habe mit Kollegen und Kolleginnen aus der DDR, Ungarn und der Tschechoslowakei in Berlin, Budapest und Prag an einem gemeinsamen Projekt gearbeitet, das erst nach der gegen den „Prager Frühling" gerichteten Besetzung durch Truppen des Warschauer Pakts zerbrach, ich habe die sandinistische Solidaritätsszene in meinem Freundeskreis miterlebt. In den siebziger Jahren habe ich ein Institut aufgebaut, in dem wir versuchten, Themen des Widerstands in unsere kulturanthropologischen Diskussionen einzubeziehen. Hier tauchten auch die Mauerwerke der Geschichte auf, und die Spurensuche reichte von den ästhetischen Versuchen der Startbahn-West-Gegner aus der eigenen Region (Greverus 1984a, Schilling 1984) bis nach Orgosolo (Greverus 1984) und zu den „wilden Bildern" von New York City (Welz 1984). Meine späteren Fahrten zu Orten meiner Lebenserinnerungen haben, auch wenn sie von anderen, von neuen Fragen getragen waren, doch immer etwas mit meinen alten Erfahrungen zu tun. Nicht diese alten Erfahrungen zu stilisieren, sondern sie in jenes „trafficking in history", in die Bewegungen und Verhandlungen in den Geschichten der Geschichte einzubringen, ist mein Anliegen. Ob „Magical Urbanism" (Mike Davis 2001) oder „Mambo Montage" (Laó-Montes, Dávila 2001), im ästhetischen Raum des Berührtwerdens die Ambivalenz zwischen dem Kitsch einer selbstbezogenen „Ergriffenheit" und der Aura einer „Bemächtigung" so zu thematisieren, daß reflektierte Spurensuche möglich wird, ist die Seite einer ästhetischen Erziehung, die sich auf Geschichte als Prozeß von Erleben, Wahrnehmung, Vermittlung, Erinnerung und Aneignung bezieht.

Imaginationen der Nähe. Naive Malerei

Hlebine, Wallfahrtsort der Naivität

Plötzlich gab es keine Rebstöcke mehr, sondern Maisfelder soweit das Auge blickte. Wir waren, vom Balaton-See kommend, über die Grenze von Ungarn nach Kroatien gefahren. Es war im Herbst 2004. Das Grenzerlebnis war nicht die lässige Grenzkontrolle, sondern der Übergang zwischen agrarischen Monokulturen, die Landschaft prägen. Die Dörfer entlang der Grenze, jetzt auf kroatischer Seite, waren Straßendörfer wie wir sie auch aus Ungarn kannten. Aber sie vermittelten hier ein weiteres Grenzerlebnis. In diesem Grenzkroatien, anders als in dem reichen küstennahen Dalmatien, herrschte Grenze als Marginalisierung. Die alten und reich verzierten bäuerlichen Häuser waren verfallen, die Dorfstraßen durchsetzt von den ländlichen Zweckbauten des Sozialismus, Verfall und Zerstörung aus dem jugoslawischen Bürgerkrieg stand neben den Neubauten und halbfertigen Bauten von Gastarbeitern und Entschädigten. Und die Tristesse der Peripherie strahlten nicht nur die Häuser aus, sondern auch die Menschen in ihrer Kleidung, ihrem Habitus. Diese Erfahrung steigerte sich in der grauen Kleinstadt Koprivnica. Aus dem Fenster unseres Hotels aus sozialistischer Zeit blickten wir auf den an diesem Nachmittag eröffneten „Euro-Shop". In Trauben standen, berieselt von Lautsprecherwerbung, die Menschen davor, bis sich die Türen öffneten. Spät abends kamen die Familien, mit Einkaufstüten beladen, mit ihren Kindern und deren Werbeluftballons heraus. Die Schaufenster waren voll von westlicher Provinz-Plastik einer kunstfasernen Billigkleidung. Zwischen den abendlichen „Betrachtungen" hatten wir unser Abendessen, einige Gäste außer einigen Bier trinkenden Schülern, in einem sterilen Eßsaal eingenommen, der einst Hunderte von Menschen aufgenommen hatte.

Hlebine, Wallfahrtsort der Naivität

Koprivnica / Kroatien

Was wollten wir dort? Unser Ziel war Hlebine, die einstige Hochburg der jugoslawischen Naiven. Gab es sie noch? Zwei Jahre zuvor hatte ich in Zagreb vergeblich nach einer Erinnerung oder einer lebendigen Gegenwart dieser Blütezeit der naiven Kunst, von der in den sechziger und siebziger Jahren eine so starke internationale Anziehungskraft ausging, gesucht. Wieder kam das Serendipity-Prinzip oder die Gunst des Augenblicks (vgl. Greverus 2002, 33f.), die mich durch mein Voyage-Projekt begleitet hat, ins Spiel. Bei der Frage nach dem Weg hatten wir nicht nur das Glück, einen deutschsprachigen Gesprächspartner zu treffen, sondern er war noch dazu Eigentümer einer Galerie für einheimische, vor allem naive Kunst,[1] die noch recht provisorisch, aber vollgestopft mit Bildern in seinem Privathaus untergebracht war. Der Weg des Galeristen war der eines autodidaktischen Sammlers und Händlers. In Deutschland waren es Uhren, deren Restbestände dann in Kroatien gegen Bilder eingetauscht wurden, ebenso wie ein Waldstück aus ererbtem Eigentum. Wir blätterten uns durch die gestapelten Bilder, wir krochen in die Abseiten des schrägen Hausdachs,

---

[1] Danijel Jakopanec, Kolekcionar, Koprivnica, Mije Šimeka 39.

um uns durch noch mehr Bilder zu blättern.

Das Sammelsurium erregte die Spurensuche nach dem „Zufallsfund". Ich glaube, ihn in dem (für mich bezahlbaren) 1967er-Bild von Zvonimir Sigetić mit der roten und der weißen Kuh gefunden zu haben. Was bewegte mich (außer der Bezahlbarkeit) zum Erwerb dieses Bildes? Das Bild „berührte" mich in seiner kulturspezifischen (Hlebiner) Ästhetik und regte zu weiterer Spurensuche an. Das Bild vermittelte gestalterische und inhaltliche Elemente, die ich mit den jugoslawischen Naiven verband. Der Galerist erzählte mir die allerdings nicht nachprüfbare Geschichte von Sigetić, Ivan Generalić und dem roten Stier.[2]

Roter Stier und weiße Kuh von I. Generalić

---

[2] Sigetić wurde 1936 in Hlebine geboren, besuchte dort die Schule und arbeitete selbst zwanzig Jahre als Grundschullehrer in Hlebine. Seine erste Kunstausstellung hatte er bereits in seinem zwanzigsten Lebensjahr. Ivan Generalić war ihm Lehrer und Freund. Sigetić gehört zu der sogenannten zweiten Generation des Hlebiner Kreises der Naiven.

Er zeigte uns in einem Bildband auch den roten Stier von Generalić, der, als er auf dem Bild des „Schülers" nur die weiße Kuh sah, gesagt haben soll, daß er unbedingt der Kuh einen roten Stier zugesellen müsse. Sigetić konnte sich aber offensichtlich nur zu einer zweiten, einer roten Kuh entschließen. Wollte er den Meister nicht nachahmen? So gingen die Gedankengänge. Aber bei näherer Nachprüfung der Herstellungsdaten daheim war das Bild von Sigetić (1967) das ältere. Hat der große Generalić nun selbst den roten Stier neben die weiße Kuh gestellt (1972), um dem anderen zu zeigen, was er meinte?

Rote Kuh und weiße Kuh von Z. Sigetić

Die Spurensuche verwies in die Gegenwart. Ein Hinweisschild auf die Galerie Generalić zeigte uns, daß es hier noch Erinnerungen, vielleicht sogar eine Gegenwart der naiven Kunst gibt. Es war ein Dorf wie die anderen Dörfer. Aber dann standen wir vor einem parkähnlichen Ambiente, der Galerie Generalić. Strahlend weiße Häuser waren mit naiven Bildern des Eigentümers Josip Generalić bemalt. Seine Frau, die etwas deutsch sprach, öffnete uns die Galerie. Ich erzählte von meinem Buch und durfte fotografieren. Auch der Meister selbst begrüßte uns, auch mit ihm war die Verständigung schwierig, und er sagte uns, sicher zurecht, doch mit der Arroganz des bekannten Künstlers aus einer langen Tradition, daß wir uns schon einen Dolmetscher hätten mitbringen sollen. Dafür aber sprachen die Bilder zu uns, die gesammelte Naive aus dem Hlebiner Kreis und vor allem die Bilder des Nestors dieser Schule Ivan Generalić, seines Sohns Josip, Jahrgang 1936, Inhaber der Galerie und ein unermüdlicher Maler, dessen Sohn und einem Kind der vierten Generation der Familie Generalić. Diese vier Generationen wurden zu Bedeutungsträgern einer naiven Kunst, die als „naturwüchsig" und kontinuierlich stilisiert wurde, wobei Interpretation und Selbstinterpretation unentwirrbar miteinander verknüpft sind. Die malenden Kinder wurden zu immer wieder neuen Beweisen der "im Blut liegenden" künstlerischen Begabung. Natürlich hatte auch der Galeriebesitzer Josip Generalić bereits als Kind gemalt. Dieser Selbst- und Liebhaber-Interpretation einer angeborenen ursprünglichen Begabung steht die scharfe Kritik an der Verschulung und Kommerzialisierung gerade der Hlebiner Naiven gegenüber.

Das „jugoslawische Wunder" (Hof 1984) des Dorfs Hlebine begann im Jahr 1930, als der von dem akademischen Maler Krsto Hegedusić aus Hlebine unterwiesene und geförderte junge Bauernsohn und Hirte Ivan Generalić gemeinsam mit Franjo Mraz an der Ausstellung der Gruppe „Zemlja" (Erde) beteiligt wurde (1931). Ivan Generalić selbst wurde zum Lehrer und Meister einer Gruppe von jüngeren Malern, die sich vor allem nach dem Zweiten Weltkrieg herausbildete. Das war der Beginn der „Schule von Hlebine", die „zum Wallfahrtsort der Naivität und des Glaubens an die Kunst" wurde (Bihalji-Merin 1975, 132).

Wolfgang Hof führt in seinem Versuch, die „jugoslawischen Naiven zu retten" (Hof 1984, 116ff.), drei Gefährdungsmomente an: ihre Kritiker, ihre Apologeten (beide Gruppen mitverantwortlich für die Reproduktionshäufigkeit und Kommerzialisierung) und die Vereinnahmung als „Naive Staatskunst". Beginnen wir mit letzterem: Tito benötigte für seinen aus der kommunistischen Widerstandsbewegung hervorgegangenen Staat, die „Föderative VR Jugoslawien", Identifikationsmomente, die sowohl seinem eigenen Weg eines nationalen Kommunismus, der sich nicht der Sowjetunion verpflichtet fühlte, als auch der Situation des Vielvölkerstaats gerecht wurden. Bildung und Förderung der Künste des Volkes gehören zu den Säulen sowohl nationalistischer als auch sozialistischer Politik. Die naive Malerei, die sich bereits einen Namen gemacht hatte, als Staatskunst eines demokratischen Jugoslawien zu fördern und zu verbreiten, bot sich an. Den Ausstellungen in den Städten der Volksrepublik folgten seit den späten fünfziger Jahren Ausstellungen in zahlreichen Städten Europas. Ivan Generalić, inzwischen Meister der Hlebiner Schule, hatte neben den Gruppenausstellungen viele Einzelausstellungen im Ausland, die mit seiner ersten selbständigen Ausstellung in Paris (1953) begannen. In seinen Lebenserinnerungen bezieht sich Ivan Generalić dankbar auf diese staatliche Förderung: „Ich habe das Glück in einem freien Land zu leben, wo dem Künstler keine Grenzen gezogen werden, wo die Freiheit groß ist, weil die Behörden dem Künstler helfen. So haben sie auch mir, besonders zu Anfang, geholfen, indem sie mich auf Ausstellungen schickten und mich bekannt machten" (Generalić 1976, 69). In dem 1974 von Nebojsa Tomasević herausgegebenen Buch „Jugoslawische Naive über sich selbst" werden die Naiven zu nationalen Kulturträgern erklärt: „Daher kann man mit Recht sagen, daß die jugoslawischen Naiven, namentlich aber gefeierte Namen wie Ivan Generalić, Ivan Rabuzin, Ivan Vecenaj, Ivan Lackov, Mija Kovacić, Janko Brasić, Milan Rasić, Franjo Mraz, Vangel Naumovski, wahre Botschafter der Freundschaft, des Verstehens, der reinen Seele, der Felder, der Landschaften aller Teile Jugoslawiens geworden sind. Sie sind heute zu einem Begriff geworden, sie werden heute im gesamten Kulturleben der Welt ernsthaft berücksichtigt und repräsentieren würdig das Land, aus dem sie hervorgegangen sind" (Tomasević 1974, 13).

Das führt zu dem zweiten „Gefährdungsmoment", den Apologeten, die ich als die Liebhaber der Naiven vom Sammler bis zum Aussteller und Interpreten bezeichnen möchte. Hier sind nun die Einheimischen nicht mehr allein, sondern Teil einer internationalen Bewegung zur Naive, die in den sechziger und siebziger Jahren sowohl zu einem Ausstellungsboom als auch zu einem literarisch-wissenschaftlichen Interpretationsboom führte.[3]

---

[3] Vgl. u.a. Bihalji-Merin 1959; Bihalji-Merin 1971; Bihalji-Merin 1975; Tomasević 1974; Zuck 1974; Kunst der Naiven 1974/75; Naive Malerei 1977; Engels 1977; Novotny 1977; Krug 1980; Naive Kunst 1981; Krimmel 1981; Greverus, Schütz, Stubenvoll 1984; Hof 1984; Pohribny 1984; Krimmel 1984.

Imaginationen der Nähe. Naive Malerei

Die Naiven der Welt und das naive Bild der Welt werden zum Topos eines Lebendigen, das den gesellschaftlichen Vereinnahmungen durch den Massenbetrug einer Massenkultur, durch die künstlerischen Schranken einer Klassenkultur und durch die internationalen Schrankenaufweichungen einer Weltkultur, die gleichzeitig als zivilisations-, sprich ökonomie- und techniklastig gesehen wurde, widerstand. Die jugoslawischen Naiven wurden zum Musterbeispiel und Oto Bihalji-Merin zu ihrem Musterinterpreten,[4] der sie, wie alle Naiven, in eine über die nationale Lebendigkeit hinausgehende transnationale künstlerische Lebendigkeit einordnete: „... unbekümmert und spontan schaffen die wahren Maler des Naiven aus dem Drang ihres Herzens. ... Wesen und Charakter der naiven Kunst wachsen in der Seelenlandschaft von Einfalt und Einfachheit. Wenn der naive Künstler diese aufgibt, gefährdet er das spezifische Klima seiner Kunst" (Ausstellungskataloge von 1961 und 1968 in: Hof 1984, 119). Und im Bezug auf die jugoslawischen Naiven heißt es: „Es ist die Zeit der artifiziellen Sonnen und künstlerischen Herzen, in der wir zum geschichtslosen Land einfältiger Bildhaftigkeit wandern und ein Verlangen spüren, nach dem wärmenden Licht des Lebens und der freundlichen Kunst der Naiven. Ein solcher Ort ... ist das Dorf Hlebine, ... eine nachdenkliche Bauerngemeinde, die glaubte, daß nicht nur die wirklichen, sondern auch die aus dem Traum der Kunst erschaffenen Früchte des Lebens zum täglichen Brot gehören" (Bihalji-Merin 1968 in: Hof 1984, 126; s.a. Bihalji-Merin 1975, 132).
An dem Verlust des „spezifischen Klimas" der naiven Kunst oder der Opferung dessen, was die interpretierenden Experten als naiv kategorisiert haben, macht sich letztendlich auch die dritte „Gefährdung" fest, die der Kritiker. Und wenn wir genau lesen, sind sich die Liebhaber und die Kritiker darin einig, daß die Wanderer, natürlich nur die unqualifizierten, in das „geschichtslose Land" der Naiven eben dieses Land zerstört haben. Es geht um deren Verlust der „Unschuld" durch den „Prozeß der Massifikation des sogenannten Naivismus, für den jetzt [es ist die Zeit des ‚naiven Booms' zwischen 1960 und 1975 gemeint] konsumistische, durch bestimmte Publizität und den Kunstmarkt vermittelte Maßstäbe richtungweisend waren"

---

[4] Kaum ein Katalog über die Naive kann auf einen Beitrag von Bihalji-Merin verzichten, vgl. z.B. Kunst der Naiven 1974/75. Auch der Katalog zur Ausstellung „Die Naive. Aufbruch ins verlorene Paradies" im Kunst-Haus Wien (2001–2002) beginnt mit seiner Interpretation „Die Kunst der Naiven".

(Pohribny 1984, 49f.). Als Antwort auf die Nachfrage wird die Massenproduktion durch den „artifiziellen Naiven" gesehen, der dem „authentischen Naiven" gegenübergestellt wird (ebd. 47). Für die Schule von Hlebine heißt es dann: „Die Maler der ‚Schule von Hlebine' haben zehntausende von Hinterglasbildern in mehr oder weniger manieriertem Abklatschverfahren produziert. Im Bewußtsein der Masse gelten diese Maler heute als die ‚echten' Naiven" (Dallmeier in: Ausstellungskatalog Naive Kunst 1981, 18). Da ist von einem „hoffnungslosen Kopieren" (Novotny 1977, 87) und „Touristikfolklore" (Krug 1980, 91) oder „liebenswürdiger Gebrauchsware" (Krimmel 1981, 14) die Rede. Die staatliche (sozialistische) Förderung wird dafür ebenso verantwortlich gemacht wie es die Aufkäufer der Reichen werden, die Touristen und die Korrumpierbarkeit der Bauernmaler und ihrer malenden Nachkommen durch den Markt.

Verlorene Unschuld, die Bihalji-Merin eindrucksvoll am Beispiel der Kinder von Hlebine zu vermitteln versucht: „Generalić, der Begründer der vielfältigen Kunstbetätigungen in Hlebine und der Podravina führte mich ... zu den Kindern seines Ortes, um mir ihre Begabung, ihren Fleiß und ihren Erfolg beim Malen von Hinterglasbildern zu zeigen. ... Ich war erfreut und gerührt von der Lebendigkeit des farbigen Ausdrucks dieser Kindermalerei und trat zu einem weiß gekleideten etwa zwölfjährigen Mädchen, um es zu begrüßen. Das Kind mißverstand jedoch meine Geste und sagte mit Entschlossenheit: hundert Mark das Stück. Ich war bestürzt von der nackten Nützlichkeitsform dieser Kunstübung, von der absurden Synthese von Unschuld und Berechnung. Im scharfen Licht steht Hlebine auf dem Scheideweg seiner Möglichkeiten: ein Ort freundlicher naiver Kunst zu sein, in dem die begabten Dorfbewohner neben dem alltäglichen Brot des Lebens auch das Brot des Traums und der Kunst erschaffen, ein Dorf, zu dem viele Freunde aus der Ferne zu Besuch kämen, der naiven Kunst halber. Die Alternative ist schwer auszusprechen und gilt nicht für Hlebine allein: wenn sich der Ort der naiven Kunst in ein Zentrum des zünftigen Amateurismus und berufsmäßiger Herstellung von Souvenirs verwandelte, dann würden die schöpferischen Kräfte versiegen" (Bihalji-Merin in: Hof 1984, 128).

1981 begab sich der Soziologe Wolfgang Hof mit einer Exkursionsgruppe der Frankfurter Kulturanthropologie[5] auf die Reise nach Hlebine und andere Orte der jugoslawischen Naiven. Er gibt seine Eindrücke als einen Reisebericht wieder (Hof 1984). Seine Erfahrungen unterscheiden sich nicht wesentlich von meinen Erfahrungen aus dem Jahr 2004, obgleich ich eben nicht mehr im kommunistischen Jugoslawien war, sondern in einem nunmehr selbständigen und kapitalistisch orientierten Kroatien, das seine Angleichung an die westliche Konsumgesellschaft allerdings vor allem seiner Hauptstadt Zagreb und der dalmatinischen Küste gewidmet hatte. Dadurch war das Land an der östlichen Grenze noch mehr Peripherie geworden. Und Hlebine? Wie der Exkursionsgruppe von 1981 begegneten auch wir nur noch vereinzelt ein paar Malern, die ihr Haus, das Wohnzimmer vollgestellt mit ihren Werken, als Galerija, bezeichneten. Und hier fanden wir auch schon die vielkritisierte Tourismusware, Kopien der eigenen Landschaftsbilder, die nach Größe bezahlt wurden. Und wer kaufte sie? Hlebine bot keinerlei Infrastruktur, um Touristen anzulocken, kein Gasthaus, kein Geschäft, keine Werbung. Es war, als ob das „malende Dorf" nie existiert hätte, wenn da nicht die „Galerija Josip Generalić" gewesen wäre. Aber auch ihren sehr familienbezogenen Flyer gab es nur in kroatischer Sprache. Wie eine weiße Insel stand das Anwesen in dem grauen Dorf. Sollte es stimmen, daß Josip Generalić die Erinnerung, die Gegenwart und die Zukunft des einst berühmten Dorfes für sich gepachtet hatte? So eine Stimme. War die Gemeinde zu gleichgültig oder zu arm, um das Erbe zu bewahren, war die schöpferische Kraft der Naivität erloschen, weil sie nicht mehr gefördert wurde oder hatte die Förderung, sowohl die staatliche des Sozialismus als auch die des Kunstmarktes, die Aura zerstört? Oder hatte sich die Sprache, die Sinnvermittlung der Bilder für ihre Betrachter überlebt?

Die Sprache der Bilder des Hlebiner Kreises[6] war von ihrem Nestor Ivan Generalić geprägt, wenn auch bei ihm selbst und bei dem Kreis um ihn durchaus verschiedene Themen und Stile zum Ausdruck kamen. Zentral war das Thema des bäuerlichen Alltags, nicht als Idylle, sondern als eine

---

[5] Die Exkursion wurde von der Autorin und Willi Stubenvoll im Rahmen des studentischen „Forschenden Lernens" vorbereitet. Aus privaten Gründen konnte ich selbst mich dann nicht daran beteiligen. Aus den Erfahrungen dieser Exkursion und den Vorträgen einer von Otfried Schütz geplanten und geleiteten Tagungsreihe zur Naiven Kunst entstand der Band „Naif. Alltagsästhetik oder ästhetisierter Alltag" (Greverus, Schütz, Stubenvoll 1984).

Lebenswelt, in der Arbeit und Feste, Freude und Trauer, die heimische Natur und die Tiere dargestellt wurden. Die Tiere, und es sind die Tiere des Bauernhofs oder der heimischen Wälder und nicht die exotischen Tiere aus den Träumen eines Henri Rousseau, begleiten den Weg der Menschen und haben, wie diese, ihr eigenes Traumleben, geträumt von ihrem Schöpfer. Zwei Bilder von Ivan Generalić aus dem Jahr 1959 zeigen die beiden Seiten seiner künstlerischen Sprache, nicht als ein Nacheinander, sondern als ein Nebeneinander. „Mein Atelier": der malende Bauer steht in seinem Hof, im Freien, vor einer Staffelei, im Hintergrund das Dorf, die Landschaft. Er selbst und die Tiere, die ihm wichtig sind, die Kuh und der Hahn, in einem durch Farbigkeit und Helligkeit geschaffenen Zentralgrund.

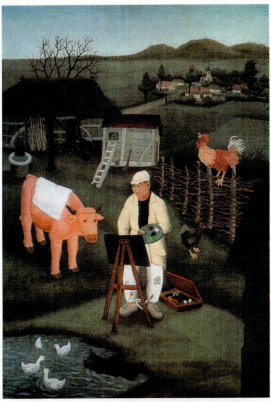

„Mein Atelier" von I. Generalić

Imaginationen der Nähe. Naive Malerei

„Hirschenhochzeit" von I. Generalić

Zur gleichen Zeit entstand offensichtlich die „Hirschenhochzeit": die Zentralität wird nur durch die weiße Leuchtkraft der vier Hirsche geschaffen, die durch den schattenhaften Zauberwald mit vier zentralen Bäumen brünftig, aber noch nicht kampf- und vereinigungsbereit, in gleichem Abstand vorbeiziehen. Beide Bilder überlassen die „Leser" ihrer ästhetischen Erfahrung und Deutung. Und beide Bilder sind für mich alles andere als „naiv" im Sinne einer „Einfalt des Herzens", sondern reflexiv in einer ästhetischen Vermittlungsarbeit, die sinnlich berühren und zwischen ländlichem Leben und Traum vermitteln will.
Und ich bleibe bei den Tieren. 1972 schuf Ivan Generalić seinen eingangs erwähnten roten Stier. Den Wahrheitsgehalt der mündlichen Überlieferung über die rote Kuh und die weiße Kuh von Sigetić (1967) und den roten Stier und die weiße Kuh von Generalić (1972) kann ich nicht überprüfen, aber ich kann immerhin die Botschaften hinterfragen. Wenn denn der eine (Sigetić) das Rot als „naive" Verfremdung einer bäuerlichen „Reali-

---

[6] Neben dem Hlebiner Kreis waren in den sechziger und siebziger Jahren eine Vielzahl von Einzelkünstlern und malenden Gruppen als Naive über die Grenzen Jugoslawiens hinaus bekannt geworden. Bihalji-Merin, der viele von ihnen besucht hat, schreibt anschaulich über ihr Leben und ihre Kunst (1959, 141ff.; 1975, 131ff.), s.a. Tomacević 1974; 1978.

tät" anerkannte, aber nicht die aggressive Kraft des Roten,[7] hat der andere (Generalić) eben diese gemalt. Sein roter Stier dominiert nicht nur die weiße Kuh, sondern auch das landschaftliche Universum. Da ist nur noch der Stier und sein Geschlecht, das sich in seinem menschlich-maliziösen (oder machtgewissen) Augen-Blick verwirklicht. Wer bringt es da noch fertig, von der Einfalt des Herzens zu sprechen?

Und wieder 1959: Ivan Generalić malt den Tod seines Freundes, des Malers Mirko Virius, der 1943 in einem Konzentrationslager umkam. Neben dem Toten steht der rote Hahn, Freund des Menschen, wie Generalić sagt. Vor dem Gefängnis mit dem roten Dach trauern vier Menschen. Und der Maschendraht umzäunt das Geschehen. Fern im Hintergrund liegt das kleine Heimatdorf. 1974 malte er eine neue Interpretation des Themas auf einer fast vier Meter langen Leinwand. Die Vereinfachung ist fortgeschritten. Das Dorf ist nur eine ferne Ahnung, ebenso wie das Zeichen von Stacheldraht und Wachtürmen. Eine Schneelandschaft wird zum weißen Leichentuch, auf dem der einsame Tote liegt. Und neben ihm, kleiner, aber zentral wie der Tote, eine Kuh. Vermittelt sie das Nicht-mehr-verstehen-Können in einer un-menschlichen Welt?

„Virius' Tod" von I. Generalić

---

[7] In einem Brief an August Macke schreibt Franz Marc 1910: „Rot ist die Materie, brutal und schwer" (in: Der Blaue Reiter 2003, 30).

Imaginationen der Nähe. Naive Malerei

In der Durchdringung von Form und Farbe, in der Vereinfachung auf das Wesentliche, in der Rhythmik der zueinander stehenden Dinge hat Ivan Generalić wohl jene neue große Realistik gefunden, die Kandinsky als Weg zum „inneren Klang" (Kandinsky 1987, 132ff.) des Kunstwerks bezeichnet.
Die zweite Generation der naiven Künstler, so auch Ivans Sohn Josip Generalić, hatte es schon schwerer zu einem eigenen inneren Klang zu finden und sich aus der in Kulturvereinen und Schulen gelehrten und von Käufern als „naiv" erwarteten Formensprache und den „traditionellen" Inhalten zu befreien. Das gilt vor allem auch bei ihrer Entfremdung von einem bäuerlichen Leben. Josip G. hat seinen eigenen umstrittenen und anerkannten Weg in die Kunstgalerien der Welt gefunden (Hof 1984, 129ff.).

„Sofia Loren" von J. Generalić

Neben seinem Verkaufssaal, der auch mit Postkarten, preisgünstigen Drukken, Radierungen und kleineren Mehrfachbildern gleicher Motive an eine touristische Käuferschicht denkt, gibt es das Haus der Eltern als Museum, ein anderes Museum mit bäuerlichen Geräten und Bildern des Hlebiner Kreises und schließlich seinen „Atelier" genannten Ausstellungsraum mit den Bildern, die er sicher als seine besten betrachtet.
Über schweren Möbeln, die Reichtum ausstrahlen, hängt das Bildnis der Sofia Loren (1973). Sofia in blauem Spitzengewand mit riesigem blauen Hut und einer Katze im Arm. Bildfüllend wird ihr Halbportrait vor einer schneebedeckten, wohl Hlebiner Miniaturlandschaft dargestellt. Die kompositionelle Geste des Disharmonischen (Kandinsky 1987, 172) verweist unübersehbar auf die Botschaft des Gegensätzlichen der Lebenswelten von bäuerlicher Einfachheit und den Reichen und Schönen und gewinnt gerade daher den Topos des Lebendigen. In seiner Phase „Porträts von Persönlichkeiten, die ich getroffen habe" (Hof 1984, 129), hat der jüngere Generalić sich durchaus vom großen Vorbild seines Vaters befreit.
Auch wenn der Kritiker Fritz Novotny die Begegnung der Naiven mit dieser Welt der gesellschaftlichen Berühmtheiten, er erwähnt auch Sofia Loren, für korrumpierend hält,[8] so sehe ich doch gerade hierin die Möglichkeiten, einen neuen „inneren Klang" (oder auch Mißklang) in die neue große Realistik einer naiven Formensprache einzubringen. Und warum und für welche Sammler sollten die Naiven sich nicht in die Gesetze des Kunstmarktes begeben, solange sie als Künstler begabt sind? Diese Begabung forderte die Avantgarde der Moderne und bewunderte sie auch bei den Primitiven, den Naiven und den Kindern. Sie sah die Gefährdungen für die künstlerische Kraft in der bloßen Technikschulung oder Nachahmung des einmal Anerkannten, in der Routinierung und in inhaltlichen Verschleißformen auf Seiten des Künstlers und seines Werkes und der dazu komplementären Erwartungshaltung der Konsumenten auf das bekannte Anerkannte. Dieser Korruption, und die ökonomische spielt dabei nur eine der vielen Rollen, sind viele der Naiven erlegen. Und aus der dritten malenden Generation hat mich kein „innerer Klang" berührt. Die vierte hatte noch den Charme

---

[8] „Da wurde es plötzlich chic, Bilder von jugoslawischen Naiven zu kaufen. Sophia Loren, Yul Brunner und andere schickten Aufkäufer, die die Maler korrumpierten, indem sie für ... Bilder astronomische Beträge zahlten. Die Lust am Gewinn und Devisen verführte manchen zur Serienfabrikation" (Novotny 1977, 87).

der kindlichen Imagination. So wird die Galerie der Naiven von Hlebine wohl immer mehr zum Museum der Erinnerung werden und Aura und Spur in das Gestern verbannen.[9]

Die Bauernmaler von Solentiname

Es war ein Sonnentag Ende April 2001, als mich ein kleines einheimisches Flugzeug von Managua zu der Inselwelt im Nicaragua-See brachte. Mein Ziel waren die Inseln von Solentiname, die für eine kurze Epoche nicht nur für Nicaragua, sondern für die gesellschaftlichen Utopien einer christlich-sozialistischen Welt Geschichte gemacht hatten. Der Schriftsteller und Befreiungspriester Ernesto Cardenal hatte hier 1966, in einer Zeit der politischen Unterdrückung durch die von Amerika unterstützte Somoza-Diktatur und eines beginnenden Guerillakrieges durch die Sandinisten, eine christliche Kommune der Menschenliebe und der Menschlichkeit gegründet, aus der auch ein durchaus revolutionäres Potential in Solidarität mit dem sandinistischen Widerstand erwuchs (Cardenal 1980; Cardenal 2002; Koch 1992). Die Ärmsten der Armen, die Bauern und Fischer von Solentiname, sollten seine Schwestern und Brüder sein. Mit ihnen entwickelte er das „Evangelium der Bauern von Solentiname", das hunderte von Seiten umfaßt (Evangelium Solentiname 1976; 1978; Cardenal 1980a). Cardenal schreibt dazu: „Ich habe oft gesagt, daß eines der großen Wunder Solentinames die Gespräche über das Evangelium waren ... Es ist dieses Evangelium, das uns in Solentiname radikalisierte und das uns mehr als alles andere zu Revolutionären machte ... Der erste Text, über den wir in Solentiname sprachen, war der Beginn eben jenes Johannesevangeliums ... ‚Am Anfang war das Wort und das Wort war bei Gott, und Gott war das Wort'. Ein philosophischer Text, für einen Campesino schwer zu interpretieren – so schien es mir zumindest. Doch wie leicht erklärte ihn Alejandro: ‚Christus wird Wort genannt, weil Gott sich durch seine Person ausdrückt. Er drückt sich aus, um die Unterdrückung anzuklagen, um zu sagen: Hier gibt es Ungerechtigkeit, hier gibt es Schlechtigkeit, es gibt Reiche und Arme, das

---

[9] Am 22. Dezember 2004 ist Josip Generalić gestorben. Mit seinem Tod verlor die Hlebiner Schule nicht nur einen Großen der zweiten Generation, sondern auch einen Galeristen, der sich um den Ruhm der naiven Kunst von Hlebine gekümmert hat.

Land gehört einigen wenigen. Und um ein neues Leben zu verkünden, eine neue Wahrheit, in einem Wort eine gesellschaftliche Veränderung. Durch dieses Wort befreit Gott den Menschen' ... Oft habe ich gesagt, daß diese Kommentare zum Evangelium marxistische Kommentare sind. Sie sind die Interpretation des Evangeliums im Lichte der Revolution" (Cardenal 2002, 301, 311f., 306; vgl. Evangelium Solentiname 1976, 13ff.). Die Bilderwelt dieses Evangeliums ist nicaraguanisch und naiv.[10] Christliche Verortung findet in einer heimatlichen Umwelt statt, die trotz aller oder gegen alle Unterdrückung und Verarmung als eine tropisch „blühende" gemalt wird.

---

[10] In dem Buch „Die Bauern von Solentiname malen das Evangelium" (1982) wird die Entstehung dieser Bilderkommentare zum Evangelium geschildert. Während des Kirchentags 1981 in Hamburg hatten der Burckhardthaus-Verlag und der Jugenddienst-Verlag den Gedanken gefaßt, „diese Bauern zu bitten, Bilder zum Leben Jesu zu malen". Ernesto Cardenal sprach mit ihnen, sie waren einverstanden, die Verlage übernahmen zusammen mit der katholischen Landjugendbewegung in Paderborn den Kaufpreis der Bilder, die in Ausstellungen gezeigt werden sollten. Die Bilder sollten als „Teil der Volkskultur Nicaraguas" zurückgehen, aber das Buch dieser Bilder bliebe, wie die hier verbreiteten Hungertücher und Postkarten einer naiven lateinamerikanischen Hoffnung zwischen Religiosität und Revolution. Selten ist mir die westliche Vergeßlichkeit so deutlich geworden, wie bei der Suche nach Dokumenten, die erst über das Internet, über Kauf und Verkauf, zu Erfolg führte.

Imaginationen der Nähe. Naive Malerei

Etliches fällt auf gutes Land und trägt Früchte (nach Mt 13,8)
von Rodolfo Arellano 1981

Olivia: „Ich glaube, Jesus erzählt dieses Gleichnis vom Samenkorn, weil er sich damit an uns, die Bauern, wenden wollte..."
Tomás: „Und wenn wir seine Botschaft hören und sie wieder vergessen, dann sind wir wie der Mais, den die Zanatevögel gefressen haben..."
Felipe, Tomás Sohn: „ Andere Samenkörner fallen auf den Weg, wo die Erde festgetreten ist, weil die Leute dort hin- und hergehen. Das passiert mit denen, deren Geist von der Propaganda blockiert ist..."
Oscar: „Und dann fiel etwas zwischen die Steine. Die steinige Erde, das sind die versteinerten Herzen, in denen es viel Egoismus und wenig Liebe gibt..." (Aus dem Evangelium der Bauern von Solentiname 1982, 40).

Und dann lande ich 2001 auf diesem geschichtsträchtigen Archipel. Das Vergessen, aber vor allem das Vergessenwerden lastet auf der Insel, die Menschen sind immer noch arm. Aber schon in den wenigen Tagen, die ich dort wohnte, spürte ich auch die Hoffnung auf einen neuen Weg der Anerkennung, die ihnen aus ihrer neu entdeckten Kunst erwachsen soll. „In Solentiname hat jeder die Kunst im Blut. Alle auf dem Archipel, jede Familie sieht man irgend etwas machen. Wenn Sie in Solentiname eine Zeit lang leben würden, dann wären auch Sie Malerin oder Kunsthandwerkerin". Das war eine der vielen Antworten auf meine vielen Fragen, die ich den Künstlern und Künstlerinnen, vor allem Maler und Schnitzer,[11] stellte.[12]

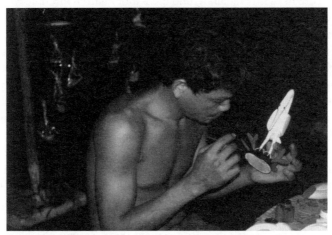

Rene Oporta, Schnitzer aus Mancarron /Solentiname

Vor allem die Maler betonten immer wieder, daß ihre Motive der Wirklichkeit entstammen: „Im Frühling findet man jede Art von Blumen. Die Vulkane sind dort drüben. Wir sehen sie und wir malen sie", oder „Solentiname ist der Ort, wo man Vögel und Schmetterlinge, Schlangen und viele andere Tiere finden kann. In anderen Teilen Zentralamerikas, selbst in Managua und Masaya, wirst du das nicht finden. Das ist einzigartig für uns, es ist unser wahres Wesen". In dieser Äußerung geht die Einzigartigkeit der Natur gewissermaßen in die Einmaligkeit der Kunst („Wenn du es anderswo findest, ist es ursprünglich von hier") über.[13]
Wenn Ernesto Cardenal in seiner Eröffnungsrede zu einem Dichterseminar

[11] Vor allem Tiere werden aus dem weichen und leichten Balsaholz hergestellt. In bunten Farben bemalt, finden sie auf den Touristenmärkten guten Absatz.
[12] Der Deutsche Immanuel Zerger vermittelte mir zahlreiche Gespräche mit den Künstlern (vgl. Anm. 1 in Kapitel „Protest und politische Utopie an der Wand").
[13] Vgl. auch die zahlreichen Gespräche mit Malern von Solentiname in: Gemalte Paradiese 1985.

eine kleine Einführung in die naive Malerei Nicaraguas gibt, dann zitiert auch er, wie die Malerei und der Stolz darauf den Alltag der Armen verändert hat. So erzählte eine Frau, die erst mit dem Malen begann, als alle ihre Kinder bereits malten: „Die Malerei hat unser Leben verändert. ... Wir hatten keine Abwechslung, nur Arbeit und immer wieder Arbeit, der Mann auf dem Feld, die Frau im Haushalt, und die Kinder halfen mit. Die Malerei hat unser Leben bereichert, sie hat uns eine neue Freude am Leben gebracht. ... Wir haben uns durch die Malerei endlich selbst entdeckt, haben unsere Landschaft, in der wir lebten, mit neuen Augen sehen gelernt. Wir lebten praktisch in der Schönheit, wir wußten es nur nicht" (in: Cardenal 1982, 186). Die Erinnerung an die Zeit, als Solentiname ein Malerarchipel war, wird wachgehalten. Und neben Ernesto Cardenal taucht immer gleich der Name des heute sehr bekannten Malers Róger Pérez de la Rocha auf,[14] der 1967 bei Ernesto Cardenal eine Zuflucht fand. In der Zeitung „La Prensa" wird er noch 2001 als der Begründer des Primitivismus auf Solentiname bezeichnet.[15] Auch Pérez de la Rocha bescheinigt in diesem Interview, daß den Menschen von Solentiname das Malen gewissermaßen im Blut liegt: „Wir gaben den Bauern nur einige grundlegende Orientierungen, wir wollten ihnen nicht Dinge an die Hand geben, die sie von ihrem Eigenen abbringen könnten, damit ihre Bilder nicht ihren Zauber, die Unmittelbarkeit verlören. Wir versetzten sie in die Lage, daß sie ihre eigene Sprache suchten, daß sie nicht andere nachahmten, daß sie sich auf ihr eigenes Leben stützten, auf die Insel, ihre Umgebung, die Pflanzen und die Tierwelt. Nur so entstand die naive Malerei, denn der Primitivismus ist es, der die Unschuld, die Reinheit behält, er ist eine elementare Malerei. Sie ist naiv, wenn man sie intellektualisiert, verliert sie ihren Zauber". Bei dem Gespräch 2001 in Managua mit mir betont der Künstler seine zentrale Rolle für die Entwicklung des Primitivismo, die er weniger als eine formal lehrende denn als eine erweckende und bewahrende sieht: „Ich glaube, daß es wichtig ist, die Reinheit der Seele zu erhalten und dafür zu sorgen, daß jene Vision sich nicht wandelt ... Nehmen wir das unverfälschte Material, das Talent und den reinen Geist, den unschuldigen (jungfräulichen) Geist".

---

[14] Vgl. zu Pérez de la Rocha S. 161f.
[15] Vgl. www.laprensa.com.ni/nacionales, edicion no. 22183, 5.11.2000.

Die Bauernmaler von Solentiname

In Ernesto Cardenals Erinnerungen wurde Eduardo Arana ihr erster Maler, weil Róger meinte, daß sie einen Maler aus ihm machen wollten. Das Bild, mit einer naiven Seelandschaft, wurde zu einem Preis verkauft, der dem Monatslohn des Tagelöhners entsprach. Andere Maler folgten, Ausstellungen wurden organisiert. In Venezuela waren bei einer Ausstellung des Bauernmalers Alejandro Guevara, Mitglied der christlichen Gemeinde, bereits vor der Eröffnung alle Bilder verkauft. Alejandro hielt auch Vorträge. „Das Malen wird in Solentiname als Arbeit angesehen, und ein Maler pflanzt eine Bananenstaude oder ein Maisfeld auf sein Bild genauso, wie er es in den Boden pflanzt. ... Der Maler lebt vom See. Der See ist mehr als eine Landstraße auf der man sich fortbewegen kann, natürlich, der See ist Quelle des Lebens, die Menschen trinken sein Wasser und essen seine Fische, nutzen ihn, um zueinander zu kommen und auch, um sich zu erholen und zu meditieren. ... Wenn der See auf diesen Bildern erscheint, dann deshalb, weil es keines dieser Bilder ohne den See geben könnte." (Cardenal 2002, 145).

Heute wie damals spielte die kleine Kirche auf der Insel Mancarrón eine wichtige Rolle für die Identität der Bewohner. In Cardenals Buch von Solentiname taucht sie, zunächst unerkanntes Wegzeichen, bei einer Geländebesichtigung aus dem Dschungel auf: „Auf dem Landstück wurde nichts angebaut, es war nichts weiter als ein Stück Dschungel. Erschöpft vom Marsch durch das Gehölz, gelangten wir auf eine kleine Lichtung, wo ein Kirchlein stand. ... Das Kirchlein war eine bescheidene ländliche Kirche, die aussah, als ob sie einstürzen wolle, obgleich sie gar nicht fertiggestellt worden war. ... Ich plante eigentlich eine moderne, eine ultramoderne Kirche ... Es hatte keine Bedeutung für mich, daß dort schon diese häßliche, traditionelle Kirche stand, halb fertig gebaut und halb eingefallen: Wir würden sie auf jeden Fall abreißen müssen. ... Die Tatsache, daß auf diesem Stück Land die Kirche stand, beeinflußte meine Entscheidung, es zu kaufen, nicht. Auch kam mir nicht der Gedanke, daß es ein großer Zufall war, viel weniger noch, daß es sich um so etwas wie ein Wunder handeln könnte." (ebd. 70ff.). Und doch wurde es eben diese Kirche, mit bescheidenen Mitteln restauriert, die nicht nur das Zentrum der Gemeinde und ihrer inselweiten Arbeit zu jenem „Evangelium der Bauern von Solentiname" wurde, sondern auch den Anfang der künstlerischen (Selbst-)Aufmerksamkeit bildete. In dieser Kirche wurden die Kinder der Insel unterrichtet und ihre Malereien wurden, vor allem durch die Initiative und Übertragung durch Róger, auf die weißen Wände der Kirche gemalt (ebd. 155f.). „Aber", sagte Pérez de la Rocha in unserem Gespräch, „die Autoren dieser Bilder sind die Kinder von Solentiname".

Wandmalerei der Kinder von Solentiname

1977, Ernesto Cardenal war schon in Costa Rica im Exil, wurden die Gebäude der Gemeinschaft von Solentiname durch die Nationalgarde zerstört. Die Kirche diente als Unterkunft für 500 Soldaten. Heute stehen neben der Kirche ein Gedenkstein und eine stilisierte Fahne in den Farben der sandinistischen Revolution, sie erinnern an die gefallenen und ermordeten jungen Solentinamer, die sich dem Widerstand angeschlossen hatten.
Bei meinem Besuch 2001 sah die Kirche wieder aus, als ob sie einstürzen wolle. Sie hatte kein Dach mehr, der Innenraum war zerstört, aber einige der Wandbilder waren noch erhalten. Streitigkeiten um das Eigentum an der Kirche verzögerten wohl die Wiederherrichtung.[16] Pérez de la Rocha sagte in unserem Gespräch darüber: „Diese Nachricht über die Kirche ist für mich eine sehr schmerzliche. Es handelt sich um ein historisches Dokument, niemand ist sein Besitzer. Ich glaube, daß die ganze Gemeinschaft von Solentiname seine Autoren sind, und ich glaube, daß dies ein Traum ist, den wir nicht sterben lassen dürfen. Die Kirche ist nicht das Erbe von Ernesto Cardenal und nicht das Erbe von irgendeinem Bewohner von Solentiname. Es sind die Bauern und die Fischer von Solentiname, die darüber wachen müssen, daß der Traum von damals Wirklichkeit wird. ... Es war immer ihre eigene Vision. Das, was wir von außen einbrachten, war eine Orientierung, damit sie sich ihrer Umgebung bewußt werden, ihrer Landschaft und ihres Lebens und dies auf die Malerei übertragen, so wie dies sehr schön in der Kirche gelang".

1979, nach dem siegreichen sandinistischen Volksaufstand gegen das Somoza-Regime wurde Ernesto Cardenal Kulturminister der neuen Regierung. Er begann in ganz Nicaragua, neben vielen anderen Reformen, mit seiner Kampagne einer Förderung der Volkskultur: „Das oberste Ziel ist, daß die Kultur nicht länger eine Sache der Eliten, sondern des Volkes ist ... die Volkskunst (‚Folklore'), die vorher ganz darniederlag, ist auf außerordentliche Weise allenthalben wieder entstanden" (in: Koch 1992, 113). Die neue Kultur sollte eine Volkskultur sein, die von allen Schichten des Volkes selbst- und mitgestaltet werden und sich als revolutionäre Kultur an

---

[16] „Nur noch selten fährt Cardenal nach Solentiname. Seine berühmte Kirche steht leer", heißt es in einem Artikel aus „Der Spiegel" (31/2004, 99). Allerdings wurde mir inzwischen erzählt, daß die Kirche mit Geldern aus dem von Cardenal gegründeten Solentiname-Verein restauriert worden sei, vgl. a. Fußnote 20.

den Zielen der selbstbestimmten Nation und ihrer spezifischen nicaraguanischen Traditionen orientierten sollte. Kulturzentren, Museen und Literaturwerkstätten sind die Treffpunkte und die ‚Bildungs- und Arbeitsstätten der neuen Volkskünstler. Für alle Regionen wurden Lehrer und Kulturarbeiter eingesetzt, um die neue Kultur zu verbreiten. Bei einem Gespräch mit dem Künstler Abel Vargas,[17] der selbst naiv malt, erzählte er: „Später, nach dem Befreiungskampf, als Ernesto Cardenal Kulturminister wurde, entwickelte er die nationale Kunst, nicht nur die von Solentiname, sondern die des ganzen Landes. Aber um bei der primitivistischen Kunst Solentinames zu bleiben: Ich wurde direkt von Ernesto Cardenal für dieses Gebiet beauftragt, den Malern Unterstützung und Beratung anzubieten, da sie als Resultat des Krieges aufgehört hatten zu malen, um sich anderen Arbeiten zu widmen. Es war also notwendig die Maler zu reorganisieren und ihnen Materialien sowie alles Notwendige bereitzustellen, damit sie ihren kreativen Prozeß der Malerei, des Kunsthandwerks, der Poesie, der Bildhauerei und anderer Ausdrucksformen fortführen konnten. So fühle ich mich dieser Epoche der achtziger Jahre in Solentiname zugehörig. Fünf Jahre verbrachte ich dort. Alles, was in meiner Möglichkeit stand, bot ich ihnen an; es war eine Verbindung zwischen den Künstlern von Solentiname und dem Büro des Ministeriums von Ernesto Cardenal".

Auch die Künstler, mit denen wir uns in León trafen,[18] betonten immer wieder die große Rolle, die Ernesto Cardenal nach dem Sieg der Revolution für die Entwicklung der Kunst gespielt hat. Die erste Ausstellung der naiven Maler an der durch Ernesto Cardenal gegründeten Malschule von León wurde von dem Minister selbst eröffnete. „Man könnte sagen", erzählte Alejandro Benito Cabrera, „daß die Primitivistas in der Zeit der Revolution eine große Blütezeit hatten. ... Der Minister kaufte uns die Far-

---

[17] Gespräch am 5. Mai 2001 in Managua. Abel Vargas, der 1958 auf der Insel Ometepe (vgl. Höhn 1999) im Nicaragua-See geboren wurde, gilt als einer der führenden Vertreter der naiven Malerei in Nicaragua. Seine Bilder sind in zahlreichen Ausstellungen des In- und Auslandes gezeigt worden.

[18] Gespräch am 12. März 1999 in der Casa de la Cultura mit den Primitivistas Olga Maradiaga Zuniga, Alejandro Benito Cabrera und dem Leiter der Casa, Daniel Pulido. Pulido betonte, daß er „realistisch" male. Pulido ist Kolumbianer und hat sich in den achtziger Jahren an der Muralistenschule von León beteiligt. Das Gespräch wurde mit den beiden naiven Malern geführt.

ben und wir machten Fortschritte in der Arbeit, in der Technik, in der Farbgestaltung. Er regte uns an, indem er uns besser für unsere Arbeit bezahlte. Ich widmete mich, wie viele andere auch, der Arbeit an der Kunst. Aber mit dem Wechsel der Regierung, als die Violeta gewann,[19] schlossen alle diese Schulen. ... Wir vereinigten uns wegen dieser Situation, aber wenn es Türen gab, so waren es verschlossene Türen ... Das war so, weil die Revolution ihren Platz verloren hatte". Während Cabrera sich vor allem der Tafelmalerei widmete, war Olga Maradiaga Zúniga in der Wandmalerei engagiert, allerdings, wie sie betonte, hat sie nie revolutionäre und politische Themen aufgegriffen. Es waren Themen aus dem ländlichen Leben und aus der Volkskunst, die sie malte, wie in dem Wandgemälde in der Casa. Oft war Zúniga auch im Ausland, in Deutschland, in Holland und in Spanien, wo sie mit anderen Wandmalern oder mit Kindern zusammenarbeitete. Besonders in und bei Hamburg, das eine langwährende Städtepartnerschaft mit León hat,[20] wurden Wandprojekte verwirklicht. Bei meinem Besuch 1999 wurde anläßlich des 10jährigen Bestehens der Partnerschaft eine Ausstellung für Hamburg vorbereitet.
Olga und Alejandro sind Maler geblieben. Olga arbeitet für sich selbst, wie sie betont, Alejandro hat sich einer Gruppe angeschlossen, zu der auch ein Maler aus der ersten Zeit von Solentiname gehört. Sie verstehen sich nicht als Maler für den touristischen Markt, sondern als Künstler. Ihre Förderung allerdings ist nicht mehr Sache des Staates, sondern dankt sich Einzelinitiativen, den Erinnerungen an eine Solidaritätsbewegung – und natürlich auch dem Tourismusmarkt.

Das wurde aus der „dritten Epoche" der Kunst von Solentiname besonders deutlich. Bei meinem Besuch nahm ich an einer Sitzung des Inselrates teil. Das Thema eines sanften Tourismus spielte dabei eine besondere Rolle, das reichte von Inselfahrten, Entdeckungen des Dschungels bei Bootstouren auf dem San Juan Fluß, Naturreservaten und Sportfischen bis eben zur touristischen Entdeckung der naiven Künstler auf den Solentiname Inseln.

---

[19] 1990 gewinnt Violeta Barrios de Chamorro als Kandidatin der bürgerlichen Oppositionsparteien die Wahlen gegen die FSLN (Frente Sandinista de Liberación Nacional) unter Daniel Ortega. Bereits 1987 allerdings war das Kulturministerium unter Cardenal geschlossen worden.
[20] Vgl. Greverus 2002, 200ff.

Imaginationen der Nähe. Naive Malerei

Der Vorsitzende des Inselrates war Immanuel Zerger, ein Deutscher, der während der Solidaritätszeit nach Nicaragua gekommen war und jetzt mit seiner einheimischen Frau Nubia Arcia, die zu dem sandinistischen Widerstand auf Solentiname gehört hatte, ein kleines Hotel auf der Insel Mancarrón betrieb.[21]

Am 4. Juli 1999 hatten die Inselbewohner mit siebzig Unterschriften „Eine Deklaration der Bevölkerung von Solentiname" unterzeichnet, in der es hieß: „Wir arbeiten für eine nachhaltige lokale Entwicklung, ökologisch, sozial, kulturell und ökonomisch. ... So laden wir Nicaragua und die Welt ein, zu kommen und mit uns an unserem Paradies teilzuhaben". Die naive Malerei und die Schnitzereien aus Balsaholz spielen in diesem Konzept eine wichtige Rolle. 2000 fand auf dem Archipel eine Ausschreibung zur „Arte Primitivista 2000" statt, deren Abschluß eine Preisverleihung bildete. Einige dieser Bilder konnte ich fotografieren.

Zu den Mitgliedern der Jury gehörten die Maler Róger Pérez de la Rocha und Abel Vargas und der Vorsitzende des Inselrats Immanuel Zerger und seine Frau Nubia Arcia. Der einheimische Maler Rodolfo Arellano, der engagiert im Inselrat mitarbeitet, wünscht sich eine Malschule: „Jedes Kind, das hier aufwächst, trägt schon diese künstlerische Idee in sich, denn in Solentiname hat man schon immer die Malerei und das Kunsthandwerk verstanden. Die neue Generation wird damit fortfahren. Ja, ich fände es sehr gut, wenn hier eine schulische Aktivität für Kunsthandwerk und Malerei entwickelt würde". Auch der Managuaer Künstler Abel Vargas, der diese Bemühungen bereits mit Kursen aktiv unterstützte, plädiert für eine Akademie für die neuen Generationen: „Es gibt Kinder, die gerne malen möchten, auch Arme, die malen möchten und Unterstützung brauchen. Eine Akademie müßte die Bedürfnisse und Interessen dieser Kinder aufgreifen. Ich bin zur Unterstützung dieser Initiative und Zusammenarbeit, wie ich

---

[21] Unter dem Titel „Kampf der Wölfe" wurde in „Die Zeit" (31/2004, 98f.) über den Rechtsstreit zwischen Ernesto Cardenal und seinen Anhängern und den Zergers um dieses Hotel berichtet. Vgl. auch Südd. Zeitung v. 20.12.02; Neue Züricher Zeitung v. 01.12.02. Nubia Arcia war die frühere Frau und Witwe des bei einem Autounfall verunglückten Alejandro Guevara, Maler, Mitglied von Cardenals Gemeinde auf Solentiname und später als dessen engster Vertrauter Abgeordneter und Statthalter von Solentiname. Immanuel und Nubia Zerger haben sich aus Solentiname zurückgezogen, die Solentiname-Tours laufen ohne Solentiname.

es in den achtziger Jahren tat, bereit". Im Juli 2002 schrieb mir Immanuel Zerger, daß er mit Abel Vargas eine Ausstellung der Solentinamer Kunst für Managua vorbereitet habe, die später nach Paris gehen sollte. Dazu gehörte ein kleiner Text: „Heute ist Solentiname Heimat für ein Volk von Poeten, Malern, Bildhauern und Kunsthandwerkern. Die einmalige Flora und Fauna der Inselwelt im Großen See von Nicaragua überträgt ihre Harmonie auf jeden seiner Gäste. ... Das lebendige Interesse an der naiven Kunst findet seinen Anfang in der expressiven Ausdruckskraft jener Menschen, die in Übereinstimmung mit der Natur leben, bezieht seinen Rückhalt, seine Verzückung und die Intensität aus der Kraft der Sonne. Die naiven Künstler erschaffen aus ihren reinen Seelen und Gefühlen jene Landschaften. Sehr oft wurden sie unmittelbar von der Natur und den frühen Felszeichnungen der indigenen Bevölkerung beeinflußt. ... So entsteht eine neue Bewegung mit ihrer eigenen Ästhetik und eine neue Vision der paradiesischen Umwelt", heißt es unter Bezugnahme auf die neuen Initiativen.

Auch in dieser dritten Epoche der naiven Malerei von Solentiname geht es um den Anspruch auf eine eigenständige Kunst, auch wenn im Hintergrund die touristischen Käufer, die Kaufhaus- und Marktkunst lauern. Besonders die Städte, allen voran Managua und Masaya, sind mit schnell gemalten naiven Bildchen und mit den bunten Tieren aus Balsaholz überschwemmt, „echte Volkskunst" aus dem Paradies für die heimkehrenden Touristen. In den Kunstgalerien dagegen sind die Naiven nur selten zu finden, dort findet die Auseinandersetzung mit der westlichen Moderne statt. Die Naiven der zweiten (und dritten) Generationen verharren in dem ihnen auferlegten volkstümlichen „Paradies". Allerdings wird unter der Perspektive „Moderne und Identität" (Torres 1995) gerade die erste Generation der Künstler aus Solentiname aufgeführt: „Eine Begegnung mit den Künstlern von Solentiname ist immer eine Begegnung mit dem Berg, dem Vulkan, dem See, mit dem Leben und dem Lebensunterhalt, es ist die Natur selbst, die durch diese Maler wiedererschaffen worden ist; in ihrer Arbeit, die ohne Anmaßung ist, existiert für mich keine andere Ambition, als die Schönheit jener Orte zu malen, in denen sie leben . ... Für mich ist es am bedeutsamsten und ergreifendsten, daß ich bei allen guten Bauernmalern von Solentiname immer dieser optimistischen und zufriedenen Umarmung mit der Natur begegne, ohne ökologische Ängste, vereint in einer andauernden Anstrengung, ihr Werk an jedem Tag zu verbessern" (Mercedes Gordillo in: ebd. 147).[22]

Die Landschaftsbezogenheit, das Leben des Volkes und die Farbigkeit gehören zu der Identität der naiven nicaraguanischen Künstler. In ihren besten Werken haben sie ein hohes künstlerisches Niveau erreicht. So wird in dem Buch „La Modernidad en la Pintura Nicaragüense 1948–1990" (Torres 1995) der Maler Alejandro Guevara, einer der ersten Maler von Solentiname, posthum mit der Veröffentlichung seines Inselbildes noch einmal besonders geehrt.

Die Inseln von Solentiname von Alejandro Guevara

---

[22] Torres zitiert David Craven: Art in Contemporary Nicaragua. The Oxford Art Journal 1988, Vol. 11, No. 2, 55.

Die Förderung und Weiterentwicklung der naiven Kunst in Nicaragua wäre sicherlich ein Anliegen, das an die Zeit einer Entdeckung der naiven Kunst durch die Avantgarde anknüpfen könnte. Schlägt ein Künstler wie Alfonso Ximénez einen solchen Weg ein, der die Naïveté wieder auf ihre Farben und Formen verdichtet?[23] „Unter den neuen Namen, die das Panorama der nicaraguanischen Malerei bilden, sticht Alfonso Ximénez mit seinen bemerkenswerten Landschaften hervor. ... eine kräftige tropische Farbgebung, flächig, vibrierend und herausfordernd, ein tiefer Glanz, die gnadenlose Sonne des Mittags. Pablo Antonio Cuadro beschreibt diese Farbgebung von Ximénez treffend und betrachtet ihn als einen tropisierten Fauve: ‚seine Farben sind wie mit der Machete durch die nicaraguanische Gluthitze geschlagen, vibrieren, und tropikalisieren die Fauves, oder spielen mit den kubistischen Würfeln. Seine kleinen marginalen Tempel verdecken in ihrer Einsamkeit und entdecken in ihrer Poesie die Identität ihrer nicaraguanischen Bewohner'" (ebd. 140).

Landschaft und Häuser (Ausschnitt) von Alfonso Ximénez

---

[23] Vgl. das Kapitel „Ästhetische Vermittlungen".

Imaginationen der Nähe. Naive Malerei

„Hochzeit" von Mario Marin

„Patronatsfest in Diriamba" von Manuel Garcia

Die Bauernmaler von Solentiname

Dorfbild, auf dem Touristenmarkt von Masaya gekauft

Palmenkanal von Alejandro Guevara

Imaginationen der Nähe. Naive Malerei

Surreales Haiti

„Nachts in Haiti tragen die schwarzen Feen hintereinander gehend sieben Zentimeter über den Augen die Kanus des Sambesi, die Feuer, die auf allen Hügeln gleichzeitig brennen, die Glockentürme, von einem Hahnenkampf gekrönt, und die Träume des Paradieses, die furchtbar zerbrechen rings um den atomaren Zerfall. In einer Zeit wie der unseren wird man sich nicht darüber wundern, daß überall der Geist der Kreuzwege[24] auftritt, hier bei Lam ein gehörnter Geist ..., der an die Flügel der Türen bläst". So beendet André Breton seine Hommage auf den Maler Wifredo Lam, die mit einer Verneigung vor der gegensätzlichen und doch begegnenden Näherung an ein Wunderbares zwischen Lam und seinem Freund und Gönner Picasso beginnt (Breton 1967, 175ff.).[25]

Eiserner Ogoun von W. Lam, 1946

Pablo Picasso, 1934

---

[24] „Le loa Carrefour". „Les loas" sind magische Gottheiten auf Haiti. Anm. d. Übers. (Manon Maren-Grisebach).

[25] „Es ist möglich, daß Picasso bei Lam die einzige Bestätigung gefunden hat, an die er sich halten konnte, die eines Mannes, der im Vergleich zu ihm den umgekehrten Weg gegangen ist. Ausgehend vom Primitiven und Wunderbaren, das er in sich trug, suchte er das größtmögliche Bewußtwerden, indem er sich die höchsten Ausdrucksformen der europäischen Kunst zu eigen machte ... (Breton 1967, 177). Wifredo Lam war kubanisch/chinesischer Abstammung. Lam und Breton hatten gemeinsame Erinnerungen an Haiti

"Die surreale Revolution fand 1804 auf Haiti statt", schreibt Hubert Fichte 1978 in seiner Hommage auf Haiti. Auf Haiti, so sagt er, wird das, „wovon Freud, Strindberg und Artraud träumten, durch Assoziationen, Wortspiele, Opferattrappen, V-Effekte die Wirklichkeit zu verändern" erreicht. Beispiel ist eine Hodenoperation, die der Patient über die Schmerzunempfindlichkeit einer Vodou-Trance zulassen kann. Fichte spricht von einer „lyrischen Unempfindlichkeit, die dem Abendland wohl seit den Merseburger Zaubersprüchen abgeht" (Fichte 1979, 21). Vodou war Erinnerung der verschleppten Negersklaven aus vielen Ländern Afrikas. Vodou war – in seiner synkretistischen Form einer Vereinigung der unterschiedlichen afrikanischen Elemente und der Durchmischung mit europäischen, insbesondere katholischen Elementen – religiöse und

Metallskulpturen im Centre d'Art, Haiti

ästhetische Gegenwart einer Anästhetisierung gegen die Schmerzen der Gegenwart und Zeichen einer Zukunft, in der die Schmerzen der gesellschaftlichen Realität ausgelöscht sein sollten. Dem Sklavenaufstand von 1791 ging eine Vodou-Zeremonie voraus, die in die nationale Mythologie und die internationale Literatur als Fanal der Unabhängigkeit von 1804 einging (vgl. Greverus 2002a). Der Zukunftstraum hat sich nicht erfüllt. Vodou wurde zum ästhetischen Zwischenraum der sozialen Unterschicht.

Anästhetik eines geknechteten Volkes, das sich schmerzunempfindlich macht und als eines seiner Mittel die ästhetische Vermittlung erkennt?

Der haitianische Anthropologe Laënnec Hurbon bezeichnet Vodou als die dritte Religion Haitis, insbesondere als diejenige des einfachen Volkes.[26] Alfred Métraux, der Autor von „Le Vaudou Haïtien" 1958, hat, trotz offizieller Funktion als Leiter eines Volksbildungsprojekts auf Haiti, gemeinsam mit dem Ethnologen und Surrealisten Michel Leiris, ebenso in offizieller Funktion als Abgesandter des französischen Außenministeriums, bei ihrem gemeinsamen Aufenthalt 1948 den größten Teil der Zeit damit verbracht, „an Vaudou-Versammlungen in den einfachen Vierteln der Stadt teilzunehmen". Das sagte Leiris in seiner Abschiedsrede (1963) auf den verstorbenen Lehrer und Freund Métraux (Leiris 1978, 66). Gemeinsam sammelten sie Gesänge, Gedichte, Fahrzeugnamen und Traumprotokolle und veröffentlichten sie mit anderen Forschern in der Zeitschrift „Le Temps Modernes" (52, 1950). Leiris schreibt dazu: „Bei einer großen Zahl von Gedichten oder Prosastücken poetischen Charakters wird wohl gerade das ins Auge fallen, was sich an ihnen dem Surrealismus verdankt ... Der Versuch unbedingter geistiger Befreiung, den der Surrealismus in seiner Definition durch André Breton für Europa dargestellt hat, nimmt hier seine überhaupt positivste Bedeutung an ... in der Zurückweisung des Akademismus ... öffnet sich der Weg zur Wiederentdeckung einer Authentizität" (Leiris 1978, 91f.) Was Leiris hier für die poetische Literatur schreibt, hat auch für die Malerei Gültigkeit.

Bei seinem vor allem von der jungen Linken gefeierten Aufenthalt 1945 in Port-au-Prince entdeckte André Breton auch das Centre d'Art und die naive Malerei Haitis für sich, und vor allem den Maler Hector Hyppolite.[27] Ihm widmet er in seinem Buch „Der Surrealismus und die Malerei" einen ganzen Artikel, wobei er insbesondere auf die Bedeutung des Vodou für die Malerei dieses geweihten Vodou-Priesters eingeht. Seine Werke, schreibt Breton, „überzeugten uns, daß der, der sie geschaffen hat, Wichtiges mitzuteilen hatte, daß er im Besitz eines Geheimnisses war. Wir können nicht

---

[26] Vgl. Hurbon 1988; 1995; 1999. Vodou gehört zu den meistuntersuchten religiösen Phänomenen in der ausländischen Literatur (vgl. die Literaturangaben in z.B. Pratt 1991; Thompson 1979).
[27] Bei seinem zweiten Besuch 1948 kauft er dort zwölf Bilder von Hector Hyppolite.

genug wiederholen, daß dieses Geheimnis alles ist und daß wir weit mehr Wert den Ausdrucksmitteln beimessen, die der Mensch sich selbst zu schaffen bemüht ist, so gering sie auch in gewisser Hinsicht sein mögen, als der mehr oder weniger großen Geschicklichkeit, mit der er geliehene Mittel einzusetzen vermag. ... Dem Blick Hyppolites gelingt es, einen Realismus ersten Ranges mit einem üppig wuchernden Sur-Naturalismus zu vereinigen. Keiner vermag besser die Angst in gewissen Beleuchtungen am Himmel von Haiti auszudrücken und keiner das Undurchdringliche und Verwirrende der Blattgewächse ... so suggestiv wiederzugeben. Andererseits unterscheidet sich bei ihm das, was die visuelle Wahrnehmung vermittelt, nicht mehr von dem, was aus der inneren Vorstellung stammt. So kommt es, daß in einer Beschwörungsszene ... der Schlangengott Damballah nicht mehr und nicht weniger leibhaftig ist als der Opferpriester" (Breton 1967, 313f.). Vodou als Zeremonie, das Pantheon der Loas und auch die Verbindung von Vodou und Katholizismus, wie in einem bekannten Bild von Préfète Duffaut (La Reine d'Araignée, um 1950–1955), spielt für die Malerei gerade der berühmtesten Naiven der ersten Generation eine wichtige Rolle (Stebich 1979).

Der Ogoun mit Eisengerät von Hector Hyppolite

Imaginationen der Nähe. Naive Malerei

Aber auch in einem gegenwärtigen eher touristischen Darstellungs- und Verkaufsgebaren von Vodou-Priestern wird die Verbindung von Zeremonie und Kunst als Eingabe durch den Loa aufrecht erhalten und für Besucher praktiziert. In Jacmel hatten wir 1998 (Greverus 2002a) ein solches Erlebnis. Ein in Kanada aufgewachsener Haitianer (Neffe von Hurbon), eine amerikanische Journalistin, der einheimische Fahrer von Laënnec Hurbon und ich besuchten einen Maler in seiner Galerie. Die folgende Tagebucheintragung klingt sicher etwas respektlos, soll aber die ersten Eindrücke einer ungläubigen Ethnologin im Feld wiedergeben,[28] deren Wunsch zu verstehen eben genau auf die Erfahrung der touristischen Vermarktung gelenkt wurde: Der Vodou-Priester fuhr mit uns aufs Land zu seiner Familie, zehn Kinder, alle gehörten zur Familie, umringten uns. Dann ging es durch Felder zu seinem Hounfor, eine Steinhütte mit Altar, auf dem viele Schalen und andere Insignien des Kults standen. Als erstes hatte der Loa wieder Hunger nach Geld, das wir zahlten. Dann wand der Priester sich ein rotes Tuch um den Kopf, Singen und das Versprühen von Rum, alle Kinder als seine Assistenten sangen mit. Der Rum in den Schälchen wurde angezündet, der Priester faßte hinein und beschmierte unsere Arme und Beine mit der Brühe, strich uns mit dem roten Tuch über das Gesicht, machte ein Trancegesicht und die Weissagungen sollten beginnen. Bei dem Neffen (er sei ein playboy) und mir (ich arbeite zu viel) sah er wohl wenig Chancen. So konzentrierte er sich auf die Amerikanerin, die bei ihm ihre unerklärlichen Kopfschmerzen loswerden wollte: Handauflegen, eine Flasche Öl mit irgendeinem Mittel für 20 Dollar, viele Kräuter umsonst. Schließlich kaufte sie ein Bild für 110 Dollar, ausgerechnet das mit dem Loa des Friedhofs. Dem Fahrer wurde gesagt, daß sein verstauchter Fuß auf einem Schadenzauber aus der Verwandtschaft beruhe, was diesem sehr einleuchtend schien. Draußen mußten wir dann den Loa-Stab noch mit Rum begießen und gingen begleitet von der Kinderschar zum Haus zurück. An seinem Dachfirst sollen tote Hühner gehangen haben. Ich habe sie nicht gesehen.[29]

---

[28] Auch der kanadische Haitianer distanzierte sich deutlich von den Praktiken des Vodou, womit er gleichzeitig die gängige Distanz der Mittel- und Oberschicht zu den Glaubensformen der ländlichen und städtischen Unterschicht ausdrückte (vgl. Greverus 2002, 304ff.)

Surreales Haiti

Vodou-Zeremonie

Hugo Fichte (1979) hat über Haiti als eine „widerspenstige Kultur" gesprochen. Ich selbst habe sie unter dem Schlüsselwort der Ambivalenz behandelt (2002): Ambivalenz als die Unmöglichkeit, die Dinge, die Ereignisse und schließlich uns selbst „eindeutig" einordnen zu können. So bleibt die Kultur Haitis eine doppelwertige und widersprüchliche, aber auch immer wieder widerständige für die Eigenen und die Anderen. Mußte die Realität des erfahrenen Lebens in eine Sur-Realität des ästhetisch transzendierten Lebens überführt werden, um überleben zu können? Hat eben dieses „Geheimnis" die Surrealisten angezogen? Und hat die Entdeckung und Vermarktung des Geheimnisses, die Doppelwertigkeit zu einer marktabhängigen Eindeutigkeit geführt?

Die naive Kunst Haitis ist in ihrer künstlerischen Entwicklung und ihrer außerordentlichen Bekanntheit vor allem ihrem ersten Förderer, dem Ame-

[29] Vgl. die ausführliche Beschreibung einer Vodou-Zeremonie mit Stieropfer von 1948 bei Leiris 1978, 117ff. Zu der Zeremonie in Bois Caiman am 14. August 1998 anläßlich der jährlich stattfindenden Erinnerung an den Sklavenaufstand von 1791 vgl. Greverus 2002, 281ff. Zu den traditionellen Insignien des Vodou vgl. Thompson 1979.

rikaner DeWitt Peters zu verdanken. Vor dem Krieg hatte er bei Fernand Léger studiert. 1943 kam er als Kriegsdienstverweigerer nach Haiti, um dort im Zivildienst Englisch zu unterrichten. Er entdeckte das künstlerische Potential des haitianischen Volkes und es gelang ihm bereits 1944 mit Hilfe des nationalen Erziehungsministeriums ein Kunstzentrum in Port-au-Prince zu gründen, das sowohl Ausbildungs- als auch Ausstellungsmöglichkeiten bekommen sollte (Monosiet[30] 1979). In seinen Erinnerungen „Ici la Renaissance" von 1959 schreibt DeWitt Peters: „Ein ungebildeter Landarbeiter, ein Flugzeugmechaniker, ein ehemaliger Buchhalter, ein reicher junger Mann, ein Stauer, eine kleine junge Frau aus einer alten Familie der Elite, ein Tischler aus dem Flachland, der Sohn eines Senators, ein Lastkraftwagenfahrer, ein Hilfsarbeiter, ein Häuseranstreicher und Voodoo-Priester sind diejenigen, die die wichtigsten Schnittlinien unter den mehr als 200 haitianischen Künstlern formen" (Peters 1979, 180).

DeWitts „primitive Freunde" kamen zunächst nur zögerlich. Einer der ersten war der Buchhalter Philomé Obin aus Cap-Haïtien, der sich vor allem auch über seine politischen Bilder zu einem der bekanntesten Naiven Haitis entwickelte. 1945 schrieb er an DeWitt Peters einen Brief, in dem er sein Verständnis einer nationalen Malerei ausdrückte: „Wie ich es sehe, sollte Malerei ... betrachtet werden wie das Heilige Buch, und zwar folgendermaßen: durch das Medium der Malerei, d.h. mit einem Bild, durch das man etwas über die Vergangenheit in jedem Teil der Welt erfahren kann, kann man eine Vorstellung von einem fremden Land erhalten, und aus Farbe kann man späteren Generationen Dokumente hinterlassen, die allein durch Schrift nicht zu Verfügung stehen. ... Ich liebe diese Kunst" (Kunst aus Haiti 1979, 223).[31] 1945 wurde ein anderer der „primitiven Freunde, ... das anerkannte Genie Hector Hyppolite, ... fast durch Zufall" entdeckt (Peters 1979, 180). Der Anstreicher und Vodou-Priester allerdings sah das nicht als einen Zufall, denn „Maîtresse, ein Voodoo-Gott hatte ihm in seinen Träumen vorausgesagt, daß ein Weißer ihn entdecken würde und sein ganzes Leben sich ändern müßte, und daß die Welt ihn als einen großen Künstler anerkennen würde".

---

[30] Pierre Monosiet war von 1950–1963 zweiter Direktor des Centre d'Art in Port-au-Prince.

[31] 1945 wurde unter der Leitung von Obin eine Abteilung des Centre d'Art in Cap-Haïtien eröffnet.

Surreales Haiti

Hyppolite und viele andere dieser begabten „Primitiven" Haitis sind von der Welt anerkannt worden. Die französischen Surrealisten versuchten, ihr „Geheimnis" zu entdecken, der Markt, vor allem der amerikanische, machte ihr Geheimnis zum hoch dotierten Konsumartikel. Und auch die weniger genialen Armen strebten nach Entdeckung. 1978 beschreibt Hugo Fichte seinen ersten Eindruck der „widerspenstigen" Republik Haiti, der meinem ersten Eindruck von 1998 entspricht, wenn auch bei mir mit der Verzweiflung einer verängstigten Kulturanthropologin, die sich dem aggressiven Handel der Straße nicht gewachsen fühlte (Greverus 2002a). Das schreibt Fichte: „Der erste Eindruck ist entsetzlich. Gemälde zu hunderten auf Schubkarren, Lagerhallen voller Souvenirs, neben Verhungernden im Schlamm; Bilder kellervoll, Galerien, die den Malern die Werke für weniger als ein Butterbrot abhandeln, Galerien die Bilder für Tausende von Dollar in die USA, nach Europa an Sammlungen und Museen verkaufen. Ein haitianischer Maler sagte von seinem Kunsthändler: Er hat meine Seele gefressen" (Fichte 1979, 18).

Aber: wenn man der Straße entkommen ist und in die Ruhe der Museen und Galerien eintauchen kann, findet man auch heute noch die Größe und Einmaligkeit einer haitianischen Kunst, die sich von naiven Ursprüngen der Autodidakten zu einer Vielzahl von individuellen künstlerischen Stilen entwickelt hat. Wenn ich sie trotzdem unter der Rubrik der Naiven stehen lasse, dann dankt sich das vor allem der Tatsache, daß diese Künstler trotz der Schulung keine akademischen Künstler geworden und ihren individuellen „Imaginationen der Nähe" treu geblieben sind. Naiv oder primitiv, das war für die Avantgarde der Moderne, das war für die Surrealisten die Nähe zu einer Ästhetik des Lebendigen. In seinem Essay „Autodidakten, sogenannte ‚Naive'" sagte André Breton: „Weder der höchste intellektuelle Anspruch, noch die äußerste Geschicklichkeit der Ausführung, nichts was außerhalb dieser Werke liegt, kann ihnen die Mitgift rauben, auf dem ‚Eckstein der Ursprünglichkeit' zu ruhen" (Breton 1967, 299).

Das 1944 von DeWitt Peters gegründete „Centre d'Art" gibt es noch. Ich konnte, wie auch im „Musée d'Art Haïtien" und in den Galerien Nader und Monnin in Ruhe schauen und fragen und fotografieren. Dazu kam das von der „L'Association pour la Promotion des Arts du Monde" durch Michèle Grandjean herausgegebene Buch „Artistes en Haiti" (1997) und der im Rahmen des Festivals der Weltkulturen erschienene Katalog „Kunst aus Haiti" (1979), die mir vor allem durch die abgedruckten Selbstdarstellungen der Künstler viele Einblicke in ihr künstlerisches Selbstverständnis gaben. Eigene Gespräche mit Künstlern ergänzten das Gesehene und Gelesene. Das „Ich liebe diese Kunst" von Philomé Obin gilt sicher noch immer für diese Künstler. „Meine Leidenschaft, das ist die Malerei ... Ich arbeite, oh, wie ich das liebe" (Armelin Delinois in: Grandjean 1997, 42) oder: „Wenn ich male, bin ich glücklich. Descartes hat gesagt, ‚ich denke, also bin ich'. Ich sage ‚ich male, also bin ich'" (Esdras Cadet in: ebd. 29) oder: „Ich singe und ich male aus ganzem Herzen gegen das Unrecht, gegen das Elend. Und für die Liebe" (Jean Dieubéni Cupidon in: ebd. 37).

Die Bilder lassen sich bei aller Verschiedenheit in Farb- und Formgebung und Komposition den großen Themen von Religion (Vodou und seine Mischform mit dem Katholizismus), Geschichte Haitis, wofür vor allem auch Philomé Obin und Jaques-Richard Chéry stehen, und der haitianischen Landschaft und dem Alltagsleben zuordnen. Ein weiteres außerordentlich häufiges Thema sind die Tierdarstellungen, entweder im Dschungelstil, der oft an Henri Rousseaus Dschungelbilder erinnert, oder surreale und satirische Bilder, mit denen der konvertierte Protestant und Prediger Jasmin Joseph weltweit besondere Aufmerksamkeit gefunden hat. Ein anderer Tiermaler, Francois Lemercier Dominique, der 1990 Gründungspräsident der „Société Haïtienne de la Culture" wurde, schreibt über seine Bilder: „Ich bin ein Surrealist, der von La Fontaine, der die Tiere sprechen ließ, inspiriert wurde. Ich stelle die Tiere in einer Zivilisation dar, die derjenigen der Haitianer vollkommen vergleichbar ist ... Man hat mir gesagt, daß ich in der Art von Chagall male. Ich weiß es nicht. Ich habe Chagall viel später entdeckt" (in: Grandjean 1997, 48).

Philton Latortue

Imaginationen der Nähe. Naive Malerei

Einen anderen „Animalisten", er aus der jüngeren Generation (Jahrgang 1968), lernte ich 1998 im „Musée d'Art Haïtien" kennen, als einen der vier Maler des Wandgemäldes „Fresque du Souvenir", das im Rahmen der „Semaine du Souvenir de la Traite et de l'Esclavage" entstand (s. Greverus 2002a, 280f.). Es war Frantz Zéphirin, von dem die rahmenden Randfiguren, der kaimanköpfige Sklaventreiber, Sinnbild des alten kolonialen Systems, und der doppelköpfige neue Kolonisator, die USA und Frankreich, stammen. Dazu schrieb mir im Oktober 1999 Frantz Zéphirin:[32] „Ich will zeigen, daß es keinen Unterschied zwischen den Konquistadoren, die vor mehr als 500 Jahren auf der Suche nach Gold mit ihren Karavellen hierher kamen, und den neuen Kolonisatoren gibt, die jetzt mit ihren Flugzeugträgern, Unterseebooten und Bombengeschwadern landen". In seiner offiziellen Selbstdarstellung sagt er: „Meine Eingebung kommt aus der Gegenwart, aus der Geschichte, aus der Bibel, aus dem, was sich in der Nachbarschaft ereignet". Frantz Zéphirin ist bei seiner Großmutter, einer Stickerin, aufgewachsen.[33] Er zeichnete schon als kleiner Junge Blumenmodelle für sie und als Siebenjähriger verkaufte er kleine Bilder an Touristen. Er wollte malen und, wie er es später ausdrückte, „etwas Außergewöhnliches schaffen". Von dem Maler Antoine Obin, einem Sohn von Philomé Obin, unterstützt, gelang es ihm bald seinen eigenen Stil zu entwickeln. Bereits 1983, also mit 15 Jahren, war er auf seiner ersten Ausstellung in seiner Heimatstadt Cap-Haïtien vertreten, der zahlreiche weiter Kollektiv- und Einzelausstellungen im In- und Ausland folgten, wobei die USA an erster Stelle steht.[34]

Im Oktober 2000 schrieb mir Frantz Zéphirin einen Brief, der „nahe Fremde" (Greverus 1995a, 276f.) als Vertrauen und Dialog zwischen Menschen, die sich eigentlich fremd sind, vermittelte. Er versuche, sich aus den Verstrickungen in ein exzessives Leben zu befreien, die „Irrtümer der Vergangenheit auszugleichen" und Kraft aus seiner Kunst zu beziehen: „Ich

---

[32] Zéphirin hatte mir zuvor Fotografien des fertigen Freskos geschickt, da ich Haiti vor der Eröffnung verlassen mußte.

[33] Sein Vater, ein Architekt, hatte 52 Kinder von zwanzig Frauen, davon vier mit Zéphirins Mutter, die Krankenschwester war. Er selbst hatte bereits 1997 acht Kinder in acht verschiedenen Ländern, wie es heißt (Grandjean 1997, 113).

[34] (Grandjean 1997, 113 und Flyer Galerie Nader, Petion-Ville 1998, http://artshaitian.lm.com/Pages/zephbio.html).

beginne wieder zu arbeiten, doch es gelingt mir kein wirklich gutes Bild. Aber die Kunden kaufen und fordern viele Bilder, und ich arbeite langsam auf der Suche nach der Vervollkommnung, die schon immer meine Devise war. Deshalb male ich am Tag und zeichne nachts, immer auf der Suche nach Inspirationen. Es gibt Menschen, die das, was ich zeichne mehr lieben, als das, was ich jetzt male. Ich schicke Dir einige Zeichnungen, die ich während der Nacht geschaffen habe. Du kannst sie Dir rahmen, wenn Du sie magst, oder vielleicht in einem Buch veröffentlichen".

„La rédemption de Satan" von F. Zéphirin

Imaginationen der Nähe. Naive Malerei

„Thank you for traveling with American Airlines" von F. Zéphirin

Frantz Zéphirin wollte 2001 nach Deutschland kommen. Daraus ist wohl nichts geworden, aber bis 2002 hatten wir noch email-Kontakt und er schrieb von seinen Reisen nach Südostasien und Afrika, die für seine künstlerische Erfahrung von großer Bedeutung waren. Daß Zéphirin seinen Stil – und auch seine Käufer – gefunden hat, kann man über die Webseiten seiner Galerien erfahren.[35]

Zéphirin ist Autodidakt. Er bezeichnete sich selbst als „historischen Animalisten" und ordnet sich damit in die Reihe der haitianischen Künstler ein, die surreale Tierdarstellungen entwerfen, um menschliche Gefühle und Verhaltensformen darzustellen und zu kritisieren.

---

[35] Z.B. hat die Galerie Macondo, Pittsburgh, einen direkten Internetzugang zu „Zéphirin Archivs", d.h. verkauften Gemälden, und einen weiteren zu noch verkäuflichen (htpp://artshaitian.lm.com/Pages/zephbio.html).

Surreales Haiti

„Destin des réfugiés" von F. Zéphirin

Mit seinen Zwitterwesen Mensch/Tier, aber auch Mensch/Bauten, mit den vor allem nach der Jahrhundertwende entstandenen religiösen Themen, in denen Christentum und Vodou zusammenkommen, mit seinen drohenden Bildern politischer Angriffe und existenzieller Ängste vermittelt Zéphirin viel von der Ambivalenz und Widerspenstigkeit seiner Kultur und wohl auch seiner Person. Diese Themen werden in einer dazu eher kontrastierenden Maltechnik wiedergegeben, diffizil und nahezu „zierlich" wie gestickt oder gewebt, an alte Wandbehänge oder Miniaturen erinnernd, fordern sie zu einer langsamen Näherung, einer Spurensuche im Bild auf. Sollten Erinnerungen an die stickende Großmutter eingegangen sein? Jedenfalls sagte er selbst: „Ich möchte nicht, daß meine Gemälde zu mühelos sind. Ich kann auf sehr kleinen Formaten arbeiten, in eine Miniatur setze ich eine ganze Stadt. Und selbst für die großen Kompositionen benutze ich einen sehr feinen Pinsel" (in: Grandjean 1997, 113).

Imaginationen der Nähe. Naive Malerei

aus dem „Fresque du Souvenir": Sklaventreiber und neuer Kolonisator
von F. Zéphirin

Surreales Haiti

Abendmahl (Ausschnitt) von F. Zéphirin

Der Fuß des Sklaventreibers

Imaginationen der Nähe. Naive Malerei

Felix Brioché

Gabriel Coutard

Surreales Haiti

Bau der Citadelle La Ferriere (Ausschnitt) von Jacques-Richard Chéry

Imaginationen der Nähe. Naive Malerei

Gedanken über die Großen Einfachen und ihren „Wert" [36]

Viele der haitianischen Bilder sind Bilder einer Auseinandersetzung mit der Identität des eigenen Volkes und jenen Mächten, die immer wieder – von außen und von innen – an den Grundfesten einer mühsam erworbenen synkretistischen (kreolischen) Eigen-Art rütteln. Zuvörderst die USA, die jedoch gleichzeitig die besten Liebhaber (und Käufer) dieser Kunst stellen. Schizophrenie der reichen Welt? Und was will diese Käuferschicht der reichen Welt? Für die Hlebiner Kunst war sie als Verführung zu einer „artifiziellen Naivität" kritisiert worden. Trifft das auch für die haitianischen „Naiven" zu? Kauft man den „Sinn" der Gemälde oder das sinnliche Berührtwerden (oder beides), um sich in den täglichen Augen-Blicken einer ästhetischen Berührung darauf einzulassen, oder kauft man diese Gemälde als Zeichen für den eigenen (und natürlich über die Broker der Kunstszene bestätigten) subtilen Geschmack (ob man ihn nun hat oder nicht)? Oder kauft man die Bilder als Geldanlage? Muß der Künstler dafür zu einem „individualistischen" Markenzeichen werden, das sich in „Form und Farbe" individuell kategorisierbar verwirklicht? Es gibt genügend Geschichten von Künstlern, die sich nur schwer oder gar nicht aus der einmal festgelegten Rolle befreien konnten. Zunächst denken wir dabei besonders an Schauspieler und Tänzer, aber es betrifft auch die bildenden Künstler. Max Ernst hat sich dagegen zur Wehr gesetzt. „Ein Maler ist verloren, wenn er sich findet. Daß es ihm geglückt ist, sich nicht zu finden, betrachtet Max Ernst als sein eigenes ‚Verdienst'". So steht es auf einem Plakat, das ich mir als Motto über meinen Schreibtisch gehängt habe.
Die Festlegung gilt nun ganz besonders für die naiven Künstler, die Primitivistas, die Autodidakten, die zu Ruhm gekommen sind. Hinter der Festlegung als „authentische Naive" (Pohribny 1984) gegenüber den „artifiziellen Naiven" steht die Idee, daß deren künstlerische Sicht der Welt, es wird von Urelementen, Archetypen (Pohribny 1974) gesprochen, wie ein Geheimnis

---

[36] Der Begriff des Werts bezieht sich hier sowohl auf den ökonomischen als auch auf den sozialen und kulturellen Wert eines Kunstwerks im kapitalistischen Marktsystem einer Kunstwelt. Das gilt für die Händler ebenso wie für die Kritiker und die öffentlichen und privaten Sammler (vgl. hier das Kapitel „Ästhetische Vermittlungen"). Clifford verweist insbesondere auch auf Haiti, wenn es um die Wanderung der Zuordnungen innerhalb verschiedener Bewertungsebenen zwischen Kunst, Folklore und „Touristenkunst" geht (Clifford 1988, 225).

einfach da ist, aber auch keiner Entwicklung fähig. „Für den Naiven gibt es keine Frage: die Welt ist kategorisch so, wie er sie darstellt. ... sein Lebenswerk weist keine Entwicklung auf. Sein erstes Bild wird bereits mit der vollen Intensität einer in ihrer Isoliertheit komprimierten Gestaltungskraft geleistet" (Krimmel 1981, 12). Die Entdecker und Lehrer der „Naiven", oft selbst Künstler, tragen nicht unerheblich zu solchen Gedanken bei, so, wenn Pérez de la Rocha davon spricht, daß die naive Malerei ihren Zauber verlöre, wenn man sie „intellektualisiert". Das Beispiel von Solentiname mag hierfür gelten, wobei die politische Unterstützung (und Lenkung) zu einer Ästhetik des „Volkes" ebenso auf Unveränderliches, Volkstümliches, Nationales pochte. Das Ende der politischen Zuwendung bedeutet dann auch oft das Ende der künstlerischen „Karrieren". Wenn da der Tourismusmarkt nicht wäre, der aus dem volkstümlich Unveränderlichen ein exotisch Unveränderliches stilisiert und vermarktet. Das gelingt natürlich besonders, wenn das jeweilige Land der naiven Maler für die potentiellen touristischen Käufer sich insgesamt exotisch vermarkten kann und will. Die kroatischen Bauernmaler haben es da schwerer als die nicaraguanischen, denn Kroatien kann und will in seinem Bestreben auf den europäischen Anschluß nicht exotisiert werden. Und auf dem Tourismusmarkt verkauft sich naive Malerei als unveränderlicher Exotismus.

Sind die haitianischen Künstler diesem Teufelskreis entgangen, weil sie in einem Staat leben müssen, dessen innere Widersprüche und Machtverhältnisse ihn zu einer Festung machen, in der ein Tourismus nur wenig Chancen hat? Das allein kann es nicht sein, denn Fichtes Beschreibung von Straßenhandel und einer Überproduktion naiver Kunst stimmt noch immer. Und die Touristen kommen auf jeden Fall scharen- und busweise zu Tagestouren aus der benachbarten Dominikanischen Republik. Was also hat das andere Überleben der naiven Malerei auf Haiti bewirkt? Sicher sind es mehrere Faktoren. Zunächst stand die „naive" Kunst der haitianischen Autodidakten nicht, wie in den europäischen Ländern, einer anerkannten nationalen akademischen Kunst gegenüber, denn die Kunstakademien der jungen Republik waren eng auf Frankreich bezogen. Die Naiven wurden nicht als nationales und politisches (sozialistisches) Kapital aus dem eigenen Land entdeckt, sondern die Entdecker kamen von außen. Es waren vor allem der Amerikaner DeWitt Peters und die französischen Surrealisten, die wiederum im Ausland den Künstlern zu Ausstellungen und Anerkennung verhalfen. Die Lehre in dem Centre d'Art war nicht auf eine Schule zur Erhaltung eines Naiven ausgerichtet, sondern setzte auf Entwicklung. Durch die internationale Aufmerksamkeit, Migrationserfahrungen, vor allem in den USA, und die Beziehungen zu Frankreich wurde der Horizont der haitianischen Künstler ständig erweitert. Andererseits hat ihr Ringen um eine künstlerische Eigen-Art und eine haitianische Identität ihnen jene Themen gegeben, die aus ihrer Geschichte, den afrikanischen Wurzeln, hier insbesondere des Vodou, der Sklavengeschichte und der Ambivalenz des Daseins in der Geschichte der ersten schwarzen Republik bis heute gespeist werden. Aus dieser Vielfalt der Ursachen konnte sich die Kunst der Autodidakten zu der führenden nationalen Kunst Haitis entwickeln, deren Kraft auch durch die schlechten Nachahmungen der Straßenkünstler nicht geschmälert wird.

Die Wege zu neuen ästhetischen Erfahrungen und Aussagen sind es, die den Topos des Lebendigen erhalten. Dem so vielfach postulierten Verharren in einer aus der Isoliertheit erwachsenen geistigen Dimension stehen auch die Aussagen der Künstler selbst entgegen. Sie suchen nach Entwicklung in einer eigenständigen ästhetischen Auseinandersetzung mit ihrer Welt. Sind sie deshalb alle „artifizielle Naive", denen die Lüge derer innewohnt, die vom Baum der Erkenntnis gegessen haben?
Begann das mit Henri Rousseau und seiner Entdeckung durch die Künstler einer Avantgarde, die ihn zum Künder einer neuen ästhetischen Vermittlung machten, so daß er 1908 zu Picasso gesagt haben soll: „Wir sind die beiden größten Maler unserer Zeit" (Bihalji-Merin 1975, 14). In Kandinskys Ausführungen über die große Abstraktion und die große Realistik (immer wieder als das Große Reale zitiert) und den inneren Klang wird Henri Rousseau zum „Vater dieser Realistik" (Kandinsky 1987, 172): „Die vollkommen und ausschließlich einfach gegebene äußere Hülse des Dinges ... ist schon das Herausklingen des Inneren. ... Henri Rousseau hat den neuen Möglichkeiten der Einfachheit den Weg eröffnet". Im Hörenkönnen des Lebens aus der „notwendigen Form" (der „äußeren Hülse") mündet der Gegensatz zwischen großer Realistik und großer Abstraktion im gemeinsamen Ziel der Kunst: „Die größte Verschiedenheit im Äußeren wird zur größten Gleichheit im Inneren" (ebd. 156). Die (akademische) Form des künstlerisch Erlernten entwertet sich im Sinne der „inneren Notwendig-

keit" zugunsten der (autodidaktischen) Formenvielfalt oder Freiheit, die „den Geist hörbar macht" (ebd. 143). „... man darf nicht aus einer Form eine Uniform machen", erläutert Kandinsky. „Eine und dieselbe Form kann also weiter auch bei demselben Künstler einmal die beste, ein anderes Mal die schlechteste sein. Im ersten Fall ist sie auf dem Boden der inneren Notwendigkeit gewachsen, im zweiten – auf dem Boden der äußeren Notwendigkeit: aus dem Ehrgeiz und der Habsucht" (ebd. 142). Allerdings, auch ein Künstler muß überleben können, das sollten wir nicht mit Habsucht verwechseln. Die äußere Notwendigkeit wird eher von einem Markt diktiert, bei dem die Händler und Käufer auf das äußerlich Wiedererkennbare und in seinem Wert Einschätzbare setzen. Das verführt auch die Künstler zur Wiederholung von eigenen oder fremden anerkannten Formelementen.[37]

Auch die „Naiven", vielleicht sollte man sie jetzt einfach einmal die „Großen Einfachen" nennen, haben für die Avantgarde einen Weg gezeigt, der aus der akademischen Formfrage in die „große Freiheit" der Kunst führte. Vergessen wir jetzt einmal die Auseinandersetzung um „authentische Naive" und „artifizielle Naive". Vergessen wir auch die Idee der „Unschuld" eines nahezu bewußtseinslosen Schaffens aus „Urgründen" in der naiven Malerei. Jeder Künstler reflektiert in seinem ästhetischen Prozeß Erfahrenes und Darzustellendes. Er will Sinn über eine sinnliche Wahrnehmung vermitteln. Sein Werk, sei es ein Text, Bild, Musik, Tanz, Performance oder ein Bauwerk, ist das Medium dieser Vermittlung. Wenn es den Anderen berührt und auch ihn zum Reflektieren bewegt, dann ist es ein gutes Werk. Und dieses gute Werk kann es nur werden, wenn die äußere Form den Sinn zum Sprechen bringt. Dazu gehört natürlich auch der gute Empfänger der Botschaft.

Vergessen wir, um die Großen Einfachen zu verstehen, schließlich auch die postulierte Zeitlosigkeit ihrer Kunst.[38] Naive Malerei ist nicht geschichtslos, sondern eingebettet in Zeitgeschichte, in die Geschichte der Welt, in

---

[37] Vgl. dazu auch die Kapitel „Ein Tag im Leben der Mongolei" und „Gegenwartskunst australischer Aborigines".

[38] „Die einzige wirklich außerhalb alles Geschichtlichen existente Kunst, die keine biologische Stufe und keine psychische Belastung darstellt, ist die Kunst der Naiven, die zeitlos und unbelastet vom Wissen und Leid der Zivilisation das Land der Ursprünglichkeit betreten darf" (Bihalji-Merin 1975, 23).

nationale und regionale Geschichte und die soziale Geschichte der alltäglich erfahrenen Geschichten. Ihre Lebendigkeit, ihre Beharrung und auch ihr Untergang und ihr Wiederauftauchen lebt in und aus diesem Kontext von Raum und Zeit. Unsere drei Beispiele haben diese kulturelle Verschiedenheit deutlich gezeigt. Deshalb muß die wissenschaftliche Spurensuche nach der „großen Realistik" einer als naiv bezeichneten Kunst den Interpreten auch immer wieder von dem Berührtwerden durch das Werk zu dem Kontext seiner Entstehung und Wahrnehmung führen.

Ich hatte dieses Kapitel „Imaginationen der Nähe" genannt. Vor allem für die bäuerliche Naive entspricht der Begriff Nähe einem umgangssprachlichen Konsens von Vertrautheit mit der alltäglichen Umwelt, die auch durch die Künstler selbst bestätigt wird, wenn sie immer wieder betonen, daß sie das malen, was „wirklich" ist. Ja, da gibt es die Vulkane, das Meer, den Urwald, die Schmetterlinge und die Schlangen, die Bauern und die Fischer in Nicaragua, auf Solentiname. Da gibt es die kleinen kroatischen Dörfer wie Hlebine, die Schneelandschaft, die Hähne und Kühe und Katzen, die Hochzeiten und die Beerdigungen, die alltäglichen Arbeiten eines bäuerlichen Daseins. Das gibt es auch auf Haiti und in der haitianischen Malerei, natürlich ohne Schneelandschaft. Hier allerdings wird für uns als westlichen Betrachtern des Anderen Nähe auch fremder, geheimnisvoller, bedrohlicher: die fremde Religion Vodou, die sich mit katholischen Momenten durchdringt, die fremde Geschichte einer sich selbst aus der Kolonisation befreienden Sklavenrepublik, obgleich sie doch immer wieder auch die Geschichte unserer westlichen Überlagerung ist.

Die „Entdecker" der Naiven hatten besonders zwei Aspekte hervorgehoben: die ländliche Einfalt und die exotische Einfalt als Imagination von Nähe und von Ferne und als herausragendes Thema für ihre Nachahmer und Liebhaber. Dafür mögen jetzt noch einmal Ivan Generalić und Henri Rousseau stehen.

Die ländliche Umwelt, durchsetzt mit einer Traumwelt, ist das Thema von Generalić, aber es ist nicht die Imagination einer „heilen Nähe", sondern die über eine Spannung von Harmonien und Disharmonien, von Vereinfachung und Detaillierung hergestellte Vermittlung eines gelebten und erlebten Lebens, in dem die Schatten, die Zeitgeschichte wirft, durchaus wahrgenommen werden. Die „Nähe" der Bilder dieses „Großen Einfachen" einer großen Realistik ergibt sich eben nicht aus der flachen Realistik eines Augenscheinlichen, sondern aus der dichten Realistik, aus der Verdichtung des Erfahrenen (Topos des Lebendigen) zu einem darüber hinausweisenden Sinn. Vibrationen, Berührungen, die der Betrachter erleben kann. So hat die Avantgarde der Moderne die Großen Einfachen für sich und ihre Kunst erfahren. Und hier nähern sich die ländliche und die exotische Einfalt als Imaginationen von Nähe und Ferne und lassen sie ineinander verfließen zu jener Imagination der Nähe, die uns zu berühren vermag.

Henri Rousseaus Urwaldbilder haben in ihrer Ferne viele „Schubladen"-Interpretationen gefunden, die er auch selbst mitgeschaffen hat. Das reicht von seinen wohl vermeintlichen militärischen Abenteuern in Mexiko bis zu der Begegnung mit den Werken (und der Person?) des „Troubadours des Exotismus" Pierre Loti, Romancier und Mitglied der französischen Akademie, und bis zu der Realität einer gemalten exotischen Yadwigha als „slawische Frau, die ihm nahegestanden habe" (vgl. Bihalji-Merin 1975, 30ff.). In diesen Interpretationen wird die erträumte Ferne des malenden Kleinbürgers Rousseau wissenschaftlich distanziert kategorisiert. In der Wahrnehmung eines zeitgleichen konservativen Bürgertums wird er als kleinbürgerlicher und dilettantischer Simulant eines exotischen Traums verlacht.

Ob die „Yadwigha aus Hlebine" von Josip Generalić (1975)[39] tatsächlich „zu Ehren des größten naiven Malers aller Zeiten, des Zöllners Henri Rousseau" (Naive Malerei in Jugoslawien 1977) gemalt wurde? Stellt diese andere Yadwigha nicht vielmehr die Auseinandersetzung des Künstlers mit sich selbst und der Verhaftung in „naive" Traditionen dar? Der jungen Yadwigha im Urwald, die mit den wilden Tieren dem Flötenspiel eines jungen Schwarzen lauscht, wird eine gealterte Yadwigha gegenübergestellt, die in ländlicher Landschaft mit etwas dümmlich dreinblickenden Kühen dem Spiel eines ebenso gealterten Hirten auf dem Kontrabaß lauscht. Das ist eine nahezu zynische Auseinandersetzung mit den übermächtigen Traditionen der Großen Einfachen, des fernen Großvaters (Henri Rousseau) und des nahen Vaters (Ivan Generalić) der Naive.

---

[39] Die Zeichnung von 1975 ist nach dem gleichnamigen Bild von 1973 entstanden.

Imaginationen der Nähe. Naive Malerei

„Traum der Yadwigha" von H. Rousseau

Die Entdeckung Henri Rousseaus war eine historische, dankte sich der Suche einer Avantgarde *gegen* ästhetische Beharrung und *für* ästhetischen Wandel. Er wird als Wegweiser zu einem Traum des Ursprünglichen gesehen. Imagination der nahen Fremde? In meiner Interpretation des Begriffs einer nahen Fremde (Greverus 1988) gehe ich nicht nur von der geographischen und sozialen Nähe oder dem Bekanntheitsgrad einer Kultur aus, sondern auch von der Nähe, die eine fremde, eine ferne Kultur für die Entfaltung unserer menschlichen Möglichkeiten bedeuten kann. „Aura ist die Erscheinung einer Ferne, so nah das sein mag, was sie hervorruft", sagte Walter Benjamin (1983, 560).

Gedanken über die Großen Einfachen und ihren „Wert"

„Yadwigha aus Hlebine" von J. Generalić

Wenn das geographisch, sozial und kulturell Ferne und Fremde so vieler naiver Bilder uns nah wird, wenn die Form- und Farbsprache zwischen realistischer und surrealistischer Vereinfachung unsere Sinne berührt, wenn sich der Sinn des Bildes unserer bemächtigt und uns zur Reflexion, zur Spurensuche führt, dann ist es dem Künstler gelungen, uns in eine Aura einzubeziehen, uns an seiner Imagination der Nähe des Fernen teilhaben zu lassen. Dann wird auch ferne Geschichte nahe. Daß es vor allem den haitianischen Künstlern gelungen ist, diese Kunst der Großen Einfachen als Imagination der Nähe in eine zeitlich fortwirkende haitianische Eigen-Art zu führen, ist sicher auch der Einbettung in einen, wenn auch noch so unerwünschten, Zwischenraum zu danken, der kreative Hybridität in einer Identitätssuche von Menschen herausfordert, die politisch und ökonomisch immer wieder in innere und äußere Migration getrieben werden.

Ein Tag im Leben der Mongolei

Ein Bild wird entdeckt

„Es gibt viele Legenden, aber wenig Literatur über ihn", sagte die Leiterin und Lehrerin Tsultemin Narmandakh des Instituts der Schönen Künste in Ulaanbaatar über den Maler Balduugiin Sharav. Eine dieser immer wiederholten „Legenden" bezieht sich auf seinen Humor, der so groß war, daß der Bogd Khan ihm den Namen Marzan, der Ironische, der Humorvolle, der Spötter und Spaßvogel, gegeben haben soll.[1] Diesen Humor strahlen seine Bilder auch noch heute auf uns aus. In der ausführlichen Bildbeschreibung für „Ein Tag der Mongolei" von Lomakina (1974) wird zum Beispiel auf die Ironie hingewiesen, mit der Konfliktsituationen hervorgehoben werden: während sich die Bewohner der benachbarten Jurten mit der lebensnotwendigen Filzherstellung als Gemeinschaftsarbeit[2] beschäftigen, macht ein Paar in Liebe. Der betrogene Ehemann nähert sich barfuß und kriechend diesen beiden. Eine Frau trägt einen Eimer voll Wasser zu den Filzarbeitern, aber das Wasser fließt durch ein Loch auf den Boden. Ein betrunkener Reiter fällt vor der Tür einer Familie, die ein Fest gestaltet, vom Pferd. Die Braut wird zu ihrem zukünftigen Heim gebracht und, ungeachtet der Bedeutung dieser Handlung, pinkelt ein Mann dort im Hintergrund.

Als ich zu meiner ersten Reise in die Mongolei aufbrach,[3] hatte mich ein Reiseführer darauf aufmerksam gemacht, daß „die verschiedenen Lebensweltzyklen und vor allen Dingen der Humor der untereinander verwobenen

---

[1] Im folgenden beziehe ich mich für die Darstellung des Lebens und der Kunst von Marzan Sharav auf Gespräche, insbesondere das lange Interview mit Tsultemin Narmandakh, wofür ich ihr ebenso herzlich danke wie meiner Freundin Saruul Tugs (Agwaandorjiin) für unsere vielen Gespräche und ihre Übersetzungen aus dem Buch von Lomakina zu Marzan Sharav (1974). An Literatur verweise ich weiterhin auf: Schulze, Tradition und Gegenwart in der neueren mongolischen Malerei 1973; 1977; Schulze, Mongolische Malerei 1979; Mongol Zurag 1986; Heissig, Müller, Die Mongolen 1989; Narantuya, One Day of Mongolia 2003; www.mongolart.mn/fine_art_painting.php; www.mogolia.org.hk/english/country_info/country_info-5-03.htm (Folk and Professional Art). Und natürlich beziehe ich mich auch auf das, was ich mit eigenen Augen gesehen habe, die Bilder und das Leben heute.

Darstellungen" in dem Bild „Ein Tag (im Leben) der Mongolei" (Monglyn neg udur) von Sharav „wirklich ein halbes Stündchen extra wert" seien (Forkert, Stelling 1999, 179). Nun, ich habe viele Stunden und Tage bei meinen zwei Aufenthalten in der Mongolei (2000, 2003) mit dem „einen Tag" verbracht: vor den Bildern Sharavs selbst und denen seiner künstlerischen und tourismusorientierten Nachahmer, beim Durchblättern von Bildbänden und beim Lesen von Büchern hier wie dort, und nicht zuletzt mit der Spurensuche nach einem nomadischen Alltag heute und seinem Vergleich mit einem gemalten Alltag, der beinahe hundert Jahre zurückliegt. Von diesen Begegnungen möchte ich erzählen, um die ästhetischen Vermittlungen, ihre Orte und Zeichen, in ihrem Raum und ihrer Zeit zu rekonstruieren, nach dem Warum, dem Woher und Wohin zwischen damals und heute in einem ästhetischen Handeln zu fragen, das zwischen einem Eigenen, Tsultemin Narmandakh hat es die „Mongolische Seele" genannt, und einem Fremden um Verstehen und um Verständnis ringt. Denn, und das ist die andere Seite der Begegnungen, auch diese mongolische Seele lernt es, sich ästhetisch zu vermarkten, ihre „nomadische Seele" touristisch feilzubieten, sich des nomadologischen Othering[4] selbstbezogen zu bedienen, um sich, wenn auch noch in der Peripherie, in einer globalisierten Welt einzurichten.

---

[2] Die Filzmatten als Dach- und Wandbespannung und als Teppiche ermöglichen nicht nur das Überstehen der kalten Winter in den Jurten, sondern sind gleichzeitig in ihrer kunstvollen Applizierung Prestigeobjekte und Handelsobjekte. Schon im 2. Jahrhundert v. Chr. lieferten Nomaden Filzteppiche nach China (Ronge 1989). Die Filzherstellung ist noch heute eine Gemeinschaftsarbeit, die von einem meist verwandtschaftlichen Zusammenschluß von mehreren benachbarten Jurten durchgeführt wird (vgl. Murzaev 1954, 47). Als ich 2003 in einer Jurte der Süd-Gobi von relativ reichen Nomaden bei der Hausfrau und ihren kleinen Söhnen zu Gast war, kam der Großvater, um den Gemeinschaftstermin für die Filzherstellung zu verabreden. Die Situation vermittelte Ambivalenz. Der Großvater war von seinem Job als Lastwagenfahrer in die Wüste „heimgekehrt". Traditioneller Nomade? Demnächst wollte er wieder zurück nach Ulaanbaatar, um seinen Enkeln Schul- und Universitätsbildung zu ermöglichen. Zurück zur Filzherstellung: sie ist immer noch lebensnotwendig und prestigeträchtig für die einen, aber auch geschäftsträchtig für die anderen: kein Tourismusladen ohne Filzarbeiten. Und dann hat mir unser Fahrer und Interpret durch die Wüste Gobi ein kleines Filznadelkissen seiner Enkelin geschenkt.
[3] Vgl. Greverus 2002d.
[4] Vgl. Greverus 2002, 170ff., 2002d, 222ff.

Marzan Sharav in der mongolischen Geschichte

Wer war dieser Marzan Sharav? Die Lebensgeschichte beginnt, wie jede herausragende mongolische Lebensgeschichte, in einer Jurte irgendwo in der Weite eines Landes, das von nomadischer Kultur geprägt ist.

Geburt in der Jurte (aus „Ein Tag in der Mongolei") von M. Sharav

Hier war es das Jahr 1869, in dem Balduugiin in der Gobi-Altai das Licht der Welt erblickte. Aus seiner Kindheit gibt es wohl keine Geschichten, es sei denn, wir nehmen wiederum seine Bilder mit den Darstellungen des kindlichen Dabeiseins als ästhetische Vermittlungen einer rekonstruierten Erfahrung.

Marzan Sharav in der mongolischen Geschichte

Ringkampf der Kinder (Ausschnitt) Sharav-Stil

Irgendwann beginnt die religiöse Geschichte des jungen Sharav. Der Lamaismus, die tibetische Variante des Buddhismus, hatte die Mongolei als vereinende Religion erobert. Die weltliche Herrschaft der Steppenkrieger in der Ära des Dschingis Khan und seiner Nachfolger hatte noch eine religiöse Toleranz erlaubt, die von der schamanistischen Volksreligion über Christentum, Islam, Taoismus, Konfuzianismus und Buddhismus reichte, Hochreligionen, die alle ihre Stätten in der Hauptstadt Kara Korum einnahmen (Baabar 1999, 32ff.). Schon im 13. Jahrhundert kam die mongolische Führungsschicht am Hofe des hochgebildeten Hubilai Khan in Datu, dem heutigen Peking, mit tibetischen Mönchen in Kontakt. Hubilai Khan hatte in seinem Bestreben nach einer Einigung der mongolischen Völker über eine Staatsreligion den tibetischen Buddhismus erwählt, der allerdings jenseits des mongolischen Hofadels beim mongolischen Volk nicht Fuß faßte. Erst seit dem 16. Jahrhundert erreichte der tibetische Buddhismus über die sogenannte Gelbmützen-Schule die gesamte Mongolei und verdrängte die anderen Religionen, wobei Elemente des Schamanismus durchaus einverleibt wurden (ebd. 68ff.) „Bataillone von buddhistischen Mönchen" wurden aus Tibet in die Mongolei geschickt, die mandschurischen Herrscher

245

unterstützten die Verbreitung der „Gelben Religion" in der Mongolei auf jede mögliche Art, um die „kriegerischen" Mongolen umzuerziehen: „Die Manchu hatten es schnell verstanden, daß die wilden und kriegerischen Mongolen durch die der Gelben Religion innewohnende Passivität demütig gestimmt werden könnten" (ebd. 71). Die Äußere Mongolei gehörte zu Beginn des 20. Jahrhunderts zu den religiösesten Ländern der Welt. Nahezu 800 Tempel und Klöster, die wohl 100.000 Lamas beherbergten, überzogen das Land (ebd. 99). Das Prestige des Mönchswesens führte dazu, „daß Anfang dieses Jahrhunderts jede mongolische Familie in der Regel einen Sohn als Mönch in ein Kloster schickte, um in Vertretung für sämtliche Angehörige, ‚die Gebetstrommel zu rühren'" (Forkert, Stelling 1999, 162). Und dazu gehörte der kleine Balduugiin Sharav, der als Achtjähriger in ein Kloster der Region kam.

Junge Mönche im Jahr 2000

Hier beginnt wohl auch sein Weg in die Malerei. „Es wird berichtet, daß der Fürst dieser Region, der Zasa Khan, ein von Scharaw gemaltes Bild dem Bogdo Gegen[5] schenkte. Angeblich gefiel es dem Bogdo so, daß er den Fürsten bat, ihm den Maler zu schicken" (Schulze 1979, 10). Sharav begab sich als Wandermönch auf den Weg und muß in den neunziger Jahren des 19. Jahrhunderts die Hauptstadt, das heutige Ulaanbaatar,[6] erreicht haben. Dort wurde er Schüler einheimischer Meister. Sharav malte nicht nur Götterbilder, sondern auch den Bogd Khan und seine Frau, 1924 entstand ein Porträt von Lenin, 1930 ein Porträt des 1923 verstorbenen Volkshelden Suchbaatar.[7] Wie eng die Beziehung zum Bogd Khan war, können wir daraus entnehmen, daß er ihn porträtieren konnte, daß er den Sommer- und den Winterpalast malte, Bilder, die heute noch in den Räumen des Winterpalastes hängen. Hier deuten sich schon die charakteristischen Merkmale eines „naiven" Stils an, der ihn mit seinen beiden großen Gemälden zum nomadischen Alltag berühmt gemacht hat.

Doch Sharav war nicht allein. Er gehörte jener Urga-Schule an, die ihre Kunst in und mit den nationalen Krisen und Errungenschaften ihrer re-

---

[5] Der Bogd Gegeen war das Oberhaupt der mongolischen Buddhisten. Seine achte Inkarnation wurde 1911 als Bogd Khan auch der weltliche Herrscher der nunmehr autonomen Mongolei. Das heutige Bogd-Khan-Museum ist der ehemalige Winterpalast.

[6] Die Stadt Ulaanbaatar (Roter Recke/Held) erhielt ihren heutigen Namen (auch Ulan Bator) nach der Volksrevolution von 1924. Ihre Gründungsgeschichte geht mit verschiedenen Standorten und verschiedenen Namen bis zu der Nomadensiedlung Urga (Urgöö = Palastjurte) zurück, in der 1639 das Oberhaupt der Buddhisten in sein Kloster einzog (vgl. Forkert, Stelling 1999, 186f.)

[7] Suchbaatar wurde 1894 in einer armen Mongolenfamilie geboren. Er trat mit 18 Jahren in die Armee der autonomen Mongolei ein und wurde nach der chinesischen Besetzung ein Organisator der revolutionären Bewegung. Die 1919 gegründeten beiden Geheimbünde unter Suchbaatar und Tschoibalsan, die sich 1920 zur mongolischen Volkspartei vereinten, wurden von russischen Kommunisten unterstützt. Suchbaatar zeichnete sich im Kampf gegen die Armee des Generalleutnants Baron von Ungern-Sternberg aus, der die Mongolei zum Schauplatz des russischen Bürgerkriegs gemacht hatte. Mithilfe von Partisanenverbänden unterstützte er die Rote Armee gegen die chinesische Garnison in der Hauptstadt und die Truppe des Barons. Im November 1921 wurde die revolutionäre Volksregierung der Mongolei ausgerufen. Bereits 1923 verstarb Suchbaatar mit erst 29 Jahren. Er soll vergiftet worden sein (Thiel 1958, 175ff.; Baabar 1999, 193ff.). Auf dem Suchbaatar-Platz in Ulaanbaatar steht sein Reiterdenkmal und dem Parlamentsgebäude vorgelagert ist das Mausoleum der beiden Revolutionshelden Suchbaatar und Tschoibalsan.

volutionären Zeit gestaltete. Im Zentrum ihrer Malerei standen nun nicht mehr die lamaistischen Ikonen und Applikationen, sondern Gemälde zu dem festlichen und alltäglichen Leben in der Mongolei. Menschenmengen und soziale Themen, aber auch die enge Beziehung zwischen Mensch und Tier, machen den erzählerischen Charakter dieser Bilder aus. Die Hinwendung zu einem nationalen, eben einem mongolischen weltlichen Alltag in diesen Bildern kann durchaus in die geistigen Bemühungen des damaligen Kampfes um Freiheit und Unabhängigkeit eingeordnet werden.

Im Oktober 1911 brach die Quing-Dynastie zusammen und damit endete eine mehr als 200jährige mandschurische Herrschaft über die Mongolei.[8] Während die Innere Mongolei bei China verblieb, erklärte die Äußere Mongolei am 30.Dezember 1911 ihre Unabhängigkeit, wenngleich die alte gesellschaftliche Ordnung mit chinesischem Recht und russischen Handelsvorrechten weiterhin erhalten blieb. Trotz der Bemühungen des Bogd Khan um internationale Anerkennung hatten die Länder China, Japan und Rußland in der Zeit ihrer eigenen Neuordnung wenig Interesse an dem Erstarken eines weiteren unabhängigen Landes im Fernen Osten. So scheiterten auch die diplomatischen Bemühungen um ein pan-mongolisches Reich. In einer neunmonatigen Konferenz von 1914–1915 zwischen Rußland, China und der Mongolei wurde schließlich die Mongolei unter Bogd Khan zu einer autonomen Region der Republik China erklärt. Das machte die Unabhängigkeit letztendlich zu einer Farce. In der Folge der russischen Oktoberrevolution von 1917 kam die Mongolei wieder unter chinesische Oberherrschaft. Das führte zum politischen Widerstand von Geheimbünden, die in engem Kontakt zur russischen Revolution standen und 1920 die Mongolische Volkspartei gründeten. Gemeinsam mit der Roten Armee schlugen mongolische Partisanenverbände 1921 sowohl den chinesischen Widerstand nieder als auch die Truppe des weißgardistischen Generalleutnants Baron Ungern-Sternberg, der die Mongolei besetzt und zum Schauplatz eines russischen Bürgerkriegs gemacht hatte, um die Rote Armee in Sibirien zu schlagen. 1921 wurde die Revolutionäre Volksregierung der Mongolei ausgerufen, allerdings blieb der Bogd Khan bis zu seinem Tod 1924 Staatsoberhaupt. Von 1924 bis 1990 stand die Mongolische Volksrepublik unter dem dominanten Einfluß der Sowjetunion. Der Aufbau des

---

[8] Für die folgenden Ausführungen vgl. Baabar 1999, 101ff.

Sozialismus war das erklärte Ziel der Mongolischen Revolutionären Volkspartei.[9] Der Widerstand gegen die Politik der Partei ging vor allem von den lamaistischen Klöstern aus. Der Aufstand gegen die Kopierung eines sowjetischen Vorbilds von 1932 führte zur Vernichtung der Klöster und Gebetsstätten und zum Genozid an den Lamas und jungen mongolischen Intellektuellen während der gesamten dreißiger Jahre. In dieser Zeit, 1939, starb Marzan Sharav.

Der Maler Sharav

Sharavs künstlerisches Leben hat viele Epochen ästhetischer Vermittlungen von gesellschaftlichen Transformationen erlebt. Aufgewachsen in der lamaistischen Tradition der Ikonendarstellung, wandelten sich Inhalt und Stil zu einer nationalen Aussage über das alltägliche und festliche Leben der Mongolen in der befreiten autonomen Mongolei, wobei Traditionen der mongolischen Malerei vor allem aus den Tierdarstellungen der Wandmalereien und aus der Volkskunst aufgegriffen wurden. Mit diesen Bildern hat er, auch durch die kopierenden Nachahmer, jenen traditionellen nationalen mongolischen Stil mitgeprägt, der auch in der mongolischen Malerei des sozialistischen Realismus weiterwirkte (vgl. Schulze 1979) und noch heute an der Akademie der Schönen Künste neben der westlichen Kunst gelehrt wird, aber auch über eine touristische Verkaufskunst eine nationale Ästhetik nomadischer mongolischer Steppenkultur vermittelt.

---

[9] Das Attribut revolutionär wurde auf dem 3. Parteitag der mongolischen Volkspartei eingeführt.

Ein Tag im Leben der Mongolei

Wandgemälde im Kloster Erdenedsuu /Kara-Korum

Wandgemälde im Kloster Erdenedsuu /Kara-Korum

Der Maler Sharav

Bildausschnitt „Airag-Fest" (Kopie)

Schülerzeichnung, Akademie der Schönen Künste /Ulanbator

In dem 1979 veröffentlichten Buch von Schulze in einem Verlag der ehemaligen DDR wird Sharav als ein Wegbereiter der Revolution von 1921 gefeiert. Sein Leninporträt, seine posthume Porträtierung des Volkshelden Suchbaatar, seine Mitgliedschaft in der Mongolischen Revolutionären Volkspartei seit 1923 und die volkstümlichen Holzschnitte und Plakate in der kommunistischen Presse, die „vermutlich nach Entwürfen Scharaws" entstanden sind, machen ihn zu einem Beispiel für den „Übergang vom Nomadenfeudalismus zum Sozialismus, der sich im Werdegang dieses Malers widerspiegelt". „Die Werke Scharaws", so die Autorin, „genießen in der MVR ein Ansehen, das der in den europäischen sozialistischen Ländern immer stärker zu Bewußtsein kommenden Bedeutung proletarisch-revolutionärer Kunst entsprechen dürfte" (Schulze 1979, 13).

Die Legendenbildung um Sharav beruht mit ihrem „vermutlich" auf der nationalen und internationalen Konstruktion einer religiös, national, sozialistisch-international und „global" oder kommerziell ausgeschlachteten Künstlerbiographie. Da wird der Einwand einer Kennerin der mongolischen Kunsttradition wie Tsultemin Narmandakh, daß die Autorenschaft Sharavs in den vielen ihm zugeschriebenen Werken einer gründlichen Überprüfung bedarf, nahezu obsolet. Es geht nicht mehr um die Person des Künstlers, sondern um seine Stellvertretung in der ästhetischen Vermittlung einer Ideologie.

Meine Suche nach dem Künstler-Menschen und seinen Erfahrungen, der sich hinter diesen ideologischen Konstruktionen verbirgt, bleibt ein Dialog mit Bildern und fremden Interpretationen dieser Bilder als ästhetischen Vermittlungen. Seine Bilder sind Zeichen in Orten, die ich „mit allen Sinnen" wahrnehme, einmalig und doch vermittelt, denn auch mein ethnographischer Blick auf Unmittelbares wie ein Bild ist geprägt von historischen Erfahrungen, von Texten der Anderen zu diesem Bild. Und ich weiß, daß ich mit meiner ästhetischen Erfahrung und ihrer Vermittlung nur eine weitere Variante in diese Konstruktion einer Künstlerbiographie einbringe. Hilft mir mein Blick aus der Ferne?

„Ein Tag der Mongolei" – nicht ein Bogd Khan- oder ein Lenin-Porträt (aber diese Porträts haben mich in meinen Recherchen ziemlich aufgehalten!) –, das war das Bild, das ich gesucht habe. Wiederum nach der Legende soll der Bogd Khan nach seiner Inthronisation als nicht nur religiöses, sondern auch weltliches Oberhaupt einen Künstlerwettbewerb veranstaltet haben, bei dem es um die Darstellung eines mongolischen Alltags als nationale Identitätsgewißheit ging. Sharav soll diesen Wettbewerb gewonnen haben. Für mich als reisende Anthropologin, die das Fremde verstehen will, machte dieses Bild mongolische Wirklichkeiten erfahrbar. Ich hatte den ehrgeizigen Ethnologenplan, die Abbildungen des Alltags mit der alltäglichen Realität zu vergleichen. Ich habe das Bild, oder besser die zwei Bilder, denn das „Airag-Fest" (oder Kumys-Fest)[10] gehört dazu, gefunden.[11] Beide Bilder hängen im Museum der Schönen Künste und als Kopien, gemalt von dem Kopierer L. Darisuren im Jahre 1961, im Bogd Khan-Museum, und schließlich gibt es sie als Ausschnittkopien und Ausschnittnachahmungen von Malern in der künstlerischen Ausbildung in einer mongolischen Tradition und von Malern in der Vermarktung dieser Tradition.[12]

Das Leben in der Mongolei im 20. Jahrhundert

Baabar beschreibt in seinem Geschichtswerk die Äußere Mongolei um 1913 (Baabar 1999, 167ff.) als ein Land nomadischer Viehzucht, das weit hinter der Zivilisation des 20. Jahrhunderts zurückgeblieben war. Eine im wesentlichen nomadische Bevölkerung von 600.000 bis 700.000 Menschen lebte auf einer Fläche von eineinhalb Millionen Quadratkilometer. 90 Prozent der Bevölkerung gewann ihren Lebensunterhalt durch die nomadische Viehhaltung von nahezu 20 Millionen Tieren der „fünf Tierarten der

---

[10] Airag oder Kumys ist vergorene Stutenmilch, die im Sommer als alkoholisches Getränk hergestellt wird. Schon der reisende Franziskanerpater Wilhelm von Rubruk, der sich in den fünfziger Jahren des 13. Jahrhunderts am Hof des Möngke Khan in der damaligen Hauptstadt Kara Korum aufhielt, berichtete von einem silbernen Baum, aus dessen Zweigen neben anderen alkoholischen Getränken vergorene Stutenmilch fließt (Rubruk 1984, 162f.; vgl. Greverus 2002d, 231).
[11] Es wurde auch berichtet, daß es sich ursprünglich um vier Bilder gehandelt habe, von denen zwei unauffindbar seien. Da es sich bei den beiden vorhandenen Bildern um die Darstellung vom Leben und Arbeiten im Sommer und im Herbst handelt, wurde von der Berichtenden auf die fehlende Frühjahrs- und Winterdarstellung verwiesen.
[12] Bildbeschreibungen finden sich in allen in Fußnote 1 erwähnten Werken, am ausführlichsten in Lominka 1974.

mongolischen Herdenhaltung" (vgl. Veit 1989; Thiel 1958, 215ff.): Pferde, Kamele, Rinder, Schafe und Ziegen. Landbau war bis auf einen geringen Kornanbau für die Subsistenzwirtschaft nicht vorhanden. „Mit anderen Worten", sagt Baabar, „hat sich die Lebensweise der Mongolen in mehr als tausend Jahren kaum verändert". Als eine Ausnahme in dieser Kontinuität beschreibt der Autor die neue lamaistische Religiosität, durch deren „bedrückende Lehre ... die Mongolen vom Genuß der Errungenschaften des 20. Jahrhunderts ausgeschlossen wurden". In den kleinen Gemeinden, die sich um die Klöster gebildet hatten, wurde nach Baabar kein sozialer Wohlstand produziert. Die Siedlungsweise der Viehhalter war zerstreut. Ihre leicht abbaubaren Jurten konnten jeweils zu den, in Abhängigkeit von der Jahreszeit, nutzbaren Weideflächen mitgenommen werden. In den Jurten lebte eine Zwei- bis Drei-Generationenfamilie. Wenn mehrere Jurten in einem Verbund standen, handelte es sich meistens um eine Verwandtschaftsgruppe, die einen Wirtschaftsverbund darstellte (Murzaev 1954, 47; Thiel 1958, 301ff.). Um die Jurten gab es keine Zäune in der Steppe, nur die „unsichtbaren Grenzen", die zwischen den Familienjurten lagen und von allen respektiert wurden (Greverus 2002d, 232). Zwei Phänomene, die immer wieder hervorgehoben werden, sind die anerkannte Stellung der Frau und der Individualismus. Die nomadische Wirtschaft bedingt nicht nur eine geregelte Arbeitsteilung zwischen den Geschlechtern, sondern auch die wechselseitige Anerkennung ihrer wirtschaftlichen Notwendigkeit für den Erhalt der Familie. Der erwähnte Individualismus der nomadischen Mongolen hängt sicher auch mit deren sozialer und ökonomischer Konzentration auf die Familie zusammen.

Eine gewisse Modernisierung allerdings setzte sich nach der Unabhängigkeitserklärung vor allem in dem heutigen Ulaanbaatar durch. Die Stadt war zunächst und zuvörderst der Sitz des theokratischen Herrschers, des Bogd Khan. 1889 sollen allein 13.850 Lamas dort gelebt haben. Handel, Kommerz und Handwerk wurde von Chinesen und Russen getragen, Exportfirmen für den Wollhandel entstanden. Die Mongolen engagierten sich nach 1911 vor allem im Medien- und Schulwesen, wobei auch in der Provinz Schulen errichtet wurden. Schließlich wurde nach westlichem Vorbild eine Regierungs- und Verwaltungsstruktur aufgebaut und versucht, auch den Handel und die Rohstoffe unter eigene Kontrolle zu bekommen. Dennoch bildete in der Mongolischen Volksrepublik die Tierzucht noch die Grundlage der gesamten Volkswirtschaft, Ende der fünfziger Jahre waren noch 80 Prozent der Bevölkerung in der nomadischen Viehhaltung beschäftigt und ein Großteil der Warenproduktion und des Außenhandels entstammten der Viehzucht. Die Kollektivierung der Viehzucht, die Systematisierung der Futterversorgung für den Winter, der Bau von Unterständen und Brunnen gehörten zu den wichtigsten Maßnahmen, um die Viehzucht überlebensfähiger bei Naturkatastrophen zu machen (allein im Winter 1944/45 gingen durch eine besonders ungünstige Witterung drei Millionen Tiere zugrunde) und im Sinne des sozialistischen Systems zu modernisieren. Gleichzeitig wurde in den Ackerbau und vor allem in eine industrielle und urbane Entwicklung investiert (Murzaev 1954, 47ff.; Thiel 1958, 215ff.). Im Parteiprogramm wurde die „Überwindung des Analphabetentums der Araten, die schrittweise Hebung ihres allgemeinen Kulturniveaus durch Überwindung der jahrhundertelangen wirtschaftlichen Stagnation, durch die Entwicklung einer nationalen Industrie, Förderung der Wissenschaften, Kampf gegen Aberglauben und religiöse Vorurteile" (Bauwe-Radna 1976, 294) als Forderung erhoben.

In dem nach 1990 einsetzenden erneuten Transformationsprozeß der Mongolei von einer kommunistischen zu einer kapitalistischen Gesellschaft laufen die Modernisierungsprozesse weiter, allerdings haben politische Instabilität (Agwaandorjiin 1999), Naturkatastrophen, die immer noch vor allem Einbrüche im Bereich der Viehzucht bedeuteten, fallende Preise für die Exporte aus dem Primärsektor, die Schwierigkeiten der Reprivatisierung einerseits und die Schattenarbeit andererseits zu Stagnationen geführt. 36 Prozent der Bevölkerung leben unterhalb der Armutsgrenze, 20 Prozent sind arbeitslos. Die Beschäftigungssektoren haben sich wie allenthalben in der spätindustriellen Gesellschaft zugunsten des Dienstleistungsbereichs verschoben, allerdings stehen hier den 45 Prozent Dienstleistung und den 23 Prozent Industrie noch 32 Prozent im Agrarbereich gegenüber, der für die Mongolei im wesentlichen noch immer nomadische Viehzucht bedeutet.[13] Insbesondere die Städte machen die neuen Diskrepanzen in einer Gesellschaft im Übergang deutlich. Ihr „Gesicht" ist nach wie vor geprägt von den Prestigebauten und Prestigeplätzen und den grauen Zweckbauten des sozialistischen Systems. Der neue Reichtum und die neue Armut werden

---

[13] www.odci.gov/cia/publications/factbook/geo/mg.html, 26.10.2003.

nur versteckt sichtbar, zum Beispiel in den Inneneinrichtungen „normaler" Wohnungen, deren Türen mit vielfachen Sicherheitssystemen verschlossen werden, weil gleich um die Ecke die „Kanalmenschen" wohnen. Vor allem zeigen sich die beiden Gesichter der Wandlung in der Peripherie der Stadt. Dort gibt es die zwei Seiten der Vervorstädterung: die Zweit- oder Sommerwohnungen der Gewinner und die Slums der Verlierer. Das Eigentum ist umgeben von Zäunen, dicht bei dicht, die gegen das „Gesetz der freundlichen Weiten" verstoßen (Greverus 2002d, 233). Und die Aufstrebenden der Gesellschaft, eine ältere und eine junge Elite, die zu den Umworbenen der damals kommunistischen und heute kapitalistischen westlichen Gesellschaften gehört, lehrt und studiert – mit welcher Hoffnung? 18.000 Studierende an der TU von Ulaanbaatar, 7000 an der Universität, andere an anderen Bildungsinstitutionen wie der Akademie der Schönen Künste und diejenigen, die in den provinziellen Aimaks studieren oder an den neuerstandenen Klöstern ausgebildet werden oder über Stipendien im Westen und Osten politisch umworben werden.[14] Sie alle landen in den städtischen Dienstleistungsbereichen, wenn es gut geht, wenn es noch besser geht, im Entwicklungsmanagement, gesellschaftlich weniger gut, im Schattengewerbe oder in der Arbeitslosigkeit. Trotzdem, der Sog der Großstadt, hier lebt bereits ein Viertel der Gesamtbevölkerung, läßt nicht nach. Hinter vorgehaltner Hand spricht man von einer Nomadisierung der Stadt – und damit meint man nicht nur die urbane Verseßhaftung der Nomaden, sondern auch Verstädterungsprozesse wie Slumbildung, Kriminalität und andere „Ordnungsverluste", was mir insbesondere an dem chaotischen Straßenverkehr verdeutlicht wurde (die Reiter können halt mit Autos nicht umgehen, hieß es).

Hundert Jahre Gemeinsamkeit

Trotzdem, es gibt sie noch, die Steppen-Nomaden, die fünf Tierarten, die Jurten in ihrer verstreuten Siedlungsweise, die Wanderungen zu den

---

[14] Der deutsche Bundeskanzler Schröder hat dem mongolischen Ministerpräsidenten Enkhbayar versprochen, „er werde sich für noch mehr Investitionen deutscher Firmen, Handelsumsätze, mongolische Studenten in Deutschland und deutsche Touristen in der Mongolei einsetzen" (Batjargal, Höge 2003).

Weideplätzen, die geschlechtsspezifischen Arbeiten der Viehzüchter, die enge Verbundenheit mit dem Pferd, die Feste, den Kumys und den Tee mit Stutenmilch, die Owoos und die Gastfreundschaft. Ich hatte das Glück, sowohl im Jahr 2000 als auch 2003 mit Einheimischen in nur scheinbar unwegsamer Steppe und Wüste dorthin zu fahren. Die Gegenüberstellung meiner Fotografien aus dem Anfang des 21. Jahrhunderts mit den Szenen eines mongolischen Alltags aus Sharavs Bildern und anderen der Urga-Schule von vor nahezu hundert Jahren, sowie den stilähnlichen Bildern eines sozialistischen Realismus aus den sechziger/siebziger Jahren und den nachempfundenen Bildern auf dem Tourismusmarkt zeigen Ähnlichkeiten und feine Unterschiede. Es sind Bilder gelebter Wirklichkeit, erfahren mit allen Sinnen und ästhetisch vermittelt. Konstruktion oder Rekonstruktion? Othering oder der Versuch, in Augenblicken höchster sinnlicher Aufnahmefähigkeit Erfahrenes, seine Wahrheit, medial zu vermitteln? Die je veröffentlichten Bilder bleiben Ausschnitte auf der Suche nach Authentizität, sie sind, wie am Beispiel Sharav gezeigt, auslegungsfähig. Diese Auslegung ist in den Gesellschaften der Worte worttext-interpretierend.[15] Das ist auch unser ethnologisches Schicksal in den Lehrstätten des wortgewaltigen Wissenstransfers. Wir machen uns dadurch scheinbar unangreifbar und lassen die Sprache der Sinne nicht mehr zu. Ethnologen haben den Anderen mit Worten konstruiert und dekonstruiert, sagt man heute. Was sie wollten und noch immer wollen, war das Rekonstruieren der erfahrenen anderen Wirklichkeiten. Dieses Rekonstruieren sollten wir als Ziel und Sinn unserer Wissenschaft wieder ernst nehmen. Wir müssen an den Rekonstruktionen arbeiten, vielleicht helfen uns dabei bildgewaltige Texte, die wortgewaltige Texte ergänzen.

Meine Bildbeschreibung und Bildinterpretation der mongolischen Alltagsbilder versucht, diese Wege zwischen Bild und Wort zu verbinden, den Bildern und Worten der Anderen und meinen eigenen Bildern und Worten.

„Ein Tag (im Leben) der Mongolei" und das „Airag-Fest" sind erzählende Bilder. Das Wort führt der Pinsel. Die Erzählung kreist um einen nomadischen Lebenszyklus von der Geburt bis zum Tod. Alles, was dieses Leben ausmacht, ist von Sharav dargestellt worden. Die Darstellung ist flä-

---

[15] Worttext bezieht sich auf sprachliche Vermittlungen. Diese scheinbare Doppelung ist notwendig, da wir in der neueren Diskussion auch bildliche, musikalische, performative und andere Vermittlungen als Texte bezeichnen.

chenhaft und farbkräftig, was diese Gemälde nicht nur mit den Bildern der Urga-Schule, sondern auch mit einer naiven Kunst verbindet. Die Bilder sind groß: 135x170cm, aber wegen der Fülle an Szenen eigentlich nur im Detail erlebbar. Allein auf dem „Tag der Mongolei" sind über dreihundert Personen und eine noch größere Vielzahl an Tieren der fünf Tierarten zu sehen. Wenn man dem Bild zum ersten Mal gegenübersteht und vorher in der Weite und Einsamkeit der Steppe gewesen ist, in deren Natur sich der nomadische Alltag eben nur über vereinzelte Jurten, Familien und einzelne Herden verliert, stellt man schnell die Frage nach der Realistik des Bildes, auf die immer hingewiesen wird. Aber die Realistik liegt eben nicht in der Landschaftsdarstellung, den Proportionen, der Tiefenwirkung, sondern in den Alltagsszenen, die sich an einem Tag in der Mongolei abspielen. Und wie sollte man die anders als in einer dicht bei dicht gemalten Wiedergabe, selbst auf einem so großen Bild, darstellen! Das Bild erzählt Geschichten. Die Landschaft drückt eher symbolhaft topographische Elemente aus, um, wie es Lomakina (1974) beschreibt, jeder Szene einen eigenen Raum anzubieten. Die einzelnen Szenen sind Geschichten aus dem Lebenslauf und aus dem Arbeitsalltag. Jede Szene ist voller Bewegung, zeigt Menschen und Tiere in Handlungsabläufen, und selbst aus den Gesichtsausdrücken kann man das Beteiligtsein in Anstrengung, in Freude und Ärger erkennen. Die enge Verbindung zwischen den Menschen und den Tieren zeigt sich in dem ständigen Miteinander, das nicht nur den Arbeitsalltag und die Gewinnung der weit über Nahrung hinausgehenden Lebensmittel betrifft, sondern auch das Transportwesen, festliche Veranstaltungen[16] und die Spiele der Kinder.

Auf dem Bild „Das Airag-Fest" steht dieses Fest im Zentrum der Bilderzählung, bei dem der erste Airag oder Kumys getrunken wird. In einem pompösen Zelt sitzen die geladenen Gäste, Edle und Lamas, mit ihren Trinkschalen, vor sich eine Tafel mit den nationalen Festspeisen. Musiker spielen auf. Neue Gäste kommen angeritten und binden ihre Pferde fest, während andere sich bereits erbrechen, was auch für gesund zur Reinigung des Magens gehalten wird. Im unteren rechten Teil des Bildes wird die Herstellung von Airag gezeigt. Die Fohlen werden kurz zum Ansau-

---

[16] Zu den berühmtesten Festen gehören die Naadam-Feste mit Ringkämpfen, Reiten und Bogenschießen.

gen an die Stuten gelassen, dann werden sie von ihnen getrennt und an Spannseilen festgebunden, während Frauen die Stuten melken. Auch das Einfangen der Pferde und das Brandzeichnen werden gezeigt, während im Tumult Pferde miteinander kämpfen oder der Hengst eine Stute besteigt. Wie bei den Menschen malt Sharav auch in die Gesichter der Tiere ihre Gefühle zwischen Angst, Kampfeslust und Begierde. Auf der linken unteren Seite wird zwischen den Jurten Schafschur und Filzherstellung gezeigt. Und zwischen allem spielen Kinder oder helfen bei der Fermentierung der Milch.

„Das Airag-Fest" (Kopie)

Auf dem zweiten Bild „Ein Tag der Mongolei" steht der Lebenslauf des Menschen von der Zeugung über die Geburt und die Verlobungs- und Hochzeitsrituale bis zu den Bestattungsritualen, bei denen der Lama eine besonders wichtige Rolle spielt,[17] im Zentrum. Sharavs drastischer Stil zeigt die intimsten menschlichen Handlungen ohne Zurückhaltung, das Kotzen und das Pissen, den Koitus und die Geburt, die Trauernden und den nackten Toten, auf dessen sterbliche Überreste Geier und Hunde warten. Und der den Toten rituell begleitende Lama weiß, daß die Körper der besten Menschen am schnellsten gefressen werden. Gläubigkeit, Lebenslauf und Alltag durchdringen sich, und der Lamaismus hat es verstanden, die schamanistischen Elemente volksreligiöser Ergriffenheit, alltäglicher Angst und Zuversicht zu integrieren. Aus den lamaistischen Kulthandlungen, die Sharav darstellt, ragt der (Obo)Owoo-Kult in seiner Tradierung bis heute hervor. Owoos sind Steinsetzungen[18] auf bestimmten Plätzen, meist Höhen, Pässen, Wegkreuzungen, Quellen, die als Sitze lokaler Gottheiten verehrt werden und gleichzeitig territoriale Grenzen markieren. Beim Umschreiten fügt man einen Stein hinzu, so daß sich der Steinhügel vergrößert. Um die Geister wohlgesonnen zu stimmen oder ihnen zu danken, bringt man ihnen auch heute noch andere Opfer dar. Ich habe Münzen, Lebensmittel, Bierflaschen, Tierschädel und Krücken gesehen. Nachdem die Lamas den Kult übernommen hatten, ersetzten sie die schamanistischen Opfer (Blut eines Tieres, Versprengen von Milchprodukten, Feuer, in dem Fleisch geopfert wird, oder Swastika-Opfer) durch eigenes Rezitieren und das Entzünden von Weihrauch und durch ein Sommerfest mit großem Festessen, Pferderennen und Ringkämpfen. Von alldem erzählt das Bild (Lomakina 1974; Narantuya 2003). Zu den zahlreichen Szenen aus dem Arbeitsleben gehört hier auch die Darstellung der Landwirtschaft, die bis dahin vor allem von Chinesen und Russen gemacht wurde. Es wird vermutet (Lomakina 1974; Schulze 1979), daß der Bogd Khan selbst dem Maler die Bedeutung der Landwirtschaft für die nationale Frage vermittelt hat. Neben den Tieren aus der Viehzucht sind auch wilde Tiere und die Jagd auf sie zu sehen. Vor allem der Wolf ist, neben den harten, schneereichen Wintern, der größte Feind der Viehherden, während das harmlose Murmeltier als Leckerbissen gejagt wird und, neben dem „Hammel in der Milchkanne", noch heute auf eine Festtafel gehört. Eine kleine Szene, bei der ein Dung suchender Mann von einer Schlange angegriffen wird, zeigt nicht nur deren Gefährlichkeit, sondern eben auch ein weiteres Detail aus dem Arbeitsleben.

---

[17] Diese Rituale sind bei Lomakina (1974) in aller Ausführlichkeit hinsichtlich der Bilderzählung und ihres realen traditionellen Hintergrunds im Lebenslauf der Nomaden beschrieben.
[18] In steinarmen Gegenden können die Owoos auch aus Holz oder Sand und Erde errichtet werden.

Der getrocknete Dung wird zum Heizen und auch zum Abdecken der Unterstände für das Vieh verwendet.

Wenn Lomakina sagt, daß Sharav als ein großartiger Ethnograph und als der erste nationale Anthropologe bezeichnet wird, dann trifft das für das nomadische Leben sicher zu. Das gilt auch für die anderen Maler der Urga-Schule aus der ersten Hälfte des 20. Jahrhunderts. Gleichzeitig dienten diese Bilder der Schaffung und Stärkung einer nationalen mongolischen Identität gegen die politischen und wirtschaftlichen Überlagerungen von außen und innen. Allerdings finden wir auch hier die Selektion einer trotz aller Direktheit und Derbheit „reinen" traditionellen Lebensform, in der die zivilisatorischen Momente von sich anbahnender Verstädterung, Handel und Macht ausgeklammert sind. Und spätestens hier denken wir an parallele Entwicklungen in Europa, besonders auch in den „verspäteten Nationen", in denen die „Volkskunst" ihren hohen Stellenwert für die nationale Identitätsbildung erhielt.

Aus dem „Airag-Fest"

Ein Tag im Leben der Mongolei

Kleine Reiter beim Naadam-Fest

Das Fohlen wird beim Melken neben der Stute festgehalten, Gobi 2003

Hundert Jahre Gemeinsamkeit

Die Familie reitet. Ausschnitt aus „Ein Tag der Mongolei" von M. Sharav

Melkszene, Ausschnitt aus „Fohlenaussonderung im Sommer"
von C. Dawachüü (1941)

Ein Tag im Leben der Mongolei

Kamele an der Tränke in der Gobi

Owoo mit Pferdeschädeln, 2000

Hundert Jahre Gemeinsamkeit

Das Kamel wird geschoren. Ausschnitt aus „Ein Tag der Mongolei" von M. Sharav

Owoo mit Pferdeschädel, Bildausschnitt, Maler unbekannt, Sharav-Stil

Ein Tag im Leben der Mongolei

Das große Fressen. „Hammel in der Milchkanne" für deutsche Gäste, 2000

Sieger im Ringkampf, 1992

Das große Fressen. Bildausschnitt „Das Airag-Fest" (Kopie)

Sieger im Ringkampf, Ausschnitt „Nadamfest" (1967) von L. Darlsüren

Ein Tag im Leben der Mongolei

Vor der Jurte. Ausschnitt aus das „Airag-Fest" (Kopie)

Hundert Jahre Gemeinsamkeit

In der Jurte, Gobi 2003

Eine mongolische Seele

Nahezu hundert Jahre nach dieser Schaffensperiode Sharavs. Wir sind in der Mongolei. Die Originale Sharavs betrachten wir im Museum der Schönen Künste, ihre „originalgetreuen" Kopien im Bogd Khan Museum. Und ihre besseren oder schlechteren Kopien, und meistens Kopien von Details, werden uns in den Museen, im staatlichen Einkaufszentrum von Ulaanbaatar und auf der Straße angeboten. Der Sharav-Stil boomt auf dem Tourismusmarkt. Baut dieser weiter an einem nationalen Identitätsmanagement, das zur Idylle verkommt? Wer ist schuld? Die Einheimischen, die Touristen? Natürlich ist auch eine Ethnologin wie ich von ihrer Sucht nach der „mongolischen Seele" nicht freizusprechen und wünscht sich eine möglichst getreue Kopie des Einen Tags der Mongolei. Das merkt man geschäftstüchtig, vermittelt mir *den* Kopierer. Einen Tag vor der Abreise bekomme ich das Bild, es ist nicht der Eine Tag, sondern das Airag-Fest. Meine Wut kann man nicht verstehen, ich nicht den überhöhten Preis. Jetzt bin ich daheim glücklich, daß ich diese gelungene detailreiche Kopie besitze; und die Argumente einer Museumsmitarbeiterin, daß eigentlich die beiden Bilder als „Ein Tag der Mongolei" zu sehen sind, ist vielleicht sogar eine Absicherung für meine Suche nach lebensnaher ästhetischer Vermittlung.

Da war jene für mich sehr entscheidende Frage nach der Bedeutung des Künstlernamens und des Kopierens in einem mongolischen Kontext an die Leiterin der Akademie der Schönen Künste, die sich selbst als traditionelle Lehrerin bezeichnet und sich, trotz ihres langjährigen Aufenthalts in Deutschland, von den westlichen Orientierungen der Kunstentwicklung absetzt. Ausgehend von der religiösen Kunst der lamaistischen Zeit verweist sie auf die Aufgabe des Malers und Bildhauers als Vermittler des Göttlichen. Der Künstler, sein Name, waren unerheblich. So sind auch viele Kunstwerke nicht signiert. Sharav ist in dieser Tradition aufgewachsen. Die Künstler waren Lamas. Der Mensch, der die Gottheiten darstellt, ist nicht wichtig, wichtig ist die Gottheit, die aus dem Inneren der Abbildung lebendig wird. Und auch die säkularisierten Werke sind aus dem Geist dieser Tradition erwachsen. In diesem Zusammenhang stand die eingangs gebrachte Frage nach der zu überprüfenden Autorenschaft vieler der Sharav zugeschriebenen Bilder. Unsere Diskussion, ob auch in diesen weltlichen

Bildern, die statt dem religiösen einem nationalen Auftrag entstammten, der Künstler hinter dem Werk zurücktritt, aus dem nun die Verlebendigung der mongolischen Identität hervorbricht, blieb eine fragende.

Allerdings stand in unserem Gespräch immer wieder diese mongolische Identität oder die mongolische Seele, die für Tsultemin Namandakh auch heute noch eine „nomadische Seele" ist, im Zentrum. Und sie beschrieb anschaulich die Unterschiede zwischen den Seßhaften und den Nomaden in einem Vergleich zwischen Deutschland und der Mongolei, während dort die Grenzen regional und lokal, eben kleinräumig und eng wären, was sich auch in den verschiedenen Lebensstilen zeige, würden die Nomaden solche Grenzen nicht kennen, das mache es für sie einfach, in andere Gebiete zu wechseln, wenn die Familie als geschlossene Einheit in ihrer familiären Identität respektiert würde. Und sie, die Städterin, die in Europa studiert hatte, sprach von „wir Nomaden". Das war ein Bekenntnis zu einer Identität, die jenseits von Verstädterung und Verseßhaftung wirksam bleiben sollte.

So gab es für sie auch eine nomadische Malerei, die sich bis in die Felsbilder zurückverfolgen ließe. Diese zu lehren, sah sie als ihre Aufgabe, deren erste Stufen das Kopieren der Vorbilder waren, zu denen auch Marzan Sharav gehörte. Kopieren war Lernen, um daraus einen eigenen, aber eben mongolischen Stil, eine nomadische Kunst, zu entwickeln. Anfangs, als sie in den siebziger Jahren zu lehren begann, wollten die meisten Schüler in Malklassen, in denen die westlichen, klassischen Kunstauffassungen vermittelt wurden. Die Bilder Sharavs und anderer Maler der Urga-Schule erschienen ihnen „primitiv", die Bedeutung, die eine europäische Avantgarde den Bildern und Skulpturen der Volkskunst, der Ethnokunst und der naiven Kunst für die Entwicklung ihres eigenen Stils beigemessen hatte, war vergessen. Die sozialistische Ausbildung hatte sie verdrängt. Jetzt allerdings hätten ihre Malklassen sich gefüllt, denn die Studierenden hätten die Marktgängigkeit des „Primitiven" entdeckt. „Das ist eine traurige Sache", sagte Tsultemin Namandakh, „früher wollten die Schüler nur europäische Malerei, jetzt drängen viele in die Traditionsklassen, um Bilder an die ‚naiven Europäer' verkaufen zu können". Können die jungen Künstler, die, nach ihr, „noch sehr viel arbeiten müssen, um die nomadische Identität zu finden", das „Primitive klassisch machen" und das heißt, „das Klassische der mongolischen Kunst" erfahren und vermitteln? Sie sprach über die Schwierigkeit eines zweigeteilten Weges, der einerseits auf einem geistigen Weg aus einer klassischen Primitive zu einer eigenen künstlerischen *und* mongolisch-nomadischen Identität führen sollte (Kunst), und andererseits auf einem materiellen Weg einer Vermarktung der (eigenen und nationalen) nomadischen Seele an „naive" oder „primitive" seßhafte Touristen diente (Geschäft). Sie erzählte die Geschichte des Bildes eines ihrer Schüler. Er hatte die Ergriffenheit von seiner Steppenheimat auf ein Bild gebannt, das „reine" Natur war. Ein japanisches Touristenpaar war fasziniert, aber trotzdem, es fehlte ihm die Jurte als Zeichen „mongolischer Identität". Der Maler brauchte Geld und malte die Jurte. Wer tat recht?

Stellte diese Geschichte meine Identität als anthropologisch Reisende infrage? Auch ich wollte Jurten. Ist für eine/n Anthropologin/en „die Natur nur schön, wenn sie von der tätigen Anwesenheit der Menschen kündet"? Wenn ich hier den Ausspruch eines sowjetischen Ideologen,[19] den ich kritisiert habe, erneut zitiere, dann heißt das nicht, daß ich eine Konversion durchlebt habe, sondern daß mir die verschiedene Auslegung dieser menschlichen Aneignung von Natur deutlicher geworden ist. Die Aneignung von Natur macht die Geschichte der Menschheit aus, die globalen Folgen einer Ausbeutung der Natur und ihrer Ressourcen macht die Geschichte der Moderne aus. Eine Jurte ohne Zäune, eine weidende Herde jenseits von Massenviehhaltung, ein Familienverbund, der seine Lebensmittel und seine Lebensmitte aus dieser Herdenhaltung gewinnt, das ist nicht die romantische Sehnsucht nach einer freien Natur, schuldet sich auch nicht mehr „der utopischen Intention des Menschen, sich aus dem Zustand der Natur zu befreien", wie es Engels in seiner „Dialektik der Natur" (Engels 1976, 28) hervorhebt, sondern eher der Sehnsucht nach einer menschlichen Befreiung aus den Fesseln eines Fortschritts, der die Mauern und Zäune um unser Eigentum (das private und das ökonomische und das nationale) global gemacht hat. Zwar sind die Mauern und Zäune als Aneignung der Natur durch die Seßhaften ebenso Gegenstand unserer anthropologischen Interpretationen wie die nomadische Aneignung, die fünf Tierarten der Herden ebenso wie die unzähligen Autoarten im Gedränge der Stadt, die Jurten aus Naturmaterialien ebenso wie die Betonbauten der

---

[19] Katajew in dem Buch „UdSSR – Der Sowjetstaat und seine Menschen" (1970); vgl. Greverus 1983, 25.

Städte, aber auch wir Anthropologen sind nicht wertneutral, sondern haben unsere kritischen Positionen und auch Nostalgien. Und wir haben unseren Beruf, den es ohne die Erfahrung der tätigen Aneignung der Natur und auch der technischen Umwelt durch den Menschen nicht gäbe.

Ausgehend von Marzan Sharav habe ich versucht, den Bedeutungen einer mongolischen Malerei als ästhetischer Vermittlung einer mongolischen Identität für die Eigenen und die Fremden nachzugehen. Kontinuitäten von den Felsbildern bis zu den marktgängigen Kopien des Marzan Sharav wurden aufgezeigt. Kopieren als ästhetische Erfahrung von Traditionen, um daraus einen eigenen „mongolisch-nomadischen Stil" zu entwickeln, wurde von einem Kopieren als Geschäft abgegrenzt. Wo aber sind wirklich die Grenzen? Die Nachahmer Sharavs verstehen sich nicht als Kopierer im Sinne einer Fälschung des Originals. Die wirklichen Kopien der beiden Alltagsbilder in der Originalgröße und mit allen Details für das Bogd-Khan-Museum werden als Kopien ausgewiesen. Die zumeist nicht signierten Bilder, die den Markt überschwemmen, sind mehr oder weniger detailgetreue, mehr oder weniger künstlerisch gelungene Szenen aus „Einem Tag der Mongolei" oder dem „Airag-Fest". Sie werden nicht als Originale Sharavs gehandelt. Werden sie aber als authentische Werke eines mongolisch-nomadischen Stils gehandelt? Jeder Handel bedarf einer Übereinkunft über den Wert des Gehandelten.[20] Spielt der Kopienverdacht, der aus der Spurensicherung des individuellen Künstlers stammt, und damit jene kommerzielle Bedeutung von Authentizität schafft, „daß ein Gemälde per Definition ein unicum, etwas Unwiederholbares ist" (Ginzburg 2002, 27), in diesem Handel zwischen Einheimischen und Fremden (und auch zwischen Einheimischen und Einheimischen) eine Rolle? Keiner der einheimischen und fremden Käufer kauft hier wohl einen Künstler, sondern dessen ästhetischen Ausdruck einer Erfahrung mongolischer Identität. Das Fälschungsdelikt, das auf einem Satz wie „daß nämlich zwischen einem Bild von Raffael und einer Kopie (sei es ein Gemälde, ein Stich oder heute eine Fotografie) unvermeidlich ein Unterschied besteht" (ebd.) beruht, gilt in diesem Handel nicht. Aber es gilt eine andere Wahrheit. Auch diese ist von dem Anspruch auf Authentizität geprägt. Und diese Wahrheit liegt in der Frage nach der ästhetisch vermittelten Realität eines nomadischen Alltags und vielleicht einer „nomadischen Seele".

---

[20] Vgl. zu diesem Thema auch Myers 2001.

Es gibt die eigenen und die fremden Augen, die, wie hier über ihre Gemälde und meine Fotografien, diesen „einen Tag" im Leben der Mongolei vermitteln wollen. Aus dieser Vermittlung ist zwar der urbane Alltag ausgeschlossen worden, aber die ästhetische Vermittlung des nomadischen Alltags hat sich nicht nur als jene Realität einer durchaus noch immer existierenden Lebensweise gezeigt, sondern auch als Medium einer Utopie, die sich – individuell und national und transnational – in einer Nomadologie verankert, in der die Nomaden und ihre wirtschaftliche und soziale Lebenswirklichkeit zur Folie für moderne und postmoderne Identitäts-Besetzungen werden (vgl. Greverus 2002, 170ff.; 2002d, 222ff.).

Was macht den einen Tag der Mongolei so mongolisch? Das kann ich nur für mich beantworten, für eine Anthropologin, die sich mit allen ihr zur Verfügung stehenden methodischen Näherungen und Distanzierungen eines „Forschungsgegenstands" bemächtigt, aber trotzdem die „Gunst des Augenblicks" (vgl. Greverus 2002, 33ff.) einer Begegnung mit dem Zufälligen einer sehr individuellen Spurensuche als einen wesentlichen Bestandteil einer Indizienwissenschaft sieht, in der nicht mehr nur die „Unbestechlichkeit" des distanzierten Scharfblicks zählt, sondern auch das Betroffensein durch eine ästhetische Vermittlung. Die Spurensicherung des Alltäglichen gewinnt über den ethnographischen Blick des erzählenden einheimischen Künstlers jenen auf gesellschaftlich Bedeutsames hinweisenden Charakter, der ästhetische Vermittlung als dichte Beschreibung ausmacht. Können wir Anthropologen und Anthropologinnen eine Spurensicherung schaffen, in der sich die ästhetische und die kognitive Wahrnehmung ohne Bruch verbinden? Ist die Kamera, mit der wir unsere Abbildungen der Wirklichkeit einkreisen, Medium des „geraubten Schattens" oder einer „dichten Beschreibung"? Es ist unser Auge, das die Kamera zu einem Bild führt, wie das Auge des Malers den Pinsel führt. „L'oeil de l'ethnographe", das Auge des Ethnographen, nannte der surrealistische Schriftsteller und Ethnologe Michel Leiris einen 1930 erschienenen Artikel. Hans-Jürgen Heinrichs interpretiert: „Was von ethnographischer Erfahrung zu vermitteln ist, ist eine Struktur: Erkenntnis aus Anschauung heraus. ... Das ‚Auge des Ethnographen' soll diese Verbindung herstellen. ... Das Auge des Ethnographen – erfahrend, konstruierend, begrenzt erfassend, entlang an ‚Berührungsmomenten'" (Heinrichs in Leiris 1978, 7f.).[21]

Eine mongolische Seele

Nehmen wir jede dieser Ebenen ernst: Am Anfang steht die Erfahrung des Ethnographen und des Künstlers, der mit „allen Sinnen", und das heißt ästhetisch, eine Wirklichkeit erkennt und diese zu vermitteln versucht. Durch den kognitiven und/oder ästhetischen Versuch einer Rekonstruktion des Wahrgenommenen konstruiert der Darsteller sein Wahrgenommenes. Das kann in eben dieser begrenzten Erfassung zu einer dichten Beschreibung, einer Faktensammlung oder einer Fälschung führen. In der dichten Beschreibung werden Berührungsmomente wahr, die Authentizität als Präsenz des Lebendigen einer ästhetischen Erfahrung und einer ästhetischen Vermittlung bedeuten. Das Vermittelte ist eine artifiziell hergestellte ästhetische Lebendigkeit, die evozieren soll und die, wie es Boehm ausdrückt, „sich auf Erfahrungen unmittelbaren Lebens bezieht, sie gar überbietet" (Boehm 2003, 95). Gilt der Topos des Lebendigen nur für die Kunstwerke Sharavs oder auch für die Nachahmer?

---

[21] Vgl. zum ethnographischen Blick auch Greverus 1994a, 21ff.

„ ... der Weg, der dorthin führt".
Über die Gegenwartskunst der australischen Aborigines

Wiltjara von Anmanari Brown

This is a story of my country. This rockhole is called Wiltjara. This is Kungkarrakalpa Tjukurpa (Seven Sisters Dreaming). All the sisters were stopping here when they saw that cheeky man watching them. Nyirru, that's his name, he was always following those sisters, trying to get a wife.

This is a story of my country

Kura Ala von Anmanari Brown

This is Kungkarrakalpa Tjupa (Seven Sisters). One kuniya (carpet python)[1] was in the rockhole. He came from round Tjunjuntjara way. That was kuniya (man snake) he's still there. This is sacred womens' country. This is my mother's country and now my country and my daughter's country.

---

[1] In der vorhergehenden Bilderzählung hat sich der Mann, der eine der Schwestern zur Frau haben wollte, in eine Schlange verwandelt.

Diese beiden Bilder waren Bestandteil der Ausstellung „Senior Women of the Irrunytju Community. Minyma Pampaku Tjukurpa Kunpu Kanyintjaka (Womens Culture – Standing Strong)" in der Galerie „Artplace" in Perth (2003).

Vor den Bildern von Anmanari Brown ließ uns die Galeristin Brigitte Braun aufgrund der „spontanen und ungehemmten Freiheit im Gebrauch von Farbe und Form" durch diese Künstlerin an Kandinsky denken. Es war zwei Tage vor der Ausstellungseröffnung, aber Brigitte Braun hatte uns trotzdem einen Termin gegeben, ich durfte fotografieren und wir erfuhren mehr über ihre Galerie und diese Ausstellung als vielleicht mancher Vernissage-Besucher. Sie hatte die Galerie vor elf Jahren gegründet. Sie zeigt vor allem abstrakte australische Kunst, die der Weißen und die der indigenen Bevölkerung, der Aborigines. Wie Brigitte Braun uns erzählte, war es zunächst schwer, ein Publikum für die Kunst der Aborigines zu finden. Das hat sich inzwischen verändert, so daß von den 53 Bildern der Ausstellung, die zwischen 300,– und 4500,– australische Dollar kosteten, bereits vor der Eröffnung 49 Bilder verkauft waren. Die Kunst der Aborigines hat die Museen und den privaten Markt gefunden.[2]

Was haben die Aborigines davon? Die Antworten sind widersprüchlich. Wenn Frau Braun immer wieder betont, daß sie – und viele Galeristen – sich „ethisch" verhalten, dann ist das eine Absetzung von jenen, die sich weniger ethisch verhalten. Die Galeristin überweist den Verkaufspreis der Bilder abzüglich 40 Prozent Galerie-Kommission an die Arts Centres. Was diese damit machen, entzieht sich ihrer Kenntnis. Denn, und das ist nicht nur ein wiederkehrendes Stereotyp aus der Literatur,[3] sondern auch so etwas wie Common sense in den positiv wie negativ wertenden Erzählungen von Aborigines selbst und von Weißen, die „Gabe" des Einzelnen als Be-

---

[2] Allerdings muß hinzugefügt werden, daß die Galerie Artplace sich in ihrer qualitativ sorgfältigen Ausstellungspraxis und ihrer professionellen Vermarktungspraxis (vgl. z.B. die Website www.artplace.com.au) sowohl von den kleineren selbst- oder fremdgeleiteten Kunstgalerien der Provinz oder der Suburbs unterscheidet als auch von jenen provinziellen und urbanen Läden, die von der billigen Massenproduktion bis zu teuren Originalen alles verkaufen und sich ebenso Aboriginal Art Gallery nennen. Aber auch und gerade in letzteren boomt der Verkaufserfolg.

[3] Vgl. z.B. Morgan 1987.

gabung und als kommunitäre (Einnahme-) Quelle wird als Gemeinschaftseigentum betrachtet.[4]
Die Community, aus der die alten Malerinnen kommen, liegt in der Gibson Desert. Wie viele Communities wird sie von einem weißen Administrator geleitet. Hier hat die weiße Künstler-Freundin des Administrators die kreativen künstlerischen Fähigkeiten der alten Frauen entdeckt, ihnen Leinwand und Farbe gegeben, und – so die Geschichte – sie malten: traditionell und doch, oder eben deshalb, in der Formen- und Farbfreiheit eines Kandinsky und seiner Forderungen für die Moderne. Die erste Ausstellung in Artplace 2001 war ihr Coming out. Ich hatte vergessen zu fragen, ob die Künstlerinnen bei der Eröffnung anwesend waren. Jedenfalls habe ich noch erfahren, daß nun auch die Männer dieser Community zu malen beginnen.

Zwischen Bayulu und Broome

Diese Community habe ich nicht gesehen. In anderen bin ich gewesen. Bei den meisten benötigt man einen Erlaubnisschein für den Zugang. Bayulu, das auch einen Supermarkt besaß, konnte stolz auf seinen freien Zugang verweisen. Bayulu liegt nahe Fitzroy Crossing, einem kleinen Ort in den Kimberleys, der zu Zeiten des Goldrauschs wegen seiner Furt im Fitzroy River eine viel durchquerte Station war. Wie bei allen Communities fiel am Eingang das große Schild mit dem Alkoholverbot auf. Und nicht nur diese Schilder und Plakate über die Gefahren des Alkoholmißbrauchs, sondern auch der Anblick der betrunkenen Männer vor den Alkoholläden und an den Straßenrändern und in den Parks der Städte bestätigten die Literatur zu den Alkoholproblemen der Aborigines.[5] Es war allerdings auch die Weihnachtszeit, in der die Sprachgruppen der Aborigines vom Land in die Städte kommen und sich versammeln und im Freien feiern. Bayulu dagegen, wo wir am späten Vormittag des 24. Dezember ankamen, wirkte

---

[4] „Weil in aboriginalen Gesellschaften alle Güter geteilt werden – das Einkommen eines Familienmitglieds ist allen zugänglich –, war und ist der Druck auf jene Künstler, die das höchste Einkommen haben, enorm" (McCulloch 2001, 34; vgl. auch West 1988, 43).

[5] „The marriage of passive welfarism with an aggressive drinking culture has been devasting to familiy life", schreibt Neill 2002, 110.

eher verlassen. Was wollten wir in Bayulu, einer Ansammlung von Wellblechhütten? Wir gingen in den Supermarkt, wo Aborigines bedienten aber die Verwaltung von Weißen gehandhabt wurde. Auf einer Anschlagtafel wurde auf die Veranstaltungen der Gemeinde aufmerksam gemacht, insbesondere wurden die Anwohner aufgefordert, zu der Verabschiedung des alten und der Begrüßung des neuen Administrators zu erscheinen. Auch der Gemeindeadministrator, den wir um die Erlaubnis zum Fotografieren der Wandbilder fragten, war ein Weißer. Warum fragten wir um Erlaubnis zum Fotografieren von Bildern im öffentlichen Raum? Schon das zeigte unsere Verunsicherung. Also verließen wir den Ort bald.

Wir haben es später bereut, weil wir hier vierzehn Malerinnen und Malern hätten begegnen können, unter anderen dem schon recht berühmten Peter Skipper, dessen Bilder in zahlreichen Museen und Galerien zu finden sind und zu hohen Preisen verkauft werden. Skipper, der nach vielen Jahren in der Great Sandy Desert in den fünfziger Jahren als Viehtreiber in den Kimberleys arbeitete, kam in den sechziger Jahren in die Old Mission bei Fitzroy Crossing. Erst dort begann er zu malen, „weil er sich sehr um sein Land sorgte". Heute, so heißt es, treffen sich wieder viele der Waljamarri in ihrem Land: „Wir sind immer noch stark in unserer Kultur und die Wüste ist immer noch unsere Heimat (home land)".

Eine gewisse Erleichterung hinsichtlich der versäumten Begegnungen trat erst ein, als mir in einer Galerie in Fitzroy Crossing gesagt wurde, daß in der Weihnachtszeit niemand anzutreffen sei, weil sich die Verwandtschaft zum Feiern außerhalb der Communities trifft, und in einer anderen Galerie darauf hingewiesen wurde, daß Skipper bereits um 18 Uhr schläft. In dieser Galerie war man etwas kommunikativer, obgleich die weiße Managerin im Streß war, weil sie eine Ausstellung für Sydney vorbereitete, und wir nicht fotografieren durften. Wir sahen die Bilder von Skipper, seiner Frau und anderen ausstellungs- und marktrelevanten Künstlern, wir bekamen die Adresse der Galerie Artplace in Perth und erfuhren, daß die Galerie hier eine aboriginale Kooperation war, in der sich zwölf Communities zusammengeschlossen hatten. Warum erzählte man uns, daß diese – eben deshalb? – keine Gewinne erzielte?

Es waren vor allem sprachlose Begegnungen an diesem Tag. Also war unser „Heiliger Abend" wohl nicht für Feldforschung geeignet. Und wir waren wohl auch nicht so recht bereit, uns an eben diesem Tag auf die Anderen einzulassen, sondern eher selbstbezogen und sentimental. Schon am Morgen waren wir an den Christmas River gefahren, einfach wegen des Namens? Natürlich holte uns auch hier wieder das Andere ein. Die fremden Einheimischen kannten diesen Fluß, durchquerten ihn, uns zuwinkend, und kamen zu unserem Ufer herüber, das für sie der Weg zu dem Treffen mit ihrer Verwandtengruppe war.[6] Wir durchquerten diesen Fluß nicht. Weil wir uns nicht trauten oder weil die „Zielgruppe" unserer Erfahrungssuche dorthin fuhr, wo wir die einzige Chance für unsere eigene Weihnachtsfeier bereits erkannt hatten: Fitzroy Crossing. Auf dem Weg dorthin hatten wir dann die Bayulu Community als noch einen gescheiterten Versuch erfahren. Nun wollten wir unser eigenes Weihnachten feiern. In einem Reiseführer war ein Hotel mit Pub angekündigt, in dem auch nachts noch einiges los sein sollte. Warum nicht? Doch vorher fuhren wir, wie üblich, zur Polizei als Auskunftsstelle für die Straßenlage der nächsten Tage. War die Gibb River Road noch passierbar? Sie war es, trotzdem rieten uns die Polizisten, in den nächsten Ort zu fahren, weil dies für unsere Sicherheit besser sei. Der nächste Ort mit Übernachtungsmöglichkeit war vorwärts wie rückwärts 250 Kilometer entfernt, es war früher Abend, unser „Heiliger Abend", die Straßenschilder warnten überall vor Zusammenstößen mit Tieren in der Dunkelheit, wollte man uns zum Narren halten? Warum erfuhren wir nicht, was eigentlich los war? Hartnäckig fuhren wir zu dem besagten Hotel und Pub, übrigens mit dem einzigen offenen Alkoholladen von Fitzroy Crossing, vor dem eine lange Schlange von Aborigines stand, während andere Gruppen schon unter den Bäumen lagerten.[7] Wir waren die einzigen Weißen. So fuhren wir doch in das empfohlene teure Motel von Fitzroy Crossing. Das war ziemlich verrammelt, eingeschlagene Scheiben waren mit Brettern verschalt, geöffnet wurde nur auf nachdrückliches Klingeln, aber wir bekamen unsere Zimmer, feierten am Swimmingpool und wegen eines plötzlichen Tropenregens im Zimmer unseren Heiligen Abend und wollten dann gegen 20 Uhr etwas essen. Das Hauptgebäude des Motels war dunkel und geschlossen. Schließlich wurden wir nach heftigem Klopfen an das

---

[6] Vgl. das Foto in „Grenzerfahrungen".

[7] Bei unserer Silvesterfeier auf der Rosneath Farm, einem internationalen ökologischen Projekt nahe Dunsborough, erzählte uns der Manager, daß er in Fitzroy Crossing aufgewachsen sei und sein Vater dieses Hotel an Aborigines verkauft habe.

noch erleuchtete Küchenfenster durch die Küche in das Restaurant geführt. Um die Bar saß das Personal. Der Koch machte uns schließlich ein exquisites Essen, aber 21 Uhr wurden die Teller abgeräumt und wir hinauskomplimentiert, um das Lokal endgültig zu verschließen. Unsere Bedienung strahlte Angst aus und erzählte uns auch endlich, daß am Abend vorher dreißig Aborigines mit Äxten in das Restaurant eingedrungen wären. Jetzt verstanden wir das Polizeiaufgebot im Ort. Ob die Version, daß ein Aborigine von einem weißen Australier ermordet worden sei und die Aborigines Rache geschworen hätten, stimmte, oder die Version, daß die schon betrunkenen Männer, die in dem Restaurant noch Alkohol haben wollten und abgewiesen wurden, sich auf diese Weise ihren Zugang verschafften, haben wir nie erfahren. Die lokale Zeitung schwieg darüber. Wir fuhren am nächsten Tag weiter.

Die nächsten Stationen Derby, mit Abstecher nach Wyndham, und Broome waren vor allem von der vergeblichen Suche nach den Spuren meines abenteuernden Großonkels geprägt,[8] weil alle offiziellen Stellen, einschließlich dem historischen Museum, zwischen Weihnachten und Neujahr geschlossen waren. Die Hitze war nahezu unerträglich. Wie hatte der Großonkel aus dem deutschen Norden das dort ausgehalten? Zum Glück waren wenigstens die Galerien geöffnet, ein Maler, er gehörte zu den Halfies, posierte vor seinem Bild, blies für uns Digeridoo, aber leben könne er von der Kunst nicht. Er war Gefängnisaufseher.

Pantjiti oder Dr. Mary McLean

Im Gegensatz zum Northern Territory und den Kimberleys waren im Südwesten von Western Australia kaum Aborigines zu sehen, aber „Aboriginal Art Galleries" gab es genug. Hier überwogen die Künstler aus den Communities in der Wüste. In den Städten der Goldfields traten die Kunstgalerien, Kneipen und Läden mit Bildern und Souvenirs der Aborigines in Konkurrenz zu den Museen, Läden und Kneipen und Gedenktafeln, die an den Goldrausch der Wende zum 20. Jahrhundert erinnerten. In Kalgoorlie liegt noch heute die ertragreichste und größte offene Goldmine der Welt.

In Kalgoorlie entdeckten wir auch die Malerin Pantjiti oder Dr. Mary McLean mit ihrem englischen Namen. Eines ihrer Bilder fiel am Eingang der Aboriginal Art Gallery des Don Green ins Auge. Don Green und Mary McLean, beide in ihrer Art Originale, gehörten zu jenen „Zufallsentdeckungen" aus der Gunst des Augenblicks, die jedem reisenden Anthropologen nicht nur das Serendipity-Prinzip bestätigen, sondern ihn und sie auch manche Reisestrapazen und zu viel „wüstes Land" vergessen lassen.

Don Green erzählte uns seine Lebensgeschichte. Er war als Sohn eines Missionars in der Wüste aufgewachsen. Die Kinder der Aborigines im Camp waren seine Spielgefährten. Jetzt fährt er immer noch dorthin, sowohl als Prediger als auch, um Bilder für seine Galerie zu kaufen, die er vor fünfzehn Jahren gegründet hatte. Auf seiner Visitenkarte steht „The Man To See: DON GREEN", und es folgen seine Dienstleistungen: Kunstgalerie, Baumfällen, Herstellung von Filtern und Staubbeuteln, Vermietung von Tischen und Stühlen, Fahrschule. Denn die Galerie bringt nicht viel. Dann kommt er auf die Kunst der Aborigines zu sprechen und die Bedeutung der Landschaft für ihre Bilder. Schließlich sprechen wir vor einem Bild von Mary McLean über sie: „Das ist Mary McLean. ... Dieses Bild ist eintausend Dollar wert. ... Yea, sie ist berühmt. Sie gewann einen Preis. Sie brachte das Bild mit einer Menge von anderen Künstlern in eine Galerie und bekam einen Preis. ... Sie bekam 18.000 Dollar. Das machte sie

---

[8] Über die Spurensuche nach diesem Großonkel auf einer fijianischen Insel vgl. Greverus 1995a, 252ff. In einer Bibliothek in Perth konnten wir schließlich doch australische Spuren finden. In den Akten zur Wahlberechtigung in Broome war selbiger John zum Felde zwischen 1904 und 1914 bis zu seiner Auswanderung nach Fiji verzeichnet.

berühmt. Und nun malt sie immer so. Und es wird naive Malerei genannt. ... Wissen Sie, was naiv meint? Childish, right! Und die Leute zahlen eine Menge Geld für diese Gemälde, denn, so vermute ich, sie verkaufen das für noch mehr. ... Das ist eine traditional-naive Malerei. Sie ist die einzige, die so malt, diese Art der Malerei, diese Menschen und Kinder". Wie uns die chinesische Angestellte in Don Green's Galerie erklärte, war Mary die einzige ihrer Künstler und Künstlerinnen, die in der Stadt wohnte. Die anderen lebten in der Wüste. Wir sollten zum Ninga Mia Place in einem Vorort von Kalgoorlie fahren. Dort brauchten wir nur nach Mary zu fragen, denn jeder kenne sie. Wir fuhren eine ganze Weile, bis wir den Ninga Mia Place, wieder eine Community für Aborigines mit dem Alkoholverbotsschild am Eingang, erreichten. Und richtig, jeder kannte Mary, wir fanden auch ihr pinkfarbenes Haus, aber niemand war da. Enttäuschung. Da wurde ich von einer Frau, sie gehörte zur Verwaltung der Community, angesprochen. Wir vereinbarten für den nächsten Tag einen Termin mit Mary, aber da kam sie schon, gefolgt von einem anderen Galeristen. Sie war gut gelaunt (was, wie uns der Galerist sagte, nicht immer der Fall sei – und dann würde sie mit niemandem reden). Nur ein Bild von ihr, an dem sie gerade arbeitete, war da. Es waren die „Seven Sisters", die auch Mary's Place waren.[9] Lebhaft schilderte sie, wie der Mann, den sie sehr lüstern darstellte, die sieben Schwestern verfolgte, um sich eine zur Frau zu nehmen. Wichtiger als ihr Bild zu erklären, war für sie allerdings ihre Pinwand. Da war ihre Heimat, die Wüste, Bilder von ihren Kindern und Enkeln, Schreiben aus der Welt und insbesondere eine Postkarte vom Buckingham-Palast, in dem auch ein Bild von ihr hinge, wie der Galerist erklärte. Er führte uns schließlich auch zu der Urkunde des Ehrendoktorats (2001) der John Curtin University Perth. Machte sie sich nicht darüber lustig, wie sie sich zum Fotografieren neben die Urkunde stellte? Dann fuhren wir zusammen in die Stadt Kalgoorlie, zur Desert Art Gallery, die auch Mary McLean vermarktete, und vorher zu einer Wandmalerei an einer Schule. Zusammen mit Kindern hatte sie hier wieder ihren Traum einer „Heimkehr" zu den Spuren der Ahnen verwirklicht.

Mary war eine blonde Aborigine, circa siebzig Jahre alt, mit von Arthrose

---

[9] „Conceived along the songline of the Kungarangkalpa (Seven Sisters of the constellation Pleiades)" heißt es in der Vorstellung des Freemantle Arts Centre (John Kean) 1995. Sie stammt also aus der gleichen Region wie die Künstlerin Anmanari Brown.

gekrümmten Beinen, doch von einer explosiven geistigen und körperlichen Vitalität. Sie lachte viel, vor allem auch über ihre eigenen Witze, und vermittelte den Eindruck, daß sie sehr genau wußte, was sie wollte. Das zeigt sie uns insbesondere, als wir gemeinsam im Supermarkt waren. Der Galerist hatte ihr die 600,– australischen Dollar, die wir für Bilder von ihr bezahlt hatten, bar in die Hand gegeben (seine 30 Prozent zöge er später ab). Mary McLean wollte nun nicht mehr gleich von uns nach Hause gefahren werden, sondern erst bei Woolworth einkaufen.[10] Gut gelaunt überließ sie es uns, den Einkaufswagen zu schieben. Sie marschierte inspizierend an den Regalen entlang, und wenn ihr etwas zusagte, zumeist in der Fleisch- und der Brotabteilung, warf sie die Familienpakete mit großer Geste in den Wagen. Beim Bezahlen ließ sie das zurückgegebene Kleingeld, jetzt wirklich verächtlich, auf den Fußboden fallen. Es folgten uns seltsame Blicke der ausschließlich weißen Kunden. Sicher wußte niemand in dem Supermarkt, daß sie eine berühmte Künstlerin war, deren Bilder in vielen Museen hingen, über die viel geschrieben wurde, die im Internet leicht unter ihrem Namen Pantjiti Mary McLean gefunden werden konnte.

Pantjiti Mary McLean wurde Anfang der dreißiger Jahre in der Region Docker River in der Western Desert an der Grenze zum Northern Territory im Land ihrer Großmutter und Mutter geboren.[11] Ihre Sprache ist Ngaatjatjarra. Von dort zog sie mit ihrer Mutter und ihrer Familie in das Land des Vaters und schließlich in den späten vierziger Jahren mit ihrem Mann, ihrem Sohn und vielen anderen aus ihrem Volk in die Eastern Goldfields. Ihr Sohn und ihre jüngere Tochter wurden, wie alle Kinder der lokalen Aborigines, per Regierungsgesetz zur Erziehung in eine Missionsschule eingewiesen.[12] Eine anhaltende Trockenheit zwangen Mary, ihren Mann

---

[10] Der Galerist hatte auf unsere Frage, was Mary mit ihrem vielen Geld aus den Verkäufen und Preisen mache, erklärt, daß da genügend „Verwandte" wären, die etwas wollten. Und richtig, es sprach sie bereits vor dem Laden ein alkoholisierter Aborigine um Geld an, den sie sehr entschieden abwehrte. Aber das meiste, so der Galerist, verträke ihr Sohn, der außerdem noch jedes Jahr ein Auto zu Schrott fahre.

[11] Ich beziehe mich im folgenden auf Gespräche und Unterlagen der Desert Art Gallery/ Kalgoorlie, des Freemantle Arts Centre WA sowie auf: Western Australian Artists 1995; Craft West, Winter 93, 6f. „Sitting Down in the Bush"; The Bulletin October 3, 1995; The Weekend Australian, May 8–9, 1999 „The drover's girl"; Goldfields Magazine 5, No. 3, Jan. 19, 1996; Indigenous Arts Australia 2001, 70–75 „Wild Woman"; http://www.aboriginal-art.de/art_deu/ver_mmp.htm (Mary McLean Pantjiti).

und andere aus ihrer Gruppe Arbeit auf einer Schaffarm anzunehmen. Die Farmen hatten damals 14.000 bis 40.000 Schafe. Auch Mary wurde Vieheintreiberin auf verschiedenen Stationen, nach dem Verlust dieser Arbeit sammelte sie Sandelholz nahe Kalgoorlie. Heute lebt Mary McLean in der Ninga Mia-Community am Rande von Kalgoorlie, wieder entfernt von ihrer Familie, obwohl sie inzwischen fünf Enkel und neun Urenkel hat. Mary erzählt: „Ich kam von meinem Platz. ... Ich kam zur Mount Margaret Mission. ... Sie ergriffen meinen Sohn, steckten ihn in das Heim. ... Im Busch gab es keine Nahrung. ... Die weißen Menschen sagten mir, daß ich fortgehen und auf der Schaffarm arbeiten solle, ... sie ergriffen die Kinder, um ihnen Nahrung zu geben. –
Zum ersten Mal ritt ich ein Pferd. ... Ich war ängstlich. ... Sie sagten mir, daß ich die Schafe so zusammentreiben soll, ... galoppiere um sie herum. ... Wir standen in der Dunkelheit auf. ... Bring den Mob in die Schafschur-Koppel. ... Das ist eine harte Arbeit, ... du mußt an jeden Platz galoppieren ... tut nichts, auch in das Dickicht. ... Du mußt sie entlang treiben. –
Ein hartes Leben. ... Wenn wir mit Geld zur Mission zurückkamen, nahmen wir die Kinder in den Ferien mit zur Station. ... Dann kam ich zum Kalgoorlie-Reservat. ... Wir sammelten Sandelholz. ... Jetzt male ich jeden Tag. ... Ich möchte Gemälde über meine Geschichten machen. ... Geschichten des Frühlings, ... Wongis, die vorbeikommen, ... Jagen im Land ... Buschleckereien".[13]

„Mein Malen ist mein Glück", sagt Mary McLean. Zu ihrem Gemälde „Ngura Walkumunu" (In einem guten Camp leben), mit dem sie 1995 den hochdotierten National Aboriginal Art-Preis gewann und das jetzt im Northern Territory Museum and Art Gallery in Darwin hängt, erklärt sie: „So möchte ich das Leben sehen. Jeder hat eine gute Zeit. Genug zu essen, genug Wasser, Kinder, die spielen und lachen".[14]

---

[12] Als „stolen generations" (gestohlene Generationen) werden diejenigen Aborigines bezeichnet, die als Kinder von weißen Vätern ihren schwarzen Müttern weggenommen wurden, um in einer weißen Umwelt, bei weißen Familien, in Missionen oder anderen Einrichtungen erzogen zu werden. Eine Hoch-Zeit dieses „racial engineering" oder „breeding out the colour" war zwischen 1910 und 1940. Dem folgte in den fünfziger und sechziger Jahren eine Assimilations- und Wohlfahrtspolitik, bei der nunmehr auch die Kinder schwarzer Eltern diesen weggenommen wurden, um über eine „weiße Erziehung" in die australische Gesellschaft eingegliedert zu werden, zumeist in niederen Dienstleistungsberufen. Vgl. Neill 2002, 116ff. und dortige Literatur.

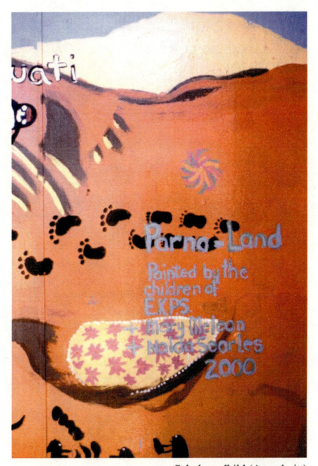

Schulwandbild (Ausschnitt)

---

[13] In: „Mustering", Freemantle Arts Centre 1999 (Nalda Searles).
[14] In: The Bulletin Arts 1995, 90 (Victoria Laurie).

Über die Gegenwartskunst der australischen Aborigines

Father and son in the bush - springtime. There are many wild flowers and bardi trees (witchetty grub). Father is teaching the son bush skills. (Pantjiti Dr. Mary McLean)

Pantjiti oder Dr. Mary McLean

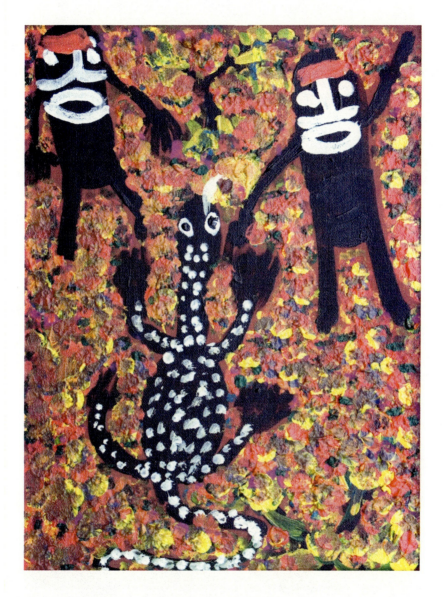

Two boys chasing yilba (goanna). It is springtime and there are many wild flowers. Yilba is good tucker for feed. (Pantjiti Dr. Mary McLean)

Über die Gegenwartskunst der australischen Aborigines

Mary McLean vor ihrem Wandbild

Mary McLean im Gespräch mit der Autorin

Pantjiti oder Dr. Mary McLean

Mary McLean hatte zwar schon Holzschalen und Holztiere für den Tourismusmarkt hergestellt, aber als Künstlerin entdeckte sie sich erst 1992. Nalda Searles, eine Kunsthandwerkerin und Stoffdesignerin aus Perth, und andere starteten ein Kunstprojekt „Kunst im Park" für die Bewohner von Ninga Mia und andere periphere Communities. Die Aborigines jeden Alters sollten durch ihre Werke ihre kulturellen Werte wieder bestätigen und zurückgewinnen. Zentral wurde ein Design- und Stoffdruck-Workshop, dessen Produkte bei dem Aboriginal Cultural Festival in Perth 1993 schnell ausverkauft waren. Mary und Nalda befreundeten sich und machten zahlreiche Projekte zusammen. Als Malerin arbeitete Mary McLean zunächst vor allem im Stil der für die Wüstenbewohner von Western Australia charakteristischen Punkt-Malerei, die ihre Erzählungen aus den Dreamings gewann. Bald entwickelte sie allerdings den ihr eigentümlichen figurativen Stil mit schwarzen, stark vereinfachten Menschen, die ihre Bilder dominieren und, so ihre Bilderklärungen, den Alltag im Busch darstellten. „Die Hauptquelle ihres Stils ist ... eine Tradition des Geschichtenerzählens, bei der Frauen und Mädchen gleichzeitig eine Geschichte erzählen und in den Sand gemalte Symbole benutzen, um die Taten ihrer Akteure zu beschreiben. Während sich die Geschichte entfaltet, werden durch einen Schwung der Hand neue Bildfolgen aufgedeckt. So werden alltägliche Ereignisse wieder verlebendigt oder ideelle Szenarien werden ausgespielt".[15]

Die kleineren Bilder malt Mary in ihrer Wohnung, die größeren im Hof, wobei immer der Blick von oben auf die Bilder wichtig ist. Die leuchtenden Farben ihrer Bilder, die sie in dem grauen Alltag ihrer „geschlossenen" Community malt, zeigen wohl etwas von ihren eigenen „naiven" Projektionen und Imaginationen in die „gute Zeit" eines Ngura Walkumunu. Aber nicht nur sie imaginiert eine solche Zeit, sondern auch die Käufer und Aussteller ihrer Bilder. Neben ihrem Ehrendoktor hat sie zwischen 1995 und 2002 sieben Preise und Stipendien erhalten. Für 2003/2004 bekam sie ein „Australia Council Visual Arts Fellowship". Dr. Mary McLean wird auch zu einem Marktwert im Management einer neuen Australianität.

---

[15] Freemantle Arts Center 1995 (John Kean).

Vom nahen Träumen zur fernen ästhetischen Landkarte

Die Geschichte der Malerei der Aborigines ist sehr alt oder sehr jung, je nachdem, welche Malereien man meint. Erhalten sind vor allem die Felsmalereien, besonders im Arnhem Land und den Kimberleys (Edwards 1979; Brandl 1988) erhalten haben sich auch die „Teaching Stones" (Teaching Stones 1988) und frühere Rindenmalereien (Ryan o. J.), nicht erhalten haben sich die Körperbemalungen und die Malereien in den Wüstensand. Sie alle waren und sind teilweise bis heute erzählende Bilder. In ihrem Zentrum steht das „Dreaming", das Träumen und die Traumzeit. Die Stammessprachen haben dafür viele Bezeichnungen, aber die Aborigines haben den englischen Begriff Dreaming akzeptiert, um ihren Ansprüchen auf ihr Land eine gemeinsame Stimme zu geben. Dieses Träumen hat viele Auslegungen von anthropologischen Interpreten erfahren (vgl. Greverus 1995b; Myers 1995; Myers 2002). Eine gewisse Einigkeit herrscht jedoch, daß die Traumzeit eine Schöpfungszeit war, in der die Ahnenwesen auf ihren Wanderungen das Land und seine Wesen ins Leben geträumt und gesungen haben (Songlines). Die Stationen dieser Reisen der Ahnenwesen, die heiligen Orte und Wege, sind als „Gesetz" in die Obhut der nachfolgenden Generationen übertragen worden. Diese sind in einem „ewigen Träumen" die Hüter des Landes und seiner Schöpfungsgeschichten, sie verbinden die Vergangenheit mit der Gegenwart und der Zukunft in den rituellen Wiederholungen der Schöpfungsgeschichte. Es war eine zyklische Schöpfungsgeschichte, die jene für die Lebenserhaltung notwendigen Wanderungen nomadischer Stammesgruppen kulturell überhöhte und sozial und territorial regelte.

Als die weißen Kolonisatoren einer linearen Aneignungsgeschichte gegenüber dem Land eindrangen, betrachteten sie dieses Land als „terra nullius". Die heiligen Orte und Wege waren für sie unsichtbar, die Aborigines zu jagende Wilde wie die Dingos (Greverus 1995b, 218ff.). Das Land forderte ein hartes Pionierleben von den Vertriebenen, den Gesetzlosen einer bürgerlichen europäischen Gesellschaft, die von dort in Ketten angekommen waren, um hier ihre Ketten zu verlieren. In Sydney steht das Denkmal dieses Pioniers, noch in Ketten, aber mit der Hacke in der Hand, um das „leere" Land zu bearbeiten.

1993 erschien anläßlich einer Ausstellung zur Kunst der australischen Aborigines und Torres Strait Islanders in der Kunstsammlung Nordrhein-Westfalen, Düsseldorf, der Katalog „ARATJARA – Kunst der ersten Australier". Der Herausgeber Bernhard Lüthi setzt sich in seinem Vorwort mit der Ausgrenzung der nicht-europäischen/amerikanischen zeitgenössischen Kunst auseinander. Insbesondere geht es ihm um die Ausgrenzung des schwarzen Australiens, selbst aus der klassischen Moderne: „Im Gegensatz zu Afrika und Ozeanien war Australien für die Entwicklung der klassischen Moderne ein nichtexistenter Kontinent ... Australien war auf der Landkarte der Kulturregionen nicht verzeichnet – und ist es bis heute nicht!" (ARATJARA 1993, 17). Lüthi führt das sowohl auf die „entwicklungstheoretische Geschichte der Anthropologie" als auch auf die „Verschwörung des Schweigens der australischen Gesellschaft" und auf die Spezifik einer bildenden Kunst der australischen Ureinwohner zurück, die „mit Ausnahme der Felsmalereien eine auf Vergänglichkeit angelegte Kunst" war. Wenn Lüthi, nach einer harschen Kritik an der New Yorker Primitivismus-Ausstellung von 1984, die Pariser Ausstellung „Magiciens de la Terre" von 1989 als positives Beispiel hervorhebt, gilt das insbesondere auch für den von ihm organisierten schwarz-australischen Beitrag. Ist es aber ein Dialog, wenn Mitglieder der Yuendumu Community eingeflogen werden, um für die Zuschauer die Bodenmalerei eines Dreaming herzustellen, oder ist es ein Wiederaufgreifen des Exotismus der Weltausstellungen?[16] Wenn immer wieder, auch unter Berufung auf Anthropologen, auf die Vergänglichkeit jener Bodenmalereien hingewiesen wird, die, Erzählungen unterstützend, in den Sand gemalt werden, wenn diese, vor allem sakralen und auf das Land der Ahnen bezogenen Erzählungen für die Eingeweihten und die Einzuweihenden bestimmt sind (Kimber 1993, 230ff.), dann wird eine solche Malaktion in einem Museum zumindest sehr fraglich. Aus der bewegten und spurensichernden Erzählung wird ein stummes und statisches Werk gemacht, und die Künstler werden Handlanger der westlichen Kunstmacher.

---

[16] So kam auch von führenden Kunstkritikern wie Werner Spies (Frankfurter Allg. Zeitung, 2. Juni 1989) und Günter Metken (Süddt. Zeitung, 10 Juli 1989), die Lüthi als konservativ bezeichnet, eine herbe Kritik, in der von Pariser Mischmasch und planetarischer Folklore die Rede war.

André Breton hat im Vorwort zu dem Buch „Un art à l'état brut – Peinture et sculptures des aborigines d'Australie" (Kupka 1962) eine andere Aussage gemacht, die der Spurensicherung der Aborigines wohl näher kommt: „Das vom australischen Künstler verfolgte Ziel ist keineswegs das vollendete Werk, das wir in seinen räumlichen Grenzen festlegen können (er gibt es auf, ohne sich im mindesten um seine Erhaltung zu kümmern), sondern der Weg, der dorthin führt". Und an anderer Stelle zeigt Breton, wie sehr er selbst diesem „Königsweg" einer Kunst verbunden ist: „Vor allem lieben. Man hat dann immer noch Zeit, sich über das Gedanken zu machen, was man so sehr liebt, daß man nichts übersehen möchte. Vorher wie nachher zählt nur das innere Echo: ohne es ist man anfangs beinahe völlig wehrlos, und nichts von dem, was man verstehen könnte, wird ersetzt, wenn es unterwegs verloren geht. ... Man kann nie genug betonen: nur über die emotionale Schwelle eröffnet sich der Zugang zum Königsweg".[17] Weiter sagt dieser Text uns auch, daß das schwarze Australien sehr wohl auf der ästhetischen „Landkarte" der Surrealisten verzeichnet war, wenn auch nur als eine der vielen Inseln des Pazifischen Ozeans, 1929 kleiner auf der surrealistischen Weltkarte als Neu-Guinea oder die Osterinseln.

Geburtsplatz einer kulturellen Revolution oder Vermarktung?

Wann aber entstand ein Markt für die Kunst der Aborigines? Wer waren ihre Entdecker und Sponsoren? Hier stoßen wir vor den Galeristen, Museumsleuten und nationalen Identitätsmanagern auf die von draußen gekommenen Missionare, Anthropologen und später auf die Kunst-Adviser im Rahmen einer sozialen Wohlfahrt von innen. In der westlichen Kunstwelt errangen schließlich die Acryl-Malereien der Aborigines auf Leinwand jenen Wert von Kunstwerken, die sie aus der ethnographischen Umklammerung scheinbar befreiten, und die trotzdem in eine folkloristische Vermarktung eingingen. So finden wir heute neben hochdotierten und weltweit ausgestellten Bildern der Aborigines auch die billige Kunst für den Tourismusmarkt. Ich möchte mich hier vor allem auf die Acryl-Malerei konzentrieren.

Zum „Geburtsplatz einer kulturellen Revolution" erklärt Susan McCulloch

---

[17] André Breton 1962, 9f., 11. Der deutsche Text in: Schwarz 1989, 98, 97.

(2001) die Central und Western Desert. Einige Anfänge: 1877 wurde die Lutheran Mission in Hermannsburg gegründet. Dort geboren und getauft wurde Albert Namatjira (1902–1959), der sowohl in der christlichen Welt als auch in einer traditionellen Welt erzogen wurde.[18] Der deutsche Pastor J.W. Albrecht entdeckte dessen kunsthandwerklichen Fähigkeiten, ließ ihn und andere einheimische Künstler mit Brandmalereien verzierte Wandplatten und Boomerangs herstellen, die die Geschichte der Mission erzählten. Über zwei weiße Künstler in der Mission wurde Albert in den dreißiger Jahren mit der Aquarellmalerei vertraut und erlangte mit seinen Landschaftsbildern nationale Berühmtheit. Allerdings hat seine westliche Malerei ihm keinen „Namen" in einer westlichen Kunstwelt verschafft. Heute ist Hermannsburg vor allem durch seine Töpferei bekannt, die in den sechziger Jahren auf der Mission eingeführt wurde. Ein anderer Fall: 1971 hatte der Lehrer Geoffrey Bardon die Bemalung des Schulhauses von Papunya angeregt.[19] Eine Gruppe von Aborigines schuf das Honigameisen-Wandbild,[20] das als der Beginn der Kunstbewegung der Central und Western Desert gesehen wird.[21]

Während die Aborigines bis zur Mitte des 20. Jahrhunderts in diesen Regionen noch eine nomadische Lebensweise beibehalten konnten, oder als Viehtreiber auf den Farmen der Weißen arbeiteten oder auch auf Missionsstationen lebten, wurde ihnen durch die Errichtung der staatlichen Reservate und Communities seit den vierziger Jahren die Wanderungsfreiheit wesentlich beschnitten. Sie lebten unter den Bedingungen eines „verwalteten Wohlfahrts-Kolonialismus" (Myers 1995, 58). Erst die gesetzlichen Lockerungen der Labour-Regierung in den siebziger Jahren mit ihren

---

[18] Kimber 1993, 226ff.; McCulloch 2001, 103.
[19] Zum folgenden vgl. Kimber 1993, 235ff.; McCulloch 2001, 59ff.; Myers 1995; Myers 2002.
[20] „Die Silhouette des Warunpi-Hügels bei Papunya wirkt wie eine riesige Honigameise, und das gesamte Papunya-Gebiet wird von der vorzeitlichen Erschaffung der Erdoberfläche durch die Honigameisen-Ahnen beherrscht" (Kimber 1993, 235).
[21] Das Buch „Painting Culture" von Fred Myers (2002), das auf eine langzeitliche ethnographische Feldforschung bei den Aborigines in den Wüstengebieten Zentral-Australiens zurückgeht, vermittelt den Weg, den die Malerei dieser Aborigines von den rituellen Boden- und Körperbemalungen über die Anfänge der geförderten Acryl-Malerei als soziale Aufgabe bis zu ihrer nationalen und internationalen Anerkennung als „hohe Kunst" und ihrer Vermarktung in Kunstwelten gegangen ist.

umstrittenen Selbstbestimmungsregelungen (Neill 2002) ließen eine neue Wanderungsbewegung zu, die zum Leben der Sprachgruppen in kleinen Communities auf ihrem traditionellen Land führten. Sie wird als Outstation- oder Homeland-Bewegung bezeichnet.
So wurde auch die Kunst von Papunya in viele kleine Gemeinden getragen (vgl. Myers 2002). Überall, einschließlich dem städtischen Zentrum von Alice Springs, leben heute Künstler, deren Überleben als Künstler allerdings auch von der Energie der weißen Kunstberater in den Gemeinden abhängt, in Yuendumu war es sogar die Anthropologin Francoise Dussart, die während ihrer Recherchen zu einer Dissertation insbesondere mit Frauen arbeitete. Dazu kommen betreuende und vermittelnde Institutionen wie die bereits 1971 gegründete Papunya Tula Artists Pty. Ltd. mit Sitz in Alice Springs, oder die Unterstützung des Aboriginal Arts Board in Sydney. „Man muß in aller Deutlichkeit herausstellen", schreibt der ehemalige Arts and Craft Adviser Kimber von Papunya,[22] „daß ohne die ein Jahrzehnt anhaltende, nicht nachlassende Ermutigung durch Robert Edwards, den damaligen Direktor des Aboriginal Arts Board und dessen Aboriginal-Mitglieder die Kunst von Aborigines nicht auf dem heute erreichten Stand wäre. ... sämtliche Entwicklungen der Kunst aus den Wüstengebieten [sind] direkt oder indirekt in hohem Maße sowohl den Künstlern von Papunya als auch den vielfältigen Ratgebern und Unterstützern ... zu verdanken. Außerdem waren die gelegentlichen Ankäufe durch Museen und Galerien wichtig und von großem Einfluß, obwohl hier vermutlich der Erwerb großer Sammlungen durch den äußerst kenntnisreichen ... Multimillionär Robert Holmes à Court im Jahr 1980 diese Kunst letztendlich ‚legitimiert' hat. Plötzlich entstanden in Alice Springs unzählige Touristenläden. ... Gleichzeitig meldeten zahlreiche Galeriebesitzer aus den Städten Interesse an, einige Künstler mit europäischem Hintergrund begannen, Papunya-Elemente in ihre eigenen Werke einzubeziehen ..." (Kimber 1993, 237). Es wird von hohen Summen berichtet, die den Gemeinden monatlich über ihre Kunst-Kooperativen zufließen, wobei insbesondere auch auf den Spekulationswert mancher Kunstwerke hingewiesen wird.[23]
1990 war ich auch in Alice Springs. Trotz vieler australischer Outback- und Stadt-Erfahrungen hatten wir uns Alice Springs, sicher beeinflußt von

---

[22] Über die Arbeit der Art Advisers „zwischen zwei Welten" vgl. Myers 2002, 147ff in einem Kapitel, das sich „Burned Out: Outback" nennt.

Geburtsplatz einer kulturellen Revolution oder Vermarktung?

Bruce Chatwins „Songlines" (1987), dem Kultbuch einer „nomadischen Alternative" zivilisationsmüder Westler,[24] anders vorgestellt als es sich bot. Anders auch als sich spurensuchende Anthropologen den Ort ihrer ethnographischen Ankunft vorstellten und vorstellen.[25] Aber wir waren da. Einträge in meinem Feldtagebuch mögen für diese Erfahrung stehen: „Von Mt. Isa eine Nachtfahrt nach Alice Springs, viel beschrieben, so und doch ganz anders erwartet. Was auf jeden Fall stimmte, war die unbarmherzige Sonne. Aber sonst? Ich hatte, wohl auch nach den Beschreibungen von Bruce Chatwin, einen kleinen Ort, Wellblechhütten, etwas verwahrlost, erwartet. Was sich auf den ersten Blick bot war eine expandierende Stadt, moderne Gebäude, viel Education (z.B. eine große neue Volksbildungsbibliothek) und – viel Tourismus, Superhotels, eine Mall mit vielen Galerien, Boutiquen, alles sehr gepflegt.

Erst der zweite Blick zeigte die andere Seite: das, was mir solche Probleme mit der neuen Aboriginality oder besser, dem Auseinanderbrechen zwischen Verklärung und Realität machte. Alice Springs, Zentrum aller wichtigen Einrichtungen für die Aborigines im Northern Territory zeigte sich auch als das Zentrum aller Probleme. Alle Galerien, die aboriginale Kunst oder Kunsthandwerk verkauften, gehörten Weißen oder wurden (falls tatsächlich „selfowned") von Weißen geführt. ... Rindenmalerei und Acrylbilder haben Ausverkauf ... Aber nicht jeder wird seine Bilder los. In eine gepflegte Galerie kam ein recht abgerissen aussehender Aborgine mit seinem Bild. Er wirkte fremd, nicht dorthin gehörend und wurde auch schnellstens abgewiesen, sein Bild sei zu groß. Von den Aborigines, die bei einer Tour des auf Dreamtime-Touren spezialisierten weißen Unternehmers die „Besucher" im Camp unter Bäumen sitzend erwarteten, um ihre Vorführungen zu machen, hatte jeder ein mehr oder weniger schlecht

---

[23] Vgl. Myers 1995, 85. Ebd. wird auf einen Bericht verwiesen, nach dem ein Gemälde des bekannten Clifford Possum von einer Sammlerin für 140.000 Dollar an die National Gallery von Victoria verkauft worden sein soll.

[24] Vgl. meine Aufbruchdarstellung in Greverus 1995b.

[25] S. a. Fred Myers' Ankunftsbeschreibung in Alice Springs (1995). Zur „interpretierten Ankunft" oder dem Arrival-Trope des reisenden Anthropologen zwischen der klassischen Ethnographie der ersten Hälfte des 20. Jahrhunderts und der mobilen Feldforschung um die Jahrhundertwende vgl. Greverus 2002b, s.a. hier das Kapitel „Zukunftswerkstatt ästhetischer Ort".

gemaltes Pünktchenbild neben einem Bumerang zum Verkauf vor sich liegen. Zwischen den Schaustellungen und Kaufaufforderungen erzählte der Tourenleiter „Dreaming is creation".

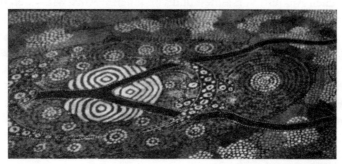

Teppich mit Dot-Motiven

Und so verfolgte einen das Schlüsselwort Dreaming geradezu. In den Museen und Galerien wurde es erklärt, es gab Dreamtime-Touren und Dreamtime-Bergwerke, die Künstler wurden animiert, die Dreamtime-Geschichte ihrer Malerei zu betonen, für die Käufer war sie auf der Rückseite des Bildes aufgeschrieben, in den Museen hing sie auf einer Schrifttafel daneben. Das rituelle Träumen der Aborigines wurde zunächst in ein Kunsterziehungs-Konzept eingebunden, mit dessen Hilfe die in den ghettohaften Communities lebenden und auf staatliche Hilfe angewiesenen Aborigines ihre Identität wiederfinden sollten, aber vor allem sollten die dramatischen Folgen einer Wohlfahrtsmentalität (vgl. Neill 2002) aufgefangen werden. Das Konzept ging in einer wohl unerwarteten Richtung auf. Begabte Künstler wurden für die Kunstwelt entdeckt und ihre Werke wurden zu hohen Preisen gehandelt. Weniger begabte Künstler strebten ihnen nach. Das „Dreaming" wurde zum Geheimnis des „ganz Anderen", steigerte den Marktwert und legte die begabten und die unbegabten Künstler formal und inhaltlich fest. Schließlich wurde diese Kunst der Anderen des australischen Staats in ein selektives multikulturelles „one nation"-Konzept eingegliedert. Die in australische Landschaft eingegrabenen und von den Eroberern zerstörten Dreamscapes der Aborigines wurden von den Nachfahren dieser Eroberer als Kunst nationalisiert. Die sich in ihren Künsten ausdrückende Spiritualität und Ehrfurcht vor dem Land wurde in ein australisches Identitätsmanagement eingebaut, das sich über den Begriff der Selbstbestimmung als Nation gegen die Interessen der ausländischen ökonomischen „Landnahme" (Myers 1995, 71f.), zum Beispiel im Bergbau, zur Wehr setzt und dafür auch die Argumente der Aborigines (Greverus 1995b), die ihre heiligen Plätzen betreffen, nutzt. Die politische Stimmung der siebziger Jahre mit ihrer Emphase auf kultureller Differenz[26] und die Bedeutung der Folklore für den Tourismusmarkt waren weitere Momente für ein nationales Management, das die Kultur der Aborigines einbezog.

Auch auf den Geldscheinen gab es nun einen Aborgine mit gepunkteter Körperbemalung und weiteren traditionellen Merkzeichen. Und nicht zuletzt war es die Anerkennung der Kunst der Aborigines in der westlichen Kunstwelt, die sie für die Australianität bedeutsam machten. Die 200-Jahr-Feier der weißen Besiedlung führte zu einer kritischen Sicht der Aborigines und ihrer Vertreter auf diese neue Form der Überlagerung und Aneignung: „Weil sich die 200-Jahr-Feier nähert, schauen sich viele nicht aboriginale Menschen nach neuen Möglichkeiten um, wie sie von den Aborigines stehlen können. Immer noch nicht zufrieden mit einer 200jährigen Geschichte des Landdiebstahls, versuchen sie nun die Kultur der Aborigines für ihren persönlichen Profit zu stehlen".[27]

---

[26] Neill verweist darauf, wie die überbordende Phase für kulturelle Differenz und Selbstbestimmung, gerade für die Kinder in den Communities der Aborigines, weiterhin zum Ausschluß aus dem ökonomischen und politischen Leben der Nation führte (Neill 2002, 59f.).
[27] Land Right News Dec. 1987, 16; vgl. Greverus 1995b, 250.

„Keep Australia beautiful!"

Dieser kritischen Haltung gegenüber einer nationalen, touristischen und globalen Vereinnahmung in Kunst- und Folklore-Welten, stand und steht das neue Selbstbewußtsein gegenüber, das, wie auch von Aborigines selbst betont, aus der positiven Bewertung ihrer Kultur durch die Fremden bezogen werden kann. Aber führt der westliche Konsum einer selektiv repräsentierten Kultur des ganz Anderen zu einem inneren (nationalen) oder äußeren (transnationalen) Dialog zwischen den Beteiligten in einem ästhetischen Prozeß? Wird nicht gerade durch die westliche Schaffung eines Marktes für „hohe" und „niedere" Künste der Aborigines, der auch über seine ökonomisch relevant werdende Bewertung stattfindet, der Dialog zerstört? Der „Wert" bemißt sich über das ökonomische und kulturelle Kapital, das von Brokern bestimmt und von Konsumenten eingebracht wird.

Ästhetische Verortungen

Der Siegeszug der Acryl-Malerei der Aborigines durch die westlichen Kunstwelten geht weiter. Die Faszination der für den westlichen Betrachter abstrakt wirkenden Gemälde der Wüstenregionen liegt in jenem ästhetischen Vermittlungsprozeß, der den Betrachter sinnlich in einen heiligen und verborgenen Sinn, das Dreaming, einbezieht. Hätte die frühe klassische Moderne diese Kunst, die es damals eben so noch nicht gab und die in ihren Vorformen für den Außenstehenden unsichtbar war, gekannt, wäre die Idee einer Nicht-Beachtung sicher nicht aufgekommen. Denn hier hätten sie ihren eigenen Weg zur Abstraktion über deren, der Anderen, künstlerische Verdichtung der Ursprünge wie in einem Spiegel gesehen. Das hinterfragungswürdige Phänomen bleibt, daß ein Kandinsky und die „wie Kandinsky" malenden Frauen der Irrunytju Community in keinem Nachahmungszusammenhang stehen. In dem der Wahlverwandtschaft? Der späte Breton der sechziger Jahre konnte sich zu dieser Wahlverwandtschaft bekennen, aber es war eben der Weg und nicht das Werk. Und in dieser Unterscheidung zwischen sich wiederholendem und immer wieder unsichtbar gemachtem Weg und einmaligem und erstarrtem Werk liegt wohl der Unterschied in einer ästhetischen Praxis, die sich im betrachteten Werk dem Alltag und der Geschichte dieses gewordenen Alltags entzieht oder sich im mitvollzogenen Weg diesem gewordenen Alltag öffnet. Zwei Welten?

Die heutige Malerei der Wüstenregionen Zentralaustraliens ist aus Ritualen hervorgegangen, die wir vom ästhetischen Standpunkt als multimediale Performances bezeichnen könnten. Im Zentrum stehen Bodenzeichnungen.[28] Sie waren sacred-secret (sakral/geheim) und nur den eingeweihten Männer vorbehalten. Auf den glattgestrichenen Sandboden kam eine Schicht Ocker, in die die Kreise und Linien, die Wege und Orte der Schöpferahnen darstellten, eingezeichnet wurden. Schließlich wurde die ganze freie Fläche mit weißen Tupfen angelegt. Dazu sangen die Männer Refrains, die sich auf die Wege des Schöpferahnen bezogen. Nach Abschluß des Rituals wurden die Bodenzeichnungen zerstört, die oft in mehreren

---

[28] Vgl. zum folgenden Kimber 1993, 231 ff. In den achtziger Jahren wurden insbesondere Frauen von Filmemachern und Ausstellungsorganisatoren ermuntert, größere Bodenzeichnungen herzustellen.

Tagen entstanden waren. So wird eine Wollunga-Schlangenzeremonie beschrieben. Die Vielfalt der einfachen Zeichen zu lesen, bedarf des Wissens der Eingeweihten und der Interpretation für den Außenstehenden, zumal diese Zeichen auch Verschiedenes bedeuten können. Die Eingeweihten konnten diese Zeichen „lesen", die Einzuweihenden lernten es.

Wenn die Malerinnen und Maler der Acryl-Bewegung immer wieder davon sprechen, daß ihre Gemälde wahre Erzählungen sind, die auf die Ereignisse der Traumzeit zurückgehen, und daß sie die Dreamings von ihren Vorfahren übernommen haben (Myers 1995, 61ff., Myers 2002, 17ff.), dann führt das zu vielen Fragen und Diskursen, die Myers als Trennungen in den Kunstwelten bezeichnet (1995). Wie kann ein geheimes und sakrales Wissen, daß nur den Eingeweihten zugänglich ist und nach der Zeremonie wieder vernichtet wird, als wahre Erzählung auf einem verkäuflichen Bild für Fremde veröffentlicht werden?

Emu Dreaming. People going to gather eggs but emus chase them away
(Lukas Warai)

Eine Erklärung wird in der Punktmalerei gesehen: „Punkte als ein Trick, um die empfindliche imaginäre Welt zu verbergen" oder „Eine innovative stilistische Entscheidung wurde gefunden. Punkte, die in den Sandmalereien und anderen visuellen Darstellungen hauptsächlich als Umrisse oder umfassende dekorative Elemente gesehen worden waren, wurden ... als Übergelegtes gemalt, um die stilisierten Symbole zu verdunkeln. Die Symbole wurden so vor dem Einblick aller verborgen, außer vor jenen Eingeweihten, die genau verstanden, worauf sie schauten" (McCulloch 2001, 35, 60).

Dieser in der Acryl-Malerei der Central und Western Desert vorherrschende „Dot-Style" wird hier als eine Erfindung der Papunya-Maler hervorgehoben. „Allmählich ... wurden die Punkte nicht nur der verhüllende Trick, durch den Elemente verborgen wurden, sondern entwickelten sich zur Grundlage des Werkes selbst" (ebd. 61). Die australische Kuratorin Judith Ryan hält die Punkte wesentlich für ein Stilelement, das sich aus Körperbemalungen, Bodenzeichnungen und der Bemalung von Schilden herleitet. In der Kunst der übereinanderliegenden Schichten aus Punkten, manchmal dicht gedrängt, dann wieder nur lose miteinander verbunden, wie bei dem Künstler Johnny Warrangua Tjupurrula, wird für sie eine ästhetische Berührung erzeugt, „eine helle und ätherische Stimmung wie getönter Rauch" oder „freie Rhythmen aus Licht und Schatten". Allerdings spricht die Autorin, insbesondere im Hinblick auf die Künstlerin Emily Kame Kngwarreye aus Utopia, von verschiedenen Bedeutungsebenen, die durch die übereinandergelagerten Punkte verschleiert werden. Die sakralen Zeichen sind bedeckt (Ryan 1993, 55f.).

Mit ihrem Eintritt in die Kunstwelten sind die Gemälde der Aborigines in das Feuer der Kunstkritik geraten. Da ist auf der einen Seite von einer Kulturen übergreifenden Kommunikation und einem tieferen Verständnis die Rede (vgl. Myers 1995, 78), andere betonen das „ästhetische und ikonographische Anderssein" (Ryan 1993, 50), wieder andere sprechen von Neokolonialismus, mit dem die Aborigines in die kapitalistische Vermarktung eingegliedert werden: „Ein Resultat ist, daß traditionelle Glaubensformen und Praktiken gemäß dem relativen Erfolg oder Mißerfolg der Ware wiedergestaltet werden müssen. Denn es gibt keine Kontinuität der Tradition, keine 40.000 Jahre alte Kultur, keine ‚Zeit vor der Zeit'. Es gibt nur Objekte, die durch eine Reihe von fragmentierten Kulturen geschaffen werden, deren Bezüge zur Tradition und zu ökonomischen Notwendigkeiten variieren, und die den vereinheitlichenden Deutungen dieser Werke durch das Bedeutungssystem der dominanten Kultur ausgesetzt werden" (Fry, Willis 1989, 116). Und ein anderer Kritiker greift Anthropologen und Kuratoren wegen ihres ethnographischen Blicks auf den narrativen und sakralen Inhalt der Acrylmalereien an: „Bei all dem Medienrummel um das ‚Dreaming' in den Acrylgemälden der aboriginalen Künstler war es für den Betrachter schwer, auf diese Kunstwerke ohne textliche Hinweise von selbststilisierten Feldexperten zu blicken" (Rankin-Reid 1989, 12).

Fred Myers verweist auf die kommunikative Distanz der Kritiker zu den Künstlern. Er betont die Bedeutung des Landes, der Wege und Orte, für die Aborigines. Ihre Kunst spiegelt diese Bedeutung, und Myers betont die gewisse Ironie, die nunmehr im Diskurs einer Kunstwelt dieser Mensch-Land-Relation als einer machtvollen und zu beachtenden Verbindung widerfährt – „in einer Welt, die, so heißt es nach den meisten postmodernen Theoretikern, kein Gefühl für Verortung hat" (Myers 1995, 82f.).[29] Im Zusammenhang meines kulturökologischen Raumorientierungsmodells frage ich auch nach den Möglichkeiten eines westlichen Lernens an anderen, fremden Mensch-Lebensraum-Beziehungen (Greverus 1994). Ein Beispiel sind die Aborigines, in deren zerstörten Traditionen die instrumentale, die kontrollierende, die soziokulturelle und die symbolische Raumorientierung eine Balance erreicht hatten, die uns Heutigen vielleicht als ein verlorenes Träumen erscheint. Daß dieses Verloren sich dem Fortschritt der Zivilisation dankt ist unaufhaltsam, dieses Rad ist nicht zurückzudrehen. Selbstbestimmung der von dieser Zivilisation Entrechteten kann deshalb aber nur Beteiligung an einem „dritten Weg" bedeuten, dessen Grundlage nicht Wohlfahrt und Ghettoisierung im Differenten, sondern die Erarbeitung eines gemeinsamen kulturellen Kapitals ist. Daß in unserer westlichen entlokalisierten und weglosen, weglos stilisierten flexiblen Teilgesellschaft der Footloose und Fitties (Greverus 2002, 18ff.) nun genau diese soziale

---

[29] Sowohl Myers (1995, 82) als auch ich selbst (Greverus 1995; 2002, 157ff., 216ff.) verweisen auf die Irrungen einer postmodernen „Nomadologie", wenn sie ihre entwurzelte, deterritorialisierte, entlokalisierte und vor allem individualisierte Anpassungsmentalität an einen globalen Markt als nomadische Alternative auf wirtschaftsnomadische Völker als Wahlverwandte bezieht.

(und mit entsprechendem ökonomischen und kulturellen Kapital ausgestattete) Gruppe sich der aboriginalen Ästhetik einer Orientierung im Raum zuwendet, sollte zu denken geben. Ist das eine reflektierte Wahrnehmung des anderen Sinns über ein sinnliches Berührtwerden, ist es eine Wahlverwandtschaft mit dem verlorenen Anderen, ist es der Kitsch einer sentimentalen Vereinnahmung oder ist es Kalkül mit einsetzbaren Kapitalsorten, mit denen man ökonomisch, sozial und kulturell seine „feinen Unterschiede" (Bourdieu) nachweisen kann? Das wäre allerdings ein anderes Kapitel der empirischen Erfassung von Hasardeuren, reflektierenden und vereinnahmenden Berührten und Kalkulierenden im ästhetischen Feld der Kunstwelten. Sie entfernen uns von den Schöpfern.

Anthropologen und Anthropologinnen wollen immer wieder die Nähe zu dem, was sie das Andere nennen. Und dieses Andere kann heute sowohl hier wie dort sein, aber es ist hier wie dort mit Kultur als einem schöpferischen Prozeß verbunden. Sicher sind wir als mobile und doch in Orten und Wegen der Anderen spurensuchende Feldforscher auch mit der anderen Seite der Münze Kultur konfrontiert – Aneignung, Zwang, Nachahmung, Anpassung – , aber unser Prinzip Hoffnung zielt auf Schöpfung. Daß das Dreaming der Aborigines, auch seine „authentische" Persiflage, uns in ihren Bann zieht, hat etwas mit unserem Glauben an eine Kultur zu tun, die wir „uns", der westlichen wissenschaftlichen und gesamtgesellschaftlichen Community, als träumerisches Element eher absprechen oder in eine Sphäre der technischen Utopien verlegen. Zu ihnen gehörte damals die kolonisatorische Landnahme (Greverus 1995b, 227ff.).

Das „enteignete Träumen" für die Aborigines durch die Kolonisatoren war die Vertreibung aus den Imaginationen einer Heimat, die sich aus ihrer Verbindung zu den Ahnenorten und Ahnenwegen ergab. Eine vergangene Welt, die auch durch die Landrechtsbewegung, die letztendlich eine Ökonomisierung des Träumens bedeutet, nicht wiedergeschaffen werden kann. Ist die Kunst eine Fluchtbewegung? Fred Myers zeigt über zwei Gespräche und Selbstdarstellungen des Warlpiri-Malers Michael Jagamara Nelson dessen Bezogenheit auf die Traditionen des Träumens (Myers 1995, 75, 89). In einem anderen Gespräch hat dieser Künstler seinem Kunstberater erzählt: „Du bekommst Leinwand, Farbe und Pinsel. Gut, als erstes fragst du deinen Vater und Großvater. ‚Mal das Dreaming, das zu deinem Großvater und Vater gehört'. Sie werden dir eine Spur weisen, sie werden dir zuerst eine Bodenmalerei zeigen. Nun hast du es in dein Hirn aufgenommen. Du weißt es, weil du deinen Vater mit dieser Bemalung auf seinem Körper und auf dem Boden gesehen hast. ... Alle diese Details für das Gemälde, du mußt diesen alten Mann danach fragen, sie haben dir von dieser Geschichte und dem Dreaming erzählt, gesagt, was was bedeutet. Du hast es in dein Hirn bekommen" (McCulloch 2001, 22f.). Der Maler betont nicht nur in allen Gesprächen seine Verbundenheit zu den Traditionen, sondern verweist auch auf den Kulturverlust, den die in Städten wohnenden Aborigines erlitten haben, indem sie dem europäischen Weg folgten.

Zwischenraum als Verlust und Chance

Am Beispiel von drei Generationen einer Familie in Rockhampton, die ich auf meiner ersten längeren Australienreise besuchte (Greverus 1995b, 221 ff.), habe ich versucht, die Tragik eines Wegs zwischen den Welten zu zeigen. Zwei Bilder, auf die Hauswand gemalt von den zwei ledigen, arbeitslosen und trunksüchtigen Männern der mittleren Generation, die im Haus der Eltern lebten, habe ich als „ungleiche Träume der schwarzen Brüder" gesehen. Das eine wurde als „Zerstörtes Dreaming" interpretiert. Die Darstellung war, anders als die verschlüsselten Traumzeit-Gemälde, die naiv-idyllische figürliche Wiedergabe einer guten alten Zeit der Jäger, die durch die Ankunft der Weißen (Schiff, Chaos, böser Geist) zerstört wurde. Träumen war hier nicht Verbindung mit der Traumzeit der Schöpferwesen, sondern Imagination eines menschlichen Garten Eden vor der Kolonisation. Der andere Bruder dagegen hatte mit seinem Bild „Hannibal überschreitet die Alpen" seinen Traum in die Länder und Wege der westlichen Eroberer und Helden verlegt: er könne nie genug von ihnen hören. Und unvermittelt fielen die Namen von Sokrates, Martin Luther, Hitler und Mussolini. Der Vater war Sohn eines weißen Vaters und einer schwarzen Mutter, als ein Kind der „gestohlenen Generationen" auf Missionsstationen aufgewachsen und später, wie viele Angehörige dieser Assimilationspolitik, basispolitisch aktiv geworden.

Zwischenraum als Verlust und Chance

Doch in der Mischlingssituation und Verstädterung der Aborigines hat sich nicht nur Suff, Entfremdung und Kulturverlust entwickelt, sondern auch das kritische Potential eines Lebens im Zwischenraum, als Grenzgänger, als marginal man/woman (Greverus 2002, 23ff.). Künstler und Künstlerinnen wie Sally Morgan, die insbesondere durch ihre Romane bekannt wurde,[30] aber auch als Malerin, haben sich nicht nur zu ihrer Herkunft bekannt, sondern vor allem eine kritische und politische Stellung zu der bis heute andauernden Unterdrückung der Aborigines bezogen. Dazu gehören insbesondere auch Lin Onus, Robert Campbell Jr., Les Griggs, Gordon Bennett, Karen Casey, Treanha Hamm, Trevor Nickolls und andere, die sich zum Teil in losen urbanen Künstlervereinigungen zusammengeschlossen haben (Onus 1993, 292ff.; McCulloch 2001, 203ff.). Inhaltlich und formal gehen diese Künstler neue und sehr individuelle Wege, wenn auch in ihre Auseinandersetzung mit dem Schicksal der Aborigines immer wieder traditionelle Formgebungen eingehen.

Uluru Dreaming Three von Trevor Nickolls

So benutzt Nickolls in seinem „Uluru Dreaming Three" (1993) nicht nur den Begriff Dreaming in einer Verkehrung, sondern auch die Punktmalerei, um eine Kritik an der touristischen Überlagerung des sakralen Felsens zu üben.

Treahna Hamm, deren Arbeiten 2001 im Museum der Weltkulturen in Frankfurt ausgestellt wurden, nutzt traditionelle Formen und Themen, um die Verbindung zu den Vorfahren und die Rechte der Lebenden ästhetisch zu vermitteln. Sie beschreibt ihre Bilder selbst.

Heritage Hills von Treahna Hamm

„Heritage Hills" heißt das 1993 entstandene Werk, zu dem Hamm sagt: „Dieser Druck nutzt traditionelle Formen, um einen modernen, die Sorgen

---

[30] Vgl z.B. „My Place" 1987 oder „Wanamurraganya" 1989.

und das Streben der Aborigines und überhaupt aller indigenen Völker umfassenden Inhalt zu vermitteln. Heute sind Kooris[31] durch die Familieneinheit vertreten. Auf ihrem Weg durchs Leben versuchen sie, sich mit der Multikulturalität im heutigen Australien zu arrangieren. Die Hände stehen für Menschen aller Rassen und Kulturen, die Umwelt und Landschaft beeinflussen. Ungeachtet dessen, wer wir sind und woher wir kommen, haben wir doch alle dieselben zum Überleben notwendigen Bedürfnisse, was eben von diesen Händen symbolisiert wird" (Brücke 2001, 35).
Gordon Bennett geht in seinem Annäherungsversuch eines Künstlers zu „Ästhetik und Ikonographie"[32] von Ikonographie als einem Zeichensystem aus, das den Widerschein der Dinge im menschlichen Denken reflektiert. „Die Ästhetik einer Kultur ist nicht äußerlich in einem ‚Kunst-Objekt' oder in engen Definitionen ästhetischer Standards angesiedelt, sondern innerlich, im Raum zwischen Bezeichnendem und Bezeichnetem" (Bennett 1993, 89). Ästhetik ist ein Akt schöpferischer Wahrnehmung. Gleichzeitig geht es ihm um eine Überschreitung enger kultureller und nationaler Grenzen in der Wahrnehmung, um eine Infragestellung historischer Beschränkungen, um ein allegorisches Verhältnis zur Ikonographie, „in dem Bilder als Orte historischer Bedeutung herausgelöst und neu zusammengesetzt werden" (ebd. 91). Seine eigene Kunst bezeichnet er als dekonstruktiv, indem er mit den Mitteln der eurozentrischen Sicht, deren Basis die Perspektive ist, in einer „Art ethnographischer Erforschung eines euro-australischen Darstellungssystems" sich auf die Repräsentation der Aborigines ausrichtet.

Australian Icon von Gordon Bennett

„Wenn ich", sagt Bennett weiter, „in einigen Arbeiten Punkte verwende, so bezieht sich dies einerseits ... auf das vereinheitlichte Punktraster der fotografischen Wiedergabe und andererseits auf die Sichtweise der Aborigines, die den Punkt in Beziehung setzen zu ihrem Verständnis von Landschaft, das Orte kultureller Identität zu einem Raumgefüge verbindet ... Zum einen durch das Herauslösen, Zitieren aus einem grundsätzlich unendlich weiten Netz aus Identifikationspunkten oder -stellen, zum anderen durch die anschaulich gemachte Tatsache, daß Bilder als ikonographische Bezugspunkte in unterschiedlichen Kontexten auch unterschiedliche Bedeutungen haben können" (ebd. 90). Bennett verweist auf das Grundrepertoire an Linien, Punkten und Kreisen. „Das wahre ästhetische Vergnügen liegt im Erlebnis des Interpretierens, im Herausarbeiten der Differenzen zwischen verschiedenen möglichen Aussagen. ... In jedem Fall ist der Weg der Schlüssel und nicht irgendein fernes Ziel" (ebd. 91). Was Bennett hier als Künstler sucht, ist der ästhetische Prozeß, der zwischen Berührungsmomenten (Aura) und Spurensuche (Reflexion) und Vermittlung (Text) jenen Weg beschreibt – Bretons „Königsweg", er nennt es lieben – , den auch die ethnographischen Spurensucher und Spurensucherinnen einer ästhetischen Anthropologie beschreiten müssen – ich würde von dem Königsweg der berührten Näherung an das Fremde, den Anderen sprechen, der Begriff Liebe ist zu verbraucht.

In Treahna Hamms Kupferstich „Dream Traveller" ist für mich jener Zwischenraum erreicht, in dem sich Grenzgänger zwischen den Kulturen begegnen könnten, weil sie, als die „Anderen" einer herrschenden kulturell ortlosen aber ökonomisch global verorteten Gesellschaft, sich ein Träumen erlauben, das utopisch ist, weil Konstruktion und Dekonstruktion als Wahrnehmung und Vermittlung nicht fern bleibt, sondern berührt. Allerdings, der/die „Dream Traveller" sieht traurig aus.

---

[31] Eine Sprachgruppen übergreifende Selbstbezeichnung der Aborigines.
[32] Vgl. Greverus 1995b, 250.

Zwischenraum als Verlust und Chance

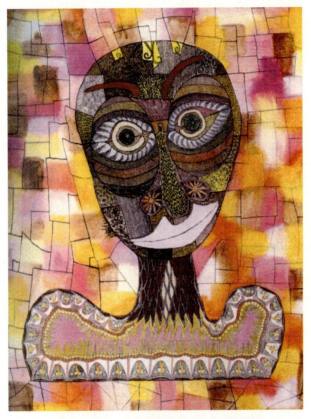

Dream Traveller von Treahna Hamm

Die große Flut
Zu einer Ästhetik der Katastrophe in Bildern von Jugendlichen[1]

Visionen im Kopf

Im Herbst 1996 besuchte ich erneut eine von Deutschen gegründete Kommune auf der griechischen Insel Ithaka, die ich seit 1979 durch zwei Aufenthalte, ihre „Hausmitteilungen" und spontane Brief- und Telefonkommunikation kannte. Als anthropologisch Reisende habe ich über sie geschrieben, aber selten als distanzierte Anthropologin, sondern eher in fiktiven Briefen, in Gedichten (Greverus 1983, 1996) und schließlich in meinem Buch Anthropologisch reisen (2002), in dem ich als „revisited study" die zwanzigjährige Geschichte eines alternativen Projekts aus der Innensicht und meiner Außensicht Revue passieren lasse. Bei meinem letzten Aufenthalt hatte ich die Bewohner darum gebeten, ihre „Visionen im Kopf" für ihre Sarakiniko-Bucht im Jahre 2010 zu zeichnen. In dem Winterheft der Sarakiniko-Zeitschrift (Sarakiniko Info 178, 1996) wurde ein Schreiben von mir an die Sarakiniko-Freunde mit einem erneuten Aufruf zu diesem „Spiel mit der Phantasie" und einem Beitrag von Inge veröffentlicht.

Flutwelle Sarakiniko

Die Bilder von Inge sind die einzigen geblieben. Der friedlichen Bucht von 1996 steht für 2010 die Flutwelle gegenüber, die alles zerstört. Die ehemalige Lehrerin Inge stammte aus der Gründergeneration der späten siebziger

Jahre. Als „enttäuschte Sozialistin" gehörte sie wohl zu den wenigen, die der kollektiven Idee einer sich selbst versorgenden Kommune nachtrauerte. Die Flutwelle sehe ich als Metapher für die verlorene Utopie.

Flutwellen, die das bewohnte Land, Inseln und Ufer, verschlingen, sind uns oft gemalt worden, allerdings von Jugendlichen und Kindern. In einem 1999 und 2000 mit Studierenden des Instituts für Kulturanthropologie und Europäische Ethnologie an der Frankfurter Universität durchgeführten Feldforschungsprojekt versuchten wir, den Fluß, hier war es ein kleiner Abschnitt des Mains, aus der Perspektive seiner Anwohner wahrzunehmen. „Überquerungen. Perspektiven anderer Mainufer" nannten wir das Ergebnis, das in Form eines Text-Bild-Bandes (Greverus, Sukowski 2000), eines Films und einer CD-ROM veröffentlicht wurde. Wir hatten eine enge Zusammenarbeit mit Schulen auf beiden Seiten des Mains aufgebaut, um, insbesondere aus dem Kunstunterricht, über Karten, Bilder und dreidimensionale Objekte etwas von den Flußwahrnehmungen der Kinder und Jugendlichen zu erfahren.

Das schrieben wir an die Schülerinnen und Schüler: „Wir alle haben so etwas wie eine Karte der für uns wichtigen Wege und Orte, Flüsse und Wiesen, Gebäude und Erinnerungspunkte im Kopf. Wir ‚sehen' sie in unserer Vorstellung und können sie für andere Menschen in einer kleinen Karte lebendig werden lassen. Dann kann der Fremde besser verstehen, wie der Einheimische seine Heimat sieht. Bitte zeichne Deine Heimat am Fluß, was Dir hier und heute wichtig ist".

Dieser für eine spontan zu zeichnende „Karte" gedachten Aufforderung folgte „Zukunftsprojekte 2010": „Liebe Mainanwohner hüben und drüben, wir sind eine Gruppe Lehrende und Lernende von der Uni Frankfurt am Main ... Wir haben eine Idee, die auch Schülerinnen und Schülern auf den Inseln Rügen und Usedom Spaß gemacht hat. Vielleicht Euch auch? Malt oder bastelt, ganz wie Ihr wollt, wie Ihr Euch Euren Fluß und seine Umwelt in der Zukunft, genauer im Jahr 2010 vorstellt. Bitte zeigt uns Eure Ideen, Vorschläge, Erwartungen, aber auch Ängste, Hoffnungen, Wünsche oder Alpträume". Ähnliche Zeilen schicken wir unseren Aufforderungen zu den Karten im Kopf immer voraus.

---

[1] Gekürzte Fassung eines Beitrags in der Festschrift „Kind–Kunst–Kunstpädagogik" für Adelheid Sievert (Greverus 2004).

Von der Mental Map zur gemalten Zukunftsvision für einen Raum

Die Erhebung von Mental Maps ist vor allem in der sozial- und kulturwissenschaftlich orientierten Geographie eine Methode zur Sichtbarmachung von räumlichen Bildern, die in den Köpfen der Menschen – ohne eine direkte visuelle Konfrontation mit dem Raum – vorhanden sind. Raumkenntnis, Raumvorstellung und Raumbewertung sind die drei Säulen der Erkenntnissuche (Tzschaschel 1986; vgl. Ploch 1994; 1995). Obgleich diese geographische Forschungsrichtung an der amerikanischen Kulturanthropologie orientiert war (Geipel 1982), haben die anthropologischen Disziplinen nur sporadisch davon Kenntnis genommen.
Allerdings führte der ökologische Diskurs der siebziger Jahre unsere Frankfurter Kulturanthropologie zu einer stärkeren Interdisziplinarität, die vor allem die Mensch-Umwelt-Relationen in das Zentrum der Betrachtung rückte. Kulturgeographie und Ökopsychologie wurden ebenso Diskussionspartner wie Denkmalschutz und Architekturwissenschaften. Das von mir für eine interdisziplinäre Untersuchung zu Revitalisierungsmaßnahmen in „traditionellen" Dörfern entwickelte Raumorientierungsmodell (Greverus 1979), dessen Verallgemeinerbarkeit seitdem in zahlreichen Untersuchungen überprüft wurde (vgl. Greverus 1994), versucht, über die instrumentale Raumorientierung hinaus, auch eine soziokulturelle, eine kontrollierende und eine symbolische Raumorientierung in die Raumbezogenheit einzubringen.
Hilfreich für die Interpretation der Mensch-Raum-Beziehung wurden schließlich die Begegnung mit Mental Maps als Methode (Greverus 1994a; Ploch 1994; Schilling, Ploch 1995). Wir „lesen" aus den Zeichnungen die Bedeutungen, die Hoffnungen und Ängste, die aktiven und die passiven Beziehungen, die Menschen einem sozial und kulturell erfahrenen Raum einschreiben, heraus. In der kulturanthropologischen Analyse geht es also weniger um Raumkenntnis und Raumvorstellung, sondern vor allem um die Besetzung des Raums mit aktueller und erinnerter und in die Zukunft gedachter Bedeutung für Erfahrungs- und Handlungswelten von Individuen und Gruppen. Es geht um die soziale und kulturelle Komponente des Raums. Der Anthropologe Clifford Geertz hatte Kultur als selbstgesponnenes Bedeutungsgewebe bezeichnet (Geertz 1995, 9).

Meine eigene Interpretation betont stärker noch die aktive soziale Komponente von Kultur, wenn ich „Kultur als die Teilhabe an der Gestaltung von sozialem Leben in Bedeutungsfülle" bezeichne (Greverus 1995, 6). Und ich führe diesen Gedanken weiter aus: „Kultur ist die Fähigkeit der Menschen, ihr gesellschaftliches Dasein in materialer, sozialer und ideationaler Hinsicht sinnvoll, und das heißt lebenserhaltend, zu gestalten. Diese Fähigkeit aber muß entfaltet werden, bedarf der Gegenseitigkeit und der Verantwortung in einem Haushalt des Lebens, bedarf jener ökologischen Vernunft, die auf das Ganze zielt und den Einzelnen beteiligt ... Menschliche Natur, menschliches Wesen trägt kulturelle Kompetenz in sich. Die Expertenversorgung mit ‚Kulturplanung', den Zwang zum Konsum von ‚Kultur', die Enteignung von Mitgestaltung sehe ich als einen Kulturverlust, der in kulturellem Tod mündet" (ebd.).

Menschen leben in Räumen. Können sie diese Räume als soziale Räume in Bedeutungsfülle gestalten? Sind sie hier und heute an Kultur beteiligt? Ist die Gestaltung von Räumen ein öffentlicher Prozeß, oder hat sich Öffentlichkeit in Kulturplanung von oben, in Kulturkonsum und Heimkultur gespalten?
In einem Untersuchungsprojekt zur eigenen Stadt als Lebensraum, hier Frankfurt am Main (Greverus, Moser, Salein 1994), ergänzten wir erstmals die Aufgabe der Darstellung gegenwärtig erfahrener Räume um geschriebene und skizzierte Darstellungen von Zukunftsvisionen für die Stadt Frankfurt. Bei den befragten Studierenden, Kulturanthropologen und Architekturstudenten, überwog als Ist-Zustand für die Stadt der Zukunft die Großstadtkritik, der immer wieder Forderungen nach einer neuen sozialen und kulturellen Verträglichkeit und nach einem neuen ökologischen Bewußtsein im Umgang mit der Natur und der bewohnten Umwelt gegenüberstanden (Greverus 1994a, 34ff.).

Auf Inseln leben

Wenn ich hier nun nur auf zwei vergleichbare Projekte mit Schülern eingehe, dann dankt sich dies vor allem meiner Frage nach den ästhetischen Vermittlungen von Zukunftsvisionen für einen Lebensraum, bei dem das Wasser für die Raumorientierungen eine wichtige Rolle spielt. Zwischen 1995 und 1997 führten wir das Inselprojekt „Auf Inseln leben" auf Rügen und Usedom durch (Greverus, Salein 1998). 451 „Zukunftsideen 2010" wurden uns aufgeschrieben, gemalt oder plastisch dargestellt. Kinder und Jugendliche zwischen acht und siebzehn Jahren hatten uns ihre Erwartungen, Vorschläge, Wünsche, Hoffnungen, Ängste und Träume vermittelt. Die Säulengrafiken zeigen die Quantität der Vermittlungen. Hieraus können wir erste Schlüsse ziehen. Und natürlich fällt die Differenz zwischen der „heilen kleinen Inselwelt" und den zivilisatorischen und naturbedingten Katastrophen, die zusammengenommen bei weitem die Sicht auf die Schönheiten der Insel überwiegen, auf. Das Elternhaus, die Medien, der Unterricht stehen ebenso hinter den Schüleraussagen wie sicher auch alters- und geschlechtsspezifische Vorstellungen und Erwartungen (vgl. Greverus 1998a, 449ff.).

Aber erst die qualitative Auswertung des Bild- und Textmaterials einschließlich der dialogischen Vermittlungen erschließt uns jene Bedeutungsdimensionen, die ein Subjekt in einer zeitlich, räumlich, sozial und kulturell gebundenen Situation entwickeln kann, die dann wiederum zu dem Gemeinsamen in dem je individuell Verschiedenen führt.

Die Flutwelle steht in der Säulengrafik zusammen mit zerbrochener Insel und Naturkatastrophen. Allerdings gab es die zerbrochene Insel und die Flutwelle nur in den Zeichnungen und Kommentaren der Usedomer Schüler. Und hier geht die Katastrophenphantasie auf reale Erfahrungen zurück. Man muß Usedom und die Ostsee kennen, um zu verstehen. Bei Koserow ist die Insel zwischen Meer und Achterwasser so schmal und die sandigen Höhenzüge bieten eine so gute Angriffsfläche für das Meer, daß tatsächlich schon der Verkehr zwischen den beiden Inselteilen unterbrochen war.

Die Vorstellung vom „Zerbrechen" der Insel baut auf überliefertem Geschehen, und für die Zukunft haben die Kinder sich nicht an unsere Vorgabe 2010 gehalten, sondern oft die Katastrophe in eine fernere Zukunft verschoben.

Flutwelle Usedom

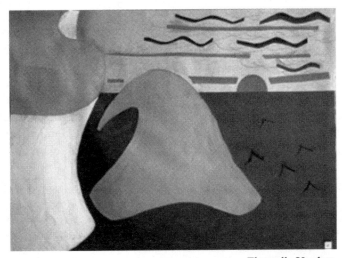

Flutwelle Usedom

Die große Flut

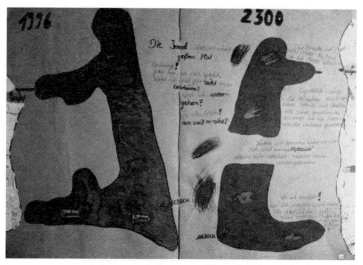

Die zerbrochene Insel Usedom[2]

Texte ergänzen die Bilder, und in diesen Texten taucht noch ein anderes Moment der Interpretation auf: die Insel zerbricht nicht an der Flutwelle, sondern am Müll bis zum Atommüll. So wurde eine Darstellung der zerbrochenen „Insel Usedom im Jahr 2096" mit folgendem Text beschrieben: „Die Insel ist lange schon nicht mehr so schön wie 1996. Die Bäume und auch alle anderen Pflanzen sind mit unzähligen blauen Punkten übersät. Gegen diese Krankheit gibt es keine Heilung. Tiere sind schon seit 20 Jahren ausgestorben., sogar die Haustiere. Die Insel, zwischen Koserow und Zempin zerbrochen, es führt eine kleine Brücke über die Bruchstelle. Überall liegt Atommüll und anderer Müll. Die Luft ist auch verschmutzt, aber man kann noch atmen. Die Insel ist ein Stück vom Festland abgetrieben. In den Gewässern auf und um die Insel herum kann man schon lange nicht

---

[2] 2300: Die Insel wird von einer großen Flut bedrängt! Jetzt hat sie sich geteilt. Wird sie bald gar nicht mehr existieren? Wird sie untergehen? Ja oder Nein? Man weiß es nicht? Die Brücke (nach Wolgast) ist nicht mehr da, bzw. sie ist durchgebrochen. Eigentlich sind die Menschen auch an etwas schuld, sie haben die Insel verschmutzt ... Hätten wir Menschen nicht so viel Müll, wird dieser Alptraum vielleicht nicht wahr. Wir müssen etwas unternehmen. Wo ist Usedom? Hier ist Usedom nicht mehr da, Fluten haben sie verschlungen. (Text zu obigem Bild)

mehr baden. In der Ostsee sind schon so viele Öltanker ausgelaufen, daß sie nicht mehr sauber (wird). Ein Teil des Öles lagert sich an der Nordküste der Insel ab, der Atommüll ist in den Peenestrom und ins Achterwassser geflossen, sie sehen jetzt etwas gelblich aus. Fische gibt es nicht mehr, einige Stellen sind noch rot vom Blut der Fische. Es gibt viel mehr Orte als vor 100 Jahren, manche davon sind schon Städte. Usedom, die Insel, die einmal so schön (war), ist jetzt nur noch ein ‚Müllhaufen'. Früher nannte man sie auch ‚Urlauberparadies', was jetzt nicht mehr zutrifft. Ich würde mir wünschen, daß die Insel so bleibt wie jetzt, 1996" (in: Greverus 1998a, 463).

Wir Untersuchenden versuchen die Deutungen und Bedeutungen der Anderen zu verstehen, und wenn wir uns versichern wollen, greifen wir zu jenem Dialog, in dem wir selbst die Lernenden sind. Mit den Kindern und Jugendlichen des Heringsdorfer Gymnasiums auf Usedom haben wir nach einer Ausstellung ihrer Exponate ein Gruppengespräch geführt: „Erzählt ihr mir mal was zur Flutwelle und zur zerbrochenen Insel? Das hab' ich nämlich gar nicht kapiert ... und das wurde immer wieder gezeichnet, daß da eure Insel auseinanderbricht." (Die Fragende stellt sich nicht nur unwissend, um die Kinder zum Gespräch zu bringen, sondern sie ist es. Allerdings gehört der „unwissende Gesprächseinstieg" durchaus zum Leitfaden des dialogischen Prinzips im ethnographischen Feld (vgl. Greverus 2002, 9ff.).
Junge: „Die Insel, vor ungefähr hundert Jahren war die Insel ja schon mal zerbrochen, weil das Wasser von der Ostsee und vom Achterwasser so hoch gestiegen ist, daß die Insel das nicht mehr verkraftet hat. Und man könnte jetzt vielleicht die Dämme noch befestigen und höhere Dämme bauen, damit's nicht wieder passiert. Deswegen denken viele dran, daß es vielleicht wieder passieren könnte."
Mädchen: „Bei uns in der Klasse wurde auch viel gezeichnet, daß die Insel auseinandergegangen ist, aber ich glaub nicht durch Flutwellen, sondern eher durch Umweltverschmutzung; so ist mir das erschienen, weil die einfach auseinandergebröckelt ist, weil die Natur verschmutzt war oder so, also gar nicht mal durch die Flutwelle" (ebd. 460).

In dem Text 2096 ist die Insel nicht nur zerbrochen, sondern sie ist ein

Die große Flut

Stück vom Festland abgetrieben, Ursache: Umweltverschmutzung. Nun ist sie in dieser Schüleraussage endgültig eine Insel, umgeben von Öl, Atommüll und toten Fischen im Meer, aber „innen" sind die Städte. In dieser Aussage ist die Insel der Zukunft ein Unort, der sich von dem Nichtort[3] insofern unterscheidet, als die Zeichen des Fortschritts eben nicht mehr funktionieren.

An Flüssen leben
Und dann kommt die Flutwelle aus Flüssen ins Binnenland

Flutwelle am Main

Von 1998 bis zum Jahr 2000 führten wir an einem Flußabschnitt des Mains, an dem das Frankfurter Ostviertel Fechenheim dem Offenbacher Mainu-

---

[3] Im Sinne Augés besitzen Nicht-Orte keine Identitäten, bringen nichts Soziales hervor, sondern funktionieren vor allem über nichtmenschliche Vermittlungen, über Signale. Aber sie funktionieren. Nicht-Orte sind Transiträume. Nach Augé nehmen sie in unserer Gegenwart zu (Augé 1994).

fer gegenüberliegt, eine Untersuchung zu Erfahrung und Bedeutung einer Flußlandschaft für ihre Anwohner und Nutzer durch (Greverus, Sukowski 2000). Auch hier wollten wir die Zukunftsvisionen 2010 von Schülerinnen und Schülern erfassen. 113 Werke wurden als Gemälde, dreidimensionale Arbeiten und CD-ROMs eingereicht. Auch hier erschraken wir über das Vorherrschen der negativen und warnenden Zukunftsbilder.

Flutwelle am Main

Steht auch hier die Vielzahl der Flutwellen in einer direkten Verbindung zu realem Geschehen? Der Main hat von unserem Flußabschnitt noch einen weiten Weg bis zum Rhein und von seiner Einmündung in diesen bis zum Meer. Er ist nicht die Elbe bei Hamburg und im Alten Land, dessen Deiche und Erzählungen von Deichbrüchen und „Deichgrafen" ich seit meiner Kinderzeit kannte (Greverus 1995c, 166f.). Und es war bei dieser

Befragung auch noch nicht die Elbe mit ihren Nebenflüssen im Binnenland über die Ufer getreten, wie wir es im August 2002 bei der Jahrhundertflut in Sachsen erlebt hatten.[4] Aber auch am Frankfurter Main entdeckte ich zu meinem Erstaunen Deiche, und die belächelte ich nur bis zum Erleben der ersten großen Überschwemmung, bei der alle Mainufer-Spazierwege unter Wasser standen und auch die Fähre ihren Betrieb einstellen mußte. „Hochwasser", so hörten wir von den Mitarbeitern des Deichdezernats beim Regierungspräsidium in Darmstadt, „bringt erst dann Schaden, wenn durch den Menschen Werte an Gewässern geschaffen wurden" (Greverus, Sukowski 2000, Hochwasserschutz). Diese „Werte" entstehen, wenn natürliche Überschwemmungsräume durch Siedlungs-, Gewerbe- oder Verkehrsflächen genutzt werden, wie es in dem verdichteten Rhein-Main-Gebiet der Fall ist.[5]

Ästhetik der Katastrophe zwischen Flow und sozialem Imperativ

Wenn die von Schülern gezeichnete Flutwelle am Main die urban dicht bebauten und industrialisierten Ufer verschlingen läßt, und diese Darstellungen mit anderen Bildern von zivilisatorisch bedingter Gefährdung des Umweltsystems einhergehen, dann wird auch die Flutwelle zu mehr als einer so erwarteten Realität: sie ist wie die Fabrikschlote, das Fischsterben, der Atompilz und die Vulkane Metapher für die Zerstörung der Umwelt.

---

[4] Vgl. z.B. Jahrhundertflut in Sachsen 2002; Lehmann 2002; Lojewski u.a. 2002.
[5] In meinem Beitrag „Die große Flut und andere Katastrophen" (2004) folgt hier ein ausführlicher Exkurs „Der gebändigte Fluß. Erinnerungen". Am Beispiel des Yangtse-Staudamms, der Jahrtausendflut an der Elbe und meiner Kindheitserlebnisse zwischen der niedersächsischen Elbe (und ihren Familiensagen um Deichgrafen) und der sächsischen Mulde, Fluß meiner kindlich „genossenen" Überschwemmungen, versuche ich den Blick auf die verschiedenen Topoi des Lebendigen einer ästhetischen Wahrnehmung und Imagination zu lenken.

Ästhetik der Katastrophe zwischen Flow und sozialem Imperativ

Fischsterben

Atompilz

Die große Flut

Vulkanausbruch

Die Kontrastbilder „Gutes Ufer –Böses Ufer" oder „So oder So" der Kinder und Jugendlichen vermitteln, wie schon die Zeichnung der „enttäuschten Sozialistin" Inge auf der Insel Ithaka, Visionen der Zerstörung, aber auch Hoffnung der Umorientierung.

Gutes Ufer - böses Ufer

Ästhetik der Katastrophe zwischen Flow und sozialem Imperativ

So oder so

Die CD-ROM-Collage des Abiturienten Nico Schützhofer nutzte das Medium, um das Fließende des Flusses mit der „fließenden" Entwicklung von einem ruhigen Fluß zur zerstörerischen Flutwelle, vom übersetzenden Kahn des verliebten Goethe über die „erschließende" Technologie bis zur zerstörerischen Technologie darzustellen. Er stellt sich selbst als Erzähler an den Anfang der Bildfolge, die farblos am „anderen Ufer" des Fischerdorfs Fechenheim liegt. Bunt werden das Schloß von Offenbach und Goethe vor dem Lily-Tempel in Offenbach gegenüber (der Autor stammt aus Offenbach!). Und die Farbigkeit und Dynamik der Bildfolge steigert sich bis zur Katastrophenahnung. Wenn der Autor das „Stop-Zeichen" drücken will, glaubt man es ihm? Hat er sich durch seine „rote Aura" nicht selbst in den Flow seiner Bildcollage begeben?

Die große Flut

Collage von

Der „Flow" wird mit Gipfelerlebnissen, die sich selbst genügen, gleichgesetzt. Das „ozeanische Gefühl" des Verfließens ist ihm inhärent. Der Flow ist autotelisch, sagt sein Autor Mihaly Csikszentmihalyi (1987, 2001). 1990 veröffentlichte Csikszentmihalyi seinen für ein breites Publikum bestimmten Bestseller über Flow. Im amerikanischen Original hieß er noch „The Psychology of Optimal Experience", die 1992 erschienene deutsche Ausgabe, die 2001 bereits die neunte Auflage erreicht hatte, hieß im Untertitel „Das Geheimnis des Glücks". Im Vorwort steht: „Dieses Buch faßt – für ein breites Publikum – jahrzehntelange Forschungen über die positiven Aspekte menschlicher Erfahrungen zusammen: Freude, Kreativität und den Prozeß völligen Einsseins mit dem Leben, den ich ‚flow' nenne". Da gibt es die konkreten Beispiele, um „ein langweiliges, sinnloses Leben in eines voller Freude zu verwandeln" (Csikszentmihalyi 2001, 11). Das reicht vom Flow des Körpers, von den Kampfsportarten bis zum Sex, und vom Flow der Gedanken über den Flow der Arbeit bis zum Flow in Familie und Freundschaften. Flow wird zu einem Versprechen geglückter „Selbstfindung" jenseits sozialer Ansprüche. Auch jenseits sozialer Verantwortlichkeit?

Ästhetik der Katastrophe zwischen Flow und sozialem Imperativ

Niko Schützhofer

Gerade künstlerische Arbeit trägt, wie jede andere selbstgewählte und selbstverantwortliche Arbeit, sicher die Kreativität des Flow und auch Formen der Gipfelerlebnisse in sich, aber der autotelische Charakter des Flow sollte nicht als „Glück" propagiert werden, sondern im pädagogischen Sinn gerade über die Selbstgenügsamkeit in die gesellschaftliche Beteiligung und Verantwortlichkeit gehoben werden.
Und an dieser Stelle nehme ich meine Frage über die autotelische Verfaßtheit des jugendlichen Künstlers der obigen Bildcollage zum Main bereits wieder zurück, um sie in einen anderen Interpretationszusammenhang stellen zu können. Der Autor hatte sich nicht nur engagiert, zeitintensiv und sozial an der Öffentlichkeitsvermittlung für diese Untersuchung eingesetzt, sondern sein späteres Engagement für die Probleme einer Risikogesellschaft im Rahmen seines Zivildienstes in Nicaragua verwies wiederum auf seine Bereitschaft zu einer sozialen Verantwortung, die sich auch in der reflexiven Ästhetik einer ständig ergänzten Webseite und einer CD-ROM als Wahrnehmung und Vermittlung zeigte. Er nutzte seine künstlerischen Fähigkeiten.

Über die Versuche einer praxisorientierten Anthropologie, ihre Erfahrungen einer lokalen Öffentlichkeit zu vermitteln

Das Insel- und das Flußprojekt waren eingebunden in Ausbildungsprojekte des Forschenden Lernens für Studierende.[6] Das Lernen ist nicht nur auf die Entwicklung eines Problembewußtseins, seine theoretische Einordnung, seine methodische Empirie und seine Interpretation orientiert, sondern auch auf eine praxisbezogene Vermittlung in eine Öffentlichkeit, in die vor allem auch die Untersuchungspartner einbezogen werden sollen. Die Buchveröffentlichung ist also nur ein Teil des „idealen" Projekts.

Bei den Schülerarbeiten des Inselprojekts kam über den Direktor des Heringsdorfer Gymnasiums auf Usedom, eine Zeichenlehrerin, die Vorsitzende des Usedomer Kunstvereins und die „Inselfreunde Usedom" eine Ausstellung in der Wolgaster Sparkasse zustande, bei der die Schülerinnen und Schüler selbst ihre zehn besten Künstler ermitteln konnten. Und die Idee wirkte weiter in ein grenzüberschreitendes Projekt des Deutsch-Polnischen Frauenforums auf den Inseln Usedom und Wollin, das zu einer Ausstellung von Bildern aus der deutschen und der polnischen Schule in Swinemünde führte. Die Idee, ein grenzüberschreitendes Bewußtsein über die Zukunftshoffnungen und -ängste von jungen Menschen zu zeigen und zu wecken, war geboren. Allerdings scheiterte sie dann bereits an bürokratischen Hürden, als die gleiche Ausstellung auf der deutschen Seite im Schloß von Schwerin, dem Sitz des Landtags, gezeigt werden sollte. Kurz nach Erscheinen unserer Veröffentlichung „Auf Inseln leben" (Greverus, Salein 1998) entwickelte ich 1998 bei einer Tagung „Cultural Memory and Co-operation in the Area of the Baltic Seas" des Thomas Mann-Kulturzentrums in Nida/Litauen einen Projektvorschlag, der das deutsch-polnische Schulprojekt weiterführen sollte (vgl. Greverus 1999, 20ff.). In jedem Anrainerland der Ostsee sollte auf Inseln oder an der Küste ein Schülerprojekt „unsere Ostsee im Jahr 2010" anlaufen, jeweils die besten zehn, von den Schülern selbst ausgewählten, Arbeiten sollten zu einer sich immer mehr erweiternden Länderausstellung weitergereicht werden. Diese Wanderausstellung wurde schließlich als Zentrum einer abschließenden Tagung gedacht, bei der Schülerinnen und Schüler gemeinsam mit Politikern ihre

---

[6] Vgl. www.uni-frankfurt.de/fb09/kulturanthro/d/inst/proj.html.

Werke und ihre Zukunftsvorstellungen diskutieren würden. Die Idee fand bei den Anwesenden viel Zustimmung, die sich auch in der Übernahme der nationalen Aufgaben äußerte (und aus allen Anrainerländern waren Vertreter aus dem universitären, musealen und politischen Bereich gekommen). Trotzdem scheiterte das Projekt an einer, wenn auch noch so geringen, Finanzierung, die ausschließlich für den Versand der Bilder und Objekte und die Ausrichtung der Tagung gedacht war. Auf deutscher Seite zum Beispiel scheiterte das Projekt einer interkulturellen Kooperation an der politischen Auflage für das an der Ostseetagung beteiligte Ministerium, das „deutsche Kulturerbe" im Ostseeraum zu vermitteln. Eine für den interkulturellen Austausch mit den ehemaligen Ostblock-Ländern zuständige Institution lehnte ab, weil sie Künstler, aber keine malenden Kinder fördere.

Das Flußprojekt hatte für uns den Heimvorteil, daß wir während seines Verlaufs in ständigem Kontakt mit der Bevölkerung, Institutionen, den SchülerInnen, den LehrerInnen und später auch der Stadt Offenbach, dem Kultur- und Umweltamt, dem Bau- und Planungsamt, der Stadtbücherei und dem Stadtarchiv und einem örtlichen Kulturverein stehen konnten. Das Gymnasium Rudolf-Koch-Schule in Offenbach hatte unser Projekt als Anregung für einen fächerübergreifenden Unterricht genommen, an dem nicht nur das Fach Kunst, sondern auch Deutsch, Biologie, Sozialkunde, Arbeitslehre und Französisch beteiligt waren. „Fest steht", schreibt eine Lehrerin, „daß der Unterricht in allen Fächern handlungsorientiert und damit lebendig war und daß die Lerngruppen interessiert, engagiert und kreativ mitgearbeitet haben" (Amborn-Morgenstern in: Greverus, Sukowski 2000). Diese engagierte Mitarbeit der Schülerinnen und Schüler erstreckte sich auch auf die beiden öffentlichen Veranstaltungen, bei denen wir die Ergebnisse unserer Forschung in Ausstellungen, als Buch, Film und einer CD-ROM, an der wiederum ein Schüler mit den Studierenden zusammengearbeitet hatte, vorstellten. Und die Schüler hatten mit ihren Werken eine eigene Ausstellung aufgebaut. Mit gestifteten Preisen wurden die besten Arbeiten, die in einer öffentlichen Zettelwahl gewählt wurden, belohnt. Beide Feste hatten einen großen Zulauf aus der Bevölkerung beider Städte, zumal neben den Reden auch für Musik, Kinderveranstaltungen und Speis und Trank gesorgt war. Über die Initiative von Teilnehmern dieser öffentlichen Veranstaltungen in Offenbach am Main wurde unser Buch schließlich als Abschlußgabe an Studierende eines Aufbaustudiengangs in Regional- und Umweltplanung in der Schweiz verschenkt, die bei ihrer Rundreise zu hessischen Planungsinitiativen unter anderem auch Fechenheim, „unser" Frankfurter Mainviertel, besuchten. Mit Schulkindern einer unserer Schulen machten sie einen „Wahrnehmungsspaziergang"[7], der von einem Frankfurter Kulturanthropologen geleitet wurde, der gerade ein Unterrichtsprojekt entwickelte.

Zwischen Katzen und Katastrophen. Bildinterpretationen

Wenn ich Interpretationen in der Mehrzahl gebrauche, dann meine ich damit nicht Beliebigkeit, aber ich behaupte auch nicht, daß es nur eine „richtige" Interpretation gibt. Jeder kulturelle Text (und dazu gehört auch ein Bild) steht in einem sozialen Bedeutungszusammenhang. Als Anthropologen nähern wir uns deutend diesem Text, um seine Bedeutung zu verstehen. Clifford Geertz spricht von drei Merkmalen unserer ethnographischen Beschreibung: „sie ist deutend; das, was sie deutet, ist der Ablauf des sozialen Diskurses; und das Deuten besteht darin, das ‚Gesagte' eines solchen Diskurses dem vergänglichen Augenblick zu entreißen" (Geertz 1995, 30). Die „dichte Beschreibung" von Geertz tendiert zu der *einen* Deutung, meine „dichte Beschreibung" tendiert zu der Beachtung von Schlüsselerlebnissen, die der beschreibende Anthropologe (oder auch der Künstler) aus dem sozialen Diskurs gewonnen hat. Und diese Schlüsselerlebnisse werden von dem selektiven Blick, dem Beteiligtsein und dem Darstellungsanliegen des Interpretierenden bestimmt. Wir selbst sind, wie diejenigen, die einen deutenden Text erstellt haben, in unserem Deuten des Deutens von den Bedeutungen abhängig, die sie *und* wir dem sozialen Diskurs beimessen. Anthropologie ist für mich eine engagierte Wissenschaft. Wie kann ich Schülerzeichnungen, die Katastrophen inszenieren, deuten?

„Die Kinder sollten die Katze zeichnen ... Nachdem auf die spitzen Krallen der Katze hingewiesen worden war, versuchte ich der Gefahr von Kratzern

---

[7] Der Wahrnehmungsspaziergang ist eine von uns weiterentwickelte Methode des Stadtplaners Kevin Lynch (1975), um Stadtbilder hinsichtlich ihrer Orientierungsqualitäten für die Bewohner zu analysieren (vgl. Gabriel in: Frankfurt am Main CD-ROM 2001).

Zwischen Katzen und Katastrophen. Bildinterpretationen

mit ‚Lehrerfrage' vorzubeugen: ‚Worauf müssen wir aufpassen, wenn wir die Katze anfassen?' ‚Daß wir ihr nicht wehtun!' ... Ein irritierender Perspektivwechsel: Auf einmal war die Katze kein ‚Unterrichtsgegenstand' mehr, kein Objekt, sondern ein Gegenüber, das Fürsorge, Sympathie, Zärtlichkeit hervorrief". Das schrieb Adelheid Staudte in ihrer Aufsatzfolge „Zum Beispiel ‚Katze'. Aktive Wahrnehmung und symbolische Repräsentation im Unterricht" und „Mit allen Sinnen lernen" (Staudte 1993, 107) in dem von ihr herausgegebenen Buch „Ästhetisches Lernen auf neuen Wegen". Was mich bei diesem Beispiel aus dem Grundschulunterricht besonders beeindruckt hat, war die Irritation, daß das „gefährliche Objekt", die Katze, als ein Gegenüber wahrgenommen wird. Und die Folgerung, daß aktive Wahrnehmung sich als ein sinnlicher, und das heißt ästhetischer Vorgang vollzieht, bei dem, über ästhetische Erziehung gefördert, der Wahrnehmende sich des „gefährlichen" Anderen als eines Gegenüber bewußt wird, das in einem Interaktionszusammenhang mit ihm selbst steht, gilt auch für andere Vermittlungsgegenstände.

Nun sind die Krallen der Katze zwar ein Risiko für ein Kind, aber die Kinder wußten das Risiko zu bannen: „Daß wir ihr nicht wehtun!". Unser Unterrichtsgegenstand war in beiden Untersuchungen die nähere Umwelt der Kinder/Jugendlichen: „unsere Insel", „unser Fluß". Diese Umwelt war Gegenstand der Betrachtung und sollte gleichzeitig ästhetisch vermittelt werden. Sie als ein gefährliches (Risiko!) oder auch gefährdetes (Risiko!) Gegenüber wahrzunehmen, ging nicht gezielt aus der kulturanthropologischen Aufgabenstellung hervor, hat allerdings über den pädagogischen Anspruch der Schulen sicher in das Denken, Wahrnehmen und Darstellen der Schüler Eingang gefunden (vgl. insbesondere das Projekt der Rudolf-Koch-Schule in Offenbach).
Und die Krallen der (falsch behandelten) Katze wurden in den altersbedingt sehr viel differenzierteren Wahrnehmungen und ästhetischen Umsetzungen der Jugendlichen unseres Projekts durchaus zu Krallen einer falsch behandelten Umwelt. Wir haben zwar die Szenarien der Katastrophe (aus Natur und Kultur), aber auch jenes „Du hast es in der Hand" oder „gutes Ufer – böses Ufer", bei dem das gute Ufer vor allem als naturbelassen und dünn besiedelt dargestellt wurde, während das böse Ufer von Hochhäusern und Industrieanlagen gezeichnet war. Die Szenarien der Katastrophe, sei

es in Bildern, Texten oder über andere Medien, verweisen vor allem, neben der atomaren Verseuchung, auf Umweltverschmutzung, wobei auf der Ferieninsel Usedom der Tourismus eine nicht unerhebliche Rolle spielt, oder auf Naturkatastrophen wie die Flutwelle, die aber auch auf die Schuld der Menschen zurückgeführt wird.

Obwohl die Kinder und Jugendlichen durchaus die Freiheit hatten, ihre Zukunftsvisionen über den Main 2010 „zwischen Katastrophe und Paradies, zwischen Endzeitstimmung in einer kontaminierten Region und Idylle in einer rekultivierten Flußlandschaft" anzusiedeln,[8] überwogen die Katastrophen. Wir können jetzt in unserer Interpretation mit heranziehen, daß der Umweltunterricht, insbesondere seit den Nachhaltigkeitsforderungen der Agenda 21, eher den Zeigefinger auf die Wunden legt, die Menschen der Umwelt zufügen, als auf eine mögliche Idylle. Wir dürfen aber auch die immer sehr farbige Katastrophenlust der Medien, insbesondere, wenn es sich um sogenannte Naturkatastrophen handelt, nicht vergessen.

Adoleszente Melancholie und kulturelles Potential

Über die eigentümliche Ästhetik der Katastrophenbilder im engeren Sinn des „Schönen" in den Medien und in der Kunst und ihre Einordnung in den Kunstwissenschaften kann ich hier nicht reflektieren, wohl aber über die Ästhetik von Erfahrung und Ausdruck als ein Wahrnehmen „mit allen Sinnen" aus der Sicht der Kulturanthropologin. Die Moderne hat den (westlichen) Menschen zugunsten des „rationalen" Wissens von einem „irrationalen" Fühlen befreit. Allerdings ist dieses Wissen das den „Laien" vermittelte (und nur als Information vermittelte) Geheimwissen von Experten. Sie „wissen" das Risiko zukünftiger Katastrophen und vermitteln Risiken und Katastrophen, die neue Risiken beinhalten, in Meßwerten und Zahlen. Ulrich Beck hat in der globalen „Risikogesellschaft" ein düsteres Bild der expertenausgelieferten Informationsgesellschaft und ihres Rückzugs in die „Ich-bin-Ich-Gesellschaft" gezeichnet. Die Solidarität der Not

---

[8] So in der Darstellung der Kunstunterrichts-Lehrerin Angelika Amborn-Morgenstern der Rudolf-Koch-Schule in Offenbach, in: Greverus, Sukowski 2000.

Adoleszente Melancholie und kulturelles Potential

(gegenüber dem Anderen, dem Notleidenden) ist der globalen „Solidarität der Angst" (ICH und „alle sollen verschont bleiben vom Gift") gewichen (Beck 1986).
Die Unsichtbarkeit der globalen Risiken und Katastrophen, die wieder neue Risiken gebären, die „Enträumlichung der Gefahr" (Greverus 1990a), hat allerdings auch zu jenem Fatalismus geführt, bei dem die Katastrophe schon geschehen ist, oder, wie es eine kalifornische Wandschrift ausdrückte, „Die Bombe ist schon gefallen und wir sind die Mutanten" (Roszak 1982). „Die zerstörte Welt der Zukunft", interpretiert eine Schülerin ihr Bild: „Der leere Kinderwagen zeigt, daß die Welt nur leer ist, keine Menschen mehr geboren werden. Es ist ein Zeichen der Öde".

Die zerstörte Welt der Zukunft

Der anthropologische Interpretationsweg ginge (vgl. Greverus 1995, 14ff.) von den „Reflexionen aus dem beschädigten Leben" einer „traurigen Wissenschaft" (Adorno 1987), in der es in dem „auf die Katastrophe zutreibenden Zustand der Welt" (Adorno 1963, 23) für Kontemplationen zu spät scheint, über das „melancholische Klima" der Wissenschaft (Lepenies 1972, 253) und die Anthropologie als Entropologie (Levi-Strauss 1974, 367) zu einer postmodern erkannten Gleichgültigkeit der Welt, in der sich die subjekt- und objektlosgemachten Dinge zu Tode spielen, in einer „ironischen Arbeit" zwischen Metastase und Entropie (Baudrillard 1988). Die Deutung fragte weiter nach dem „postmodernen Spiel mit dem Paradigma der literarischen Apokalypse" (Füger 1986), griffe das Thema einer „Enträumlichung der Gefahr" und des Flow – der Mensch in flow ist unberührbar von Katastrophen – auf (vgl. Greverus 1990a) und versuchte, die Katastrophenvisionen der Schülerinnen und Schüler aus dem „melancholischen Klima" einer Gesellschaft zu erklären, in der die Apokalypse ludisch ästhetisiert wird – und dazu hätten wir selbst noch angeregt.

Die Äußerung einer Schülerin, daß sie „erstens von Natur aus schon Pessimist" ist und „nicht positiv eingestellt sein [kann] zu der Zukunft", und es so sieht, „daß die Menschheit sich im Endeffekt eigentlich selbst zerstört", wäre nicht nur Ausgangspunkt meiner Reflexionen zu obigem Thema, sondern ordnete diese Äußerung und die entsprechenden bildlichen Katastropheninszenierungen der Frage nach einer spezifischen adoleszenten Melancholie in einer Gesellschaft des „Leidens an der Gesellschaft" zu. Die Interpretation fragt weiter nach einem gesellschaftlich inszenierten Leiden der Jugendlichen an der Gesellschaft. Margaret Mead hatte bereits in den zwanziger Jahren in ihrem Buch „Coming of Age in Samoa" (1928) über einen Vergleich die gesellschaftlich inszenierten Leiden (Konflikt und Streß) der amerikanischen im Gegensatz zu samoanischen Adoleszenten hervorgehoben. Pierre Bourdieu und seine MitarbeiterInnen haben in der umfangreichen Studie „La misère du monde" (1993), die zu Vergleichsuntersuchungen in anderen Ländern angeregt hat (vgl. Katschnig-Fasch 2002, 2003), ein alltägliches Leiden an der Gesellschaft für die verschiedensten Altersstufen und sozialen Klassen herausgearbeitet. In unserem Zusammenhang sind besonders die „Widersprüche des Erbes" für Jugendliche von Bedeutung. Bourdieu hebt sie im Sinne eines double bind hervor

(Bourdieu u.a. 1997, 651ff.).: Der Sohn (die gesellschaftliche Generation der Kinder/Jugendlichen) soll das „Projekt" des Vaters (die gesellschaftliche Generation der Eltern) überflügeln, damit aber begeht der Sohn, wie auch immer, den „Vatermord": entweder er überflügelt tatsächlich das Projekt des Vaters/ der gegenwärtigen Gesellschaft, oder der Erbe scheitert, dann ist er schuldig, weil er den Vater/ die Gesellschaft enttäuscht hat. Auch Bourdieu betont, daß in den oft höchst persönlichen Spannungen, die aus den Interviews sprechen, „grundlegende Strukturen der sozialen Welt und ihre Widersprüche zum Ausdruck kommen" (ebd. 656). Wenn ich selbst den Sohn als gesellschaftliche Generation der Jugendlichen und das Projekt des Vaters als Projekt der gegenwärtigen Gesellschaft betone, dann möchte ich für meine Argumentation die Widersprüche vor allem als gesellschaftlich induzierte Ambivalenz (für Söhne und Töchter) hervorheben. In Anlehung an Zygmund Baumans Arbeit zu „Moderne und Ambivalenz" (1995) sehe ich die Widersprüche des Erbes als einen den Jugendlichen auferlegten double bind zwischen gleichzeitigen Forderungen nach Fortschritt/ gesellschaftlicher Grenzüberschreitung und Tradition/ gesellschaftlichem (und umweltbezogenem) Respekt. Mario Erdheim hatte uns in den achtziger Jahren, wiederum aus dem Vergleich mit anderen Kulturen gewonnen, eine an Sigmund und Anna Freud anknüpfende Analyse der Adoleszenz in „heißen Kulturen"[9] gegeben (Erdheim 1982, 296ff.). Auch er hebt die Melancholie und Traurigkeit des Adoleszenten hervor, verweist auf die Möglichkeiten „einer feindseligen und tief narzißtischen Abkehr von der Welt" (Jacobson 1978, 201), aber er betont eben auch die Phantasien und Potentiale der Jugendlichen, diese kulturelle Welt verändern, neu gestalten zu können. Kultur als „Teilhabe an der Gestaltung des sozialen Lebens in Bedeutungsfülle" war meine Formel für einen positiv zu besetzenden Kulturbegriff, dem ich den „kulturellen Tod" der Enteignung von Mitgestaltung gegenüberstelle (Greverus 1990, 68f.; 1995, 6).

---

[9] Die Unterscheidung zwischen „kalten" und „heißen/warmen" Kulturen/Gesellschaften stammt von Claude Lévi-Strauss (1972a, 1975). Lévi-Strauss vergleicht diese Gesellschaften mit Maschinen. Während die kalten Gesellschaften mechanisch funktionieren, sind die heißen Gesellschaften dem thermodynamischen Gesetz unterworfen. Soziale Hierarchien und die Geschichte als Motor zu ihrer Entwicklung/ ihrem Fortschreiten sind ebenso charakteristisch wie soziale Spannungen und Entropie.

Die große Flut

Wenn denn das Leiden der Jugendlichen an der Gesellschaft kein genetisch bedingtes, sondern ein gesellschaftlich konstruiertes ist, das über den double bind auf ein brachgelegtes Potential der Mitgestaltung des sozialen Lebens in Bedeutungsfülle zurückgeführt werden kann, dann wäre auch eine kulturelle Umstrukturierung möglich. Auch in einer globalen Risikogesellschaft?

Ästhetik der Katastrophe als Evokation?

Nehmen wir einmal an – und das ist jetzt ein Szenario, das nicht im ludischen Spiel mit der Apokalypse angesiedelt ist –, daß über die Verräumlichung der Gefahr ihre Enträumlichung zwar nicht aufgehoben, aber doch aus der „Unsichtbarkeit" und der Resignation der Angst befreit werden kann. Und damit könnte vielleicht auch die Ohne-mich-Gesellschaft wieder als aktiver Faktor in die Teilhabe an der Gestaltung des sozialen Lebens einbezogen werden.

Bei einem Kongreß über „Gefahrenzone/Ethnologie des situations dangereuses" (1988) interpretierte ein Schweizer Kollege „Elemente einer Ethnologie der Katastrophe in der Schweiz" (Hugger 1988). Der globalen „Solidarität der Angst" in der Risiko-Weltgesellschaft steht eine andere, anders interpretierte, regionale Risikogesellschaft gegenüber, bei der auch heute noch, und auch in der westlichen Gesellschaft, die „Solidarität der Not" zum Tragen kommt. Die Naturkatastrophen waren in die Organisation des Alltags einbezogen. Der Autor spricht von dem sozialen Kapital der Katastrophe, dessen Nähe und Wärme der Kälte der Katastrophe gegenübersteht. Besonders wichtig für unseren Argumentationszusammenhang erscheint mir folgende Bemerkung: „Die Krise bietet jenen Altersgruppen innerhalb der traditionellen Gesellschaft, die noch nicht das Sagen haben, die Möglichkeit, ein Wagnis einzugehen, Kühnheit zu beweisen. Für eine kurze Zeit wird ihnen zuweilen das Regiment zugebilligt ... Bei der Krisenbewältigung haben sich die jungen Leute als integrierte und wertvolle Glieder der Gesellschaft bewährt, die Krise wurde zum Mittel der Enkulturation" (ebd. 25). Diese Solidarität der Not hat sich auch bei der Jahrhundertflut in Sachsen gezeigt, insbesondere in den Sandsackaktionen, bei denen Tausende von freiwilligen, zumeist jugendlichen Helferinnen und Helfern die Arbeit von Militär, Polizei und Feuerwehr unterstützten.

Meine Frage gilt jetzt allerdings mehr einem Risikobewußtsein, das der Katastrophe vorgelagert ist, und der Rolle von Jugendlichen unserer Gesellschaft in der Verantwortung für dieses Bewußtsein. Der Schweizer Autor Hugger sprach von der Krise als Mittel der Enkulturation. Mario Erdheim hatte auf die wichtige Rolle der Kreativität der Adoleszenten für die Kulturentwicklung hingewiesen, die eine neue Art der Mitarbeit an den sich verändernden Strukturen der Gesellschaft beinhalten kann. Soweit der Jugendliche eben zu dem, was ich „Teilhabe an der Gestaltung des sozialen Lebens in Bedeutungsfülle" genannt habe, zugelassen wird. Also auch zu einem aktiven Risikobewußtsein. Zahlreiche Autoren verweisen auf die ästhetischen Fähigkeiten und Umsetzungen der Adoleszenten (Erdheim 1982, 306f.). Und auch die gestalteten Zukunftsvisionen 2010 verweisen auf ein aktives ästhetisches Risikobewußtsein.

Ich greife nochmals auf das Schweizer Beispiel zurück. Der Solidarität der Not bei der alpinen Bevölkerung steht das Beispiel einer Solidarität der Angst bei der Bevölkerung Basels gegenüber, die anläßlich eines Brandes in den Lagerhallen des Chemiewerkes Sandoz gelähmt, panisch, mit psycho-physischen Angstreaktionen, Wut gegen die Obrigkeit und der Suche nach Sündenböcken reagierte. Allerdings wurde die Katastrophe auch bald wieder verdrängt, um in die Normalität zurückzukehren.[10] Eine echte Auseinandersetzung oder die Entwicklung eines sozialen Gefahrenbewußtseins fand nicht statt: „In dieser Hinsicht steht die Schweizer Bevölkerung heute verletzlicher und unreifer da, als die Vorfahren vor zwei, drei Generationen (Hugger 1990, 35).

Der Begriff der Verletzlichkeit/ Verwundbarkeit (vulnerability) spielt in einer sich langsam seit den sechziger Jahren, insbesondere auch im Zusammenhang einer politischen Ökologie, entwickelnden Anthropologie der

---

[10] Scharfe spricht in seinem Beitrag "Wie die Lemminge" von vier Fronten einer Abwehr der Zumutung der Bedrohung: Vergessen, Kaschierung, wissenschaftliche Scharmützel und Abwehr von Begriffen wie Untergangsszenario, Kulturpessimismus, Lustfeindlichkeit, die den Fortschritt infrage stellen können (Scharfe 1994, 286f.).

Katastrophe (anthropology of disaster) eine wichtige Rolle (vgl. Hoffman, Oliver-Smith 2002). Die gesellschaftlichen Muster von Verwundbarkeit werden als Kernelemente für die Analyse von individuellen und organisatorischen Verhaltensformen im Verlauf des Katastrophenprozesses gesehen, wobei es wichtig ist, Katastrophen („natürliche" und technische, die auf den sogenannten man made hazards beruhen) aus anthropologischer Sicht immer als soziale Verlaufsprozesse zu analysieren[11]. Vorausgegangenes oder verdrängtes Risikobewußtsein sind, wie uns schon die Schweizer Beispiele zeigten, wichtige Komponenten der Verwundbarkeit. In den Untersuchungen werden Katastrophen sowohl als komplexe materielle Ereignisse als auch als eine Vielfalt von ineinander verwobenen und oft konfligierenden sozialen Konstruktionen gesehen. Das Verwundbarkeits-Konzept verbindet generelle politische und ökonomische Kräfte nicht nur mit globalen und partikularen Umweltbedingungen, sondern auch mit sozialen Bedingungen vor Ort und einem Bewußtsein der Verwundbarkeit. Zentral bleibt auch die historische Analyse der Relationen zwischen Natur und Gesellschaft für die Schaffung und das Weiterwirken der Verwundbarkeit sowohl aufgrund einer kapitalistischen als auch sozialistischen Ökonomie bis in die Wirtschaft einer globalisierten Welt hinein: „Es ist die Herausforderung, die regionalen und globalen Verkettungen, die in unseren Gesellschaften und Umwelten zerstörerische Kräfte freisetzen, zu benennen" (ebd. 459).

Während in der englischsprachigen Sozial- und Kulturanthropologie ein intensiver theorie- *und* praxisbezogener interdisziplinärer Diskurs zu einem „theorizing disasters" entstanden ist, hat die deutschsprachige ethno-anthropologische Literatur noch wenig Diskursansätze zu bieten. Die deutsch-französische Tagung „Gefahrenzone/ Ethnologie des situations dangereuse" (1988) in Deutschland, zu der kein französischer Beitrag erschien, ging weder in einen disziplinären noch interdisziplinären Diskurs

---

[11] Erst nach der Niederschrift dieses Kapitels haben die am 26. Dezember 2004 von einem Seebeben ausgelösten Flutwellen, die Tausende von Küstenkilometern Südostasiens verwüsteten und nach bisherigen Schätzungen bereits über 200.000 Menschen das Leben gekostet haben, in einem apokalyptischen Ausmaß die Verwundbarkeit unseres Planeten gezeigt. Aber auch hier wird bereits kurz nach der Katastrophe auf die mangelnde Verbreitung von Frühwarnsystemen und ein fehlendes Katastrophenbewußtsein verwiesen, durch das viele Menschenleben hätten gerettet werden können.

ein. Auf dem Kongreß „Gewalt in der Kultur" der Deutschen Gesellschaft für Volkskunde 1993 (vgl. Brednich, Hartinger 1994) befaßte sich nur ein Beitrag von vierundvierzig mit dem Thema der Katastrophe im Sinne einer Katastrophenforschung, die das Verhältnis zwischen Kultur und Natur in einer Risikogesellschaft behandelte. Der Autor Martin Scharfe intoniert „Kultur als Gewalt", in einem zweiten Schritt als Gewalt gegen die Natur, oder als Störung des Stoffwechsels mit der Natur. Zentral wird in einem umfassenden Sinn das Müllproblem, das er auch die „fäkale Produktivität" nennt. Er stellt seine Argumentation in die Todestrieb-Debatte (Scharfe 1994), wobei er auch das Thema Aggression aus den sechziger Jahren wieder aufgreift. Alexander Mitscherlichs Ansatz mit einem Symposion zum Thema „Aggression und Anpassung" (1964) wird erwähnt. Mich selbst hat damals vor allem Mitscherlichs These einer „gekonnten Aggressivität" interessiert (vgl. Greverus 1972, 60f.), die Mitscherlich als rivalisierende Aktivität dem zerstörerischen Zugriff der „ungekonnten Aggressivität" gegenüberstellt. Für Mitscherlich stellt die gekonnte Aggressivität, insbesondere auch in ihren ästhetischen Leistungen, bei Mitscherlich stehen Humor und Ironie im Zentrum, eine Aggressionsbrechung dar (Mitscherlich 1968, 90, 110).

Mitscherlich und Erdheim waren für mich wichtige Bezugspersonen in meiner kulturanthropologischen Argumentation gegen die gesellschaftliche Produktion einer „unreifen Gesellschaft" (vgl. insbesondere Greverus 1990, 112ff.) und dem vernachlässigten Potential ihrer Jugendlichen, wobei ich den Begriff der „gekonnten" und verhinderten Collage in den Vordergrund gestellt habe (ebd. 210ff., 264ff.). Ich möchte diesen Gedanken nochmals aufgreifen: Die Adoleszenz bringt in ihrem Ablösungsprozeß von der Familie und ihrer versuchten Hinwendung zur Gesellschaft ein ambivalentes Verhältnis des Jugendlichen zu sich und seiner Kultur mit sich, das zwischen Melancholie und kreativem Veränderungswunsch, zwischen Selbst- und Fremdverwundung als ungekonnter Aggressivität und praktischem und ästhetischem Engagement als gekonnter Aggressivität steht. Das Potential zu zerbrechen oder zu nutzen ist Sache einer Gesellschaft und ihrer Politiker, die sich darüber klar sind, daß in einer so verwundbaren Risikogesellschaft die Katastrophen nicht durch Meßzahlen, Beschwichtigungen und Verdrängungen zu bewältigen sind. Könnten Jugendliche in

Die große Flut

einer praxisbezogenen Risikopolitik ernst genommen und gefördert werden, könnte eine Schul- und Ausbildungspolitik jenseits von effizienter Durchgangsgeschwindigkeit auf eine ästhetische Nachhaltigkeitsdebatte setzen? Um die „Krallen der Katze" in die „Verletzlichkeit" der Katze zu wenden, bedurfte es der ästhetischen Geduld einer Lehrerin. Um die von Jugendlichen ästhetisch erkannten „Krallen der Katastrophe" in einen öffentlichen Diskurs einzubringen, bedarf es der Geduld einer Gesellschaft, der die Ästhetik abhanden gekommen ist und die die Verwundbarkeit verdrängt. Hier sehe ich wesentliche Aufgaben einer Anthropologie des Risikos und der Katastrophe: einen öffentlichen Diskurs zu entfachen, in dem auch die Stimmen der Nicht-Experten gehört werden und ihre Bereitschaft zu einem Risikoengagement nicht erst in der eingetretenen Katastrophe gefordert wird.

„Stop" jenseits von Flow

Könnte eine Anthropologie der Katastrophe die „Verwundbarkeit" so ernst nehmen, daß sie auch den sozial unverwundbaren „Jeder-ist-sich-selbst-am-nächsten"-Egoisten eine soziale Chance weist und die ästhetisch Unberührbaren zum Zuhören, zum Hinsehen bewegt? Und: es stellt sich die Frage, ob „ästhetisches Lernen" in unserer ungekonnten Effizienzgesellschaft und unserer gekonnt verdrängten Risikogesellschaft noch einen Platz hat? Und: können Zukunftsvisionen von Kindern und Jugendlichen über die wissenschaftliche „Auswertung" hinaus ein gesellschaftliches Zuhören erwirken? Wie schwierig das ist, aber daß es auch möglich ist, habe ich am Beispiel der vom Lokalen/ Regionalen ausgehenden Zukunftsvisionen von Jugendlichen zu zeigen versucht. Die Evokation ihrer Ästhetik der Katastrophe, die sich einer Ästhetik der Angst zuordnen läßt, ist unüberhörbar, wenn sie auch oft überhört wird. Ein HASchult hat mehr künstlerische und finanzielle Mittel, sich mit seinen 1000 Müllmenschen auf der ganzen Welt Gehör zu verschaffen.[12] Hätte er Zeit und Lust mit Jugendlichen zu diskutieren? Hätte der Monadologe Frank Schubert, der im philosophisch-ästhetischen Modell seiner Welt in Muscheln vor allem Katastropheninsze-

---

[12] Vgl. hier Müllmenschen auf der Mauer, S. 19ff.

narien vermittelt, hätte Ursula Stalder, die mit ihren weggeworfenen und angespülten Fundstücken ästhetische Installationen einer vermüllten Überflußgesellschaft inszeniert[13] Zeit und Lust, ihre ästhetischen Wahrnehmungen und Vermittlungen mit denen von jugendlichen Laien zu vergleichen? Hätten dann auch Wissenschaftler Zeit und Lust, und Politiker Zeit und Lust und Förderungsmöglichkeiten, und Wirtschaftsbosse Zeit und Lust und Geld, irgendwo in einer Zukunftswerkstatt über die evokativen Chancen einer Ästhetik der Katastrophe zu diskutieren?

Ästhetisches Wahrnehmen, Vermitteln und Lernen im praxisbezogenen Verbund mit gesellschaftlicher Erziehung, ein nicht nur theoretischer Beitrag zu einem interdisziplinären Thematisieren der „katastrophalen Moderne" (Heinrichs 1984), ein Diskurs in dem die „gekonnte Aggressivität" und das schöpferische Potential der Jugendlichen gestärkt wird? Wenn ich diesen Beitrag zu einer Ästhetik der Katastrophe mit Fragezeichen beende, dann bezieht sich das vor allem auf den mangelnden Mut zu Experimenten in einer gesellschaftlichen Erziehung, die ästhetische Evokation noch immer nur im Bereich des „Schönen" verankert und eine Ästhetik der Angst verdrängt, desensibilisieren, anästhetisieren will.

---

[13] Frank Schubert und Ursula Stalder sind mit ihren Werken auch in Mariposa (vgl. hier das Kapitel „Zukunftswerkstatt ästhetischer Ort") vertreten.

Zukunftswerkstatt ästhetischer Ort
Vergleichende Feldforschung in fünf Akten

Arcosanti/Arizona

Gibellina/Sizilien

Mariposa/Teneriffa

Erster Akt: Die Idee

Dieses Kapitel geht auf eine Performance zurück, die von der Autorin bei der 7th Performance Studies Conference, Mainz 2001 vorgestellt wurde. Danach wurde die CD-ROM/DVD „Der ästhetische Ort" (2001) erstellt (beziehbar über: post@dirkgabriel.de). Der gedruckte Text vermag zwar weder den einführenden Gesang „Santa tierra" von Sylvia Reich noch die Originalstimmen der Gesprächspartner und -partnerinnen während der Feldforschungen oder die der interpretierenden Autorin wiederzugeben, auch nicht den Eindruck der großformatigen Diaschau und die Aufeinanderbezogenheit dieser Medien, aber in der Beibehaltung der vielstimmigen Dialogsituation und der Bebilderung soll der Charakter von Feldforschung und performativer Repräsentation nachvollziehbar werden. Dazu gehört auch die Wiedergabe der fremdsprachlichen Zitate. Die Übersetzungen befinden sich am Ende des Kapitels. Die Feldforschung in Arcosanti/Arizona wurde 1982 und 1999 durchgeführt, in Mariposa/Teneriffa zwischen 1999 und 2004, in Gibellina/Sizilien zwischen 1981 und 2005, davon 1982/83 und 1997 als Projekt mit Studierenden und Mitarbeiter/innen des Instituts für Kulturanthropologie und Europäische Ethnologie/Frankfurt (vgl. Giordano, Greverus 1986; Greverus 1995).

Stimmen aus Mariposa
„Alle großen Philosophen sprechen davon, daß die Schönheit die Vorstufe zur Wahrheit sei. Wenn dem so ist, dann wäre die Verlogenheit unserer Zeit die Folge der Häßlichkeit unserer Welt. Also: Schönheit und Wahrheit liegen offenbar unmittelbar beieinander. Wir haben uns hier bemüht, zusammen mit Künstlern einen Ort zu schaffen, an dem diese Schönheit sichtbar wird. Und wir haben gesagt, man muß die Entscheidungsträger deshalb zusammenbringen mit alternativen Denkern, mit Querdenkern, mit Künstlern. Wir brauchen einen Ort der Weisen." (Hans-Jürgen Müller, Begründer von Mariposa)
„Wir brauchen einen Architekten, der imstande ist, einen Ort der Schönheit zu bauen. Es war die Utopie, der ganz groß gefaßte Raum, der überhaupt noch nicht auf Details einging und auf Möglichkeiten der Realisierung." (Helga Müller, Mitbegründerin von Mariposa)

Stimmen aus Arcosanti
„And we are now prisoners of this technology. We are prisoners in this country. Now if we export the American dream ... no land for agriculture, no survival. So the American dream is really destructive. We are going to need about ten planets to take care of our automobiles. Consuming for the sake of consumption. That is how we are going to destroy the biosphere. So we have to go where it is somewhat frugal. Frugality can be interpreted in many ways. The brain is immensely frugal. A sonnet, four lines, can almost be a transformer of society, it is made of nothing, that is reality. So the aesthetic is absolutely frugal in that sense. ... If there is an end that is similiar to the beginning all reality is going to be one little spot. And that tiny little spot contains everything.[1]
Because there is only one utopia: it is the conclusion of process that we are part of and that is far in the future, if ever. Utopia's talk about sufficiency is a delusion. Whatever is the subject, it is never ever self-sufficient, never, never, never." (Paolo Soleri, Begründer von Arcosanti)

---

[1] Soleri bezieht sich hier auf die Evolutionsphilosophie von Teilhard de Chardin, nach der sich der Geist Gottes am Anfang in Geist und Materie des Universums einfaltet, dieses sich im Laufe der Evolution entfaltet, um sich am Ende im Punkt Omega wieder einzufalten. Dieses wird als Ziel des konvergenten Strebens, die Vereinigung in der Einheit des Geistes zu finden, gesehen. Vgl. Teilhard de Chardin 1982.

Zukunftswerkstatt ästhetischer Ort

Stimmen aus Gibellina
„Il primo momento (dopo il terremoto) è stato di grande dispersione. Proprio di grande esodo, proprio di cacciata dalla terra. Il piano del governo non era di creare la città. Furono aiutati ad andare all'estero. Quindi era la speranza che non tornassero più. Allora c'è stata una manifestazione fatta nella notte dell'anniversario del terremoto e abbiamo chiamato tutti gli artisti d'Italia e tutti gli intelettuali perchè lottassero insieme a questa popolazione." (Senatore Ludovico Corrao, ehemaliger Bürgermeister und Begründer des „Gesamtkunstwerks" Gibellina)
„Cioè nel momento in cui si pensava alla ricostruzione, forse la cosa più importante che ha capito il Senatore Corrao, che non era tanto importante costruire le case, ma era quella di ridare una identità an un paese. Le cose che il terremoto disrugge effettivamente sono le parti intime del paese, possono essere una chiesa, una fontana, però sono i simboli di quel paese di appartenenza.
Quindi, diciamo il fatto di dare a Gibellina un'immagine, che poi si sia scelta l'arte contemporanea per personalizzare la città, insomma è stato anche produttivo, nel senso che si è creato un museo all'aperto. Per cui partendo da questo principio si è iniziato con un'appello agli artisti, tutto il mondo culturale." (Messina, Bibliothekar in Gibellina)

Die interpretierte Idee
Ich habe einmal von der Dreigliederung des wissenschaftlichen Erkenntniswegs gesprochen, der sich für mich in Idee, Erfahrung und Text aufteilt. Die Idee oder auch die Vorstellung als eine Antizipation des Möglichen, des noch Unbekannten, steht am Anfang des Projekts. Gilt dieses auch für die Projekte von Künstlern, von Architekten und anderen Planern jener interpretierenden Aneignung und Gestaltung des Weltstoffs, deren Objektivationen wir heute als Texte bezeichnen – als Kreationen, wenn wir der einfühlenden Gestaltung den Vorrang geben, als Konstruktionen, wenn wir die eingreifende Aneignung betonen wollen.

Gemeinsames und Verschiedenes tut sich hier auf, und ich enge meine Fragestellung jetzt auf den Anthropologen und den Städteplaner ein. Der Anthropologe, der sich nur als Fach-Wissenschaftler versteht, analysiert und interpretiert „objektiv" die Weltgestaltungen der anderen. Der Städteplaner, der sich nur als Instrument gesellschaftlicher Forderungen versteht, gestaltet Welt „objektiv" nach den Anforderungen der anderen für die anderen. Beide sind Außenstehende, „Vollstreckungsbeamte" eines gesellschaftlichen Auftrags. Die Idee für den Text ist vorgegeben. Die Idee ist keine Antizipation des Unbekannten, keine Utopie des anders Möglichen, sondern der fachkompetente Umgang mit dem Standort der Dinge nach dem historisch und technisch entwickelten Stand der Dinge (zu denen auch die Menschen gehören) in Zeit und Raum. „Gezähmtes Denken" nennen die Stadtanalytiker Rowe und Koetter in ihrer „Collage City" diesen Zugang. Und sie beziehen sich auf Lévi-Strauss, der das „wilde Denken" des Bricoleurs, des Bastlers, dem gezähmten Denken des Ingenieurs gegenüberstellt. Der Architekt dagegen als Entwerfer eines Neuen aus der Collage des Vorhandenen ist der geheime Traum auch für den Wissenschaftler als Künstler. Anton Zijderveld forderte den Typ des vielseitig gebildeten *und* provokativen Amateurs gegen die Mittelmäßigkeit des Spezialisten. Und sein Buch „Die abstrakte Gesellschaft" heißt im Untertitel „Zur Soziologie von Anpassung und Protest". Protest ist auch für mich – und mein wissenschaftlicher Weg kommt aus dem Protest der späten sechziger Jahre gegen ein gezähmtes Denken – die Grenzüberschreitung vom Spezialisten zum vielseitig gebildeten Amateur. Ernst Bloch und sein „Prinzip Hoffnung" wurden zum Wegweiser. Bloch entwickelt einen Weg in das Noch-Nicht als Mögliches, aber gesellschaftlich noch nicht Bewußtes, als konkrete Utopie. Und er warnt nicht nur vor der unreifen utopischen Schwärmerei, sondern vor allem vor den „Vorhandenheits-Philistern" und ihrer Bundesgenossenschaft, dem dicken Bourgeois und dem flachen Praktizisten, die „das Antizipierende allemal in Bausch und Bogen nicht nur verworfen, sondern verachtet haben".

So schrieb Bloch zwischen 1938 und 1947 in den Jahren seines Exils. Lévi-Strauss schrieb das „Wilde Denken" 1962, Zijderfeld seine Soziologie von Anpassung und Protest 1972, ich „entdeckte" diese Denker in den sechziger und siebziger Jahren.
Andere Denker aus dieser Zeit entdeckte ich später. Dazu gehören die drei Projektgestalter, die ich hier vorstelle.

Zukunftswerkstatt ästhetischer Ort

Paolo Soleri Ludovico Corrao H.J. Müller

Sind sie als protestierende Entwerfer von ästhetischen Orten des Verweilens, sind wir als anthropologische Interpreten und Befürworter von Orten des Ankommens Dinosaurier in einer mobilen Spätmoderne von flexiblen, aber nicht mehr träumenden Spezialisten, anthropologischen und ingenieurwissenschaftlichen?

Die Entwerfer der drei Orte wollten Orte der Schönheit in einer Welt, die in ihrer Interpretation häßlich, gleichförmig und unverträglich gegenüber der Mitwelt und der Umwelt geworden ist. Das ist Utopie, auch wenn einer meiner Entwerfer, Paolo Soleri, der Schöpfer von Arcosanti, geradezu allergisch auf dieses Wort reagierte. Verstehbar, wenn Utopie als das endgültige und unbeweglich Perfekte interpretiert wird. Nehmen wir dagegen einen – und auch meinen – an Ernst Blochs „Prinzip Hoffnung" angelehnten Utopie-Begriff, in dem das „Träumen nach Vorwärts" die „Noch nicht-Orte" als Möglichkeitsorte für eine schöpferische Umgestaltung des „schlecht Vorhandenen" entdeckt, dann ist diesem eher die räumlich und zeitlich unspezialisierte „bastlerische" Suche und der Weg eingeschrieben, als die perfekte und je nach Kundenwünschen und technischen Möglichkeiten flexibel angepaßte Raumgestaltung des flexibel-unbeteiligt bauenden Spezialisten.

Und ich glaube auch für den Anthropologen immer noch an die Berechtigung eines utopischen Denkens zu Möglichkeitsorten, bei dem die alten und die neuen Menschheitsutopien nicht nur Wissensgegenstand, sondern

Erster Akt: Die Idee

auch Anstoß zum Nachdenken, Suchen und Aufzeigen gegen das „schlecht Vorhandene" sind.

Anthropologie ist eine politische und eine poetische Wissenschaft im Sinne einer „kulturellen poiesis". „Das Poetische und das Politische sind untrennbar", sagte James Clifford in seiner Einführung zu dem Buch „Writing Culture", womit er den schöpferischen Akt unserer anthropologischen Interpretationen meinte. Ich selbst habe von einem dynamischen Prozeß der Gestaltung gesprochen, „nicht nur vom Selbst und Anderen, sondern auch von Welt in einer diskursiven Praxis". Künstler und Anthropologen begegnen sich als Gestalter, und ihre je eigenen Wege sehe ich als Akte eines „performing culture", bei denen Erfahrung und, möchte ich hinzufügen, Ideen in Umlauf gebracht werden. Jede Performance ist für mich die Inszenierung einer Interaktions- und Kommunikationssituation, in der ein kultureller Text hergestellt wird. Die ethnographische Feldforschung ist ein solcher Vorgang, der in seiner alle Sinne des Forschers ansprechenden Multimedialität nur schwer zu vermitteln ist. Da sind visuelle und olfaktorische Eindrücke, die Vielfalt der Stimmen und Zeichen und Geräusche, die eigenen und die fremden Bewegungen in der anderen Landschaft und immer dazu die dialogische Reflexion des eigenen Wissens, des Wissens der Anderen um die Einbettung dieser Performance in eine gesellschaftliche Geschichte, der diese Art der gegenwärtigen Performance sich dankt.

Die Vermittlung einer solchen Feldforschung ist eine neue Kommunikationssituation. Mein Versuch, sie hier zu einer kleinen anthropologischen Performance zu gestalten, möchte Ihnen etwas von der Vielfalt der Stimmen und Erfahrungen vermitteln, die in den anthropologischen Text eingehen. Und sicher hören Sie aus diesen vielen Stimmen nicht nur die unbeteiligt interpretierende der Anthropologin heraus, sondern auch, daß ihre Idee, ihr eigenes Suchen in diesem Prozeß mitschwingt. Wir suchen uns unser Forschungsfeld selbst aus, wir sind an der anthropologischen Performance beteiligt.

Zukunftswerkstatt ästhetischer Ort

Zweiter Akt: Die Näherung

Stimmen aus Mariposa
„Man konnte das Grundstück ja nicht betreten. Das war voll von Kakteen. Das ging bis oben an die Straße. Auch ich war vorher nie auf diesem Grundstück. Als ich das gekauft habe, wurde der Umfang noch mit 'nem Stein geschmissen ... bis dahin! Die Ästhetik, die kannst du vergessen, wenn es euch nicht gelingt, die geistigen Kräfte des Grundstücks zu aktivieren. Wißt ihr eigentlich, da gibt es – und das haben wir unten – Aufzeichnungen, daß es sich hier um ein Grundstück handelt, das einer der Gleichgewichtsstrahlen aus dem Kosmos trifft. Das ist alles hundert Meter breit, endet hier an dieser Finca übrigens und geht runter bis zu dem Tagoror. Und dieser Tagoror ist ein alter Thingplatz. Also haben wir hier wohl einen außergewöhnlichen Platz, wo auch das, was wir vorhaben, absolut richtig angesiedelt ist." (H.J. Müller)

Tagoror, bemalt von Ulrike Arnold

Stimmen aus Arcosanti
„We have to have a closer relationship with nature. We are trying to provide the opportunity for the people to see the world in a way, the world is not just made out of technological gadgets and conveniences. Seeing how the

world works living closer to the ground." (ein Mitarbeiter[2])
„In 1976 they had a field trip. That was a seminar, but it was more of a travelling education. The concept was to try to get us to understand the concept behind his idea of the arcology theory. So we drove up to the mountains where we met a geologist that told us about the geology." (ein Mitarbeiter)

Ansicht Arcosanti 1999

Stimmen aus Gibellina
„Noi Gibellinesi abbiamo le nostre terre insieme e insieme vogliamo restare" – „Se ci mescoliamo con altri paesi, si perde Gibellina" – „Un paese si forma pietra a pietra, ogni uomo la sua pietra, in cento anni o in mille anni. ... E tu assorbi, apprendi con le prime parole il nome del quartiere, della contrada, che significano cose che vedi con gli occhi, persone e storie.

---

[2] Wenn ich hier die Namen nicht nenne, dann liegt das daran, daß ich diese nicht/nicht mehr weiß oder eben nur als Vornamen, oder auch nicht mehr den Texten zuordnen kann. Die ständige Mitarbeit der in dem Projekt Angestellten reicht von der Verwaltung über Archiv- und Internetarbeiten, Geländeführungen, Arbeiten in der Gaststätte und der Gartengestaltung bis zur Arbeit in der Herstellung der Windbells aus Keramik und Metall und ihrem Verkauf. Die meisten der Mitarbeiter und Mitarbeiterinnen waren „ausgestiegene" Akademiker, die wechselnd in verschiedenen Bereichen arbeiteten. Besonders danke ich Lori Caroll, die meinen Aufenthalt organisierte, mich in einem ausgedehnten Wahrnehmungsspaziergang durch das Gelände führte und mit allen Bewohnern bekannt machte.

Perciò ognuno che nasce in un paese naturale conosce l'impianto del suo paese." (Bewohner des alten Gibellina nach dem Erdbeben, in: Barbera 1980, 73ff.)

„Oltretutto il ricordo del vecchio paese era un ricordo sentimentale forte, ma nella storia, nella ... nell'economia, nella vita di ogni giorno era un paese di disgrazia, di lutti, di sofferenze, di dolore. Il terremoto fu visto dai contadini come un'occasione, una buona opportunità che faceva tabula rasa non solo delle case ma anche delle pagine tristi di tutto il passato. E quindi come un movimento di liberazione. La mia idea raccolse la maggioranza assoluta di cittadini." (Corrao)

„A questo appello (ai maggiori esponenti della cultura italiana) i primi a rispondere sono stati proprio gli artisti. Consagra in testa, Consagra è un siciliano, un emigrato, è diventato un grande artista fuori della Sicilia." (Messina)

Stella von Pietro Consagra

Die interpretierte Näherung

Viele Monographien der klassischen ethnographischen Langzeitforschung beginnen mit den „arrival tropes", von denen drei besonders hervorgehoben wurden. Da gibt es die „polynesische Ankunft" als langsame Näherung mit dem Schiff an die tropischen Küsten, es empfangen den Anthropologen eine exotische Landschaft und freundliche exotische Menschen, mit denen man lange Zeit nur ein Lächeln austauschen kann. Bei der Schiffbrüchigen-Ankunft wird das Alleinsein in der Fremde hervorgehoben. Schließlich gibt es die „problemreiche Ankunft", bei der die Arbeitsmittel verloren gegangen, die „boys" unfreundlich und die Einheimischen aufdringlich sind. Der Anthropologe wartet in „heroischer Geduld", aber er hat schließlich Zeit. Der reisende Anthropologe der Gegenwart, der vergleichende Feldforscher, der multi-sited Ethnograph, der sich zu den vielen Orten der Ideen bewegt, hat diese Zeit nicht. Er entwickelt andere „heroische" Attitüden, zu denen zum Beispiel das sofortige Dasein, die Speicherung aller Eindrücke vom ersten Augenblick an, die Gesprächsbereitschaft vom ersten Tag an, das sofortige Fixieren der Erfahrungen in Bild und Ton und Feldtagebuch gehören. Und immer wird das Vergleichbare aus den anderen Erfahrungen abgerufen. Auch das kann, wie die Unzugänglichkeit des Feldes in der klassischen Näherung, schlaflose Nächte und Alpträume bereiten, wobei das alltägliche Ungewohnte wie Klima, Landschaft, Ernährung, Geräusche sowohl für die einen wie für die anderen Feldforscher da ist. Was also hat mir in Mariposa auf Teneriffa, in der wunderschönen Finca, solche Alpträume gemacht? Oder war es doch nicht dieser reale Ankommensstreß, sondern waren es die Energieströme, von denen andere gesprochen hatten, die zwischen Plätzen und dem Tagoror, heiliger Ort der Ureinwohner, flossen. Zu viel Energie für mich, zu viel Auf-sich-selbst-Verwiesenwerden? Eine Künstlerin hatte ihr schlechtes Träumen in ein Bild geschrieben, in dem das Mariposa-Gelände eine direkte Verbindung zum Erdinneren, dem Inferno, hatte.

So läßt auch der reisende Anthropologe der Gegenwart sich auf die Orte und Landschaften ein, in denen er seine Forschungen durchführt. Auch ich näherte mich den drei Geländen, auf denen das Neue entstand, von außen: der Vulkankegel des Teide auf Teneriffa ragte bei meinem Anflug aus den Wolken wie aus einem weißen Meer auf, die Landschaft um den Teide ist herb, geprägt von bizarren Gesteinsformationen, karger Flora und Farbschattierungen aller Art. Das Gelände von Mariposa zeigt an seinen unkultivierten Rändern noch die herbe Landschaft: steil und unwegsam, Kakteen und Sträucher, durch die Eidechsen rascheln.
Arcosanti in Arizona nähert man sich von Phoenix her kommend auf einer dieser landschaftsfressenden amerikanischen Freeways durch eine wieder karge Landschaft mit baumhohen Kakteen. Zu dem Gelände gibt es keine öffentliche Verkehrsanbindung. Nur wüstenähnliche Landschaft und auf einem Hügel das einsame Arcosanti mit seinen Betonbögen. Bei meinem

ersten Rundgang begegnete ich einer Klapperschlange.
Nähert man sich dem Belicetal in Westsizilien im Sommer, um das alte und das neue Gibellina zu finden, dann erkennt man die grausame Landschaft, die Lampedusa im „Leoparden" beschreibt: „Die gewalttätige, unmenschliche Sonne, die narkotisch betäubende Sonne, die den Einzelwillen vernichtet und alles in einer knechtischen Unbeweglichkeit hält, alles hin und her gerissen in gewalttätigen Träumen". Und in der Regenzeit kann es einem passieren, daß man in den Schlammlawinen einer abgeholzten Erosionslandschaft steckenbleibt. Dann fährt man an den Trümmern, noch heute, der zerstörten Dörfer des Erdbebens von 1968 vorbei, sieht an einem Hügel, eingefügt in die Landschaft das weiße, zementene Leichentuch über dem alten Gibellina und landet 25 km davon entfernt auf den leeren Plätzen des neuen Gibellina.

Il Cretto von Alberto Burri

Das alte Gibellina ist in seinem Zustand eines zerstörten, eines leeren Orts einbetoniert worden, das neue Gibellina ist auf einem leeren Ort geschaffen worden. Das Erdbeben, sagt der Schöpfer des neuen Gibellina, war auch ein Akt der Befreiung. Die Entstehungsgeschichte von Gibellina als ein ästhetischer Stadt-Entwurf für die Menschen einer zerstörten traditionellen Bauernstadt unterscheidet sich von den Entwürfen Arcosanti und Mariposa für eine ständige oder temporäre Bewohnerschaft von Menschen, die ein neues Bewußtsein für die Welt entwickeln sollen. Aber sollen das nicht auch die Bewohner und Besucher von Gibellina? Die Idee ist der ästhetische Ort, der als Gegenentwurf zu einer nur funktionalen Stadtgestaltung kulturelle Poesie – und damit Protest statt Anpassung – schaffen soll. Braucht man für diesen Ort der Schöpfung eines Neuen den leeren Ort, die einsame, die gewaltige und auch gewalttätige Landschaft, eine dicht daneben angedachte archaisch-heilige Landschaft? Das Chaos als Voraussetzung für Schöpfung? Die Weltschöpfungs-Geschichten der Völker fangen so an.

Dritter Akt: Die Entwürfe

Stimmen aus Mariposa
„Wenn der Krier das nicht so groß gemacht hätte, hätte das niemanden interessiert. Das wär ... na, der Müller macht irgendwas. Aber dieser Paukenschlag. Was wir immer gesagt haben: wir müssen das Projekt mit den besten Leuten machen. Und deshalb habe ich auch gesagt, daß es in den besten Städten ausgestellt werden muß. Also bin ich zum Deutschen Architekturmuseum in Frankfurt." (H.J. Müller)
Der Krier hat mit dem, was er gemacht hat, ins Wespennest gestochen. Sonst hätte die FAZ nicht dreimal eine Drittelseite Verriß geschrieben. Daß wir nicht auf den Krier'schen Entwurf fixiert sind, haben wir zu zeigen versucht, indem der Frei Otto was gemacht hat, es haben diese Kölner Architekten was gemacht. Es haben Künstler Entwürfe gemacht, das ist alles in diesem Buch veröffentlicht. Der Zweck der Übung war der zu sagen, haltet euch nicht am Krier'schen Entwurf auf, es muß nicht der Frei Otto'sche sein, es muß überhaupt keiner dieser Entwürfe sein. Es muß nur schön sein." (H.J. Müller)

Zukunftswerkstatt ästhetischer Ort

Atlantis-Modell von Leon Krier

Stimmen aus Arcosanti
„Each arcology should be unique. We are building arcologies in different climatic and topographical surroundings. We can never be satisfied in one place, no matter how wonderful the place might be. Each arcology should project its own industry and any other cultural characteristic. Arcosanti happens to be undertaken as a prototype. If there is any success in the future in urban development it has to be arcological in nature. The another element I want to emphasize is the education element. Arcosanti is more than just cement. It gives people the opportunity to come here and learn things." (Architekt)
„The process of building is the educational experience. So for many of us as long as the process continues the mission continues in our educational program." (eine Mitarbeiterin)

Dritter Akt: Die Entwürfe

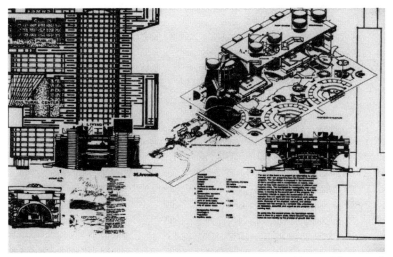

Entwurf Arcosanti

Stimmen aus Gibellina
„Allora meglio una città non perfetta dal punto di vista dell'urbanistica, e dell'architettura, ma che lasci libertà alle diverse soluzioni che nel tempo potranno venire. Quindi non una città disegnata perfettamente, una città che col tempo, lasciando libertà si andrà formando. Anche perché la cultura di quel tempo non era una cultura monocratica, monolitica. C'era il policentrismo culturale. E'un secolo dove non c'è più certezza di nulla. Quindi anche l'architettura, anche l'urbanistica riflette questa incertezza, o anche, diciamo, questo ibridismo, questo meticciato, queste cose che si inseriscono l'uno con l'altro. Tenendo presente questa popolazione di Gibellina come tutte le altre città siciliane, è una popolazione che è emigrata in tutto il mondo e quindi ha avuto gli occhi aperti a tutte le varie esperienze, e porta con se anche le immagini delle città della Germania, delle città dell'America, quindi non si trova spaesata. Io noto quando vengono questi emigrati di Gibellina dall' Australia, dicono ‚Oh, che bello! Qui sembra una strada di New York.'" (Corrao)

Zukunftswerkstatt ästhetischer Ort

Il Sistema delle Piazze (Franco Purini, Laura Hermes)

„Gibellina è un mausoleo e il nome è Cretto?" (rhetorische Frage von Ina-Maria Greverus, im Dialog mit dem neuen Bürgermeister Navarro, seit 1995)
„Il significato del Cretto è proprio quello che da Lei. Cioè si è pensanto intanto facendo proprio a quest'idea di Burri di questa terra che si spacca, questa terra di Sicilia che nel mese di agosto crea questa crepe. La prima cosa è avvicinare l'opera di Burri a quella che è una situazione tipica della Sicilia. La seconda, queste crepe coincidono con le vecchie strade del paese. E poi quel significato che dava Lei di coprire con questa lenzuola biancha questa grossa catastrofe. Per`lascia lo spirito, ecco, conservare quell oche era la vita." (Navarro)

Die interpretierten Entwürfe
Ich beginne meine Vorstellung der Entwürfe,[3] die sich aus den Ideen entwickelt haben mit dem „jüngsten" der drei Projekte, Mariposa, das früher Atlantis hieß, und, wie sein spiritus rector, der Stuttgarter Galerist Hans-Jürgen Müller, immer wieder betont, die Idee auch in dem kleineren Mariposa weiterträgt. Es war ein Abend im Orwell-Jahr 1984, so geht die

Dritter Akt: Die Entwürfe

Erzählung, an dem das Ehepaar Hans-Jürgen und Helga Müller zusammensaß und in einer langen nächtlichen Diskussion die Idee jenes Ortes der Weisen erdachte, in dem sich „Menschen aus Kultur, Wissenschaft, Wirtschaft und Politik" für eine begrenzte Zeit arbeitend, forschend und Kontakte pflegend aufhalten sollten, um später an ihren Wirkungsstätten positive Einflüsse auf die „strapazierte Welt" zu nehmen. Das Grundstück dafür war auf Teneriffa vorhanden.

Helga und H.J. Müller: ein Entwurf für Mariposa

Aus den nächtlich gekritzelten ersten Entwürfen wurde das umstrittene Modell Atlantis des umstrittenen Städteplaners und Architekten Léon Krier – eine halbe Milliarde für eine perfekte Tempelanlage für die Weisen der

[3] Literaturhinweise zu den Projekten: Arcosanti: Soleri 1969; Greverus 1985; Soleri 1988; Greverus 1990; Urban Ideal 2002; Lima 2003; s.a. www.arcosanti.org/media/publications/soleriBibliography.html. Gibellina: Labirinti 1983ff.; Quaroni 1989; Oliva 1992; Cattedra 1993; Greverus 1999b; Gibellina 2004; La Ferla 2004; s.a. www.communedigibellina.it; www.fondazione.orestiadi.it. Mariposa: Atlantis 1987; Atlantis-Mariposa 1991; Atlantis 2000, 1992; Mariposa 1998, Zukunftswerkstatt Mariposa 2001 (ebd. S. 289ff. Bibliographie); s.a. www.mariposa-projekt.de.

Postmoderne. Selbst die Müllers sagen, daß es besser war, daß diese Vision Nichtort geblieben ist, aber sie sagen immer noch, daß erst der Gigantismus dieses Entwurfs auf dieses Projekt aufmerksam gemacht hat. Und aufmerksam wurde man. 1987 wurde das Projekt im Frankfurter Architekturmuseum vorgestellt, weitere Ausstellungen folgten, auf der documenta IX 1992 in Kassel diskutierten Hans-Jürgen und Helga Müller hundert Tage in einem einen Tag vor der Eröffnung ausgebrannten Container Idee und Modelle, inzwischen war das Modell Mariposa von Frei Otto als Pilotprojekt dazugekommen, Bücher waren erschienen, Presse und Funk berichteten. Was ausblieb, war das Sponsoring, um dieses anspruchsvolle Projekt so zu verwirklichen. War es das, oder war es die zufällige – HJM betont gern den glücklichen Zufall – Bekanntschaft mit einem Künstlerehepaar, das auf Teneriffa arbeitete, war es der Film, der auf dem Gelände gedreht werden sollte, oder war es die Weisheit der Gründer, was dazu führte, daß die perfekten Entwürfe fallen gelassen wurden. Jetzt erst nahm Mariposa seinen Anfang, nicht mehr als eine perfekt geplante Stadt, sondern als ein ästhetischer Ort im Werden, in dem vorhandener Baubestand umgestaltet wird, Wege und Treppen, Nischen zum Diskutieren geschaffen, Skulpturen und Installationen errichtet werden. Die große Baustelle ist den vielen kleinen Baustellen gewichen, der Gesamtentwurf den vielen kleinen Entwürfen. Heute ist die Pflasterung des Weges zur Bodega dran, antwortete Hans-Jürgen Müller auf meine Frage nach der Zukunft Mariposas. Ob das jetzige Mariposa deshalb ein Werk der Vielen geworden ist, ob es trotzdem noch ein Gesamtkunstwerk ist, soll uns später beschäftigen. Ort der Weisen soll es bleiben, der Bau eines „Klosters" ist für die „Mariposien" geplant, aber das kostet wieder. Eher sehe ich die Kunsthandwerker-Kolonie auf dem noch unbebauten Gelände als ein mögliches Gemeinschaftswerk.

Dritter Akt: Die Entwürfe

Blick aus dem Sternhaus, Mariposa

Arcosanti lernte ich als Zukunftsstadt in der Wüste 1982 kennen. An dem Abend unserer Ankunft fand ein Konzert in der damals schon erbauten offenen Halle in Gedenken an die verstorbene Frau des Architekten und Gründers von Arcosanti, Paolo Soleri, statt. In der Nacht liefen wir alle mit Kerzen durch eine Schlucht zu einem natürlichen Amphitheater und hörten unser Echo in der sternenklaren Wüstennacht. In dieser seit 1970 gebauten Stadt für dereinst 7000 Bewohner (die Zahlenangaben schwanken zwischen 7000 und 1500 Menschen in den Selbstdarstellungen) gab es damals noch kaum Möglichkeiten zu wohnen. Der ästhetische Ort schien als ein Gehäuse für die Kunst zu entstehen, eine Halle für die Musik, Ausstellungen der Windbells aus Bronze und Keramik, die als Soleri-Windbells in die ganze Welt exportiert werden. Arcosanti soll als Prototyp des von Soleri entwickelten Konzepts „Arcology" gebaut werden. Das Buch „Arcology. The City in the Image of Man" erschien 1969. Arc-ology basiert

Zukunftswerkstatt ästhetischer Ort

auf dem Zusammenhang zwischen Architektur und Ökologie. Über Verdichtung (Komplexität und Zentrierung) sollen Aktionen und Interaktionen intensiviert werden, die Wege zu den Ressourcen werden ebenso minimiert wie der Verbrauch von Energie, Rohstoffen und Land. Durch die intensivierte Nutzung der Natur über beispielsweise den Greenhouse-Effekt oder die Nutzung von Solarenergie kann die Natur ihrer extensiven Ordnung überlassen werden. Das miniaturisierte Ökosystem der verdichteten Stadt mit seinem schnellen Transfer gibt dem Menschen die Möglichkeit einer Entfaltung zur Freiheit. Diese Freiheit aber heißt Ästhetik als Essenz des Menschen selbst, als Essenz einer wirkenden Wirklichkeit: Ästhetogenese. Die versuchte Materialisierung von Teilhard de Chardins evolutionärem kosmischen Prinzip des Zusammenfließens des Getrennten im Punkt Omega des höheren Bewußtseins steht hinter Soleris „Labor für Öko-Urbanität" als seiner Kritik an der Zivilisationsgesellschaft. Arcosanti ist im ersten Entwurf mit einer geplanten Bevölkerung von 1500 und einer Bevölkerungsdichte von 531 pro Hektar das kleinste der Projekte gegenüber dem größten Babeldiga mit 1,2 Millionen Einwohnern und einer Bevölkerungsdichte von 1643 pro Hektar.

Arcosanti ist das einzige dieser Projekte Soleris, das gebaut wurde, als ich es 1999 wiederbesuchte, waren drei Prozent verwirklicht. Auch hier fehlt das Geld. Wird es deshalb heute vor allem als ein „educational project" vermarktet, bei dem in Workshops das Prinzip Arcosanti gelehrt wird, und insbesondere Architekturstudenten an der Materialisierung des Prinzips mitbauen dürfen? Der neueste Plan, 1997 entwickelt, heißt „PARADOX". Auf eine begrenzte Zeit sollen Cyberspace-Spezialisten in diesem Paradox-Programm als einer experimentellen Situation zusammenkommen, sollen die „virtualities" des Internet der Konkretheit von Arcosanti gegenübergestellt werden. Das „neomonastic internship" in dem Pierre Teihard de Chardin-Kloster dient der Erkenntnis dessen, was man tut. Teilhard de Chardin mit seiner in den vierziger Jahren entwickelten Idee der Noosphäre als Antizipation von Cyberspace und Internet? Auch Soleri, 1999 achtzig Jahre alt geworden, fasziniert immer wieder mit seiner kreativen Uminterpretation der eigenen und der fremden Ideen.

Dritter Akt: Die Entwürfe

Modell Arcosanti

Gibellina, ebenso aufsehenerregend und ebenso vergessen und ebenso flexibel weiterlebend wie die beiden anderen Projekte, hat eine andere Entwurfsgeschichte. 1968 wurde das alte Gibellina wie viele Orte des Belicetals in Sizilien durch ein Erdbeben zerstört. Das Projekt „Gibellina vecchia" und „Gibellina nuova" baute nicht in sozial und kulturell „leere Orte", die allenfalls heilige Orte von schwer identifizierbaren „Ureinwohnern" sind, sondern in den zerstörten Ort des Alten und in den geplanten Ort einer Kulturinszenierung des Neuen, der allerdings nicht (nur) für die Besucher und Weiterdenker eines ästhetischen Orts entworfen wurde, sondern für die ehemaligen Bewohner des alten Gibellina, Bauern, die in einer kleinen, dicht gedrängten Agrotown gelebt hatten. Während ihre neue Stadt aus Palermo und Rom geplant wurde, lebten die Bewohner des Belicetals jahrelang in Baracken. Palermo und Rom fragten sie nicht nach ihren Bedürfnissen, sondern unterstützten eigentlich ihre Auswanderung. Aber ihr Bürgermeister (1968–1994), der heute Senator in Rom ist, Ludovico Corrao, hatte die Idee eines Neubeginns, organisierte die Treffen von international bekannten Architekten und Künstlern, ließ sie ihr Geschenk an die neue Stadt einbringen. Das neue Gibellina sollte ein Ort werden, in dem die Künste und die Künstler sich mit den Bauern in einer endgültig vom Feudalismus befreiten Welt treffen: „Eine Katastrophe, auch wenn sie die Ursache von Tod und Trauer ist, kann trotzdem einen neuen Anfang in einem positiven Katastrophensinn hervorbringen, einen Neubeginn kultureller Formen, die fähig sind, neue Früchte zu tragen, die sich mit dem Geist des Mediterrranen vermischen". Berühmte Künstler kamen und schufen ihre Werke als Geschenk für Gibellina, das sich zu einem open-air-Museum entwickeln sollte, Künstlerwerkstätten wurden in einem alten Adelssitz, dem Baglio di Stefano, geschaffen. Über bildende Kunst, Konzerte und Theateraufführungen sollte dieses neue Gibellina – gleich neben Rom – zu einem ästhetischen Ort werden, der die kulturelle Elite der Welt anzieht. Und bis heute wird immer wieder der weihnachtliche Besuch 1981 von Joseph Beuys in Bild- und Wortdokumenten zitiert, vor allem sein einsamer Weg durch die Ruinen des alten Gibellina und sein künstlerischer Weg in das neue Gibellina mit dem Anspruch auf eine neue, eine humane Kreativität.

Baglio Case di Stefano, Gibellina

Das alte Gibellina wurde von Alberto Burri als „eines der monumentalsten Beispiele von Land-Art, die auf der Welt existieren" einbetoniert, ca. 120.000 Quadratmeter, so ein „sight-seeing"-Prospekt für Gibellina, der gleichzeitig durch das neue Gibellina als Kunststadt führt. Das Labor für eine neue Urbanität wurde allerdings immer wieder als gescheitert beklagt, das Unfertige bleibt unfertig und das Fertige zerfällt. Auch der Entwurf Gibellina war zu groß antizipiert. Nicht nur das Dach der Kirche stürzte ein, obgleich ihre riesige kugelförmige Kuppel die Katastrophe überlebt hat. Und das „Runde" der postmodernen Gestalter in einer Welt der modernen harten Ecken und Kanten macht plötzlich Angst. „Ich mag das Runde einfach", sagte Soleri zu mir, als ich ihn nach seinen runden Fenstern fragte, die tatsächlich einen eher „abgerundeten" Blick auf den Freeway „draußen" erlaubten. Das Modell 2000 hat so viel runde, abgerundete Formen – und auch Zement macht das möglich –, daß die vermittelte Kontinuität durchaus jenen Machtanspruch imaginieren läßt, der in der Kirchenkuppel von Gibellina seinen Ausdruck fand. Zunächst erinnert der Architekt an den arabischen Einfluß in Sizilien, aber schließlich verweist er auf die Symbolik der Kugelform als Himmelskörper, als Universum: „Die supernatürliche, symbolische Perfektion der Kugel repräsentiert das Universum, Kontinuität, das Unendliche, das Ganze". Die gewaltige Kuppel der Kirche von Gibellina wurde übermächtig, verstärkt durch den nach dem Einsturz verbotenen Eintritt in die demonstrierte Macht des Religiösen. Oder Ästhetischen? Daß ich mir den verbotenen Eintritt immer wieder zu erobern versuchte, hängt wohl mit dem Grenzgängertum einer Kulturanthropologin zusammen. Bei meinem ersten Eindringen in das Heiligtum dieses unzugänglichen Ganzen, war da noch die imaginierte ganze Kugel vor der man außen auf den Stufen eines Forums sitzen konnte. Bei einem späteren Besuch konnte man in das inzwischen vom Schutt des eingestürzten Dachs befreite Innere des – immer noch zutrittsverbotenen – Innenraums der Kirche eindringen. Und die Kugel erwies sich als offene Halbkugel, Predigtraum und ein geradezu unglaublicher Resonanzraum für eine ästhetische Macht des Religiösen. Ich war, wie schon beim Cretto des alten Gibellina, froh, daß Kinder bei mir waren, die sich der Macht einer ideologischen Ästhetik noch entziehen konnten. Sie liefen, auf zwei Meter hochgehoben, um des Laufens willen über das Leichentuch eines in seiner Zerstörung ästhetisierten Orts, sie saßen nicht in Erstarrung vor der übermächtigen Kugel des Universums auf einer Stufe, sondern eroberten die Stufen, sie lauschten nicht auf das tönende Echo einer Predigt aus der festgelegten ästhetischen Vermittlung Kirche, sondern probten ihr eigenes

Echo. Kindlich-kreative Aneignung, die dem in Ehr-Furcht erstarrten Erwachsenen nicht mehr möglich ist?[4]

Und da war die „kleine" Erdkugel in Mariposa, vielleicht drei Prozent der anderen Kugel. Sie steht im Eingangsbereich. Wachend, schützend, mahnend? Überdimensioniert fotografiert vermittelt auch sie Macht. Das Runde beruhigt nicht in einer Zeit der Entgrenzungen!

Die Wandlungsgeschichte der Entwürfe dieser ästhetischen Orte sollte jenen Prozeß vermitteln, den wir – als Kulturanthropologen – Kultur nennen. Kultur ist für uns nicht nur die „bleibende" Kunst der Auserwählten einer Gesellschaft, nicht nur die „bleibende" Alltagspraxis der weniger Privilegierten dieser Gesellschaft, sondern vor allem der Prozeß einer fließenden Veränderung jenes Weltstoffs, der sich immer neuen Generationen von Menschen als der Austausch zwischen ihnen und ihrer Umwelt anbietet. Die meisten Mitglieder dieser als global bezeichneten Gesellschaft haben keinen Einfluß mehr auf den Weltstoff, seine Aneignung und Gestaltung ist den privilegierten „Ingenieuren" des Fortschritts (und ihrem Zauberlehrlingsstatus) vorbehalten. Anpassung oder Protest sind kulturelle Antworten. Vor allem stelle ich Protest vor. Es ist ein Protest, der auf die ökonomisch weniger effiziente Schönheit des Lebens setzt. Aber auch dieser ist wieder dem Chaos der vielen Bilder und Stimmen ausgeliefert.

---

[4] Auffällig war, daß in allen Projekten Kinder nicht eingeplant waren. In Arcosanti wurde mit einer fehlenden Infrastruktur argumentiert, Mariposa war als temporärer Versammlungsort der Weisen einer Gesellschaft gewissermaßen als ein kinderfreier Raum gedacht. Gibellina nuova hatte, obwohl als bewohnter Ort für die Gibellinesi des Gibellina vecchia gedacht, kaum künstlerisch gestaltete Räume für oder von Kinder/n zu bieten. Die Jugendlichen haben sich dort die menschenleeren postmodern-urbanen Plätze mit ihren Mofas erobert. In Arcosanti wurden Jugendliche als Besucher in das Bildungsprogramm einbezogen und auch in Mariposa wurde jetzt ein Zeltplatz für sie gebaut. Weiterhin ist Mariposa das einzige Projekt, in dem auch Kinder sich (mit einer Dozentin) über die Wandkeramik einer Schöpfungsgeschichte an der Gestaltung des ästhetischen Orts beteiligen konnten.

Vierter Akt: Die vielen Stimmen

Unser vierter Akt einer anthropologischen Performance macht den Anthropologen, die Anthropologin zu einer der vielen Stimmen. Performance wird anstrengend, weil da keiner mehr da ist, der Wissen aufbereitet und verstehbar-informativ interpretiert. Niemand sagt uns mehr, was wir zu denken haben. Eine gewohnte Situation für den Forscher. Hier nun bietet die Anthropologin nahezu ungeordnet die vielen Stimmen an, will den Betrachter zwingen, die Texte selbst zu hören, die Bilder selbst zu lesen, um im letzten interpretierenden Akt die eigenen Erfahrungen und Interpetationsansätze mit denen der Anthropologin zu vergleichen.

Stimmen aus Mariposa
„Damals war es auch gekoppelt mit der Vorstellung, daß die Wirkweise des Projekts darin besteht, daß man es baut und daß man dann die Großen (in Anführungszeichen) der Welt herholt, die dann die Geschicke der Welt lenken. Der Millionär wurde damals nicht gefunden, der Leon Krier hätte umsetzen können. Ich würde aus heutiger Sicht sagen, zum Glück wurde er nicht gefunden, denn dadurch entstand diese Kleingliedrigkeit, die dann diese vielen verschiedenen Menschen hierher gezogen hat." (der Künstler Jens Loewe)
„Da wir alles, was wir machen, egal was, das Buch, ob die documenta, ob's der Container ist, ob unser Büro, mit aller Liebe machen." (H.J. Müller)
„Was mich fasziniert hat, ist die Kompromißlosigkeit, mit der Hans-Jürgen Müller die Qualitäten, die ihm wichtig sind, in erster Linie die ästhetischen, das ist richtig, verfolgt hat." (Loewe)
„O.k., du kannst im Sternhaus wohnen, ich wollte eigentlich erst in der Casita wohnen, weil die is noch bissel weiter weg. Und ich merke, daß im Sternhaus'ne Energie – und dann habe ich auch mit Uli gesprochen – so'ne wahnsinnige dolle Energie da is." (ein Besucher und Mitarbeiter im Gelände)
„Es müßten aus dieser Zelle von Mariposa auf Teneriffa, die ein Beispiel sein soll, eine Art Vorbild, viele solcher Projekte entstehen, in der ganzen Welt." (H.J. Müller)

Zukunftswerkstatt ästhetischer Ort

Mariposa

Wasser, Steine und Pflanzen

Vierter Akt: Die vielen Stimmen

Bienengarten von Jeanette Zippel

„Das Glasperlenspiel" von Lidia Krabonska, H.J. Müller

Zukunftswerkstatt ästhetischer Ort

Kaktusskulptur und natürlicher Kaktus (Idee H.J. Müller)

Sitzplatz vor dem Sternhaus von
Fernando Villaroya und Ulrike Theisen

Vierter Akt: Die vielen Stimmen

Jurten von Florian Geiger

„Erdkugel"-Skulptur;
„Wahrzeichen" von Alfred Meyerhuber

Stimmen aus Arcosanti

„We are too small, that tends to isolate ourselves. If we were more the story would be very different. People come for a few years, go and then come back. That is because we can not develop a monastery or a place where the inside is everything and the outside is evil. We are trying to attract the internet people. I wrote a paper about this where I present six paradoxes. The main paradox is that the computer technology is a frugalising technology. It can do so much with so little. What we like to do here is to attract some of the people and offer them an environment that wants to be frugal. Not the market place but at the edge of the market place. And have them physically do some of their work. So that there would be an affiliation of their own technology and of the physical environments in terms of frugality." (Soleri)

„This opportunity was coming in a time of my life when I was looking to change. I decided to take the workshop and I was interested in this place and I stayed and I loved it here. Arcosanti gives you the opportunity to become the best version of what you can be. So I plane to stay here and retire here. Because I haven't found any place that has offered me as much opportunity for personal development as Arcosanti does." (eine Mitarbeiterin)

„There are people here that are very sociable. They are involved in everything they can possibly be involved in. And then there are people that are involved in nothing except their work. And there are some people in between. For good or bad, this is the current make-up of this community." (ein Mitarbeiter)

„I think here it gives women a great opportunity. You can do construction and typical men's work." (eine Mitarbeiterin in der Gießerei)

„Very few of the people here have even read anything from Paolo. But the application of the larger theories to the urban environment that is what we all can agree on. I have been fascinated over the years that he spends so much time thinking about those things, writing about them. (ein Mitarbeiter)

„I compare the person to the city. If the city is very rich, it can isolate itself, because it has so much. So if as a person I am very rich, I am an urban." (Soleri)

Vierter Akt: Die vielen Stimmen

Treppe, Arcosanti

Zukunftswerkstatt ästhetischer Ort

Arcosanti

Modell Arcosanti

Windbells aus Bronze

Vierter Akt: Die vielen Stimmen

Windbells aus Keramik

Zukunftswerkstatt ästhetischer Ort

In der Glockengießerei

Vierter Akt: Die vielen Stimmen

In der Glockengießerei

Stimmen aus Gibellina
„Questa nostra creatività, questa nostra idea, di far capire sopratutto che la Sicilia è cultura."
(Messina)
„Gibellina nuova nasce della volontà, della forza dell'idea di un uomo: Ludovico Corrao. Nel bene e nel male Gibellina è una creatura die Ludovico Corrao." (Giuseppe Pace, Sekretär der Casa di Stefano)
„La creatura è mia soltanto nel senso che ho avuto il dono di potere raccogliere quello che era nel cuore degli uomini, delle donne. Allora la tua capacità è quella di potere raccogliere quello che è forte, quello che è vero, quello che è umano. E aiutare a tradurre. Io ho aiutato." (Corrao)
„Mio figlio, quando era piccolino e io venivo dall'autostrada, diceva, ,Esci lì, passiomo sotto la Stella'. Per lui, che è nato qui, la Stella faceva parte del suo patrimonio, sar'a sempre con se nella sua vita." (Messina)
„Io sono Corraoliano. Quando una cosa è bella è bella. Erano ruderi." (Giuseppe Balsamo, Rückwanderer aus Australien, Museumsführer in der Casa di Stefano)
„Noi abbiamo partecipato, nel 1989 a una mostra a Parigi che si chiamava ,Utopie 1989': C'erano cinquanta città tra le più grandi d'Europa, con tutte le capitali, dall'Italia c'era Roma, Roma e Gibellina, con una differenza che in quella occasione la gente ha capito che Gibellina non era una utopia ... era la realtà." (Messina)
„La piazza di Ungers. Anche lì è stato bloccato il progetto." (Corrao)
„Il problema del restauro e il mantenimento di queste opere d'arte, che è un problema molto grosso di Gibellina. I costi sono talmente elevati da non potere." (Navarro)
„Dovete sapere che in Gibellina da tre anni le persone vanno via – negli ultimi anni molti Gibellinesi sono andati via perchè non c'è più lavoro, non c'è più nessuna attività, anche le manifestazioni comminciano a ridimensionarsi. Siamo veramente a un punto del degrado. Diciamo c'è un po di tristezza, perche non si continua questo progetto." (Pace)
„Quello che conta è l'idea, le idee non si perdono mai. Sono poi punti di riferimento forti. Ma lo sono anche per la stessa città di Gibellina, non è vero che tutta la gente è rassegnata a questo, tant'è che l'attuale amministrazione sta entrando in crisi proprio per questo, perchè la gente comincia a capire il danno che questi hanno fatto." (Corrao)

Vierter Akt: Die vielen Stimmen

Chiesa Madre, Gibellina

Zukunftswerkstatt ästhetischer Ort

Gibellina

Chiesa Madre von Ludovico Quaroni,
Skulptur Omaggio a Tommaso Campanella von Mimmo Rotella

Aratro per Didone von Arnaldo Pomodoro

Vierter Akt: Die vielen Stimmen

Montagna di sale von Mimmo Paladino

Il Cretto von Alberto Burri

Zukunftswerkstatt ästhetischer Ort

Il Cretto

Vierter Akt: Die vielen Stimmen

L'infinito della memoria von Costas Varotsos

Fünfter Akt: Das Gemeinsame und das Besondere

Die Idee und die Näherung der gestaltenden Erbauer und der interpretierenden Anthropologin an das Objekt der Begierde – den ästhetischen Ort – habe ich vorgestellt. Die Entwürfe der Gestalter und ihre Wandlungen bis heute aus Dokumenten und Bildern und Gesprächen dargestellt. Es war nach der Erfahrung von Ideen und der Erfahrung durch eine dialogische Feldforschung auch die Dokumentenanalyse daheim, die zu einer neuen Ebene der Erfahrung führte. Der vierte Akt, in dem die Erfahrung der vielen Stimmen, die im Feldforschungsalltag ein räumliches und zeitliches Nacheinander darstellen, als ein Phänomen der Gleichzeitigkeit inszeniert wurde, sollte die Erfahrungsüberschneidungen vermitteln, die in der Verarbeitung des Gehörten, Gelesenen, Gesehenen und Gefühlten stattfinden. Und dieser Verarbeitung folgt schließlich der Text der Anthropologin, der geschriebene oder vorgetragene oder multimedial dargestellte, als ein offener und unabgeschlossener, der einen weitergehenden Dialog mit den Anderen anstrebt. Natürlich hätte ich auch die anderen Akte dieser Performance nicht ohne die Verarbeitung des Erfahrenen entwerfen können. Dieser letzte Akt allerdings ist meine – und nur meine – vorläufige Interpretation, deshalb hören Sie auch die anderen Stimmen nicht mehr.

Der reisende Anthropologe ist oft auch ein vergleichender Anthropologe. Vergleich ist nur möglich, wenn es Vergleichbares gibt. Ohne Gemeinsames wäre ein Vergleich nicht möglich, aber auch ohne das je Besondere wäre ein Vergleich überflüssig. Das Erkenntnisziel des Vergleichs ist es, das Gemeinsame im Besonderen und das Besondere im Gemeinsamen zu entdecken. Entscheidend in unserer anthropologischen Suche nach dem Prozeß Kultur ist der Mensch als Schöpfer seiner Umwelt, aber auch als ihr Geschöpf, das sich in seinem Alltagsleben in diese natürliche und kulturelle Umwelt einfügt. Nicht alle Menschen sind Gestalter. Und hier ist eine erste Gemeinsamkeit in unseren drei Projekten:
Ihre Initiatoren sehen ihre Orte als einen Gegenentwurf zu einer Zivilisation, die die Mehrheit der Menschen zu passiven Konsumenten macht und sie ihrer sinnlichen, reflektierenden und gestaltenden Fähigkeiten beraubt.

Die in einem ästhetischen Prozeß gestaltete Umwelt wird als ein wesentliches Moment einer neuen und aktiven ästhetischen Wahrnehmung gesehen.
Die ersten Entwürfe sind „perfekt", sie räumten den ständigen und zeitweisen Bewohnern wenig Spielraum ein.
Die perfekten ästhetischen Orte werden in einer unbesiedelten Landschaft angesiedelt und als Kulturlandschaft gestaltet, in die Natur in verschiedener Intensität einbezogen wird.
Die Künste und die Künstler werden als mitgestaltende Kräfte gesehen. Allerdings bleiben die Gründer der drei Projekte immer die Entscheidungsinstanz (Das bezeichnen die einen als gestaltgebende „Autorität", die anderen als „autoritär").
Durch die Vielzahl der Mitgestalter entsteht jene Vielfalt der verschiedenen Texte, der schönen Details im Ganzen, die schließlich in allen drei Projekten als Stilprinzip eingesetzt wird.
Das Bildungselement – die Umwelt als prägend für ein ästhetisches Leben im Sinne nicht nur des Schönen, sondern auch des Harmonischen eines der Umwelt und Mitwelt verantwortlichen Lebens, auch als Mitarbeit an diesem Leben – war den Projekten immer innewohnend.
Das schwindende Interesse der Gesellschaft, bzw. ihrer Mächtigen, als Förderer, hat wohl die Hervorhebung eines „educational project" mit der Idee von Wandel und Werden besonders gefördert.
An der Idee des ästhetischen Orts, selbst wenn er sich wie in Gibellina lokal anderenorts verlagern kann, wird in allen drei Projekten festgehalten.
Zusammenfassend für das Gemeinsame möchte ich von der Idee und Realisation eines „vereinzelnden" Wegs aus der Welt des allumfassenden Konsumismus sprechen. Die ästhetischen Orte sind einsame Orte. Und in ihrer ästhetischen Einsamkeit haben sie sich auch aus dem Alltag der umworbenen Verbraucher von „schönen Dingen" entfernt.

Und nun zu dem je Besonderen der drei ästhetischen Orte, wofür ich hier nur jeweils zwei charakteristische Beispiele ausgewählt habe. Das erste Beispiel zeigt den Weg, das zweite Beispiel einen Aspekt heutiger Realität.

Mariposa
Den Weg Mariposas nenne ich: von Atlantis zur Bedeutung der Nischen. Geplant war die perfekte utopische Stadt als „Ort der Weisen". Die Stadt von Léon Krier als „Utopia of Reconstruction", in der menschliches Wohlbefinden durch vertraute archetypische Baustrukturen wiederhergestellt werden sollte, ist nicht nur baulich der griechischen Polis nachempfunden, ihrer verdichteten Urbanität als kurzem Weg zwischen privatem und öffentlichem Raum, sondern zeigt auch die „andere Seite" der Polis, in der das öffentliche Leben als diskursive Praxis den ausgewählten Bewohnern vorbehalten ist: den Freien, den vom Geschäfts- und Gewerbeleben freigesetzten einheimischen Bürgern. Das Gemälde „Vernissage", abgedruckt in dem Katalog „Atlantis. Modell für die Kunst des Lebens", verdeutlicht diesen Elitecharakter, der durch die Monumentalität der öffentlichen Anlagen unterstrichen wird. Die zentrale Treppe symbolisiert die öffentliche Selbstdarstellung.
Aber auch das neue, das gegenwärtige Mariposa hat seine Treppe, die „goldene Treppe", auf der die geldgebenden „Großen" der Gesellschaft sich verewigen können. Es haben noch nicht viele getan. 2000/2001 feierten wir das Milleniumsfest in Mariposa. Geldgeber waren kaum da, sondern vor allem Künstler, die Mariposa ihre Kunst geschenkt hatten, aber die gleichzeitig über Wochen und Monate ihren alltäglichen Lebensunterhalt aus diesem Projekt beziehen. Sie kosten und geben. Sie sind eigentlich, neben und mit den Gründern, dem Ehepaar Müller, die Gestalter von Mariposa. Und eines der Künstler-Kinder strich die goldene Treppe mit neuem Glanz – und ohne die Sprüche und Namen der Reichen und der Weisen, die nicht da waren. Ein roter Teppich auf der Treppe, ein neuer goldener Anstrich auf der Treppe?
Von Atlantis zur Nische? Der Nischencharakter ist dem Projekt heute eingeschrieben, aber war nicht auch schon der Atlantis-Entwurf eine Rückzugsnische, eine Insel auf der Insel, geschaffen für die Freien der flexiblen Gesellschaft?
Heute ist der Nischencharakter kleinräumiger. Zwar soll das gesamte Gelände immer noch eine Nische als Gegenort und als Denkort gegen die „Häßlichkeit der Welt" sein, aber das perfekte Modell ist durch ein Projekt im Werden ersetzt worden, in dem immer wieder neue Nischen als Ruhe- und Dialogorte geschaffen werden. So war bei meinem zweiten Besuch

gerade die Edelsteingrotte des Künstlerpaars Sylvia und Toni Reich entstanden, in der sich zwei „Throne" gegenüberstanden.

Autorin in der Edelsteingrotte

Auf dem ersten „Mariposium"⁵ soll hier bis in die frühen Morgenstunden diskutiert worden sein. Bei jedem Besuch sind neue Nischen zu finden. 2004 lernte ich Angelika Schlüter kennen, die gerade vor Ort ihr Werk „Das Volk der Gefühle", 52 Gefühle für die 52 Wochen des Jahres, als kleine Keramikfiguren in einen von Kakteen freigeräumten Felsen einbaute. Man kann davor sitzen und meditieren. Hans-Jürgen Müller ist, wie einst als Galerist, noch immer Sammler junger, bisher unentdeckter Talente. Die Vielfalt des Möglichen ist sein Stilprinzip, das auch zu Verunsicherungen und Kritik führt.⁶

---

⁵ Die Mariposien als Diskussions- und Lernforen sind nach wie vor das Ziel der Zukunftswerkstatt Mariposa. Vgl. Mariposa-FlugBlatt Jan./Dez. 2003; www.mariposaprojekt.de.
⁶ So spricht der Kritiker Christof Siemes in seinem Feuilleton von „einem idealistischen emotionalen Durcheinander" (Die Zeit Nr. 29 vom 8. Juli 2004).

Gefühl Neugierde und Gefühl Freiheit von Angelika Schlüter

Viele, oder die meisten der Nischen gestaltet Hans-Jürgen Müller selbst. Er ist der erste Kunst-Arbeiter seines Projekts der ästhetischen Nischen. Bei meinem letzten Besuch überraschte mich das „Glasperlenspiel". Eine Nische als Hommage an Hermann Hesse. Tausende von blauen Perlen, an Fäden aufgereiht, umgeben wieder einen Rückzugsort. Der steht als eine wirklich blaue Herausforderung einer ästhetischen Gestaltung im Grün der Landschaft. Zuerst war es ein Schock: wegen dieser Hommage oder wegen der aufdringlichen Konfrontation eines kulturellen Blau mit einem naturellen Grün? Beim zweiten Blick, und jetzt schien die Sonne und verband das Blaue mit dem Grünen, fragte ich mich, ob Müller bewußt oder unbewußt mit Kandinskys Idee vom inneren Zusammenklang der Farben gespielt hat? „Gegensätze und Widersprüche – das ist unsere Harmonie", schreibt Kandinsky in „Über das Geistige in der Kunst".[7] Und noch ein anderer Wunsch des Kunst-Arbeiters Hans-Jürgen Müller wurde hier abermals deutlich: der

---

[7] Kandinsky 1952, 109. Außer Kandinskys ausführlichem Systematisierungsversuch zur Farbe, haben sich auch viele andere Künstler im Umkreis des „Blauen Reiter" mit der Wirkungsweise von Farbe, Licht und Bewegung beschäftigt (vgl. Adolphs 2003).

Fünfter Akt: Das Gemeinsame und das Besondere

ästhetische Ort als eine Durchdringung des Naturschönen mit dem Kunstschönen. Die Bäume und die Steine, das Wasser und die Pflanzen werden vereinzelt und wie Schmuckwerke gefaßt, die Kunstwerke werden in die Natur eingefügt. Die Bienenstöcke sind Skulpturen. Der natürliche Kaktus ist ein Kunstwerk, deshalb kann neben ihm auch eine blaue Kaktusskulptur stehen. Beide sind aus ihrer „üblichen" Umgebung – dem dichtbewachsenen Kakteenwald oder dem musealen Skulpturenwald – befreit und vereinzelt worden. Sie treten, um mit Max Ernst zu sprechen, als zwei singuläre Realitäten, die scheinbar nichts miteinander zu tun haben, in eine neue Realität ein, eine Schöpfung, eine Collage, in der das Natürliche und das Künstliche eine gemeinsame ästhetische Sprache sprechen.

Arcosanti
Ich habe den Weg Arcosantis „von der ökologischen Stadt in der Wüste zum ‚educational project'" genannt.
Auch Soleri ist übrigens wie der erste Mariposa-Entwerfer Léon Krier ein Schöpfer meist unrealisierter Projekte, was im Katalog zu dem Atlantis-Projekt als „Qualitätsmerkmal für die Unverfälschtheit des architektonischen Gedankens im Raum" steht. Auch Soleri schuf seine verdichteten Städte für einen neuen Menschen. Er nennt sein Ziel einen Beitrag zur Ästhetogenese – wie er 1983 schreibt „ein quälend langsamer Prozeß". Seine Städte fordern Verdichtung aus einem ökologischen Imperativ, den er „Komplexität – Miniaturisierung – Dauer" nennt. Als von Teilhard de Chardin inspirierter Evolutionstheoretiker einer Evolution des Geistes geht er von einer Entwicklung vom Einfachen zum Komplexen aus, mit der eine Intensivierung und Zentrierung des Bewußtseins und das Streben nach Konvergenz des Getrennten verbunden ist. Dieses kosmische Prinzip in einer menschlichen/menschen- und umweltfreundlichen Stadt zu verwirklichen heißt Arc-ology. Miniaturisierung, und das heißt die optimale Nutzung der Ressourcen, und Dauer (wir würden heute von Nachhaltigkeit sprechen). Die freiwillige Beschränkung des Lebensraums führt nach Soleri zu einer Intensivierung des sozio-kulturellen Zusammenhangs und der Inspiration durch die Schönheit der natürlich belassenen Umgebung. Das Dasein ist wieder ein integriertes von Leben, Lernen und Arbeiten. Auch für diese Stadt fehlen die Sponsoren. Drei Prozent sind innerhalb von dreißig Jahren entstanden.

Es wohnen nur wenige Menschen ständig hier, vor allem diejenigen, die in den handwerklichen Betrieben arbeiten. Es sind vor allem die jüngeren Mitglieder, die Gemeinschaftsmodelle einklagen, aber eine Kommune, so Soleri, hat er nie gewünscht. Arcosanti heute ist ein Labor, in dem Menschen auf Zeit, vor allen in Workshops[8], in Soleris städtebauliche Philosophie eingeführt werden und ein Stückchen an seinem Modell mitbauen, das kann beim Bau der Gebäude sein, bei der Herstellung von gravierten Lehmkacheln, bei der Gestaltung von Wegen, der Mitarbeit im experimentellen Greenhouse und in einer kleinen organischen Landwirtschaft oder vor allem bei der Herstellung der berühmten Windbells aus Bronze und Keramik. Diese Windbells sind sicherlich zuvörderst das ökonomische Lebensmittel Arcosantis, aber die künstlerische, von Soleri selbst geleitete Sorgfalt ihres Designs, die Zelebrierung ihrer Herstellung, die Art ihrer Ausstellung machen sie zu dem, was Soleri für den ganzen Komplex erhofft, nicht nur Instrument, sondern die Musik selbst zu sein: Arcosanti als Zentrum der Künste, in deren Zentrum wiederum der Klang steht. Ich erinnere das Konzert und das Echo bei meinem ersten Besuch, ich erinnere den täglichen Klang der Windbells bei meiner wohnenden Aneignung des Projekts.

---

[8] Die Workshops entwickelten sich zum zentralen Erziehungsanliegen von Arcosanti. Das reicht von eintägigen Herstellungen von Kacheln über einwöchige Seminare zur Theorie einer Arcoloy bis zu fünfwöchigen Workshops, bei denen man am Bau von Arcosanti beteiligt wird. Die „School of Thoughts" als ein offener Dialog mit Paolo Soleri über seine Schriften und seine Philosophie soll sowohl den von außen Kommenden als auch den Bewohnern und Mitarbeitern von Arcosanti als Diskussionsforum dienen. Vgl. www.arcosanti.org/theory/sot/main.html.

Fünfter Akt: Das Gemeinsame und das Besondere

Windbells

Das Kunst-Hand-Werk als Erziehung möchte ich deshalb die heutige Realität von Arcosanti nennen. Das Paradox, wenn sich die Virtualisten denn in Arcosanti einfinden, löste sich in der Erkenntnis des Prinzips von Komplexität – Miniaturisierung – Dauer, kurzum in einem weiteren künstlerischen Schritt auf dem Weg der Ästhetogenese. Allerdings bleibt vorerst die Frage, ob sich der machtzentralisierte Überfluß an wirtschaftlich nutzbarer Technik in mächtige miniaturisierte Zentren von Schönheit überführen läßt.

Gibellina
„Von der zerstörten Agrostadt zur zerfallenden postmodernen Schönheit" habe ich den Weg Gibellinas genannt.
Die unvollendete Monumentalität der Entwürfe der Projekte Atlantis und Arcosanti hat in Gibellina nuova ihre wieder zerfallende Realisation gefunden. Es scheint einfach, Gibellina als eine Stadt im postmodernen Zerfall zu kritisieren, von den trauernden Dingen zu sprechen, während man die Städte im Werden als Noch-nicht-Orte stilisiert. Damit wird man jedoch Gibellina nicht gerecht.
Gibellinas Wiederaufbau wurde nach dem Erdbeben von 1968 aus Rom geplant. Gegen die Zusammenlegung der drei am stärksten zerstörten Städte Gibellina, Poggioreale und Salaparuta in einer gemeinsamen neu-

en Stadt setzte sich die Bevölkerung erfolgreich zur Wehr. So bekam jede alte Stadt einen eigenen neuen Platz, auf dem, wie uns erzählt wurde, die Postmoderne sich austoben konnte. Gibellina hat durch seine Gestaltung als Gesamtkunstwerk, in das sich allerdings die kubisch schematisierten Wohnhäuser für die bäuerlichen Bewohner der alten Agrostadt nur schwer einfügen, weltweit die Aufmerksamkeit auf sich gezogen. Gibellina nuova ist den umgekehrten Weg wie die Entwürfe von Arcosanti oder Atlantis gegangen: von der Verdichtung der alten Stadt am Berg zu einer sich breit ausdehnenden Stadt in der Ebene. Die Stadt wurde für den öffenlichen Raum und eine geplante Industrialisierung gebaut. Die Industrialisierung ist nicht gekommen und die räumliche Öffentlichkeit fand keine soziale Öffentlichkeit. Die vielen kunstvoll gestalteten und überdimensionierten Plätze sind leer, Kunstwerke rosten vor sich hin, das Gemeinschaftshaus „Il Meeting" kann nicht mehr genutzt werden, das Dach der neuen Kirche ist und bleibt eingestürzt, die große Zeit der theatralischen Performances im alten Gibellina ist vorbei.

Ein Abgesang auf die Idee Gibellina? Der damalige Bürgermeister Ludovico Corrao, später Senator in Rom, betonte in Gesprächen mit uns, daß die Idee nicht ortsgebunden sei. Das Laboratorium Gibellina, die aktive „fabbrica civica d'arte" Gibellina, wird als Idee aus der Lokalität in den internationalen und als „Trame Mediterranee" vor allem in den mediterranen Raum transferiert. Corrao war der spiritus rector der Idee und des Entwurfs von Gibellina als jenem unvollendeten und schon wieder zerfallenden Gesamtkunstwerk. Für ihn war das Erdbeben „ein Todesurteil, das neuen Formen Leben gab. Gibellina wurde aus dem kreativen Atem der Kunst geboren, denn Künstler von überall, und zusammen mit ihnen die Künstler –Arbeiter und Bauern – aus Gibellina haben sich in gemeinsamer, vereinigter Mühe zusammengetan, die Stadt neu zu gründen: Kunst und Kultur waren notwendigerweise Zusammenstoß und Resultat" (Vorwort Corraos in „L'Europe des créateurs". Utopies '89). Corrao gelang es, bekannte internationale Architekten und Künstler für sein Projekt Gibellina zu engagieren. Die Stadt ist auch heute noch ein Openair-Museum, vielleicht wären auch die Plätze besser genutzt worden, wenn die geplanten Ladenstraßen gebaut worden wären, das Gemeinschaftshaus, wenn es nicht hineinregnete, die Kirche, wenn sie nicht eingestürzt wäre. Vielleicht wäre auch eine städtische Bevölkerung aus Gibellina zu den Aufführungen

Fünfter Akt: Das Gemeinsame und das Besondere

La Città di Tebe von Pietro Consagra

und Konzerten gekommen, wenn es diese Städter denn gäbe. Das große neue Gibellina hat eine geringere Bevölkerungszahl als das kleine alte Gibellina es hatte, und die neue Abwanderung der jungen Bevölkerung ist groß. Es gibt keine Arbeit und keine Infrastruktur, was schließlich auch für die einst geplanten Workshops, bei denen sich die Künstler und Intellektuellen aus aller Welt treffen sollten, notwendig wäre. Oben in dem grandios umgebauten „Baglio Case di Stefano" stehen die Künstlerateliers die meiste Zeit leer. Und in den von dem Künstler Alberto Burri im Zentrum der alten Stadt gestalteten Kunstwerk „Il Cretto", der Riß, es wird auch das Todeslabyrinth genannt, habe ich nie einen Menschen getroffen. Die Ruinen der alten Stadt sind mit weißem Zement überzogen, die alten Gassen sind als Wege noch begehbar. Am Fuß dieser erstarrten Stadt ist ein offenes Theater, in dem immer wieder die großen theatralischen Tragödien gespielt werden sollten. Von Burris Werk heißt es in dem Buch „Gibellina. Utopia e Realtà", es sei das „vielleicht interessanteste Werk" von Burri,

„der mit dem Schleier aus weißem Zement, erstarrt über den alten Spuren der erdbebenzerstörten Stadt, für immer das Andenken dieser Stadt festgehalten hat".

Die heutige Realität von Gibellina? Ich hatte Sizilien einmal unter der besonders auch literarisch aufscheinenden Perspektive einer „Tradition der Traurigkeit" beschrieben. In Anlehnung an Lepenies' Melancholie-Interpretation frage ich nach einem „Heroismus des Stillstands", der „die trauernden Dinge auf seiner Seite weiß" (Greverus 1986; s.a. Greverus 1995x). Der ästhetische Ort Gibellina ein weiterer Beleg für die trauernden Dinge, die trauernden Menschen? Muß ein Corrao seine Ideen ins Ausland tragen, weil im eigenen Land, im eigenen Ort die Unterstützung fehlt? Die Idee des ästhetischen Orts lebt in Vermittlungsprozessen weiter, bei denen Ausstellungen und Performances über das Mare Mediterraneum von Land zu Land getragen werden. So liefen 2001 die Vorbereitungen aus Sizilien für eine Ausstellung in Tunesien, die als eine Wanderausstellung für den gesamten Mittelmeerraum gedacht ist, im Baglio Case di Stefano gab es eine Ausstellung tunesischer Traditionen. Das Museo Officina „Trame Mediterranee" in diesem Komplex der Case di Stefano ist das Zentrum der von Corrao gegründeten und geleiteten Fondazione Orestiadi.[9] Hier sollen Ausstellungen und Performances, Recherchen und Diskussionen, Seminare und Konzerte zwischen den „popoli del Mare" und zwischen den alten Werten und den neuen Technologien vermitteln. Sizilien, das Land der sich historisch überlagernden Kulturen und der Synkretismen, hat für Corrao eine Botschaft: „Aus diesen Botschaften kann und muß Sizilien seinen Weg in einen erneuerten Pakt der Freundschaft und Solidarität zwischen den „Völkern des Meeres" wieder aufnehmen, um den Geist der meridionalen Länder der Welt zu reinterpretieren, um in dem mediterrranen Ver-

---

[9] Zur Zeit unserer Interviews 1997/99 liefen zwischen Corrao und seinen Anhängern und dem neuen Bürgermeister und der Kommune die Auseinandersetzungen um die Rechte an dem Kunstprojekt Gibellina, insbesondere ging es auch um die von Corrao gegründete Fondazione Orestiadi mit ihrem Sitz in der Casa Baglio di Stefano, um das Museum und die Bühne im Cretto von Gibellina Vecchia. Diese Auseinandersetzungen und dazu kommende Finanzschwierigkeiten führten nicht nur zum Stillstand der künstlerischen Aktivitäten, sondern auch zu dem der Bauprojekte. Inzwischen wuchert die Kommune wieder mit ihrem Pfund eines Kunstortes (vgl. Gibellina 2004; www.communedigibellina.it). Corrao und die Fondazione Orestiadi haben ihre Aktivitäten vor allem in die Trame Mediterrane verlagert (vgl. www.fondazione.orestiadi.it).

bund die Einflüsse der drei großen Kulturen des Christentums, des Islam und des Judentums wieder zu finden".

Es sind Menschen, die ihre Ideen von ästhetischen Orten zu verwirklichen versuchen, und sie wollten und wollen in allen drei Orten – und deren Translokalisierung in eine ästhetische und dadurch friedliche Welt – einen neuen Menschen, der sich und seine Umwelt aus der nationalistischen, ökonomischen und konsumistischen Umklammerung befreit. An Menschen aber sind die drei Projekte in ihren ersten Ideen gescheitert. Die großen Entwürfe, so verschieden sie sind, blieben unverwirklicht. Auch Gibellina wurde nie vollendet. Und Gibellina hat es wohl am schwersten. Während Arcosanti und Mariposa von vornherein nur für die Auserwählten einer ästhetischen Erfahrungssuche gedacht und geschaffen wurden und heute ihren Inselcharakter mehr denn je zeigen, war Gibellina nuova als ein ständiger Lebensort für die bäuerlichen Erdbebenopfer des alten Gibellina gedacht. Der „kreative Atem der Kunst" konnte die Bewohner nicht ernähren. Die Schuldfrage – unreife Gesellschaft, politische Entscheidungen, menschliche Egoismen, Stillstand des Bewußtseins, Nichtbeachtung der „hungrigen" Realität – will ich hier nicht stellen, sondern vielmehr dazu auffordern, und das ist der Sinn einer offenen Performance, über die Hartnäckigkeit der Gründer nachzudenken, die trotz aller Widrigkeiten bereit sind, immer wieder Möglichkeitsorte zu schaffen. Ohne solche Orte ästhetischer Berührungsmomente, und es sind hier nur drei Beispiele unter vielen, verlören wir das Prinzip Hoffnung, das Ernst Bloch in den „Grundrissen einer besseren Welt" als Vorschein sieht, und gliederten uns endültig in den „uneingeschränkten Prozeß des Verbrauchs" ein, der zwischen dem Ich und den Dingen manipuliert und erstrebt wird und stattfindet (Baudrillard). Sowohl Bloch als auch Baudrillard interpretieren die Entwürfe des Lebens aus einem enttäuschten Leben der Vielen. Die Antworten sind verschieden. Gibt Bloch eine ästhetische und Baudrillard eine anästhetische Antwort? Und besteht eben, wie Welsch interpretiert, die Chance, daß eine überbordende Anästhetisierung den Keim zu einem neuen Ästhetischen in sich trägt?[10]

---

[10] Literaturhinweise zum Text (vgl. a. Fußnote 3): Kandinsky 1952 (1912); Bloch 1967; Zijderfeld 1972; Lèvi-Strauss 1973; Baudrillard 1974; Rowe, Koetter 1978; Clifford, Marcus 1986; Welsch 1998; Greverus 1999; Greverus 2001 [CD-ROM].

Zukunftswerkstatt ästhetischer Ort

Übertragung der Stimmen aus Arcosanti
(in der Reihenfolge der Originalzitate)

Und wir sind jetzt Gefangene dieser Technologie. Wir sind Gefangene in diesem Land. Wenn wir jetzt diesen amerikanischen Traum nach draußen vermitteln ... dann gibt es kein Land zu bestellen, kein Überleben. Der amerikanische Traum ist wirklich zerstörerisch. Wir sind dabei, zehn Planeten zu benötigen, die für unsere Autos Sorge tragen. Verbrauchen um des Verbrauchs willen. So werden wir die Biosphäre zerstören. Wir müssen deshalb dorthin gehen, wo es einfach ist. Einfachheit kann auf viele Arten interpretiert werden. Das Gehirn selbst ist außerordentlich einfach. Ein Sonnett, vier Zeilen, kann nahezu Verwandler der Gesellschaft sein, es ist aus nichts gemacht, das ist die Wahrheit. Das Ästhetische ist in diesem Sinn absolut einfach. ... Wenn es denn ein Ende gibt, das dem Anfang gleich ist, dann wird alle Realität ein einziger kleiner Punkt werden. Und dieser winzig kleine Punkt enthält alles.

Denn es gibt nur eine Utopie: das ist der Abschluß jenes Prozesses, von dem wir selbst ein Teil sind, und das ist fern in der Zukunft, wenn überhaupt. Die Sprache der Utopie von Suffizienz ist eine Täuschung. Was auch immer das Subjekt ist, es ist niemals jemals sich selbst genügend, niemals, niemals, niemals.

Wir müssen eine engere Beziehung zur Natur haben. Wir versuchen, den Menschen die Gelegenheit zu geben, die Welt in einer anderen Weise zu sehen, die Welt besteht nicht nur aus technischen Spielereien und Annehmlichkeiten. Zu sehen, wie die Welt wirkt, indem man in dichterem Bezug zur Erde lebt.

1976 machten sie eine Feldfahrt. Das war ein Seminar, aber es war eigentlich eher eine reisende Erziehung. Der Plan war, uns ein Verständnis für den Entwurf hinter seiner Arcology-Theorie beizubringen. So fuhren wir in die Berge hinein, wo wir uns mit einem Geologen trafen, der uns etwas über die Geologie erzählte.
Jede Arcology sollte einmalig sein. Wir bauen Arcologies in verschiedenen klimatischen und topographischen Umgebungen. Wir können uns niemals mit einem Platz zufrieden geben, wie wundervoll der Platz auch immer sein mag. Jede Arcology sollte ihre eigenen Gewerbe und alle anderen kulturellen Merkmale entwickeln. Arcosanti wird als ein Prototyp behandelt. Wenn es überhaupt in der Zukunft irgendeinen Erfolg in der urbanen Entwicklung geben soll, dann muß diese ihrem Wesen nach ‚arcological' sein.

Ein anderes Element, das ich hervorheben möchte, ist das erzieherische. Arcosanti ist mehr als nur Zement. Es gibt den Menschen die Gelegenheit hierherzukommen und zu lernen.

Der Prozeß des Bauens ist das pädagogische Experiment. Deshalb setzt sich für viele

Übertragung der Stimmen

von uns der Auftrag unseres Erziehungsprogramms fort, solange dieser Prozeß andauert.

Unsere Gruppe ist zu klein, was dazu führt, daß wir uns selbst isolieren. Wenn wir mehr wären, sähe die Geschichte ganz anders aus. Die Leute kommen für ein paar Jahre, gehen fort und dann kommen sie wieder. Deshalb wollen wir auch kein Kloster entwickeln oder einen Platz, an dem das Innen alles bedeutet und das Draußen schlecht ist. Wir versuchen nun die Internet-Leute anzuziehen. Ich schrieb einen Artikel darüber, in dem ich sechs Paradoxa vorstellte. Das wichtigste Paradoxon ist, daß die Computertechnologie eine vereinfachende Technologie ist. Sie kann mit so geringen Mitteln so viel tun. Was wir hier tun möchten, wäre einige der Leute anzuziehen und ihnen eine Umgebung anzubieten, die einfach sein möchte. Nicht den Wirtschaftsmarkt, sondern am Rande des Marktes. Und sie können dann hier ihre eigene Arbeit tun. So wird sich eine Verwandtschaft zwischen ihrer eigenen Technologie und der Umgebung im Sinne von Einfachheit zeigen.

Diese Gelegenheit ergab sich zu einer Zeit meines Lebens, als ich mich nach einem Wandel umschaute. Ich habe mich zur Teilnahme an einem Workshop entschlossen und ich bekam Interesse an diesem Platz, und ich blieb und liebte es, hier zu sein. Arcosanti gibt dir die Möglichkeit, die beste Fassung deines Selbst zu werden. So plane ich hier zu bleiben und mich auch hier zur Ruhe zu setzen. Denn ich habe nie einen anderen Platz gefunden, der mir eine solche Chance für meine persönliche Entwicklung geboten hätte, wie es Arcosanti tut.

Es gibt hier Menschen, die sehr gesellig sind, sie sind in alles einbezogen, in was man nur einbezogen sein kann. Und dann sind da andere, die in nichts einbezogen sind außer in ihre Arbeit. Und manche liegen dazwischen. Sei es gut oder schlecht, das ist jedenfalls die gegenwärtige Verfassung dieser Gemeinschaft.

Ich glaube, daß hier auch Frauen eine große Chance haben. Du kannst in der Konstruktion mitmachen und in anderen typischen Männerarbeiten.

Wirklich wenige hier haben je etwas von Paolo gelesen. Aber hinsichtlich des Praxisbezugs seiner grundlegenden Theorien für das urbane Umfeld stimmen wir alle überein. Ich war über die Jahre hin fasziniert, daß er so viel Zeit dafür aufbringt, über diese Dinge nachzudenken, über sie zu schreiben.

Ich vergleiche die Person mit der Stadt. Wenn die Stadt reich ist, kann sie sich absondern, weil sie selbst so viel besitzt. Ich bin als Person sehr reich, ich bin ein Städter.

Zukunftswerkstatt ästhetischer Ort

Übertragung der Stimmen aus Gibellina (in der Reihenfolge der Originalzitate)

Die erste Zeit (nach dem Erdbeben) war von einer großen Zerstreuung gekennzeichnet. Eigentlich von einem großen Exodus, von einer Vertreibung aus dem Land. Der Plan der Regierung war keinesfalls, eine neue Stadt zu gründen. Sie (die Bewohner) wurden eher unterstützt, ins Ausland zu gehen. In der Hoffnung, daß sie nie zurückkehren würden.

Dann freilich wurde in der Nacht des Jahrestags der Erdbebenkatastrophe eine Demonstration veranstaltet, und wir haben alle Künstler und alle Intellektuellen Italiens aufgerufen, damit sie gemeinsam mit dieser Bevölkerung kämpfen.

Das heißt, in dem Augenblick, als man an den Wiederaufbau dachte, hat Senator Corrao die Wiedererschaffung einer Identität für die Gemeinde als die bedeutendste Aufgabe erkannt, die wichtiger als die Konstruktion von Häusern sei. Die Dinge, die das Erdbeben wirklich zerstört hat, sind die vertrauten Merkzeichen des Ortes, seien es die Kirche, ein Brunnen, denn sie waren die Symbole der Zugehörigkeit zu diesem Ort.

Und so wurde beschlossen, Gibellina ein Selbstbild zu schenken. Und es sollte die Gegenwartskunst sein, die der Stadt ihre (neue) Persönlichkeit gab. Schließlich sollte das als ein Museum des öffentlichen Raums schöpferisch weiterwirken. Auf dieser gedanklichen Grundlage wurde ein Aufruf an die Künstler, an die gesamte kulturelle Welt verfaßt.

Wir Gibellinesi haben unser Land zusammen, und zusammen wollen wir bleiben, ohne Vermischung. Wenn wir uns mit anderen Orten vermischen, verliert man Gibellina. Ein Ort formt sich Stein um Stein, jeder Mensch seinen Stein, in hundert Jahren oder in tausend Jahren. Und du saugst in dich ein, du erlernst mit den ersten Worten den Namen des Stadtteils, der Straße, und diese bedeutenden Dinge, die du mit deinen Augen siehst, Personen und Geschichten. Deshalb kennt jeder, der in einem gewachsenen Ort geboren wurde, die geprägten Spuren seiner Heimat.

Das Gedenken an den alten Ort ist eine starke und sentimentale Erinnerung, aber in der Geschichte, in der Wirtschaft, im alltäglichen Leben war es ein Ort des Unglücks, der Trauer, des Leidens, des Schmerzes. Das Erdbeben wurde von den Bauern als eine Gelegenheit, eine gute Möglichkeit gesehen, nicht nur mit den Häusern tabula rasa zu machen, sondern auch mit den traurigen Seiten der ganzen Vergangenheit. Und deshalb auch als ein Akt der Befreiung. Meine Idee faßt nur die der absoluten Mehrheit der Bewohner zusammen.

Auf jenen Appell (an die wesentlichen Vertreter der italienischen Kultur) waren es vor allem die Künstler, die antworteten. Consagra allen voran. Consagra ist ein Sizilianer, ein Emigrant, der ein großer Künstler auch außerhalb Siziliens wurde.

Allsdann, besser eine aus der urbanistischen und architektonischen Sicht nicht so perfekte Stadt, die aber die Freiheit zu verschiedenen Lösungen für kommende Zeiten läßt. Also, nicht eine perfekt entworfene Stadt, sondern eine Stadt, die im Laufe der Zeit Gestaltungsfreiheit läßt. Auch weil die Kultur unserer Zeit keine monokratische, monolitische ist. Was zählt ist die kulturelle Vielfalt.

Es ist ein Jahrhundert, in dem es in nichts eine Gewißheit gibt. Somit reflektiert auch die Architektur, auch die Urbanistik diese Ungewißheit, und auch, sagen wir, diese Hybridität, diese kulturelle Vermischung, jene Dinge, bei denen sich eines in das andere fügt. Nehmen wir die Bevölkerung Gibellinas, wie die der anderen sizilianischen Städte, sie sind Menschen, die in die ganze Welt ausgewandert sind und sie haben deshalb die Augen für all die vielen verschiedenen Erfahrungen offen gehalten. Sie tragen auch die Bilder der Städte Deutschlands in sich, die der Städte Amerikas, deshalb fühlen sie sich nicht entheimatet. Ich erinnere mich, wie die aus Australien heimgekehrten Auswanderer Gibellinas sagten: „Oh, wie schön! Das gleicht hier einer Straße von New York".

Gibellina ist ein Mausoleum und sein Name ist Cretto?

Die Bedeutung des Cretto ist sicherlich die, die Sie ihm geben, denn man muß auch an die Idee Burris von dieser Erde denken, eine Erde, die sich spaltet, jene Erde Siziliens, die im Monat August diese Risse entstehen läßt. Die erste Näherung an das Werk Burris sagt einem, daß dieses eine typische sizilianische Situation zeigt. Die zweite: diese Risse fallen mit den alten Straßen des Ortes zusammen. Und schließlich die Bedeutung, die Sie gegeben haben, diese große Katastrophe mit dem weißen Leichentuch zu bedecken. Um den Geist als Vermächtnis bleiben zu lassen, um zu erhalten, was das Leben war. Diese unsere Kreativität, unsere Idee läßt vor allem erkennen, daß Sizilien ein Synonym für Kultur ist.

Das neue Gibellina wurde vor allem aus dem Willen, der Kraft und der Idee eines einzigen Menschen geboren: Ludovico Corrao. Im Guten und im Schlechten, Gibellina ist eine Schöpfung von Ludovico Corrao.

Die Schöpfung ist meine nur insofern, als mir die Gabe verliehen wurde, das, was in den Herzen der Männer und der Frauen lebt, zusammentragen zu dürfen. Allsdann, deine Fähigkeit ist diese, das was stark ist, was wahr ist und was menschlich ist, zusammentragen zu können. Und übertragen zu helfen. Ich habe geholfen.

Wenn ich auf der Autobahn fuhr, hat mein Sohn, als er noch klein war, gesagt: „Biege ab, wir sind unter dem Stern". Für ihn, der hier geboren wurde, ist der „Stern" Teil seines kulturellen Erbes, wird in seinem Leben immer bei ihm sein.

Ich bin ein Corraolianer. Wenn eine Sache schön ist, dann ist sie schön. Es waren Ruinen (das alte Gibellina).

Wir haben 1989 an einer Ausstellung in Paris teilgenommen, die sich „Utopie 1989" nannte. Dort waren fünfzig Städte, darunter die größten Europas, vertreten, mit allen Hauptstädten. Aus Italien war es Rom, Rom und Gibellina mit jenem Unterschied, daß die Menschen bei dieser Gelegenheit erkannten, daß Gibellina keine Utopie war ... es war Realität.

Der Platz von Ungers. Auch dort wurde das Projekt blockiert.

Das Problem ist die Restauration und die Unterhaltung dieser Kunstwerke, das ist ein sehr großes Problem von Gibellina. Die Kosten sind derart angestiegen, daß man es nicht mehr kann.

Sie müssen wissen, daß die Menschen seit drei Jahren fortgehen – viele in den letzten Jahren. Die Gibbelinesen sind abgewandert, weil es keine Arbeit gibt, weil es keine Aktivitäten gibt, auch die Darbietungen, die kulturellen Aktivitäten werden spärlicher. Wir sind wahrlich an einem Punkt der Herabwürdigung. Sagen wir, es herrscht ein wenig Traurigkeit, weil dieses Projekt nicht weitergeführt wird.

Was zählt, ist die Idee, die Ideen verlieren sich niemals. Sie sind deshalb starke Bezugspunkte. Und sie sind es auch für diese Stadt Gibellina. Es ist nicht wahr, daß alle diese Menschen sich darein schicken. So gerät die derzeitige Verwaltung deshalb auch in eine Krise, weil die Menschen immer mehr erkennen, welchen Schaden diese verursacht hat.

„Theology" von Paolo Soleri

Spurensicherung von Orten und Zeichen
Eine Begegnung mit Nikolaus Lang

Eigentlich wollte ich Nikolaus Lang schon immer einmal persönlich kennenlernen. Im Februar 2003 ergab sich die Gelegenheit. Martin Schmidl, ein guter Bekannter von mir, war inzwischen Assistent von Nikolaus Lang geworden, vermittelte meinen Wunsch, und wir bekamen eine Einladung nach Bayersoien. Bayersoien liegt südlich von München bei Garmisch-Partenkirchen und beherbergt in einem alten von Nikolaus Lang gepachteten Bauernhaus am Rande des Orts die Werke und Fundobjekte für neue Werke von Nikolaus Lang. Ich freute mich auf meine Spurensuche bei ihm. Da kam ungefähr zehn Tage vor unserem Treffen die Nachricht, daß das Haus ausgebrannt sei. Verlust der gesicherten Spuren? Trotzdem blieb die Einladung bestehen. Wir fuhren aus einem vereisten München, in dem die Bürgersteige kaum noch begehbar waren, in die verschneite südbayerische Provinz, Urlaubsstimmung kam bei mir auf, gepaart mit dem schlechten Gewissen einer Kulturanthropologin, die, ausgestattet mit Fotoapparat und Aufnahmegerät, schließlich nicht in Urlaub fuhr, sondern zu einem Künstler und Spurensucher, dessen als gesichert gedachte Spuren – Grundlage seiner Kunstwerke – vernichtet waren. Waren Mitleidsbekundungen meinerseits gefragt?
Aber es kam alles ganz anders. Nikolaus kam aus seinem Haus, mit einem dicken Pullover, Jeans, einer Skimütze, wettergegerbtem Gesicht, 62 Jahre alt. Freundliche Begrüßung. In einem der Zimmer mit seinen Feuer- und Löschwasserspuren gab es einen gemütlich bollernden Ofen, der einen, jedenfalls an der ihm zugekehrten Seite, auch richtig wärmte. Schnell kam ein intensives Gespräch auf, das über Stunden andauerte. Ich habe das Tonbandgerät dann doch nicht eingeschaltet. Wir sprachen über Australien, wo wir beide gerade auf Spurensuche gewesen waren, jeder in seinem Metier. Wir sprachen über eines seiner ersten Spurensicherungs-Werke, über die Geschwister Götte, deren Häuser hier am Ortsrand gestanden hatten. Und wir sprachen über den Brand. Niemand außer der Katze, die noch sehr verstört ist, war zu Hause, als der Brand in der oberen Etage in dem zum Atelier ausgebauten Dachboden ausbrach. Dicke Rauchschwaden zeigten den Heimkehrenden die Katastrophe. Nikolaus Lang versuchte im Atelier

etwas zu retten, aber die Hitze war zu groß, der Rauch zu dicht und giftig, es sollen mehr als tausend Grad Hitze gewesen sein. War in der unteren Wohnetage noch etwas zu retten? Die Flammen folgten ihm die Treppe hinunter, in den Wohnraum hinein. Gleich neben der Tür stand ein Glasschrank mit den in Jahrzehnten gesammelten Kostbarkeiten aus aller Welt, von Opalen aus Australien, venezianischen Gläsern, zierlichen japanischen Puppenköpfen, alten Goldmünzen bis zu Fetischfiguren. Eine Flamme schlug in den Schrank, schmolz das Glas und kam Asche und Kostbarkeiten speiend zurück.

Jetzt siebt der Künstler die Asche, wie er sonst den roten Sand der australischen Wüste siebte. Spurensuche und Spurensicherung. Ein Werk, viele Werke sollen daraus entstehen. „Über die Vergänglichkeit" hieß das angedachte Thema. Und ist das nicht ein Thema, das sich vom Anfang seiner Spurensicherung, seit dem Denkmal für die Geschwister Götte, durch seine Arbeiten zieht? Ja, ist Spurensicherung nicht von Vergangenem und Vergänglichem abhängig, um Denkmale zu setzen? Diesmal muß es für Nikolaus Lang ein Denkmal des Eigenen werden, in das ein Fremdes, ein Anderes, machtergreifend eingedrungen ist: das Feuer. Was Nikolaus aus dem Vergänglichen wirklich macht, weiß ich nicht. Für mich ist der Brand in einem fremden Haus, ist das Gespräch über das Vergängliche, sind die verletzten Fundstücke zu dem eigenen Text einer Kulturanthropologin geworden, der sich einfügt in die Wege zu einer ästhetischen Anthropologie.

Ein Thema war der Schrank der zerstörten Kostbarkeiten, die über Jahrzehnte angesammelt worden waren. Die Spurensuche zwischen den zerborstenen Glasscheiben, in der Asche des verbrannten Holzes war noch nicht abgeschlossen, aber da gab es schon Kartons mit gesicherten Spuren. Ich glaube es war eine Premiere oder eine erste ästhetische Vermittlung und Gestaltung, als der Künstler diese mehr oder weniger zerstörten Objekte vorsichtig und suchend aus den Kartons in seine Hände nahm und auf einem Tisch vor mir ausbreitete – und in diesem Ausbreiten, dem zueinander Ordnen war schon Interpretation. Was gehörte zusammen als Zusammengehöriges, was vermittelte Juxtaposition? Zu seiner Selektion des Zueinanderordnens kam meine Selektion der fotografierenden Aufmerksamkeit und – das bleibt ein wissenschaftsungehöriger Gedanke – die magische Selektion des Feuers.

Goldmünzen waren geschmolzen, Opale zerborsten, Gläser zersprungen, aber unberührt von den Flammen blieb eine Vogelfeder von irgendwo oder die Mumie eines Hirschkäfers. Auch für Nikolaus Lang war es ein Wunder. Für mich wurden Hände, hier die Hände von Nikolaus Lang, zum Subjekt seines und zum Objekt meines Wahrnehmens. Es war seine Subjektivität, mit der die Dinge erfaßt und gezeigt wurden. Das verkohlte Gebiß des ausgestorbenen tasmanischen Tigers, ein seltenes und selbstgefundenes Stück, gewann durch die Berührung, die Erzählung und das Nachdenken über seinen Platz in einer Installation des Vergänglichen eine neue Bedeutung für den Erzählenden und die Zuhörende, sich nähernd, aber doch in beider Wahrnehmung ein Verschiedenes.

Vergängliches? Der Künstler hatte gerade eine biographische Ausstellung mit früheren Zeichnungen von ihm und seinen Kinder erarbeitet. Die Werke waren alle in dem Brandhaus, weil ein Katalog zusammengestellt werden sollte, verkohlt oder vom Löschwasser durchnäßt. Aus Stößen von Zeitungspapier holte Nikolaus Lang sie heraus, um sie mir zu zeigen.
Da waren die „naturgetreuen" Zeichnungen aus seiner Ausbildungszeit in der Schnitzerschule Oberammergau, biographisch relevant, aber wenig

Eine Begegnung mit Nikolaus Lang

taugend, wie der Künstler sagte, und: „Die Blätter haben durch den Brand gewonnen". Das fand er auch bei der gemeinsamen Betrachtung verkohlter und angekohlter Negative. Das Arrangement auf dem Garmisch-Partenkirchner Tagblatt war ein zufälliges, einschließlich der darüber liegenden Brille, mit der der Künstler wohl die Wiedererkennung seiner Bilder suchte. Für meine „festhaltende" fotografische Selektion gewann dieser Augenblick einer zufälligen Collage den Charakter des privilegierten, des günstigen Augenblicks einer, meiner Spurensicherung. Das Auge des Künstlers, das Auge der Anthropologin fokussiert durch eine Linse, eine Brille die vergänglichen Dinge, Situationen und Menschen, sie in einem Augenblick ihrer Zuordnungen festhaltend. In dem verbrannten Bild wird die Macht des Apparates überdeutlich. Die Menschen starren in die Linse. Gegenseitigkeit scheint ausgeschlossen. Wird dies durch die Vergänglichkeit – auch des dokumentierenden Bildes – zurechtgerückt? Oben, auf der Titelseite der Zeitung, wird scheinbar das Ungleichgewicht zwischen dem Einheimischen und dem Fremden aufgehoben, sie fotografieren sich gegenseitig, harmlose Volksfeststimmung in Garmisch-Partenkirchen in einer Zeit, in der „Schlafmangel zur Volkskrankheit wird".

Spurensicherung von Orten und Zeichen

Menschen schaffen Bilder. Es sind Texte ihrer Spurensicherungen und Reflexionen, auch wenn das Bild bereits vor seiner Ablichtung dort war. Es ist gewählt worden, um etwas zu versinnbildlichen. Und dann schafft ein Feuer Bilder und Texte. Ein anderer magischer Realismus? Das Feuer hat, so wir, kein magisches Bewußtsein. Es frißt sich subjektlos in Objekte, schafft nicht, sondern vernichtet die subjektlos gemachten Dinge, auch Menschen und ihre Werke. Warum bleibt ein Kopf, hier der Kopf des Künstlers, in diesem verbrannten Inferno seiner biographischen Ausstellung bestehen? Hat das Feuer mehr Achtung vor der Würde des Menschen als wir Menschen selbst? Das ist natürlich eine Frage, die ich zwar als Kulturanthropologin stellen, aber niemals lösen kann. Es sei denn, ich würde mich den magischen Lösungen von Kulturen, die ich studiere, anschließen. Im Laufe unseres Gesprächs habe ich mich von der Zuhörenden über die zur passiven und deskriptiven Vermittlung aufgerufene Beschreibende, Vermittelnde, zu einer Dialogpartnerin entwickelt, die eigene Gedanken und Zuordnungen einbrachte.

Eine Begegnung mit Nikolaus Lang

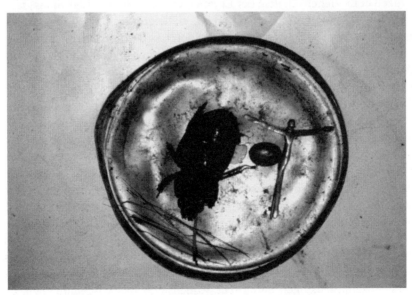

Daß aber der tote Hirschkäfer in einer angeschmolzenen Schale neben dem kleinen „gesicherten" Kruzifix lag, war das eine bewußte oder eine unbewußte Zuordnung des Künstlers? fragte ich in einem ersten Entwurf meines Textes. Und dann merkte ich, daß es mein eigener Text war, der aus dem Dialog erwuchs. Zwar hatte Nikolaus mir die vom Feuer verschonte Mumie des Hirschkäfers gezeigt, sein Erstaunen über die Nicht-Vergänglichkeit eines fragilen toten Körpers gesagt, aber ich war es, die – und war das nur zum Fotografieren? – diesen toten Körper in die silberne Schale bettete und das kleine Kruzifix, gewählt aus vielen Spurensicherungen, neben ihn legte. Zusammengehöriges oder Kontrastierendes?
Künstler und Anthropologen als Spurensucher und Spurensicherer lernen voneinander. Was sie wollen, ist die Vermittlung eines Anderen, in das allerdings auch das vermittelnde und selbstreflektierende Subjekt eingegangen ist. Die Juxtaposition wird als ein geeignetes Mittel gesehen, um Eigenes und Fremdes über einen scheinbar verfremdenden Zusammenhang in neuen Verflechtungen zu reflektieren. Solche, oft nur vorübergehende Spurensicherungen wollen den Betrachter und Leser in einen offenen ästhetischen Prozeß einbeziehen, an dem der Empfänger der Botschaft (des Sinns) nicht nur passiv, sondern aktiv-reflektierend, vielleicht auch eigenschöpferisch, beteiligt werden soll. Die gesicherten Spuren sollen zu weiteren Spurensuchen anregen. Das ästhetische Moment der gegenständlichen Vermittlung ist eine Hilfe, eine Brücke, um von der Aura eines gestalteten Textes des Fremden auf die Erfahrungen eines erlebten, gedachten und erwarteten Textes im Alltag des Eigenen zu verweisen. Und wo könnte diese ferne und doch nahe Übereinstimmung zwischen Fremdem und Eigenem intensiver angelegt sein als in der Vergänglichkeit? Die gesicherten Spuren des Vergangenen sind Gefundenes und Ausgewähltes und Interpretiertes aus einer Fülle von möglichen Funden, die nicht gemacht wurden, nicht gemacht werden sollten. Diese gefundenen Funde kann ich als Künstler und als Wissenschaftler in „Aktenschränke" einordnen, als bisher entdeckte Details aufspießen, oder über eine Collage in eine interpretationsoffene Auslegung überführen. Ersteres entspricht dem gesicherten Standpunkt akademischen (wissenschaftlichen und künstlerischen) Expertenwissens und -könnens, letzteres eher dem ungesicherten Zusammenfügen von Spuren zu möglichen Zusammenhängen durch jene Außenseiter in Zwischenräumen, die Welt immer wieder aus ihren Aktenschränken befreien wollen.

Aber ergibt sich da nicht ein Widerspruch? Ist es nicht gerade der Künstler Nikolaus Lang, der die Objekte seiner Spurensuche inventarisiert, klassifiziert und in Schaukästen ausstellt? Das begann mit der Aktion „Short Walk" in Wimbledon Common, London, bei der er mit einhundert Freunden Fundstücke sammelte und in Plexiglaskästen ausstellte, führte zu den „Japanischen Landschaften", dem „Spaziergang durch einen Steinbruch bei Palagio", nach „Malmö und die Südküste oder einem Schweden in den Schädel geschaut", immer wieder nach Australien und dem Projekt „Nunga und Goonya" (schwarze Person – weiße Person) und auch immer wieder zurück in den heimatlichen Lebensraum Bayersoien, in dem 1973/74 das Projekt „Für die Geschwister Götte" entstand.

In der Nähe von Bayersoien lebten diese vier unverheirateten Geschwister aus einer Schweizer Einwandererfamilie in vier ärmlichen Hütten. Am Rande des Dorfes wohnten sie als Randseiter der Dorfgemeinschaft und waren auch dem Kind Nikolaus schon bekannt. Ihnen als Menschen einer untergegangenen ländlichen Zeit ein Denkmal nach ihrem Tod zu errichten, das über die Einzelschicksale hinaus Verweischarakter hat, war Langs ästhetisches Projekt. In unserem Gespräch hatte er die Idee, an dem Platz dieser Hütten ein Museum der Armut zu schaffen. Er hatte damals Erinnerungen an die Göttes gesammelt, Erzählungen, Fundstücke aus den Häusern, wie Kleidung, Hausrat, Werkzeug, Almanache und Kataloge, aber auch Fundstücke aus der natürlichen Umgebung, wie Pflanzen, Fossilien, Schnecken, Tierkot, Knochen, ja auch eine mumifizierte Häsin. Alle diese Funde werden inventarisiert, beschrieben, auf einer Karte belegt. Sie wurden in den Kästen einer Kornkiste ausgelegt. Textmaterial, wie Katasterblätter, Klimakarten und die von Fotos unterstützten Beschreibungen gehören, wie die Dinge, zur Entschlüsselung der Botschaft.

Ähnlich Spuren suchend und Spuren sichernd war Nikolaus Lang auch in anderen Projekten vorgegangen, von denen das umfänglichste und noch nicht abgeschlossene sein Australienprojekt darstellt, das 1991 unter dem Titel „Nunga und Goonya" in der Städtischen Galerie im Lenbachhaus in München ausgestellt wurde. Auch in diesem Projekt versucht Lang wieder die Verbindungen, die Wege und auch den Kampf zwischen Natur und Kultur zu zeigen. In der Gegenüberstellung von einer für Lang historisch zu erinnernden ökologischen Symbiose zwischen Natur und Kultur in der

traditionellen Kultur der Aborigines und einer, ebenso historisch zu erinnernden, zivilisatorischen Aneignung der Natur durch die weißen Kolonisatoren wird unauflösbarer Widerspruch deutlich. Der spricht aus den Werken allerdings nur, wenn man sich auf die Metaphern und Allegorien und Andeutungen des Künstlers einläßt. Immer begibt er sich selbst hinein in die Erfahrung des Anderen, auch wenn der Andere sein Eigenes selbst nicht mehr versteht. So wenn Lang sich auf die Ockersuche begibt und die von Aborigines verlorene Geschichte der Suche dieses roten Stoffs als heiliges Blut der Traumzeit-Heroen nachvollzieht. Oder wenn er in einer fotografierten Performance „Die Ereignisse, die zu Peters Tod führten" so selbst- und fremdbezogen darstellt, daß man jenen zu Unrecht getöteten schwarzen Peter erst in dem letzten Bild „Figure Lying on Cell-Bunk" findet, selbst wenn diese Figur ein Weißer in einem Emufedern-Gewand ist. In die Geschichte dieses schwarzen Peters, dessen Personenverwechslung in einem Mordprozeß (1856) nicht preisgegeben wurde, schiebt Lang seine Performance einer fotografierten Exstase australischer Grenzerfahrungen. In dem „Kulturhaufen", der sich wieder dem Prinzip Wunderkammer nähert, vereint er Gefundenes, Verändertes und Imaginiertes aus Phasen der australischen Besiedlung. Er, der Künstler, eignet sich den Schrott der Vergangenheit an und gibt ihm einen neuen Wert als Träger von Bedeutungen. Für ihn, für die anderen, für uns? Wenn er den Ausspruch eines Aborigine in das Eisen eines alten Spanners für Wasserbohrungen eingräbt, ist auch dieses wieder ein Verweis auf die Unversöhnlichkeit vergangener und heutiger Begegnungen in der Ungleichheit: „Fucking Mother Earth, Fucking Anthropologists, Fucking Missionaries, Fucking Artists".
Die Kunst von Nikolaus Lang ist nicht einfach zu lesen. Nikolaus Lang ist ein Reisender zwischen Ferne und Nähe, die er über seine Kunst als „nahe Fremde" zusammenführt. Wenn ich hier über Nikolaus Lang und mich schreibe, meint dies eine Wahlverwandtschaft zwischen Spurensuchern, mögen die Methoden der Suche und der Sicherung sich auch unterscheiden. Der Reisende im Eigenen und im Fremden bleibt über seine Versuche des Verstehens und Vermittelns ein Grenzgänger im Zwischenraum von Eigenem und Fremdem, nie ganz zugehörig, aber doch dazu gehörig. Dieses Dazugehörige als Imagination und Wissen um die Ambivalenz zwischen emotionaler und spurensuchender Nähe zum Fremden unterscheidet sich von der distanziert-spurensichernden Vereinnahmung des Fremden in die

Eine Begegnung mit Nikolaus Lang

dem Sammler nahen Ordnungskriterien. „Wunderkammern" unterscheiden sich von „Aktenschränken". In den Wunderkammern wird das Wunder, die Aura des Fremden zugelassen und, wie besonders bei den Surrealisten, als Möglichkeit einer spurensichernden Fremd- und Selbstdeutung erkannt. In die Aktenschränke wird das seines Wunders beraubte Fremde als Fremdgedeutetes – und nur als Fremdgedeutetes – durch unbeteiligte Experten in die Schubladen des selbstgewissen Wissens einer westlichen Wissensgesellschaft eingeordnet, die das Fremde in das Nahe des Erkannten und Verwalteten zwingt – ohne Berührungsmomente. Wenn Nikolaus Lang Berührungsmomente schafft, dann ist dies genau jener Spurensicherung zu danken, die ironisierend volle und doch leere Aktenschränke der Experten zu Schaukästen und Wunderkammern macht, die Aura und Spur als Bemächtigung und Habhaftwerden-Wollen so verbindet, daß der Betrachter sich selbst auf den Weg der Spurensuche machen muß.

Meine schon oft gestellte Frage nach Künstlern als Anthropologen, die in ihren Werken, sei es in Literatur oder in Bildwerken, eine ethnographische „dichte Beschreibung" schaffen, stellt sich bei Nikolaus Lang besonders eindringlich. Für den Anthropologen ist die „Feldforschung" der Königsweg der Erfahrungssuche. Feldforschung hieß und heißt draußen zu sein, bei den Anderen, über die man etwas erfahren will. Dieses Draußen (oder Dort) der Anthropologen war in den Anfängen – und die liegen noch keine hundert Jahre zurück – möglichst weit weg, möglichst „exotisch" oder auch „ländlich", jedenfalls nicht im Hier der gesellschaftlichen und universitären Wissensgemeinschaft. Die Spurensuche war für den Anthropologen ein immer wieder sehr einsamer Weg. Der Anthropologe war ein Entdeckungsreisender, der nicht nur auf Fundstücke, sondern auch auf hinweisende Gespräche angewiesen war. In der zweiten Hälfte des 20. Jahrhunderts wurde schließlich die ganze Welt als Feld anthropologischer Spurensuche und Spurensicherung anerkannt. Da konnte man als Ethnologe in der Metro seiner heimatlichen Großstadt Paris sitzen und entdecken und inventarisieren. So wie Marc Augé. Hier allerdings brach etwas um. Der „Sammler" von Spuren bedurfte der erzählenden Menschen in einer Welt der ungeschriebenen Geschichte nicht mehr, sondern liest die Stationen der Metro aus den historisch bedeutsam konstruierten Stationen einer französischen Geschichtsschreibung ab. Erzählende Monumente ersetzen den erzählen-

den Menschen. Sprache der Dinge. Muß da nicht besonders aufmerksam hingeschaut werden, um die Sprache der Dinge zu verstehen und diese „Sprache" wiederum zu vermitteln?
Für diese Art der Spurensuche gelten Begriffe wie die „Aufmerksamkeit für den Augenblick", die „Gunst des Augenblicks", der „Scharfsinn für den rechten Augenblick" oder der „objektive Zufall privilegierter Augenblicke". Darin ist nicht nur das Prinzip Zufall enthalten, sondern auch die Fähigkeit des Beobachters, den günstigen Augenblick zu erfassen. Augenblick steht hier in seiner doppelten Bedeutung als Moment und als beobachtender Blick des Auges. Neben dem Hinhören galt das Hinsehen schon immer als Bestandteil des ethnologischen Königswegs: teilnehmende Beobachtung! Claude Leví-Strauss sprach vom „Blick aus der Ferne" (1985), Michel Leiris schrieb über „Das Auge des Ethnographen" (1930), sein Herausgeber und Interpret Hans-Jürgen Heinrichs reflektiert dazu Erkenntnis aus Anschauung: „Über das Sehen kann man an die Dinge herankommen ... Das Auge des Ethnographen – erfahrend, konstruierend, begrenzt erfassend, entlang an ‚Berührungsmomenten'". Ich selbst stelle im Zusammenhang einer Urbananthropologie die Frage nach einem „urbanisierten Blick" in seiner Bedeutung für die Spurensuche in Städten, wobei ich Sennetts Gedankengang über den Verlust der (mitverantwortlichen) sozialen Nähe am Beispiel des Wegschauens (und des distanzierenden Hinschauens) ebenso in diesen Blick einbeziehe wie seine Frage nach dem „Gewissen des Auges". Dieses Gewissen als Augenblick des Aufmerkens zu schulen, gehört zu der sozial- und kulturanthropologischen Forschung und insbesondere Lehre. So empfehle ich meinen Studierenden in unseren Projekten des „Forschenden Lernens" auch immer die „einsamen" Wahrnehmungsspaziergänge, hinter denen die Frage steht, was der Einzelne wahrnehmen kann, und den anschließenden Austausch der Erfahrungen der vielen einzelnen Wahrnehmungen.

Nikolaus Lang und andere künstlerische Spurensucher sind Feldforscher wie wir Anthropologen. Das Dortsein ist für ihn so wichtig wie für uns. Dort findet die Spurensuche statt, das Hinhören und Hinsehen, die Aufmerksamkeit für den Augenblick. Auch für den Künstler bietet sich der Wahrnehmungsspaziergang als Methode des Sammelns von Eindrücken und Dingen an. Nikolaus Lang sammelt, ordnet, inszeniert, fotografiert.

Eine Begegnung mit Nikolaus Lang

Wie bei uns Kulturanthropologen gehört zu dem Prozeß der Erfahrungssuche und der Einordnung und Vermittlung der Erfahrungen auch die Erkundung und Erforschung des Kontextes der gefundenen Spuren. Das führt auch Nikolaus Lang zu den Archiven, den Bibliotheken und der mündlichen Überlieferung. Besonders seine australischen Arbeiten machen diesen Einordnungsweg deutlich. Aber, auch das wird in diesen Arbeiten deutlich, es geht um eine ästhetische Sicherung sozialer und kultureller Spuren als Gedächtnis. Und für dieses Gedächtnis wird oft der Einzelne und seine Geschichte in einem Augenblick des Erinnerns lebendig für die Vielen.

Ein Brand in einem fremden Haus, eine Begegnung, eine fotografierende Spurensicherung. Ich war dankbar für die Begegnung mit einem Künstler, der den Dialog zwischen sich fremden und doch nahen Spurensuchern zuließ. Daraus ist mein Text, sind meine Bilder über Vergänglichkeit, Spurensuche und Spurensicherung entstanden.[1]

---

[1] Literaturhinweise zum Text: Metken 1975; Metken 1977; Leiris 1978; Lévi-Strauss 1985; Merk 1988; Augé 1988; Sennett 1990; Lang 1991; Murphy 1991; Greverus 1994a; Greverus 1995b; Geertz 1995; Greverus 2002, 33ff.

Grenzerfahrungen einer Reisenden

„Es war einmal ein Lattenzaun
mit Zwischenraum hindurchzuschaun"

„Ich erinnere mich an eine Mauer ... ich war damals ein Kind ... Jede Nacht schritt ich durch diese Mauer. Dahinter lag eine ganze Welt". Für Michel de Certeau, der in seiner „Kunst des Handelns" das Zaunzitat von Morgenstern bringt, ist der Lattenzaun „ein Gebilde von Lücken, durch die der Blick hindurchschlüpft". Die Welt hinter der Mauer zu finden, bedarf dagegen der Imagination des Durchschreitens, eines Kindes oder auch eines Erwachsenen, die sich dem verschlossenen Blick in die andere Welt widersetzt.
Zaun und Mauer gehören zu dem Thema Grenzerfahrungen. Jede Reise ist nicht nur eine geographische Grenzüberschreitung, sondern auch eine Grenzerfahrung, die jenen ambivalenten Charakter zwischen Schwellenängsten und Schwellenüberschreitungen in sich trägt. Aber: hinter der Grenze erwarten uns die neuen Erfahrungen, aus denen sich die Identität der „in das Andere" Reisenden im Prozeß ihrer Erfahrungssuche aufbaut.

Die Ambivalenz der Grenze öffnet sich zur

Grenzüberschreitung.

In der Ritualforschung wurde die Dreistufigkeit des Übergangs betont. Aus dem sicheren Ort eines Gewohnten wird der Einzuweihende in einen neuen Ort des zu Gewöhnenden und bald Gewohnten überführt. Dazwischen liegt die liminale oder Schwellenphase, der Übergang. Dieser Übergang ist angst- *und* erfahrungsbesetzt. Der liminale Ort ist in seiner Ambivalenz ein einsamer Ort.

Was zählt ist die

Grenzerfahrung durch Grenzüberschreitung.

De Certeau hat der Grenze der Kartographie, die den Nicht-Ort voraussetzt und schafft, die Grenze in der Erzählung gegenübergestellt. Sie ist Zwischenraum – hindurchzuschaun. Das bedeutet den Leerraum als erzählerisches Symbol des Austauschs und der Begegnungen, als Spiel von Durchblicken und Interaktionen, oder die Verwandlung der Leere in etwas Volles: „ein Architekt, der dieses sah, stand eines Abends plötzlich da – und nahm den Zwischenraum heraus und baute draus ein großes Haus", sagte Morgenstern in seinem Gedicht. Der Zwischenraum wird zugemauert. Hinter den Mauern wohnen Familien, sich ein- und abgrenzende Gruppen, Nationen. Die kartographische Grenze ist hergestellt und wird zur Grenze zwischen WIR und SIE. Der Zwischenraum wird abgeschafft.

Was hier zählt ist die

G r e n z z i e h u n g.

Das sind meine durch Certeau angeregten Grenz-Gedanken. Und diese wandern zurück zur Grenze der großen und kleinen Erzählungen, die – ich zitiere wieder – „Menschheit schaffen". Der Architekt hatte den Zwischenraum mit einem ein- und ausgrenzenden Haus bebaut und sich damit an der „politischen Erstarrung" von Orten beteiligt. Und an der Tötung der Interaktionsgeschichten einer „Logik der Zweideutigkeit". Diese, so Certeau, „verwandelt die Grenze in einen Durchgang. ... Sie erzählt tatsächlich von Umkehrungen und Verschiebungen".
Mit der Ambivalenz zu leben, hatte Zygmunt Bauman als die Forderung und möglichen Praktiken der Postmoderne bezeichnet, nachdem das Projekt Moderne an der versuchten Auslöschung der Ambivalenz oder der zweideutigen Unordnung über Kategorisierung gescheitert ist. Bauman hatte das Wissen und den Umgang mit der Logik der Zweideutigkeit der Grenze als ein „Geschenk des jüdischen Gottes" bezeichnet. Die reale Geschichte zerstörte das Geschenk. Das Projekt Moderne, mit seiner Unmöglichkeit, mit der Ambivalenz zu leben, ergreift uns wieder. Das schafft neue „große" Erzählungen einer eindeutigen Geschichte. Dem will ich heute und hier die kleinen Erzählungen der zwei- oder mehrdeutigen Geschichten einer reisenden Anthropologin gegenüberstellen.

Was zählt ist die

                G r e n z v e r m i t t l u n g.

„Im heutigen Athen", schreibt Certeau, „heißen die kommunalen Verkehrsmittel metaphorai. Auch die Geschichten könnten diesen schönen Namen – Metapher – tragen: jeden Tag durchqueren und organisieren sie die Orte; sie wählen bestimmte Ort aus und verbinden sie miteinander; sie machen aus ihnen Sätze und Wegstrecken. Sie sind Durchquerungen des Raumes". Durchqueren Sie nun mit mir die Räume meiner Geschichten, auch wenn die Durchquerungen manchmal wehtun, weil sie den Durchblick zu Grenzen vermitteln. Die Grenzvermittlungen wollen nicht gute oder schlechte Erzählungen bringen, sondern eine dichte Erzählung, die Grenzen durchschreitet, durch sie hindurch zu blicken vermag und auf die Zwischenräume der Begegnungen zu sprechen kommt. Meine Bild-Text-Geschichten haben ein offenes Ende. Sie gehören zu meiner Suche nach der dichten Beschreibung einer anthropologischen Erfahrung. Ich würde mich freuen, wenn meine Spurensuche die Spurensuchen der Leser und Betrachter meiner Texte und Bilder zu eigenen Texten und Bildern bewegt.

Grenzerfahrung als dichte Beschreibung.
Die Texte zu den nun folgenden Bildern sind meinen Feldtagebüchern und Veröffentlichungen entnommen.

Grenzerfahrungen einer Reisenden

Durchquerungen des Raums in der Gegenwart. Es waren fotografierte Erlebnisse des Jahres 2002 im australischen Outback und in einer indischen Stadt der siebziger Jahre. Ich überlasse sie als Fremdheitserlebnisse in einer mobilen Welt der Interpretation der Betrachter. In meiner Interpretation spielt allerdings nicht nur Weite/Wildnis gegen Enge/Zivilisation eine Rolle, sondern vor allem der Modernisierungsdiskurs mit seiner euphorischen Betonung der neuen Beweglichkeit. Sind die Verkehrsmittel, die Orte, die Wegstrecken, die Ziele der Menschen selbstgewählte, selbstbestimmte?

Durchquerungen

Die tägliche drängende Dichte der Städte, ist sie eine gute Erzählung für die dort Lebenden? Die Pick-up-Fahrt der australischen Aborigines aus den verwalteten Communities im Outback zu den weihnachtlichen Treffen der Sprachgruppen in der Stadt, Treffen unter Bäumen, im Staub der Straße, mit viel Alkohol. Ist das eine gute Erzählung?

Grenzerfahrungen einer Reisenden

Schienen sind ein in Landschaft eingegrabenes Zeichen von Bewegung. Sie verweisen auf den anderen Ort. Meine längste Fahrt auf Schienen war in der Transsib von Moskau nach Peking. Und ich schrieb in mein Tagebuch: Es gibt auf dieser Fahrt zwei nahezu unabhängig voneinander verlaufende Raumorientierungen. Die eine hat mit Sibirien kaum etwas zu tun, sondern bezieht sich auf das Verhalten auf engem Raum, tagelang ohne Chance des Entkommens, verbunden mit einer sehr schnellen, jedoch passiven kinästhetischen Raumerfahrung. Doch über den Blick aus dem Fenster gewinnt die passive Bewegungsempfindung eine aktive Komponente. Ich orientiere mich zur Weite einer fremden Landschaft, aus der ich mich im Augenblick des Wahrnehmens bereits wieder entferne. Diese beiden Wahrnehmungsarten verbinden sich für mich vor allem mit den Schienenfahrzeugen.

Schienenwege

Die Straßenbahn, einst Zeichen des Großstädtischen, hatte nur eine relativ kurze Blütezeit. Die U-Bahn als „paradigmatischer Ort", wie das der Ethnologe Rolf Lindner nannte, für das flüchtige und anonyme Wesen der Stadt, hat die Straßenbahn verdrängt. Dort kann man den Verlauf der Schienen nicht mehr sehen und man kann auch nicht mehr die Weite der Stadt erkennen. Das Ende der Straßenbahn, die den Verkehr auf den Straßen stört, ist angesagt. Sie werden Relikte. Beinahe ein bißchen provinziell. So schnell geht das. Wir in Fechenheim, ganz im Osten von Frankfurt, früher ein Fischerdorf, dann ein Arbeiterdorf, weil die Mainmetropole keine „schmutzige Industrie" haben wollte, haben noch heute unsere Straßenbahn Nr. 11. Sie fährt alle 10 Minuten und bis in die Nacht hinein. Sie ist die längste Straßenbahnstrecke durch Frankfurt. Und sie ist sehr multikulturell.

Grenzerfahrungen einer Reisenden

„Diese Schnellstraßen bewältigen stündlich nur einen Bruchteil des Verkehrs, den früher öffentliche Verkehrsmittel bewältigt haben, zudem bei viel geringerer Geschwindigkeit und einer von Nebelschwaden verpesteten Umwelt", sagte Lewis Mumford über die amerikanische Großstadt.

In seinem Buch „The Natural House" riet Frank Lloyd Wright, möglichst weit vom Stadtkern zu siedeln. Er sprach von der sterbenden oder verschwindenden Stadt der Verdichtung und entwickelte seine neuen sich in die Weite ausdehnenden Stadtentwürfe („Broadacre City"), die für ihn durch die Automobilisierung ermöglicht wurden. Leitbild oder Vorwegnahme einer Realität, die sich so und doch anders gestaltete.

Entsetzen davor, wie Menschen sich in eine Landschaft fressen, die ohne sie so schön ist. Einen Kakteenwald mit riesigen Kakteen erinnere ich, die Fahrt durch ein Pferdezuchtgebiet, wo ich mich fragte, wovon diese Pferde sich wohl ernähren, und einen weithin angekündigten „Ort": Sand, Straßen, eine Kreuzung, um diese gruppiert, eine Bank, ein Einkaufszentrum, ein Silo, eine Tankstelle, zwei Restaurants. Alles, was man im Outback braucht?

Grenzerfahrungen einer Reisenden

Die Repräsentativkulturen von Minderheiten erobern sich die Straße über Prozessionen und Paraden. Ich hatte am Washington Square die lange Protestparade der Gays und Lesben miterlebt. Sie fand seit den siebziger Jahren statt, in Erinnerung an eine Auseinandersetzung mit vielen Verletzten zwischen der Polizei und den Gästen eines der bekanntesten New Yorker Schwulenlokale. Themen waren: Weg von der Diskriminierung, mehr Geld für die Aids-Forschung, Umweltschutz. Sehr viel Beifallpublikum klatschte über die gelungenen Wagen, die Plakate und den farbenfrohen Transvestismus. Die Heiterkeit des Protests, die Art, sich zu verkleiden, das Spielerische war auffallend abweichend von deutschen Protestkundgebungen, das schrieb ich dazu in mein Tagebuch.

Wir fuhren, es war im Jahr 1982, zu der Ranch des Bhagwan Shree Rajneesh in Oregon durch eine einsame vulkanische Gegend. Die Orte waren alle in diesem schmucklosen Bretterstil, der nach vorübergehend aussieht, verkehrsbezogene Geschäftsballungen – Tankstellen, Supermärkte, Restaurants – an den Straßen. 1800 Wohnzelte waren für die Gäste des großen Geburtstagsfestivals des Meisters aus Südkorea eingeflogen worden. Auf dem Gelände von 100 Quadratmeilen sollte einmal eine Stadt mit 10.000 Häusern entstehen. Straßen waren schon gebaut, auf einer fuhr täglich mit seiner Vorhut der damals „schweigende" Bhagwan mit einem seiner Rolls Royce vor. Die Straße war gesäumt von seinen Anhängern. Wenn der Wagen mit dem Meister hielt, stürmten sie den „heiligen" Wagen, um ihre Hände aufzulegen. Eine andere Automobility?

Grenzerfahrungen einer Reisenden

In Bombay: Der Kongreß hieß einfach „Space", war interdisziplinär und international, und jeder von uns entwickelte seinen eigenen Zugang zum Raum. Ein deutscher Kollege führte uns in einem Wahrnehmungsspaziergang der Klänge und Mißklänge durch unser Umfeld. Da war ein Vogelruf hinter dem Hämmern des Baggers, Gesprächsfetzen in einer fremden Sprache, die eigenen Schritte der Durchquerung, das Muhen einer Kuh auf der kongreßnahen Müllkippe. Sehen und Hören vermischten sich, nur manchmal synchron, blieben zwei Wahrnehmungsweisen, die sich ergänzten und darüber hinaus ergänzt wurden von der Nähe der Gerüche und taktilen Erfahrungen, die unter die Haut gingen, aber in unseren Texten so schwer zu vermitteln sind. Die andere Wahrnehmungsmethode über Töne verfremdete das Fremde noch stärker und machte es dadurch bewußter.

Müll

Mülltourismus in Guatemala Ciudad. Vor allem Frauen und Kinder durchsuchten den Müll nach Recyclingbarem und Hunde und Aasvögel nach Fressbarem. Der Gestank war unerträglich für uns besuchende Reisende.

Ich war fünfmal in Palma de Montechiaro auf Sizilien. Beim ersten Mal habe ich nur leere Häuser und Hausgerippe fotografiert und an einen Satz von Ernst Bloch gedacht: „Heute sehen die Häuser vielerorts wie reisefertig drein. Obwohl sie schmucklos sind, oder eben deshalb, drückt sich in ihnen Abschied aus". Unser Wirt war ein gutes Beispiel für den hier besonders auffälligen „fame di case" (Hunger nach Häusern). Unten am Meer, in der immer mehr ausufernden Zweithaussiedlung, hatte er für vierzig Millionen Lire ein dreistöckiges Haus gekauft – wie alle rundum: Fertigbetongerüst zwischenvermauert, kahle Räume, eine abenteuerlich anmutende Treppe außen, und zwei Jahre später wurde eine Etage für vierzig Millionen verkauft („so ist die Preissteigerung"). Das Geld wurde zum Ausbau des Stadthauses verwendet. „Man hat Häuser".

Das alte Gibellina? Ich zögere immer wieder, ich weiß, wenn ich davon sprechen will. Die kleine alte Stadt mit ihren dichtgedrängten Häusern der damals 7000 Einwohner ist in ihrer Zerstörung einzementiert worden. Gedenkstätte, Kunstwerk? Niemand außer uns war dort. Du gingst durch die alten Gassen, auch sie in Beton gegossen – und in dem großen, flachen Zementdach manchmal ein Buckel, aus dem sich ein begrabener Strauch ans Licht kämpfte. „Il cretto" (der Riß) heißt das Kunstwerk offiziell, aber auch crepa, wobei crepare nicht nur bersten, sondern auch sterben bedeutet. Das Volk spricht vom weißen Leichentuch und die Fremden von einem Todeslabyrinth. Und in dem Buch „Gibellina. Utopie und Realität" wird es als das „vielleicht interessanteste Werk" von Alberto Burri gepriesen, „der mit dem Schleier aus weißem Zement, erstarrt über den alten Spuren der erdbebenzerstörten Stadt, für immer das Andenken dieser Stadt festgehalten hat".

„Die ganze Familie hat die Straße verloren, sie knien alle und weinen, denn sie haben ihre Straße und ihren Besitz verloren; die Tränen fließen gleich Flüssen. Warum, Madonna, liebst Du die Deinen nicht mehr?" sagte ein Dorfpoet über das Erdbeben 1968 im Belicetal von Sizilien.

Ruinen

Eine Kirche stürzte ein. ... Das neue Gibellina liegt fünfundzwanzig Kilometer entfernt vom alten Ort – weil es dort erdbebensicher ist, sagen die einen; die anderen sprechen von Boden- und Bau-Spekulation. Das neue Gibellina wurde mit viel Zement als ein Gesamtkunstwerk gestaltet. „Sie haben die Welt mit Zement vollgestopft und immer noch sind sie dabei, das ganze Belice-Tal mit Beton vollzuscheißen", beschreibt ein alter Mann seine Wahrnehmung der neuen Planungen. Ist der Zerfall des Kunstwerks Gibellina der „Erbeben-Spekulation" zu verdanken, für die als Symbol jene neue Kirche stehen kann, deren überdimensionale weiße Zementkugel als Wahrzeichen des neuen Gibellina die Kirche aus dem Dorf holen sollte – und die heute neben einem eingestürzten Kirchendach liegt. Das Innere der kugelförmigen Kuppel sollte sich einst dem Echo von Predigt und Gesang öffnen.

Ein Anwohner des Mains erzählt: „Der Main kommt mir wie 'ne Barriere vor. Ich kenne die Zeit ja noch, als der kleine Fußgängersteg noch nicht war. Da war der Main schon 'ne Barriere, weil wir immer durchschwimmen mußten, um zum Schultheißweiher zu gehen. Und da mußte ich zumindestens erstmal das Schwimmen lernen, da konnte ich diese Barriere übersteigen. Es war trotzdem sehr schwer durchzuschwimmen ... und wenn ein Schiff kam, dann gab's dann auch sehr hohe Wellen, dann war's sehr schwierig das andere Ufer überhaupt zu erreichen. Das waren dann oft so Grenzfälle".

Flüsse und Brücken

Und ich habe mich bei seiner schwimmenden Überquerung des Mains als Grenzfall an einen anderen Grenzfall erinnert: an die Heldenlegende um Mao Tse-tung, den Schwimmer, die im Sommer 1966 mit Bild und Text um die Welt ging. Er überquerte bei Wuhan, wo später eine kühne Brückenkonstruktion entstand, den reißenden Yangtse. Der politische Held Chinas und der kleine Heldenknabe aus Fechenheim, beide gelangten an das andere Ufer. Mao beendet sein Gedicht „Schwimmen" mit dem Satz, „denn die Welt ist anders geworden". Das Durchschwimmen und der Bau der Brücke sind ihm Zeichen der Grenzüberschreitung:

... Ich durchquere den Yangtse, den Zehntausendmeilen-Strom,
und blicke weit in den Himmel Südchinas.
... heute wird alles groß und weit ...
große Werke entstehen.
Das fliegende Gerüst der einen Brücke von Süd nach Nord
verwandelt den Yangtse-Graben zum Durchgangsweg ...

Draußen in der Steppe gab es keine Zäune um die Jurten und um Weideflächen, nur die „unsichtbare Grenze", wie unser Freund und Fahrer aus Erdenet sagte, die zwischen den Familienjurten lag und von allen respektiert wurde. Zu den „fünf Haustieren" in der Weidegemeinschaft der zaunlosen nomadischen Tierhaltung gehört auch der Yak. Er fühlt sich in Höhen über 1500 Meter am wohlsten, aber das ist schließlich die Durchschnittshöhe des mongolischen Hochlands. Die wandernden Herden mit ihren Hirten störten nicht die Weiten, ja, diese kulturelle nomadische Aneignung nahm der Steppe die Angstbesetzung des Ausgeliefertseins an eine „reine" Natur, ohne den Weiterfahrenden in die Enge der gebändigten Natur einzufangen. Trotzdem hatte ich Angst, als ich aus unserem Jeep ausstieg und mich dem Yak, dieser bereits vor Tausenden von Jahren domestizierten Natur, näherte.

In der Mongolei gehen die Städte abrupt in die Steppe über, auch die Hauptstadt Ulaanbaatar (Ulan Bator), die immer mehr von einem Ring aus Armutsbehausungen einer landflüchtigen Bevölkerung umzogen wird. Die Bevölkerung dieser Stadt, die bereits heute mehr als ein Viertel der zweieinhalb Millionen der Gesamtbevölkerung ausmacht, wächst. Die Mongolei gehört zu den dünnstbesiedelten Ländern der Erde, und das Hinterland, das Outback, entsiedelt sich immer mehr, zumal die nomadische Tradition eben keine „nomadische Alternative" im wirtschaftlichen Globalisierungskontext, der auch die Mongolei erfaßt hat, findet. Und für das „innere Outback" haben die aufstrebenden Mittelständler keine Zeit und sicher auch (noch) kein Verständnis. Sie sind erste oder zweite Generation im Urbanisierungsprozeß, geschult in der für sie „westlichen" Bildung des kommunistischen Moskau oder Berlin, oder auch Jena und Leipzig – und wenn sie Glück haben, heute des kapitalistischen Berlin, oder auch Köln und Marburg –, immer abhängig von Stipendien an „Entwicklungsländer".

Wir sind in der Wüste den Nomaden und den Seßhaften begegnet. Wir wären zu dieser Reise allerdings nicht aufgebrochen, hätten wir die Seßhaften gesucht. Und haben wir überhaupt die Nomaden gesucht, oder dienten sie uns nicht vielmehr als Projektion für unsere Sehnsucht nach einem, wenn auch nur vorübergehenden, „Zurück" zu den gedachten Ursprüngen unserer mobilen menschlichen Lebensformen, raumüberwindend, zeitverfügend und einsam? Und die Wüste wurde zur Kulisse. „Das Leben der Nomaden ist ein Intermezzo ... der nomadische Weg verteilt die Menschen (oder Tiere) in einem offenen Raum, der nicht definiert und nicht kommunizierend ist ... der Raum der Seßhaftigkeit wird durch Mauern, Einfriedungen und Wege zwischen den Einfriedungen eingekerbt, während der nomadische Raum glatt ist und nur mit ‚Merkmalen' markiert wird, die sich mit dem Weg verwischen und verschieben", sagen Deleuze und Guattari in ihrem Buch „Tausend Plateaus. Über Kapitalismus und Schizophrenie".

Unser nächstes Ziel war Tichit. Unterwegs begegneten wir zwei steckengebliebenen Trucks, die Treibstoff für die Rallye Granada – Dakar (früher Paris – Dakar) nach Tichit fuhren. Tichit, diese zufällige Station einer umstrittenen Rallye, „zählt zu den allmählich sterbenden Städten in Mauretanien. ... Es ist wohl nur eine Frage der Zeit, bis die Wüste auch Tichit verschlungen hat". In vorbereitender Lektüre werden wir gefühlsmäßig auf Verfall eingestimmt: „Durch schwarze Partikel erscheint die Farbe des Sandes grau, was zur allgemeinen Tristesse von Tichit paßt". Schließlich wünscht man uns Trockennebel, da er, „der die nahe Felswand der Schichtstufe nur noch schemenhaft hinter dem leicht unheimlichen Schwarz der Schieferplatten-Häuser hervorheben läßt, die Stimmung des Ortes viel besser wiedergibt". So eingestimmt nähert man sich dem Ort Tichit. Die Bilder beim letzten Halt vor dem Ort scheinen die Trockennebelstimmung einzufangen. Eine Geisterstadt, grau auf das graue Geröll aus einer grauen Höhe hinabstarrend, leblos. Doch dann plötzlich das mich immer wieder faszinierende Auftauchen von Menschen am Horizont der scheinbar unbehausten Wüste und Verwüstung.

„Wir alle", schreibt Harvey Arden in seinem Artikel „Journey into Dreamtime", „haben irgendetwas von den ‚outbacks' in uns – ein tiefes Inneres, in dem die Gedanken frei dahinziehen und die Seele auf einer endlosen Traumzeitreise umherschweift ... folge nur den Aborigines-Pfaden der Ahnen in die Große Sandwüste und immer weiter. Dort wirst du das innere ‚outback' finden und auch vielleicht dich selbst". Das australische Outback liegt hinter den dichtbesiedelten Küstenstreifen und umfaßt über sieben Millionen Quadratkilometer ausgetrockneter Ebenen, karger Weiden, Wüsten, Salzseen, Buschland und verwitterter Gebirgszüge. Das Outback ist mehr als eine karge Landschaft. Es ist durchzogen von den Spuren der Ahnen der Aborigines, aber auch von denen der weißen Pioniere, die sich das Land aneigneten. Outback, das ist ein Metapher für Einsamkeit, Überlebenskampf, menschliche Stärke und Verbindung zur Erde. Aber es waren und sind eben zwei verschiedene Pfade, die gegangen wurden.

Outback

Eine „guided tour" zu einem Camp von Aborigines, als „Dreamtime Tour" eingerichtet und geleitet von einem Weißen: Der Leiter erzählte viel über das Leben der Aborigines, die Schwarzen blieben stumm. Der weiße Tourenleiter gab sich als Freund, jovial, stellte jeden mit Namen vor, meinte, das mache gar nichts, wenn der Bumerang-Wurf nicht klappte. Zum Schluß gab es noch eine Tanzvorführung, und wir sollten etwas kaufen. Dann fiel der Vorhang. Die Aborigines wurden wieder „invisible people", dunkel kauernde Gestalten unter Bäumen. Knapp hundert Meter von ihnen entfernt tranken die Touristen Kaffee und Tee und hörten Rods Geschichten über die Ureinwohner zu. Wovon träumte das kleine Mädchen mit dem Plüschhasen?

Samoa ist wohl das Fremdeste, das wir bisher erlebt haben. Südsee, wie im Bilderbuch, feucht und schwül, wuchernder Regenwald, selten eine klare Sonne, sondern als ob man durch Wolken ginge. Man wundert sich nicht mehr, daß hier alles so langsam ist, daß die Menschen eher schreiten als gehen, daß man selbst bei großen Menschenansammlungen nur gedämpfte Geräusche hört, daß die Menschen gelassen (oder gleichgültig?) warten. Aber Margaret Mead's glückliche Harmonie? Oder, wo ist die von Derek Freeman behauptete Aggression? Ist sie verborgener, heimlicher, quälender? Kann hier etwas verborgen sein? Es gibt keine Zäune auf Samoa.

Ohne Zäune?

Keine Zäune: das bedeutet zunächst, daß, im Gegensatz zu Tonga, keine Einzelgrundstücke eingezäunt sind, aber auch keine Dörfer, wie auf fidschianischen Inseln. Das Dorf geht immer in den Urwald über, er ist die Grenze, oder das Meer – oder jetzt auch die Straße, wie die vom Flughafen nach Apia. Das bewohnte Land unterscheidet sich deutlich vom unbewohnten. Gärten rund um die Häuser, überall blühende Sträucher, Blumengestecke aus Hibiskusblüten vor den Hauseingängen und den Gräbern. Farbig und gepflegt wie die Gärten sind auch die Häuser. Aber sind es Häuser, Wohnungen in unserem Sinn, mit Privatheit? Es gibt keine Zäune heißt auch, es gibt keine Wände auf Samoa. Die Häuser sind offen, einsehbar.
Ein besonderes Zeichen für das soziale Prestige scheinen mir auch die Gräber zu sein. Die Toten werden beim Haus begraben. Häuptlingsgräber sind von gewaltigem Ausmaß, mitten im Dorf oder direkt vor den Häusern. Es gibt keine Zäune, heißt also auch, daß es keine sozialen Schranken zu den Toten gibt, daß sie unter den Lebenden bleiben, daß Kinder auf den Grabplatten spielen, Erwachsene dort ihren Mittagsschlaf halten. Ist es ein Zeichen für die Integration der Toten oder Blasphemie?

1962 wurde der Findhorn-Garten von drei Menschen in dem dünenreichen Fischerdörfchen Findhorn am Meer von Schottland angelegt. Das übernatürliche Wachstum der Pflanzen in dem kargen Boden ging als Wunder durch die Medien, lockte Besucher an und führte schließlich zu einer kleinen Kommune spiritueller Menschen. Heute ist daraus eine gut organisierte große Gemeinschaft geworden, die jährlich Tausende von Gästen zu Seminaren und Kursen beherbergt. Das von der Community herausgegebene Buch „The Findhorn Garden" beschreibt auch die Fehlschläge, die mühsamen Versuche und die unendliche Arbeit in diesem Garten, nicht nur die Botschaften der Devas und Engel, die auch als Energie, als Lebenskräfte bezeichnet werden. Nachdem der Garten eine Einheit geworden war, kam der Engel von Findhorn, eine Art Schutzengel, wird erzählt.

Die Ambivalenz der Engel

„Im Raster dieses Dritte-Welt-Schicksals nach dem Schema von wild versus zivilisiert wäre der Zombie der biologische Brennstoff schlechthin, was von Caliban geblieben ist, nachdem er seine Identität verlor, ist sein Leben doch wortwörtlich zweigeteilt: großer guter Engel der Muskelkraft, der zur Dauerzwangsarbeit verurteilt ist; kleiner guter Engel des Wissens und Verstehens, der Treuherzigkeit und des Traums, der für immer in die erstbeste Flasche verbannt wurde". Das schreibt der haitianische Schriftsteller René Depestre in seinen „Prologomena zu einem Essay ohne Folgen". Und in seiner Schlußfolgerung fragt er: „Entspricht in einer Gesellschaft, in der Recht und Freiheit sehr wenig gelten, die absolute Unsicherheit der Zombies auf mythischer Ebene dem äußersten Elend der menschlichen Existenz, das das Leben in meiner Inselhälfte prägt?"

Aber braucht der Mensch dafür Engel, schrieb ich in meiner Auseinandersetzung mit der spirituellen Bewegung des Neuen Zeitalters, wenn es, wie in der Findhorn Community, um die Schaffung einer neuen sozialen Verantwortlichkeit für den Menschen und seine Existenz auf eben dieser kargen Erde ging? Und das Problem, wie diese Erde, die eine Erste Welt und auch die Vierte Welt trägt, diese in die „Eine Welt" zusammenfügen soll, ist sicher nicht von Engeln zu lösen. Ich habe mich auf die Worte eines Mitglieds von Findhorn bezogen, der für den Garten zuständig war: „Der Garten, das war harte Arbeit, Arbeit mit der Natur und auch Gegenseitigkeit, Austausch zwischen Menschen mit sich und ihrer Umwelt. Was uns wichtiger ist, sind nicht die Devas da draußen, die unter den Bäumen sitzen. Es ist wichtiger, die Devas in sich drinnen zu finden". Die Spuren der Engel als menschliche Angst und Hoffnung zu verstehen, ist auch die Aufgabe einer verstehenden Anthropologie. Sie ist abhängig von dem Zwischenraum – hindurchzuschaun. Der Zwischenraum läßt uns sowohl in das Elend der Welt als auch in ihre Schönheiten blicken.

Der Zwischenraum ermöglicht uns teilnehmendes Verständnis und kritikfähiges Verstehen. Die Erfahrungen der Welt werden nicht zugemauert, sondern bleiben in ihrer Ambivalenz erfahrbar. Ambivalenz als Geschenk für den postmodernen Reisenden? Allerdings sollte uns diese Ambivalenz bei uns und den Anderen nicht als Gleichgültigkeit begegnen, um die objektiv genannte Kategorisierung der gleichen Gültigkeit zu erwirken – das war das unvollendete Projekt der Moderne –, sondern um mit den Anderen nach dem verbannten kleinen guten Engel des Willens, des Wissens und des Traums in uns allen zu suchen. Vor allem in uns, damit unser großer Zombie-Engel der verbliebenen Energie- und Effizienz-Gesellschaft seinen kleinen Engel des Verstehens und Mitfühlens wiederfindet. Können Grenzgänger in Zwischenräumen dazu beitragen?

Meine Bild-Text-Collage wollte Möglichkeiten des ethnographischen Blicks in Zwischenräumen und auf Zwischenräume vermitteln.[1]

---

[1] Textpassagen aus meinen Veröffentlichungen: Alltagswelt und ästhetisches Verhalten (1979), Neues Zeitalter oder Verkehrte Welt (1990), Die Anderen und ich (1995), Menschsein ist kulturelle Kompetenz (1999), Überquerungen. Perspektiven anderer Mainufer (2000), Anthropologisch reisen (2002)

Nachwort: Auftauchen in einem anderen Ort

Mit den Worten „Malen ist Auftauchen in einem anderen Ort" von Franz Marc leitete Ernst Bloch in seinem „Prinzip Hoffnung" das Kapitel über Malerei, Oper, Dichtkunst ein (Bloch 1967, 929). Was aber meint dieser andere Ort im Zusammenhang utopischen Denkens, des Prinzips Hoffnung? Utopisches Denken ist in einem Noch-nicht-Ort angesiedelt. Utopisches Denken lebt von der auf ein Mögliches bezogenen Konstruktion von Wirklichkeit, die bestehende (schlechte) Realität ablösen soll. Sie ist Vorwegnahme, „Traum nach Vorwärts", wie es Bloch nannte. In der Kunst geschieht diese Vorwegnahme. Der andere Ort ist ein Ort des Möglichen, der Begegnung mit dem Möglichen. Aber da steht noch ein anderes Motto, es sind Worte von Anton Tschechow über den Schriftsteller: „... die Besten unter ihnen sind realistisch und zeigen das Leben wie es ist, aber da jede Zeile vom Bewußtsein des Ziels durchdrungen ist, spürt ihr außer dem Leben, wie es ist, auch das Leben wie es sein muß, und dies nimmt euch gefangen".
Und Ernst Bloch spricht über die Aufgabe einer ästhetischen Vermittlung, bei der das Gefühlte mitgeteilt werden muß. „Aber ebenso ist das Innere vorausgesetzt, wo immer künstlerisch gestaltet wird. Ein Ich muß hinter der aufgetragenen Farbe sein ... Ein Gefühl geht durch die bewegte Hand hindurch, fügt sich in das Gemalte ein. So wie andererseits bildende Begabung nur dadurch sich als solche ausweist, daß sie von vornherein auf Gestalten hingeordnet ist ... Das Handwerk kommt derart nicht zu dem bildend Inneren als anderes, gar Fremdes, hinzu, sondern ist das Innere, das sich gürtet und fertigmacht ... Inneres spricht, sobald es etwas zu sagen hat, immer Äußerung; nun sprechen sie beide voneinander. Ein Bild wird darum auch gehört, nicht bloß gesehen" (ebd. 930).

Für mich berührt Bloch mit diesen Sätzen jenes dialogische Prinzip, das ich als das Bewegende auch in einem ästhetischen Prozeß *und* im Prozeß einer ästhetischen Anthropologie zu erfassen versuchte. Wenn ich die Anthropologen und Anthropologinnen als weitere Vermittler in der Kette des ästhetischen Prozesses anspreche, dann meine ich sowohl das Innere, das Gefühl – ich habe von Berührungsmomenten gesprochen –, das durch ihre meistens zum Schreiben bewegte Hand hindurchgeht, als auch den inneren und äußeren Dialog, der die Teilhabe und Vermittlung in einem ästhetischen, einem sinnlich erfaßten und Sinn vermittelnden Prozeß ausmacht. Es ist für Anthropologen vorrangig das „Feld", im Hier und im Dort, in dem das dialogische Prinzip zwischen miteinander sprechenden Menschen zum Tragen kommt. Aber dieses dialogische Prinzip bliebe unvollständig, wenn nicht das Gespräch mit jenen fernen Anderen, die sich uns aus räumlicher und zeitlicher Distanz vermitteln, geführt würde, und wenn wir nicht auch die Sprache der Dinge und den Dialog mit den Dingen zulassen könnten. Deshalb sind die textlichen und bildlichen Zitate in meinem Buch nicht nur „Belege", die ich aus einem ethnographischen Aktenschrank abgerufen habe, sondern sie stellen einen Versuch dar, die Dialoge in meiner Forschung zu vermitteln. Ich habe mit der australischen Gegenwarts-Künstlerin Pantjiti gesprochen, in ihrem Dasein und durch ihre Bilder, oder mit dem mongolischen, vor mehr als hundert Jahren verstorbenen, Maler Sharav über seine Bilder und mein Dasein in seinem Raum und vielleicht auch seiner Zeit, in die ich lesend und betrachtend einzusteigen versuchte, die sich mir in meiner Zeit in ihrem Anderssein und ihrem Gebliebenen vermittelte. Ich spreche mit meinen Freunden und Freundinnen, die mit mir reisen, manchmal mit meinen anthropologischen Kollegen und Kolleginnen, die neben mir forschen, mit den Gestaltern von ästhetischen Orten, die mit mir auf eine andere Zukunft hoffen, mit Jugendlichen, die unsere Zukunfts-Ängste bildlich thematisieren, mit den großen Denkern unserer Zeit, denen ich nie begegnen konnte, aber deren Gedanken, und da wird Ernst Bloch mit seinem Prinzip Hoffnung zentral, für mich eine ständige Auseinandersetzung, eben einen inneren Dialog, bedeuten. Sie alle geben mir Antworten, und diese Antworten gehen in meine Reflexionen und meine Antworten ein. Der Prozeß der anthropologischen Erfahrung – und ich würde sagen, aller Erfahrung – vermittelt sich über den Dialog. Wir sind in unseren „Erfindungen" diesem Dialog verpflichtet. Wenn wir die Stimmen der Anderen, die uns in unserer Erfahrungssuche geholfen haben, zu Wort und zu Bild kommen lassen, entspricht das der Wahrheit eines Erkenntnisprozesses, in dem der je Interpretierende den Stab weiterreicht – allerdings ein Spiel, das im Gegensatz zum sportlichen Wettlauf nie zum Ziel führt. Der Dialog geht weiter.

Nachwort

Der Dialog in einem ästhetischen Prozeß, den ich über empirische Beispiele und Wege zu einer ästhetischen Anthropologie zu vermitteln versuchte, ist Teil einer fortschreitenden Erfahrungssuche von Menschen, die sich in Alltag, Kunst und Wissenschaft der „Vernunft" eines globalen geistigen Konsumismus über das Verbraucherglück verweigern. In der Kunst war eine der großen Verweigerungen die klassische Moderne oder Avantgarde bis zum Surrealismus, in der sich Künstler und wenige Anthropologen in jener Fremde fanden, die das Fremde zur Nähe machten. Der „Primitivismus" war die Suche nach einer Identifikation mit der anderen Ästhetik, um sich selbst aus der Umklammerung einer dialoglosen akademischen Welt zu retten. Aufbruch war angesagt, wenn er auch meistens auf Weltausstellungen und im Museum und in Objektsammlungen endete.

Wirklich und ohne Umkehr aufgebrochen war damals Paul Gauguin. Auch er auf der Suche nach dem „anderen Ort", nach dem Dialog mit den besseren Fremden. Bernhard Lüthi macht Gauguin zum „Gründervater des Primitivismus":[1] „Seine peruanischen Ahnen, die Kindheit in Peru, Gauguin der Seefahrer und Weltumsegler, sein Interesse am Japanoismus der damaligen Zeit und natürlich seine Reise nach Tahiti machen ihn zum ersten europäischen Künstler, der für sich und seine Arbeit von einer fremden Kultur existenzielle Veränderung erhoffte" (Lüthi 1993, 21). Für seine Arbeit hat er diese, wie er es immer wieder in seinem Tagebuch „Noa Noa" betont, gefunden: „Ich fing an zu arbeiten ... Alles in der Landschaft verwirrte mich, blendete mich. Von Europa kommend war ich immer unsicher gewesen in der Wahl einer Farbe für die Zeit von Mittag bis 14 Uhr. Dabei war es ganz einfach, ganz natürlich, ein Rot und ein Blau auf die Leinwand zu malen. Die goldenen Formen in den Bächen bezauberten mich. – Weshalb zögerte ich noch, all das Gold, die ganze Fröhlichkeit der Sonne auf meine Leinwand fließen zu lassen? Vermutlich waren es die alten Gewohnheiten aus Europa, diese totale Befangenheit unserer degenerierten Rassen, sich auszudrücken" (Gauguin 1988, 19). Malen ist Auftauchen in einem anderen Ort. Und dieses Auftauchen als Berührungsmomente zwischen Erfahrung und Imagination einer Aura, zwischen Erfahrung und Realität einer Spur hat Gauguin uns Späteren so vermittelt, daß seine Bilder noch

---

[1] Er greift den Begriff von A. Solomon-Godeau auf („Going Native" in: Art In America 7, 1989, 119).

heute als Botschaften zu uns sprechen. Er hat der bleibenden Ambivalenz zwischen Fremdem und Eigenem eine gemalte Sprache verliehen. In der Exotismus-Kritik dagegen wird Gauguin zu einem der „Väter" jener schönen Fluchten gemacht, die in einer „Sexotik – Biedermann im Paradies" enden (vgl. Exotische Welten 1987). Die Schubladen-Wissenschaften – von der Kunstgeschichte bis zur Volkskunde – sind an dieser Einordnung beteiligt, wobei ihre „Fachkompetenz" gern jegliche Grenzüberschreitung, das „Wildern" aus ihrer Sicht, verweigert. „Ebenso wie die Kunsthistoriker sich besser nicht über Ethnologie äußern sollten, täte das ein Ethnologe besser nicht über Kunst, wenn er keine kunsthistorische Ausbildung hat".[2] Der Ethnologe Fritz Kramer dagegen schreibt über Gauguin: „... gelang ihm auf seine Weise eine Entdeckung, die man rückblickend in der Perspektive der ethnographischen Erfahrung interpretieren kann ..., indem das Fremde ihm fremd und geheimnisvoll war, hielt er die Distanz, in der er Europäer bleiben und europäische Bilder malen und zugleich von den Tahitianern lernen konnte. Gerade in diesem Verhältnis von Hingabe und Distanz erweist sich die ethnographische Erfahrung Gauguins als wahr" (Kramer 1977, 97, 100). Gauguin hat die Aura dieser fremden Welt erfahren, sie hat sich seiner bemächtigt, wie es Walter Benjamin hervorhebt: „Aura ist die Erscheinung einer Ferne, so nah das sein mag, was sie hervorruft" (Benjamin 1983, 560). Gauguin war kein Tourist, sondern er hat sich auf diese fremde Welt eingelassen. Er war aber auch kein kolonialer „ethnographischer" Maler, der auf den Expeditionen der Kolonialreiche den zwecks Einordnung zu analysierenden „Wilden" zeichnerisch, später fotografisch, „naturgetreu" illustrieren mußte. Gauguin sieht sich selbst als einen „Wilden wider Willen" (vgl. Kramer 1977, 100) in der nahen Fremde Tahitis, aber eben auch als einen willentlichen Wilden in der fremden Nähe Europas.[3] Als Mensch ist er an seiner Spurensuche gescheitert, als Künstler hat er eine Spurensicherung hinterlassen, deren Vermarktung allerdings das

---

[2] So steht es in dem Aufsatz „Emil Nolde und die Südsee" des Ethnologen Hans Fischer (2001, 536). Emil Nolde ist stärker noch als Gauguin jene seltsame Mischung einer Beurteilung aus positivistischer Faktenkritik („Wir späteren Ethnologen") und Ideologiekritik („Wir späteren Kritiker einer nationalistischen Ideologie") widerfahren. Emil Nolde wird mit seinem expressionistischen Zugriff auf die Aneignung des Fremden zu einem „aufgespießten Fall" zwischen Exotismus und Nationalismus und der ethnologischen Überlegenheit eines unbeteiligten akademischen Fachwissens (vgl. a. Lloyd 1991; Kramer 1977, 101ff.).

Nachwort

Verhältnis von Nähe und Distanz in seinem ästhetischen Prozeß zerstört.

Wieder ist es für mich André Breton, der das poetisch Sublime einer Bemächtigung durch die Aura jenes fremden Ozeanien ausdrückt: „Ozeanien ... welcher Klang hat dieses Wort für den Surrealismus ... Aus meiner Jugend habe ich mir den Blick bewahrt, mit dem wir zum ersten Mal diese Dinge sahen. Das surrealistische Abenteuer ist seit seinem Beginn untrennbar mit der Faszination, der Verführung verbunden, die diese Dinge auf uns ausüben. Vor allem ist da die erstaunliche Ungleichheit der Kunst dieser Inseln, die so weit verstreut daliegen ... Die Welt der Imagination profitiert davon und gibt uns die üppigsten Produkte, die in den Augen des Betrachters, wie in den Augen des Eingeborenen auch, die reale Welt weit überstrahlen. Diese reale Welt hat niemals ähnlich prachtvolle und üppige Blumen hervorgebracht ... Wer sie nicht kennengelernt hat, weiß nicht, welche Höhen das poetisch Sublime erreichen kann".[4]

Auch ich hatte in meiner Kindheit einen Südseetraum genährt, der von Familiengeschichten ausgewanderter Vorfahren und dem Geheimnis um ihr Dasein in dieser Fremde ausging. Der Traum wurde in der Realität von Kriegs- und Nachkriegszeit, von Schule und Studium, von Familiengründung und Institutsgründung vergessen. Oder doch nicht? 1986 reisten ein Freund und ich für drei Monate in die Inselwelten von Fiji, Tonga und West-Samoa. Die Aura dieser nah gewordenen und doch fernen tropischen Inselwelten bemächtigte sich all meiner Sinne, auch derjenigen, die in unserem „gemäßigten Klima" sonst eher zu kurz kommen. Und doch setzte zugleich die Spurensuche ein. Sie reichte vom Archiv in Suva bis zu der fijianischen Insel Kadavu und dem Galoa Island auf die urwaldüberwucherte ehemalige Farm des Vorfahren. Gespräche während der Kava-Zeremonie, Erinnerungen an die Erzählungen der Vorfahren unserer Gastgeber und deren Freunden rückten das Migrationsthema in den Vordergrund.[5] Dieses Migrationsthema, das von meiner Seite vor allem unter der Perspektive

---

[3] „Die ‚nahe Fremde' meint in meinem Text die Zuwendung, das Vertrauen gegenüber einer Kultur, die räumlich und sozial fern ist. Die Fremde steht mir zunächst emotional nahe. Die ‚fremde Nähe' meint die Entfremdung von (auch die Angst vor) einer Kultur, die mir räumlich und sozial nahe ist, der ich angehöre" (Greverus 1995a, 277).

[4] André Breton „Avant-propos" in: Océanie, Ausstellungskatalog der Galerie Andrée Olive. Paris 1948. Zit. in: Schwarz 1989, 97.

der Einwanderung aus Europa gesehen wurde, fand überall einen starken Widerhall, da, wie Ron Crocombe, Leiter der Pacific Studies an der University of the South Pacific es ausdrückte, die Polynesier zu den mobilsten Menschen der Welt gehören.[6]

Immer noch denke ich an ein ungeschriebenes Buch. Vielleicht müßte es ein „ethnographischer Roman" aus Erfahrung und Imagination sein, der Aura und Spur als Erscheinungen von Ferne und Nähe und die Ambivalenz zwischen Anderem und Eigenem zu vermitteln vermag. Und das Geheimnis der erlebten Fremde! Das ist wohl die schwierigste Aufgabe für das Schreiben von Ethnographien einer ästhetischen Anthropologie, das Fremde, das Geheimnisvolle nicht an den Ufern des wissenschaftlichen Erklärens und Schreibens sterben zu lassen, sondern die fremden „Blumen" und ihren sinnlichen Duft ebenso als Erfahrung zu vermitteln, wie die Geschichte und die Techniken der Herstellung von südpazifischen Tapas oder australischen Acryl-Malereien oder haitianischen Vodoubildern oder jenem zementenen Todeslabyrinth, das ein berühmter Gegenwartskünstler über eine erdbebenzerstörte Stadt in Sizilien gegossen hat.

Malen ist Auftauchen in einem anderen Ort. Auch Schreiben, auch Reisen. Auch Wissenschaft? Hinter Malen und Schreiben und Reisen steht kein Fragezeichen. Wohl hinter Wissenschaft. Eine ästhetische Anthropologie könnte das Sterben des Anderen in den wissenschaftlichen Aktenschränken vermeiden, wenn eben die Berührungsmomente zwischen Menschen und Menschen, Menschen und Dingen in einem ästhetischen Prozeß mitgedacht werden könnten. Berührungsmomente führen von der Aura zur nachdenklichen und nachdenkenden Spurensuche und, wenn es gut geht, zu einer Spurensicherung, die den ästhetischen Prozeß am Leben erhält.

---

[5] Vgl. Greverus 1995a.
[6] Crocombe im Gespräch, vgl. a. Crocombe 1999.

Literatur

Alle Übersetzungen stammen, soweit nicht anders angegeben, von der Autorin.

Abschied vom Volksleben. Untersuchungen des Ludwig-Uhland-Instituts der Universität Tübingen Bd. 27. Red. Klaus Geiger, Utz Jeggle und Gottfried Korff. Tübingen 1970

Adolphs, Volker: Von „inneren Klängen" und der „Bewegung des Lichtes". Das Problem der Farbe im Blauen Reiter. In: Gassen 2003, 29–33

Adorno, Theodor W.: Eingriffe. Neun kritische Modelle. Frankfurt/M. 1963

Adorno, Theodor W.: Résumé über Kulturindustrie. In: Ohne Leitbild. Frankfurt/M. 1970, 60–70

Adorno, Theodor W.: Minima Moralia. Reflexionen aus dem beschädigten Leben. Frankfurt/M. 1987

Apollonio, Umbro: Der Futurismus. Manifeste und Dokumente einer künstlerischen Revolution 1909–1918. Köln 1972

Ästhetik im Alltag. Hg. von der Hochschule für Gestaltung Offenbach am Main. 2 Bde. Offenbach 1978 /1979

Agwaandorjiin, Saruul: Demokratisierungschancen in der Mongolei. Marburg 1999

Anderson, Benedict: Die Erfindung der Nation. Zur Karriere eines folgenreichen Konzepts. Frankfurt/M., New York 1993 (1983)

Apitsch, Ursula: Politische Wandmalerei. In: päd extra 11, 1979

Appadurai, Arjun (ed.): The Social Life of Things. Commodities in Cultural Perspective. Cambridge 1986

Appadurai, Arjun: Disjuncture and Difference in the Global Cultural Economy. In: Public Culture 2/1990/2, 1–24

Appadurai, Arjun: Globale ethnische Räume. Bemerkungen und Fragen zur Entwicklung einer transnationalen Anthropologie. In: Ulrich Beck: Perspektiven der Weltgesellschaft. Frankfurt/M. 1998, 11–40

ARATJARA. Kunst der ersten Australier. Traditionelle und zeitgenössische Werke der Aborigines und Torres Strait Islanders. Hg. von Bernhard Lüthi in Zusammenarbeit mit Gary Lee. Düsseldorf 1993

Arden, Harvey: Journey into Dreamtime. National Geographic 179/1991/1, 8–41

Atlantis 2000. In: Living. Das Kulturmagazin 5/1992/2

Atlantis-Mariposa. Modelle für die Kunst des Lebens. Hg. von Hans-Jürgen und Helga Müller. Stuttgart, Wien 1991

Atlantis. Modell für die Kunst des Lebens. Hg. Deutsches Architekturmuseum Frankfurt am Main. Frankfurt/M. 1987

Augé, Marc: Ein Ethnologe in der Métro. Frankfurt/M., New York 1988 (1986)

Augé, Marc: Orte und Nicht-Orte. Vorüberlegungen zu einer Ethnologie der Einsamkeit. Frankfurt/M. 1994

Baabar. History of Mongolia by Baabar. Ed. C. Kaplonski. Cambridge 1999

Barbera, Lorenzo: I ministri dal cielo. I contadini del Belice raccontano. Milano 1980

Barthes, Roland: Mythen des Alltags. Frankfurt/M. 1970

Bastian, Adolf: Der Völkergedanke im Aufbau einer Wissenschaft vom Menschen und seine Begründung auf ethnologische Sammlungen. Berlin 1881

Batjargal, Dondog und Helmut Höge: Die eurasische Krampfzone. Push und Pull in der Steppe: Eine politische Geschichte der Mongolei. In: Frankfurter Rundschau Nr. 255 v. 26. September 2003, 11

Baudrillard, Jean: Das Ding und das Ich. Gespräch mit der täglichen Umwelt. Wien 1974 (1968)

Baudrillard, Jean: Die Seele: Vom Exil zur reinen Distanz. In: Dietmar Kamper und Christoph Wulf (Hg.): Die erloschene Seele. Disziplin, Geschichte, Kunst, Mythos. Berlin 1988, 415–421

Bauern von Solentiname malen das Evangelium, Die. Mit Meditationen von Helmut Frenz. Gelnhausen, Berlin 1982

Bauman, Zygmunt: Moderne und Ambivalenz. Das Ende der Eindeutigkeit. Frankfurt/M. 1995 (1991)

Bauwe-Radna, Renate (Hg.): Erkundungen. 20 mongolische Erzählungen. Berlin 1976

Beasley-Murray, Jon: Globalization from Below: The Latino/Chicano Experience. (http://faculty.arts.ubc.ca/jbmurray/research/mambo.htm, 05.12.2004)

Beck, Ulrich: Risikogesellschaft. Auf dem Weg in eine andere Moderne. Frankfurt/M. 1986

Becker, Howards S.: Art Worlds. Berkeley 1982

Behar, Ruth and Deborah A. Gordon (eds.): Women. Writing Cultures. London 1995

Beier, Rosemarie und Bettina Biedermann (Hg.): Lebensstationen in Deutschland 1900 bis 1993. Ausstellungskatalog. Gießen 1993

Beier, Rosemarie: Bericht zur „mentalen" Lage der Nation. In: Aus Politik und Zeitgeschichte 27, 1995

Benjamin, Walter: Das Kunstwerk im Zeitalter seiner technischen Reproduzierbarkeit. Drei Studien zur Kunstsoziologie. Frankfurt/M. 1970 (1963)

Benjamin, Walter: Über den Begriff der Geschichte (1940). In: Illumination. Ausgewählte Schriften 1, Frankfurt/M. 1977

Benjamin, Walter: Das Passagen-Werk. Hg. von Rolf Tiedemann. 2 Bde. Frankfurt/M. 1983

Bennett, Gordon: Ästhetik und Ikonographie. Annäherungsversuch eines Künstlers. In ARATJARA 1993, 85–91

Benzing, Brigitta: Das Ende der Ethnokunst. Studien zur ethnologischen Kunsttheorie. Wiesbaden 1978

Benzing, Brigitta: Kunstethnologie. In: Fischer 1983, 257–230

Berg, Eberhard und Martin Fuchs (Hg.): Kultur, soziale Praxis, Text. Die Krise der ethnographischen Repräsentation. Frankfurt/M. 1993

Berger, Peter L. und Thomas Luckmann: Die gesellschaftliche Konstruktion der Wirklichkeit. Eine Theorie der Wissenssoziologie. Frankfurt/M. 1971

Berndt, Ronald M. and Catherine Berndt: The Speaking Land. Myth and Story in Aboriginal Australia. Ringwood, Victoria 1989

Bhabha, Homi K.: Die Verortung der Kultur. Tübingen 2000

Bihalji-Merin, Oto: Das naive Bild der Welt. Köln 1959

Bihalji-Merin, Oto: Die Naiven der Welt. Stuttgart 1971

Bihalji-Merin, Oto: Die Malerei der Naiven. Köln 1975

Billeter, Erika (Hg.): Imagen de Mexico. Der Beitrag Mexikos zur Kunst des 20. Jahrhunderts. Katalog zur Ausstellung Schirn Kunsthalle. Frankfurt/M. 1987

Blank, Anna: Widerspenstige Praktiken der Transnationalisierung: Eine Künstlergruppe aus Sarajewo. Magisterarbeit. Frankfurt/M. 2004

Blaue Reiter, Der. Die Befreiung der Farbe. Hg. Richard W. Gassen. Ausstellungskatalog Wilhelm-Hack-Museum Ludwigshafen am Rhein 2003

Bloch, Ernst: Das Prinzip Hoffnung. 3 Bde. Frankfurt/M. 1967

Boehm, Gottfried: Der Topos des Lebendigen. Bildgeschichte und ästhetische Erfahrung. In: Dimensionen ästhetischer Erfahrung. Hg. von Joachim Küpper und Christoph Menke. Frankfurt/M. 2003, 94–112

Böhme, Gernot: Atmosphäre. Essays zur neuen Ästhetik. Frankfurt/M. 1995

Bois, Yve-Alein: La Pensée Sauvage. In: Art in America, 4, 1985, 178–189

Bott, Gerhard (Hg.): Das Museum der Zukunft. 43 Beiträge über die Zukunft des Museums. Köln 1970

Botta, Mario: The Entrance to the Tarot Garden. In: Mazzanti 1998, 23–24

Bourdieu, Pierre: Die feinen Unterschiede. Kritik der gesellschaftlichen Urteilskraft. Frankfurt/M. 1987 (1979)

Bourdieu, Pierre et al.: Das Elend der Welt. Zeugnisse und Diagnosen des alltäglichen Leidens an der Gesellschaft. Konstanz 1997 (1993)

Bowlt, John E.(ed.): Russian Art of the Avant-Garde. Theory and Criticism. 1902–1934. London 1988

Bräunlein, Peter und Andrea Lauser (Hg.): Writing Culture. In: kea. Zeitschrift für Kulturwissenschaften 4, 1992

Brandl, E. J.: Australian Aboriginal Paintings in Western and Central Arnhem Land. Temporal sequences and elements of style in Cadell River and Deaf Adder Creek art. Canberra 1988

Brednich, Rolf W. und Walter Hartinger (Hg.): Gewalt in der Kultur. Vorträge des 29. Deutschen Volkskundekongresses. Passau, Passauer Studien zur Volkskunde, 1994

Breton, André: Main première. In: Kupka 1962, 9–12

Breton, André: Der Surrealismus und die Malerei. Berlin 1967 (1965)

Breton, André: Die Manifeste des Surrealismus. Reinbek b. Hamburg 1968

Breton, André: Das Weite suchen. Reden und Essays. Frankfurt/M. 1981

Broch, Hermann: Schriften zur Literatur 2. Theorie. Frankfurt/M. 1975

Broch, Hermann: Das Böse im Wertsystem der Kunst (1933). In: Broch 1975, 119–157

Broch, Hermann: Einige Bemerkungen zum Problem des Kitsches (1950). In: Broch 1975, 158–173

Brock, Bazon: Ästhetik der Vermittlung. Arbeitsbiographie eines Generalisten. Hg. v. Karla Fohrbeck. Köln 1977

Brücke zwischen Zeiten und Welten. Treahna Hamm und Peter Hupfauf aus Australien. Hg. Eva H. Raabe. Museum d. Weltkulturen Frankfurt/M 2001

Bubner, Rüdiger: Die Konstitution der ästhetischen Erfahrung im Alltag. In: Ästhetik im Alltag, 1978, 11–14

Calzadilla, Fernando and George Marcus: Artists in the Field: Between Art and Anthropology. Ms. 2004

Crapanzano, Vincent: Imaginative Horizons: an essay in literary-philosophical anthropology. Chicago 2004

Cardenal, Ernesto: Den Himmel berühren. Gedichte 1979 bis 1985. (Das politische Werk Bd. 8). Wuppertal, Lünen 1978

Cardenal, Ernesto: Von der Heiligkeit der Revolution. Ein Gespräch mit Ernesto Cardenal in Solentiname. In: Die Stunde Null. Wuppertal 1980, 14–41

Cardenal, Ernesto: Das Evangelium der Bauern von Solentiname. Wuppertal 1980 (1980a)

Cardenal, Ernesto: Nicaragua – Vor uns die Mühen der Ebene. Hg. Carlos Rincon. Wuppertal 1982

Cardenal, Ernesto: Die Jahre in Solentiname. Erinnerungen Band 2. Wuppertal 2002

Carroll, Lewis: Alice im Wunderland. Frankfurt/M. 1973 (1865)

Carroll, Lewis: Alice hinter den Spiegeln. Frankfurt/M. 1974 (1872)

Cattedra, Nicola: Gibellina. Utopia e realtà. Roma 1993

Certeau, Michel de: Kunst des Handelns. Berlin 1988 (1980)

Chatwin, Bruce: Traumpfade. The Songlines. München, Wien 1990 (1987)

Clifford, James: Histories of the Tribal and the Modern. In: Art in America 4, 1985, 164–177, 215

Clifford, James and George Marcus (eds.): Writing Culture. The Poetics and Politics of Ethnography. Berkeley 1986

Clifford, James: The Predicament of Culture. Twentieth-Century Ethnography, Literature, and Art. Cambridge, Mass., London 1988

Clifford, James: On Collecting Art and Culture. In: Clifford 1988, 215–251 (dt. in Korff, Roth 1990, 87–106) (1988a)

Coombes, Annie E.: Making the Nation: Primitivism and Modernity at the Franco-British Exhibition of 1908. In: Debusmann, Riesz 1995, 65–74

Cooper, David: „On Shaky Ground". Critique of the Dissenting (Minority) Report of the Standing Committee of Environment, Recreation and the Arts on the „Potential of the Kakadu National Park Region" with Special Reference to Coronation Hill and the Conservation Zone. Aboriginal Sacred

Sites Protection Authority. Darwin 1989

Crispolti, Enrico: In a Wonderland of Plasticity. In: Niki de Saint Phalle, 1998

Csikszentmihalyi, Mihalyi: Das Flow-Erlebnis. Jenseits von Angst und Langeweile im Tun aufgehen. Stuttgart 1987

Csikszentmihalyi, Mihalyi: Flow. Das Geheimnis des Glücks. Stuttgart 2001 (1990)

Davis, Mike: Ökologie der Angst. Los Angeles und das Leben mit der Katastrophe. München 1999 (1998)

Davis, Mike: Magical Urbanism. Latinos Reinvent the US City. London, New York 2001

Debusmann, Robert und János Riesz (Hg.): Kolonialausstellungen – Begegnungen mit Afrika? Frankfurt/M. 1995

Deleuze, Gilles und Félix Guattari: Tausend Plateaus. Kapitalismus und Schizophrenie. Berlin 1997 (1980)

Depestre, René: Hadriana in all meinen Träumen. Frankfurt/M. 1997

Dethlefs, Hans Joachim: Carl Einstein. Konstruktion und Zerschlagung einer ästhetischen Theorie. Frankfurt/M., New York 1985

Downs, Roger M. und David Stea: Kognitive Karten. Die Welt in unseren Köpfen. New York 1982

Droysen, Johann Gustav: Historik. Vorlesungen über Enzyklopädie und Methodologie der Geschichte. Hg. von Rudolf Hübner, Stuttgart, Bad Cannstadt 1977

Dupin, Jaques: Joan Miró. Leben und Werk. Köln 1961

Eberhardt, Elke: Ungarn. Köln 2002

Edwards, Robert: Australian Aboriginal Art. The art of the Alligator Rivers region, Northern Territory. Canberra 1979

Einstein, Carl: Negerplastik. Leipzig 1915

Einstein, Carl: Afrikanische Plastik. Berlin 1921

Einstein, Carl: Die Kunst des 20. Jahrhunderts. Hg. und kommentiert von Uwe Fleckner und Thomas w. Gaehtgens. Berlin 1996 (1926)

Elias, Norbert: Kitschstil und Kitschzeitalter. Münster 2004 (1934)

Engels, Friedrich: Dialektik der Natur. Peking 1976

Engels, M.: Naive Malerei. Hamburg 1977

Enzensberger, Hans Magnus: Bewußtseins-Industrie (1962). In: Einzelheiten I. Bewußtseins-Industrie. Frankfurt/M. 1969, 7–17

Literatur

Erdheim, Mario: Die gesellschaftliche Produktion von Unbewußtheit. Eine Einführung in den ethnopsychoanalytischen Prozeß. Frankfurt/M. 1982

Ernst, Max: Jenseits der Malerei. Gemälde, Skulpturen, Collagen, Frottagen, Zeichnungen, Druckgraphik und Bücher aus dem Sprengel Museum Hannover. Verzeichnis der Bestände. Wilhelm-Hack-Museum. Ludwigshafen 1986

Ethnizität und Integration. Sonderheft Schweizerische Zeitschrift für Soziologie 7/1981/2

Evangelium der Bauern von Solentiname, Das. Gespräche über das Leben Jesu in Lateinamerika. Aufgezeichnet von Ernesto Cardenal. 2 Bde. Wuppertal 1976, 1978

Fabian, Johannes: Time and the Other. How anthropology makes its object. New York 1983

Fabian, Johannes: Präsenz und Repräsentation. Die Anderen und das anthropologische Schreiben. In: Berg, Fuchs 1993, 335–364

Faith of Graffiti, The. Documented by Mervyn Kurlansky and Jon Naar, text by Norman Mailer. New York 1974

Fichte, Hugo: Totengott und Godmiché. In: Kunst aus Haiti, 1979, 18–21

Findhorn Garden, The: Pioneering a New Vision of Man and Nature in Cooperation. By the Findhorn Community. New York etc. 1975

Fischer, Hans (Hg.): Ethnologie. Eine Einführung. Berlin 1983

Fischer, Hans: Emil Nolde und die Südsee. In: Tourismus Journal. Zeitschrift für tourismuswissenschaftliche Forschung und Praxis, 4/2001/5, 527–543

Fleming, Thomas und Hagen Koch: Die Berliner Mauer. Geschichte eines politischen Bauwerks. Berlin, Brandenburg 1999

Forkert, Fred und Barbara Stelling: Mongolei (Reise Know-How). Bielefeld 1999

Forster, George: Reise um die Welt. 1. Teil. Bearb. v. Gerhard Steiner (Georg Forsters Werke, hg. von der Deutschen Akademie der Wissenschaften zu Berlin, Bd.II). Berlin 1965

Foster, Hal: „The Artist as Ethnographer?" In: Marcus, Myers 1995

Freeman, Derek: Margaret Mead and Samoa. The making and unmaking of an anthropological myth. Bungay, Suffolk 1985 (1983)

Fry, Tony and Ann-Marie Willis: Aboriginal Art: Symptom or Success? In: Art in America 77, 1989 (zit. nach Myers 1995)

Füger, Wilhelm: Anthony Burgess: The End of the World News. Ein postmodernes Spiel mit der literarischen Apokalypse. In: G. E. Grimm, W. Faulstich, P.Kuon (Hg.): Apokalypse. Frankfurt/M. 1986, 68–84

Gabriel, Dirk: Frankfurt Main-Fluss. Stadtplanung zwischen Globalisierung und lokaler Verantwortung. In: Frankfurt am Main. Kulturanthropologische Feldforschung in der Stadt. CD-ROM 01-2001 by Institut für Kulturanthropologie und Europäische Ethnologie der Johann Wolfgang Goethe-Universität Frankfurt am Main

Gamber, Hans: Graffiti. Was an deutschen Wänden steht. München 1983

Gassen, Richard W.: Der Blaue Reiter. Die Befreiung der Farbe. Katalog. Wilhelm-Hack-Museum. Ludwigshafen 2003

Gaßner, Hubertus und Eckhardt Gillen: Zwischen Revolutionskunst und Sozialistischem Realismus. Dokumente und Kommentare. Kunstdebatten in der Sowjetunion von 1917–1934. Köln 1979

Gaßner, Hubertus: Konstruktivisten. Die Moderne auf dem Weg in die Modernisierung. In: Utopie 1992, 109–149

Geertz, Clifford: Dichte Beschreibung. Beiträge zum Verstehen kultureller Systeme. Frankfurt/M. 1995 (1983)

Geheime Geschichte der Mongolen, Die (1240). Hg. Walther Heissig. Düsseldorf, Köln 1981

Geipel, Robert: Kognitives Kartieren als Bindeglied zwischen Psychologie und Geographie. Eine Einführung des Herausgebers. In: Downs, Stea 1982, 7–14

Gemalte Paradiese. Naive Kunst aus Solentiname. Leipzig 1985. Lizensausgabe für die Mitglieder der Büchergilde Gutenberg Frankfurt. Olten, Wien

Generalić, Ivan und die Schule von Hlebine. Katalog City Galerie Zürich 1964

Generalić, Ivan: Mein Leben – meine Bilder. Königstein 1976 (zit. nach Hof 1984)

Geschichte als öffentliches ärgernis oder: ein museum für die demokratische gesellschaft. das historische museum in frankfurt a.m. und der streit um seine konzeption. Hg. v. D. Hoffmann, A. Junker und P. Schirmbeck. Gießen 1974

Gibellina. Un luogo, una città, un museo, la ricostruzione. Ed. Commune die Gibellina, Gibellina 2004

Giesing, Gesa: Chicano Murals and the Construction of Home. Universität

Leipzig 2001 (http://www.wissen24.de/vorschau/28620.html, 06.12.2004)

Giesz, Ludwig: Phänomenologie des Kitsches. München 1971 (1960)

Ginzburg, Carlo: Spurensicherung. Die Wissenschaft auf der Suche nach sich selbst. Berlin 2002 (1995)

Giordano, Christian und Ina-Maria Greverus (Hg.): Sizilien. Die Menschen, das Land und der Staat. Frankfurt/M. 1986

Giordano, Christian, Ina-Maria Greverus and Dobrinka Kostova (eds.): Ethnicity-Nationalism-Geopolitics in the Balkans (I u. II). Anthropological Journal on European Cultures (AJEC) 4/1995/ 1 u. 2

Goldmann, Stefan: Zur Rezeption der Völkerausstellungen um 1900. In: Osterwold 1987, 88–93

Gorsen, Peter: Zur kunstwissenschaftlichen Verarbeitung alltagsästhetischer Äußerungen. In: Ästhetik im Alltag, 1978, 22–31

Gottowik, Volker: Konstruktionen des Anderen. Clifford Geertz und die Krise der ethnographischen Repräsentation. Berlin 1997

Grandjean, Michèle: Artistes en Haiti. Cent parmi d'autres. Marseille 1997

Granzer, Ben und Bernd Schütze: Corazzu. Bilder des Widerstands an den Mauern Orgosolos. Köln 1979

Grasskamp, Walter (Hg.): Wilde Bilder. Graffiti und Wandbilder (Kunstforum International, Bd. 50). Köln 1982

Grasskamp, Walter: Die unästhetische Demokratie. Kunst in der Marktgesellschaft. München 1992

Greenberg, Clement: Avant-Garde and Kitsch. In: The Collected Essays and Criticism. Vol I, Perceptions and Judgements 1939–1944. Ed. by John O'Brian. Chicago, London 1986, 5–22

Greenberg, Clement: Avantgarde und Kitsch. In: Die Essenz der Moderne. Ausgewählte Essays und Kritiken. Hg. Karlheinz Lüdeking. Amsterdam, Dresden 1997 (1939), 29–55

Greverus, Ina-Maria: Die Settimana Santa in Sizilien. Festgestaltung, Volksfrömmigkeit und Volksrepräsentation. In: Österreichische Zeitschrift für Volkskunde, 1964, 61–75

Greverus, Ina-Maria: Anpassungsprobleme ausländischer Arbeiter. Ziele und Möglichkeiten ihrer volkskundlichen Erforschung. In: Populus Revisus. Beiträge zur Erforschung der Gegenwart. Tübinger Vereinigung für Volkskunde e.V., Tübingen 1966, 123–143

Greverus, Ina-Maria: Zu einer nostalgisch-retrospektiven Bezugsrichtung der Volkskunde. In: Hessische Blätter für Volkskunde 60/1969, 11–28

Greverus, Ina-Maria: Kulturbegriffe und ihre Implikationen. Dargestellt am Beispiel Süditalien. In: Kölner Zeitschrift für Soziologie und Sozialpsychologie. 23/1971/2, 283-303

Greverus, Ina-Maria: Der territoriale Mensch. Ein literaturanthropologischer Versuch zum Heimatphänomen. Frankfurt/M. 1972

Greverus, Ina-Maria: Kultur und Alltagswelt. Eine Einführung in Fragen der Kulturanthropologie. München 1978 (Frankfurt/M. 1987)

Greverus, Ina-Maria: Alltagswelt und ästhetisches Verhalten. In: Ästhetik im Alltag, 1979, 13–18

Greverus, Ina-Maria: Kulturökologische Aufgaben im Analyse- und Planungsbereich Gemeinde. In: Günther Wiegelmann (Hg.): Gemeinde im Wandel. Volkskundliche Gemeindestudien in Europa. Münster 1979, 87–99 (1979a)

Greverus, Ina-Maria und Erika Haindl (Hg.): Versuche, der Zivilisation zu entkommen. München 1983

Greverus, Ina-Maria: „... bietet die Inselsituation in Griechenland die Möglichkeit, unser Projekt mit mehr Ruhe aufzuziehen." In: Greverus, Haindl 1983, 124–138

Greverus, Ina-Maria: Natur im utopischen Denken. In: Greverus, Haindl 1983, 23–44 (1983a)

Greverus, Ina-Maria und Erika Haindl (Hg.): ÖKOlogie – PROvinz – REGIOnalismus. Frankfurt/M. 1984

Greverus, Ina-Maria, Otfried Schütz und Willi Stubenvoll (Hg.): Naif. Alltagsästhetik oder ästhetisierter Alltag. Frankfurt/M. 1984

Greverus, Ina-Maria: Naive Malerei: Zu einer utopischen Konstruktion von Wirklichkeit. In: Greverus, Schütz, Stubenvoll 1984, 209–235

Greverus, Ina-Maria: ÖKO PRO REGION. In: Greverus, Haindl 1984, 15–44 (1984a)

Greverus, Ina-Maria: Wohnstätten des Seins. Zur Raumorientierung in alternativen Projekten. In: Eduard Führ (Hg.): Worin noch niemand war: Heimat. Eine Auseinandersetzung mit einem strapazierten Begriff. Historisch – philosophisch – architektonisch. Wiesbaden, Berlin 1985, 42–52

Greverus, Ina-Maria: Tradition der Traurigkeit und anarchische List. Zu einer sizilianischen Identitätsarbeit. In: Giordano, Greverus 1986, 455–513

Greverus, Ina-Maria: Kulturdilemma. Die nahe Fremde und die fremde Nähe. In: Ina-Maria Greverus, Konrad Köstlin und Heinz Schilling (Hg.): Kulturkontakt – Kulturkonflikt. Zur Erfahrung des Fremden, Bd. 1. Frankfurt/M. 1988, 27–48

Greverus, Ina-Maria: Levels of Experience and Interpretation. A Case Study. In: Dunja Rihtman-Auguštin and Maja Povrzanović (eds): Folklore and Historical Process. Institute of Folklore Research. Zagreb 1989, 23–32

Greverus, Ina-Maria: Neues Zeitalter oder Verkehrte Welt. Anthropologie als Kritik. Darmstadt 1990

Greverus, Ina-Maria: Die Enträumlichung der Gefahr. „Angstlust", postmodernes Ereigniswerk und chiliastische Hoffnung. In: Zeitschrift für Volkskunde 86/1990/I, 14–24 (1990a)

Greverus, Ina-Maria: Environmental Orientations and Their Impact on Landscape. In: Hana Svobodová (ed.): Cultural Aspects of Landscape. Wageningen 1990, 32–39 (1990b)

Greverus, Ina-Maria, Johannes Moser und Kirsten Salein (Hg.): STADTgedanken aus und über Frankfurt am Main. Frankfurt/M. 1994

Greverus, Ina-Maria: Menschen und Räume. Vom interpretativen Umgang mit einem kulturökologischen Raumorientierungsmodell. In: Ina-Maria Greverus, Johannes Moser, Beatrice Ploch, Regina Römhild, Heinz Schilling und Marietta Schult (Hg.): Kulturtexte. 20 Jahre Institut für Kulturanthropologie und Europäische Ethnologie. Frankfurt/M. 1994, 87–111

Greverus, Ina-Maria: Was sucht der Anthropologe in der Stadt? Eine Collage. In: Greverus, Moser, Salein 1994, 11–74 (1994a)

Greverus, Ina-Maria: Die Anderen und Ich. Vom Sich Erkennen, Erkannt- und Anerkanntwerden. Kulturanthropologische Texte. Darmstadt 1995

Greverus, Ina-Maria: Kulturdilemma. Die nahe Fremde und die fremde Nähe. In: Greverus 1995, 251–287 (1995a)

Greverus, Ina-Maria: Enteignetes und enteignendes Träumen. Erfahrungen in einem schwarzen und einem weißen Australien. In: Etnofoor IV (2) 1991, 80–107; ebs. in: Greverus 1995, 216–250, mit Abb. (1995b)

Greverus, Ina-Maria: Landbewegungen. Remythologisierung oder Redefinition ruraler Weltsicht? In: Greverus 1995, 166–189 (1995c)

Greverus, Ina-Maria: Tradition der Traurigkeit und anarchische List. Zu einer sizilianischen Identitätsarbeit. In: Greverus 1995, 95–144; ebs. in:

Giordano, Greverus 1986, 455–513 (1995d)

Greverus, Ina-Maria: Reden oder Schweigen. Über einen ethno-anthropologischen Umgang mit Krieg. In: Zeitschrift für Volkskunde 91/1995, 279–285; ebs.: Speak Up or Be Silent? On an Ethno-Anthropological Approach to War. In: Giordano, Greverus, Kostova, (AJEC) 4/1995/2, 87–94, (1995e)

Greverus, Ina-Maria: Culture: Creation – Captivity – Collage. A Plea for a Controversial Term. In: Christian Giordano, Ina-Maria Greverus and Regina Römhild (eds.): Culture on the Make. Anthropological Journal on European Cultures (AJEC) 5/1996/1, 127–160

Greverus, Ina-Maria: „Sarakiniko revisited" oder: Ein Wiedersehen. In: Sarakiniko. Das Neue Info Nr. 178, Nov./Dez. 1996, 4–16 (1996a)

Greverus, Ina-Maria: Performing Culture. To Be is Being Spoken With. In: Christian Giordano, Ina-Maria Greverus and Regina Römhild (eds.): Reflecting Cultural Practice. The Challenge of Field Work (I). Anthropological Journal on European Cultures (AJEC) 6/1997/2, 25–45

Greverus, Ina-Maria und Kirsten Salein (Hg.): Auf Inseln leben. Rügen und Usedom. Frankfurt/M. 1998

Greverus, Ina-Maria: Grenzraum Insel. Auf Rügen und Usedom gedacht. In: Greverus, Salein 1998, 15–51

Greverus, Ina-Maria: 2010 oder: Visionen im Kopf. In: Greverus, Salein 1998, 449–469 (1998a)

Greverus, Ina-Maria: Poetics within Politics. Toward an Anthropology of the Own. In: Christian Giordano, Ina-Maria Greverus and Regina Römhild (eds.): The Politics of Anthropology at Home (II). Anthropological Journal on European Cultures (AJEC) 8/1999/2, 7–26

Greverus, Ina-Maria: Performing Culture. Feldforschung männlich – weiblich – menschlich. In: Rolf Brednich, Christel Köhle-Hezinger und Martin Scharfe (Hg.): Männlich. Weiblich. Zur Bedeutung der Kategorie Geschlecht in der Kultur. Münster 1999, 75–98 (1999a)

Greverus, Ina-Maria: Menschsein ist kulturelle Kompetenz. In: Thomas Schreijäck (Hg.): Menschwerden im Kulturwandel. Kontexte kultureller Identität als Wegmarken interkultureller Kompetenz. Luzern 1999, 41–60 (1999b)

Greverus, Ina-Maria und Sabine Sukowski (Hg.): Überquerungen. Perspektiven anderer Mainufer. Frankfurt/M., Institut für Kulturanthropologie und Europäische Ethnologie, 2000

Greverus, Ina-Maria: Der ästhetische Ort. CD-ROM/DVD. Digitale Umsetzung

Dirk Gabriel. 2001

Greverus, Ina-Maria: Anthropologisch reisen. Hamburg 2002

Greverus, Ina-Maria: Der große schwarze König. Haiti. In: Greverus 2002, 270–311 (2002a)

Greverus, Ina-Maria: Die interpretierte Ankunft oder: Versuch einer Seelenverortung. In: Greverus 2002 (2002b)

Greverus, Ina-Maria: Anthropological Voyage. Of Serendipity and Deep Clues. In: Ina-Maria Greverus, Sharon Macdonald, Regina Römhild, Gisela Welz, Helena Wulf (eds.): Shifting Grounds. Experiments in Doing Ethnography. Anthropological Journal on European Cultures (AJEC) 11/2002, 9–50 (2002c)

Greverus, Ina-Maria: Auf der Suche nach dem Outback der Mongolei. In: Greverus 2002, 216–236 (2002d)

Greverus, Ina-Maria: Die Krallen der Katastrophe oder: die große Flut. In: Heide Richter und Georg Peez (Hg.): Kind – Kunst – Pädagogik. Beiträge zur ästhetischen Erziehung. Festschrift für Adelheid Sievert. Frankfurt/M., Erfurt 2004

Grimm, Tilemann: Mao Tse-tung in Selbstzeugnissen und Bilddokumenten. Reinbek b. Hamburg 1980

Groys, Boris und Max Hollein (eds.): Traumfabrik Kommunismus. Frankfurt/M. 2003

Groys, Boris: Die Massenkultur der Utopie. In: Groys, Hollein 2003, 20–37

Günther, Hans: Der Heldenmythos im Sozialistischen Realismus. In: Groys, Hollein 2003, 106–124

HA Schult: Kunst ist Aktion. Tübingen 2001

Halen, Pierre: La représentation du Congo à l'exposition universelle de Bruxelles (1958). A Propos d'une Désignation identitaire. In: Debusmann, Riesz 1995, 75–102

Harvey, Penelope: Nations on display: technology and culture in Expo '92. In: Sharon Macdonald 1998, 139–158

Haug, Wolfgang Fritz: Zur Kritik der Warenästhetik. In: Über ästhetische Fragen. Kursbuch 20, Amsterdam 1972, 140–158

Haus am Checkpoint Charlie (Hg.): Wo Weltgeschichte sich manifestiert. Ein Wettbewerb: 71 Entwürfe zur Bemalung einer Hauswand am Checkpoint Charlie in Berlin. Berlin (West) 1980.

Haviland, William A.: Cultural Anthropology. New York etc. 1975

Heinrichs, Hans Jürgen: Die katastrophale Moderne. Frankfurt/M. 1984

Heinrichs, Hans Jürgen: Wilde Künstler. Über Primitivismus, art brut und die Trugbilder der Identität. Hamburg 1995

Heissig, Walther und Claudius C. Müller (Hg.): Die Mongolen. 2 Bde. Innsbruck, Frankfurt/M. 1989

Herdt, Wolfgang J. und Silke Huropp: Die Zukunft der Vergangenheit und das schwierige Erbe einer Reise. In: Ina-Maria Greverus und Regina Römhild (Hg.): „Phantom Kolumbus". Spurensuche im Jahr 1992 in Frankfurt, Dietzenbach und Genua. Frankfurt/M. 1994, 157–180

Herrscher und Untertanen. Indianer in Peru 100 v. Chr. bis heute. Hg. Museum für Völkerkunde. Frankfurt/M. 1974

Highmore, Ben. Everyday Life and Cultural Theory. An Introduction. London 2002

Hinsley, Curtis: The world as a marketplace: Commodification of the Exotic of the World's Cultures. In: Ivan Karp and Steven D. Lavine (eds.): Exhibiting Culture. The Poetics of Museum Display. Washington 1991, 345–365

Hof, Wolfgang: Jugoslawische Naive. Eine Fallstudie. In: Greverus, Schütz, Stubenvoll 1984, 111–142

Hoffman, Susanna M. and Anthony Oliver-Smith (eds.): Catastrophe & Culture. The Anthropology of Disaster. Santa Fe, New Mexico (School of American Research Press) and Oxford (James Currey Ltd.) 2002

Höhn, Monika und Michael: Nicaragua. Ometepe – mi amor. Vom Reichtum der Armen. Wiehl 1999

Holz, Hans-Heinz: Vom Kunstwerk zur Ware. Studien zur Funktion des ästhetischen Gegenstands im Spätkapitalismus. Neuwied, Berlin 1972

Hugger, Paul: Elemente einer Ethnologie der Katastrophe in der Schweiz. In: Zeitschrift für Volkskunde 86/1990/ I, 25–36

Hurbon, Laënnec: Le Barbare imaginaire. Paris 1988

Hurbon, Laënnec: American Fantasy and Haitian Vodou. In: Oswald J. Cosentino (ed.): Sacred Arts of Haitian Vodou. Los Angeles 1995

Hurbon, Laënnec: Haitian Vodou, Church, State and Anthropology. In: Christian Giordano, Ina-Maria Greverus and Regina Römhild (eds.): The Politics of Anthropology at Home (II). Anthropological Journal on European Cultures (AJEC) 8/1999/2, 27–37

Jacobson, Edith: Das Selbst und die Welt der Objekte. Frankfurt/M. 1978 (1964)

Jahrhundertflut in Sachsen. Eine Bildchronik der Hochwasserkatastrophe 2002. Dresden 2002

Jettmar, Karl: Tierstil der Mongolei. In: Heissig, Müller 1989, 44–46

Jungblut, Dieter: Nicaragua. Reise-Handbuch und Inselkunde. Singen 1997

Jürgens, Martin: Der Staat als Kunstwerk. Bemerkungen zur ‚Ästhetisierung der Politik'. In: Über ästhetische Fragen. Kursbuch 20. Amsterdam 1972, 119–139

Kandinsky, Wassily und Franz Marc (Hg.): Der Blaue Reiter. Dokumentarische Neuausgabe von Klaus Lankheit. München 1987 (1912)

Kandinsky, Wassily: Über das Geistige in der Kunst. Bern 1952 (1912)

Kandinsky, Wassily: Über die Formfrage. In: Kandinsky, Marc 1987, 132–188

Katschnig-Fasch, Elisabeth: The Hardships of Life. Cultural Dimensions of Social Suffering. In: Ina-Maria Greverus, Sharon Macdonald, Regina Römhild, Gisela Welz, Helena Wulf (eds.): Shifting Grounds. Experiments in Doing Ethnography. Anthropological Journal on European Cultures (AJEC) 11/2002, 51–72

Katschnig-Fasch, Elisabeth (Hg.): Das ganz alltägliche Elend. Begegnungen im Schatten des Neoliberalismus. Wien 2003

Kemp, Wolfgang (Hg.): Theorie der Fotografie. 4 Bde. Schirmer/Mosel 2000

Kikinu: Wandmalerei in Orgosolo. Vollständiger Leitfaden zu den Muralesarbeiten. Textbearbeitung: Giovanni A. Piredda. Orgosolo o. J.

Killy, Walther: Deutscher Kitsch. Göttingen 1970 (1962)

Kimber, R. G. (Dick): Zentralaustralien, Westliche, Südliche und Nördliche Wüstengebiete. In: ARATJARA 1993, 221–240

Kirshenblatt-Gimblett, Barbara: Destination Culture. Tourism, Museums, and Heritage. Berkeley, Los Angeles, London 1998

Klausmeier, Axel und Leo Schmidt: Mauerreste – Mauerspuren. Der umfassende Führer zur Berliner Mauer. Berlin, Bonn 2004

Klenk, Volker: Mega-Events als Instrument der Imagepolitik: eine Mehrmethodenstudie zu Images und Imagewirkungen der universellen Weltausstellung Expo '92. Berlin 1999

Klös, Peter: Bildersturm in Dietzenbach. Ein Wandbild und die Folgen. In:

Ina-Maria Greverus und Regina Römhild: „Phantom Kolumbus". Spurensuche im Jahr 1992 in Frankfurt, Dietzenbach und Genua. Frankfurt/M. 1994, 9–20

Koch, Helmut H.: Ernesto Cardenal. München 1992

Kohl, Karl-Heinz: Abwehr und Verlangen. Zur Geschichte der Ethnologie. Frankfurt/M., New York 1987

Kohl, Karl-Heinz: Ethnologie – die Wissenschaft vom kulturell Fremden. Eine Einführung. München 1993

Kohl, Karl-Heinz (Hg.): Das exotische Ding. Geschichten einer Sammlung. Wiesbaden 1996

Koppelkamm, Stefan. Das Weltbild der Weltausstellungen. In: Osterwold 1987, 138–152

Kopplin, Monika: Turcica und Turquerien. Zur Entwicklung des Türkenbildes und Rezeption osmanischer Motive vom 16. bis 18. Jahrhundert. In: Osterwold 1987, 150–163

Korff, Gottfried und Martin Roth (Hg.): Das historische Museum. Labor, Schaubühne, Identitätsfabrik. Frankfurt/M., New York, Paris 1990

Korff, Gottfried: Euro-Disney and Disney Diskurse. In: Schweizerisches Archiv für Volkskunde 90 (1994), 207–232

Kramer, Fritz: Verkehrte Welten. Zur imaginären Ethnographie des 19. Jahrhunderts. Frankfurt/M. 1977

Kretschmer, Winfried: Geschichte der Weltausstellungen. Frankfurt/M., New York 1999

Krimmel, Bernd: Historische Quellen der Naiven Kunst. In: Evangelische Akademie Arnoldshain (Hg.): Arnoldshainer Protokolle 3/1981

Krimmel, Bernd: Zur Geschichte einer Kunst ohne Geschichte. In: Greverus, Schütz, Stubenvoll 1984, 59–71

Krug, Brigitte und Erich: Naive Malerei. München 1980

Kübler, Hans-Dieter: Abendschau. Unterhaltung und Information im Fernsehen. Tübingen 1975

Kunst aus Haiti. Horizonte '79. Staatliche Kunsthalle Berlin, 24. Juni–12. August. Berlin 1979

Kunst der Naiven, Die. Themen und Beziehungen. Ausstellungskatalog München und Zürich 1974/1975. Konzeption und wissenschaftliche Bearbeitung: Oto Bihalji-Merin

Kunzle, David: Revolutionary Resurrection: The Church of Santa Maria de los Angeles, and the School of Public Monumental Art in Managua Nicaragua. In: Latin American Perspectives 16, 1989, 47–60

Kunzle, David: The Murals of Revolutionary Nicaragua, 1979–1992. Berkeley, Los Angeles, London 1995

Kupka, Karel: Un art à l'état brut. Peintures et sculptures des aborigènes d'Australie. Avec un Texte d'André Breton. Lausanne 1962

Kuzdas, Heinz J. und Michael Nungesser: Berliner Mauer Kunst. Mit East Side Gallery. Berlin 1998 (1990)

Labirinti. Cultura del territorio. Rivista trimestrale. 1988ff.

La Ferla, Mario: Te la do io Brasilia. La ricostruzione di Gibellina. Nuovi Equilibri 2004

Lang, Nikolaus: Nunga und Gooyna. München 1991

Laó-Montes, Augustín and Arlene Dávila (eds.): Mambo Montage. The Latinization of New York. New York 2001

Lardner, Megan and Lina Katz: The Color of Balmy. Muralism in San Francisco's Mission District (http://journalism.berkeleyedu/projects/mexico/meganlinacolor.html) 2004

Launer, Renate und Ekkehard: Sexotik – Biedermann im Paradies. In: Osterwold 1987, 106–113

Lee, Anthony A.: Painting on the Left. Diego Rivera, Radical Politics, and San Francisco's Public Murals. The University of California Press 1999

Lehmann, Dieter: Das Jahrtausendhochwasser ... und das Wunder von Mühlberg. Halle/Saale 2002

Leiris, Michel: Das Auge des Ethnographen. Ethnologische Schriften II. Hg. und mit einer Einleitung von Hans-Jürgen Heinrichs. Frankfurt/M. 1978

Leiris, Michel: Die Neger Afrikas und die plastischen Künste. 1953. In: Das Auge des Ethnographen 1978, 204–242 (1978a)

Leiris, Michel: Das „Museum der Hexer". 1929. In: Das Auge des Ethnographen 1978, 245–255 (1978b)

Leiris, Michel: Die eigene und die fremde Kultur. Ethnologische Schriften. Hg. von Hans-Jürgen Heinrichs. Frankfurt/M. 1979 (1977)

Lepenies, Wolf: Melancholie und Gesellschaft. Frankfurt/M. 1972

Lévi-Strauss, Claude: Strukturale Anthropologie. Frankfurt/M. 1972 (1958)

Lévi-Strauss, Claude: „Primitive" und „Zivilisierte". Nach Gesprächen aufgezeichnet von Georges Charbonnier. Zürich 1972 (1972a)

Lévi-Strauss, Claude: Traurige Tropen. Köln 1974 (1955)

Lévi-Strauss, Claude: Strukturale Anthropologie II. Frankfurt/M. 1975 (1973)

Lévi-Strauss, Claude: Der Blick aus der Ferne. München 1985 (1983)

Lévi-Strauss, Claude: Der Weg der Masken. Frankfurt/M. 2004 (1975)

Lima, Antoinette Jolanda: Paolo Soleri: Architecture as Human Ecology. New York 2003

Lindesay, William: Im Schatten der Chinesischen Mauer. München 2001 (1989)

Lloyd, Jill: Emil Nolde's „ethnographic" still lifes: primitivism, tradition, and modernity. In: Susan Hiller (ed.): The Myth of Primitivism. London, New York 1991, 90–112

Lojewski, Wolf von, Helmut Reitze und Marietta Slomka (Hg.): Die Flut. ZDF heute journal. München 2002

Lomakina, L.: Marzan Sharaw (russ.). Moskau 1974

Lovers, The. The Great Wall Walk. Marina Abramovic and Ulay. Ausstellungskatalog Stedelijk Museum, Amsterdam 1989.

Löwenthal, Leo: Die Entwicklung der Massenkultur (1961). In: Erwin K. Scheuch und Rolf Meyersohn (Hg.): Soziologie der Freizeit. Köln 1972

Lüthi, Bernhard: die Ausgrenzung der nicht-europäischen/amerikanischen (zeitgenössischen) Kunst In: ARATJARA 1993, 15–31

Lynch, Kevin: Das Bild der Stadt. Braunschweig 1975

Macdonald, Sharon: The Politics of Display. Museums, Science, Culture. London, New York 1998

Macdonald, Sharon: Trafficking in History. Multitemporal Practices. In: Ina-Maria Greverus, Sharon Macdonald, Regina Römhild, Gisela Welz, Helena Wulff (eds.): Shifting Grounds. Experiments in Doing Ethnography. Anthropological Journal on European Cultures (AJEC) 11/2002, 93–116

McCulloch, Susan: Contemporary Aboriginal Art. Crows Nest NSW 2001

McEvilley, T.: Doctor Lawyer Indian Chief: ‚Primitivism' in 20th Art at the Museum of Modern Art in 1984. In: Artforum 11, 1984, 54–60 (s. a. Kunstforum 118, 1992)

Malsch, Friedemann: Kämpfer und Liebende. 12 Jahre Marina Abramovic/Ulay. In: Kunstforum 106: Künstlerpaare u.a.m., März/April 1990, 228–245

Marcus, George and Michael M. J. Fischer: Anthropology as Cultural Critique. An Experimental Movement in the Human Sciences. Chicago, London 1986

Marcus, George and Fred Myers: The Traffic in Culture. Refiguring Art and Anthropology. Berkeley, 1995

Marcus, George: A Report on Two Initiatives in Experiments With Ethnography. In: Christian Giordano, Ina-Maria Greverus and Regina Römhild (eds.): Reflecting Cultural Practice. The Challenge of Field Work (I). Anthropological Journal on European Cultures (AJEC) 6/1997/2, 9–23

Marcus, George: The Traffic in Art and Anthropology: How Fieldwork in Theater Arts Might Inform the Reinvention of Fieldwork in Anthropology. Ms. 2004

Marienfeld, Wolfgang: Die Geschichte des Deutschlandproblems im Spiegel der politischen Karikatur. Hannover 1991

Mariposa. Gestaltung Hans-Jürgen Müller. Stuttgart 1998

Mazzanti, Anna: Niki de Saint Phalle. The Tarot Garden. Milan 1998

Mead Margaret: Coming of Age in Samoa. A Psychological Study of Primitive Youth for Western Civilisation. New York 1928

Merk, Heidrun: Heimat im Museum? Zur Musealisierung eines Begriffs. Magisterarbeit. Frankfurt/M. 1988

Métraux, Alfred: Le Vaudou Haïtien. Paris 1958

Metken, Günter (Hg.): Als die Surrealisten noch recht hatten. Texte und Dokumente. Stuttgart 1976

Metken, Günter: Spurensicherung. Kunst als Anthropologie und Selbsterforschung. Köln 1977

Metken, Günter: Schöne Wissenschaft oder die Archäologie des Humanen. In: documenta 6, Bd. 1, 254–255, 266. Kassel 1977. (1977a)

Mitscherlich, Alexander: Aggression und Anpassung. In: Aggression und Anpassung in der Industriegesellschaft. Frankfurt/M. 1968, 80–127

Mongol Zurag. Development of the Mongolian National Style Painting. Ulan Bator 1986

Monosiet, Pierre: DeWitt Peters. Gründer des Centre d'Art. In: Kunst aus Haiti, 1979, 170

Morgan, Sally: My Place. Freemantle Western Australia, 1987 (dt.: Ich hörte den Vogel rufen. Zürich 1999)

Morgan, Sally: Wanamurraganya. The Story of Jack McPhee. Freemantle Western Australia 1989. (dt.: Wanamurraganya. Die Geschichte von Jack McPhee. Zürich 2002)

Mühlmann, Wilhelm E.: Geschichte der Anthropologie. Frankfurt/M., Bonn 1968

Müller, Siegfried (Hg.): Graffiti. Tätowierte Wände. Bielefeld o. J.

Münzel, Mark, Bettina E. Schmidt und Heike Thote (Hg.): Zwischen Poesie und Wissenschaft. Essays in und neben der Ethnologie. Marburg 2000

Murphy, Bernice: Neue Wege unter fremden Sternen. In: Lang 1991, 87–117

Murzaev, E. M.: Die mongolische Volksrepublik. Physisch-geographische Beschreibung. Gotha 1954

Museumsdidaktik und Dokumentationspraxis. Zur Typologie von Ausstellungen in kulturhistorischen Museen. Hg. v. J. Bauer und N. Gockerell. München 1976

Myers, Fred R.: Representing Culture: The Production of Discourse(s) for aboriginal Acrylic Paintings. In: Marcus, Myers 1995, 55–95

Myers, Fred R. (ed.): The Empire of Things. Regimes of Value and Material Culture. Santa Fe, Oxford 2001

Myers, Fred R.: Painting Culture. The Making of an Aboriginal High Art. Durham, London 2002

Naive Kunst. Geschichte und Gegenwart. Ausstellungskatalog. Bielefeld, Hamburg 1981

Naive Malerei in Jugoslawien, Die. Meisterwerke in Großformat. Ausgewählt und eingeleitet von Boris Kelemen. Wiesbaden 1977

Naive, Die. Aufbruch ins verlorene Paradies. Die Sammlung Charlotte Zander. Kunsthaus Wien 2001–2002, Reiss-Museum Mannheim 2002, Kunsthalle Recklinghausen 2002. Katalog Wien 2001

Narantuya, Ts.: One Day of Mongolia. Ulaanbaatar 2003

Nebel, Bettina: Eine Plattform für Afrika auf der Expo 2000? Kultur- und Ideenvermittlung zwischen Repräsentation und Vermarktung. Magisterarbeit. Frankfurt/M. 2001

Neich, Roger: Painted Histories. Early Maori Figurative Painting. Auckland 2001

Neill, Rosemary: White Out. How politics is killing black Australia. Crows Nest /NSW 2002

Literatur

Niki de Saint Phalle: The Tarot Garden. Milan 1998

Niki de Saint Phalle: Liebe, Protest, Phantasie. Hg. Brigitte Reinhardt, Ulmer Museum 1999

Niki de Saint Phalle und Giulio Pietromarchi (Photographien): Der Tarot-Garten. Wabern-Bern 2000

Novgorodova, Eleonora: Felszeichnungen und Piktogramme der alten Mongolei. In: Heissig, Müller 1989, 21–23

Novotny, Fritz: Naive Kunst. Wien, Zürich, München, Innsbruck 1977

Oliva, Achille Bonito: Paessagio con rovine. Orestiadi die Gibellina 1992. Gibellina 1992

Onus, Lin: Der Südwesten, der Südosten Australiens und Tasmanien. In: ARATJARA 1993, 289–296

Osterwold, Tilman (Hg.): Szenen der Volkskunst. Württembergischer Kunstverein Stuttgart 24. Mai bis 26. Juli 1981. Stuttgart 1981

Osterwold, Tilman: Massenkultur und Bewußtseinsindustrie als Volkskunstersatz. In: Osterwold 1981, 7.9–7.24 (1981a)

Osterwold, Tilman: Exotische Welten – Europäische Phantasien. Ausstellungskatalog Institut für Auslandsbeziehungen und Württembergischer Kunstverein. Verantwortlich: Tilman Osterwold und Hermann Pollig. Stuttgart 1987

Perin, Constance: The Communicative Circle. Museum as Communities. In: Ivan Karp, Christine Mullen Kreamer and Steven D. Lavine (eds.): Museums and Communities. The Politics of Public Culture. Washington, London 1992, 182–220

Perry, Gill: Primitivism and the Modern. In: Charles Haenson, Francis Frascina and Gill Perry: Cubism, Abstraction. The Early Twentieth Century. New Haven, London 1993

Peters, DeWitt: Ici la Renaissance. In: Kunst aus Haiti, 1979, 179–180

Plessen, Marie-Louise von: Traumgärten der Kunst in Frankreich. In: Greverus, Schütz, Stubenvoll 1984, 167–190

Plessen, Marie-Louise von: „Duell der Sinne und der Dinge". Das Autorenmuseum. In: Korff, Roth 1990, 178–186

Ploch, Beatrice: Vom illustrativen Schaubild zur Methode. Mental Maps und ihre Bedeutung für die Kulturanthropologie. In: Ina-Maria Greverus, Johannes Moser, Beatrice Ploch, Regina Römhild, Heinz Schilling und Marietta Schult (Hg.): Kulturtexte. 20 Jahre Institut für Kulturanthropologie und Europäische Ethnologie. Frankfurt/M. 1994, 113–133

Ploch, Beatrice: Die Symbolisierung der eigenen Welt. Das Raumorientierungsmodell als Schlüssel zu den Mental Maps. In: Schilling, Ploch 1995, 153–181

Pohribny, Arsen: In: Naive Kunst. Sammlung Novotny. Ausstellungskatalog. Darmstadt 1974

Pohribny, Arsen: Authentische Malerei und artifizielle Naive. In: Greverus, Schütz, Stubenvoll 1984, 47–58

Pomian, Krzysztof: Der Ursprung des Museums. Vom Sammeln. Berlin 1988

Pomian, Krzysztof: Museum und kulturelles Erbe. In: Korff, Roth 1990, 41–64

Pratt, Frantz (ed.): Haiti. Guide to the Periodical Literature in English, 1800–1990. New York, Westport/Connetic., London 1991

Price, Sally: Primitive Kunst in zivilisierter Gesellschaft. Frankfurt/M., New York, Paris 1992 (Primitive Art in Civilized Places, 1989)

Puhan-Schulz, Franziska: Museen und Stadtimagebildung. Amsterdam – Frankfurt/Main – Prag. Ein Vergleich. Bielefeld 2005

Quaroni, Ludovico: The Church. In: Labirinti II, 3, 1989, 59

Rabinow, Paul: Anthropologie der Vernunft. Studien zu Wissenschaft und Lebensführung. Frankfurt/M. 2004

Ramírez, Maria Carmen: Nationalismus und Avantgarde: Ideologische Bilanz der mexikanischen Wandmalerei 1920–1940. In: Billeter 1987, 104–108

Rankin-Reid, Jane: Colonial Foreplay. In: Artscribe International, Sept.–Oct. 1989 (zit. nach Myers 1995)

Reisner, Robert: Graffiti. Two Thousand Years of Wall Writing. Chicago 1971.

Renftle, Barbara Regina: Das Leben ist ein Kartenspiel – Der Tarotgarten der Niki de Saint Phalle. In: Niki de Saint Phalle 1999, 90–99

Restany, Pierre: An Infinite Hope in the Poetry of Destiny. In: Mazzanti 1998, 9–12,

Restany, Pierre: Der große Aufbruch. In: Niki de Saint Phalle 1999, 9–14

Riehl, Wilhelm Heinrich: Die bürgerliche Gesellschaft. 1. Auflage 1851

Riehl, Wilhelm Heinrich: Die Volkskunde als Wissenschaft. Ein Vortrag 1858. In: Die Volkskunde als Wissenschaft. Berlin, Leipzig 1935, 9–22

Rippl, Gabriele (Hg.): Unbeschreiblich weiblich. Texte zur feministischen

Anthropologie. Frankfurt/M. 1993

Ritschel, Ute: Performative Feldforschung – im Dialog mit Künstlerinnen und dem Publikum. In: Anne Claire Groffmann, Beatrice Ploch, Ute Ritschel, Regina Römhild (Hg.): Kulturanthropologinnen im Dialog. Ein Buch für und mit Ina-Maria Greverus. Königstein/Taunus 1997, 219–232

Rochfort, Desmond: Mexican muralists. Orozco, Rivera, Siqueiros. San Francisco 1993

Ronge, Veronika: Handwerkertum bei den Mongolen. In: Heissig, Müller 1989, 173–181

Roszak, Theodore: Das unvollendete Tier. Eine neue Stufe in der Entwicklung der Menschheit. München 1982

Rötzer, Florian in Zusammenarbeit mit Sara Rogenhofer (Hg.): Von der Utopie einer kollektiven Kunst. In: Kunstforum international Bd. 116, 1991, 71–313

Rowe, Colin und Fred Koetter: Collage City. Stuttgart 1984 (1978)

Rubin, William (ed.): ‚Primitivism' in 20th Century Art. Museum of Modern Art, New York, 27. Sept. 1984 – 15. Jan. 1985. New York 1984 (dt: Primitivismus in der Kunst des 20. Jahrhunderts. München 1984)

Rubruk, Wilhelm von: Reisen zum Großkhan der Mongolei. Von Konstantinopel nach Karakorum 1253–1255. Neu bearbeitet und herausgegeben von Hans D. Leicht. Darmstadt 1984

Ryan, Judith: Kunst der Aborigines Australiens. Andersartigkeit oder Ähnlichkeit? In: ARATJARA 1993, 49–63

Ryan, Judith: Spirit in Land. Bark Paintings from Arnhem Land in the national Gallery of Victoria. o. J.

Said, Edward W.: Orientalismus. Frankfurt/M., Berlin, Wien 1981 (1978)

Schaeven, Deidi von (Hg.): Mauern. Köln 1977

Scharfe, Martin: Kritik des Kanons. In: Abschied vom Volksleben 1970, 74–84

Scharfe, Martin: Wie die Lemminge. Kulturwissenschaft, Ökologie-Problematik, Todestriebdebatte. In: Brednich-Hartinger 1994, 271–295

Schilling, Heinz: Wandschmuck unterer Sozialschichten. Empirische Untersuchungen zu einem kulturalen Phänomen und seiner Vermittlung. Frankfurt/M. 1971

Schilling, Heinz: Der lange Weg zur Heimat. Die Chancen von Region als

Handlungsraum. In: Greverus, Haindl 1984, 235–259

Schilling, Heinz und Beatrice Ploch (Hg.): Region. Heimaten in der individualisierten Gesellschaft. Frankfurt/M. 1995

Schilling, Heinz: Kleinbürger. Mentalität und Lebensstil. Frankfurt/M. 2003

Schmitt, Hans-Jürgen und Godehard Schramm (Hg.): Sozialistische Realismuskonzeptionen. Dokument zum 1. Allunionskongreß der Sowjetschriftsteller. Frankfurt/M. 1974

Schneider, Norbert: Geschichte der Ästhetik von der Aufklärung bis zur Postmoderne. Stuttgart 1997

Schöck, Gustav: Sammeln und Retten. Anmerkungen zu zwei Prinzipien volkskundlicher Empirie. In: Abschied vom Volksleben 1970, 85–104

Schulze, Ingrid: Tradition und Gegenwart in der neueren mongolischen Malerei. In: Bildende Kunst 1973, 486–491

Schulze, Ingrid: Tradition und Gegenwart in der neueren mongolischen Malerei. In: Humanismus und Menschenbild im Orient und in der Antike. Halle 1977, 407–421

Schulze, Ingrid: Mongolische Malerei. Tradition und Gegenwart. Berlin 1979

Schwartz, Daniel: Die Großen Mauern Chinas – eine Idee. In: Kunstforum Bd. 137 (Atlas der Künstlerreisen), Juni–August 1997, 252f.

Schwartz, Jonathan: The Petrified Forests of Symbols: Deconstructing and Envisioning Macedonia. In: Giordano, Greverus, Kostova (AJEC) 4/1995/1, 9–23

Schwarz, Arturo (Hg.): Die Surrealisten. Ausstellungskatalog Schirn Kunsthalle. Frankfurt/M. 1989

Schwarz, Michael: Krieg der Wände. Wandmalereien als öffentlichkeitswirksames Mittel der politischen Auseinandersetzung in Mexiko (Friedrich-Naumann-Stiftung. Entwicklungspolitische Texte). Bonn 1980

Sciasca, Leonardo: Pirandello e il Pirandellisimo. Caltanissetta 1953

Sennett, Richard: Civitas. Die Großstadt und die Kultur des Unterschiedes. Frankfurt/M. 1991 (The Conscience of the Eye. The Design and Social Life of Cities. New York 1990).

Serres, Michel: Die fünf Sinne. Eine Philosophie der Gemenge und Gemische. Frankfurt/M. 1993 (1985)

Sharp, Jane A.: Malewitsch, Benois und die kritische Rezeption der Ausstellung 0.10. In: Utopie 1992, 32–45

Literatur

Sikorski, Werner und Rainer Laabs: Checkpoint Charlie und die Mauer. Ein geteiltes Volk wehrt sich. Berlin 2004

Smuda, Manfred (Hg.): Die Großstadt als ‚Text'. München 1992

Soleri, Paolo: The City in the Image of Man. The Massachusetts Institute of Technology 1969

Soleri, Paolo: Arcosanti. Labor für Öko-Urbanität. Basel 1988 (1983)

Spickernagel, E. und B. Walbe (Hg.): Das Museum. Lernort kontra Musentempel. Gießen 1976

Stahl, Johannes (Hg.): An der Wand. Graffiti zwischen Anarchie und Galerie. Köln 1989

Staudte, Adelheid: Zum Beispiel „Katze". Aktive Wahrnehmung und symbolische Repräsentation im Unterricht; „Mit allen Sinnen lernen ..." In: Adelheid Staudte (Hg.): Ästhetisches Lernen auf neuen Wegen. Weinheim, Basel 1993, 96–119

Stebich, Ursula: Voodoo und Kunst. In: Kunst aus Haiti, 1979, 100–118

Steig, Rudolf: J. Grimms Plan zu einem Altdeutschen Sammler. In: Zeitschrift für Volkskunde 12/1902, 129–138

Steinwachs, Gisela: Mythologie des Surrealismus oder die Rückverwandlung von Kultur in Natur. Eine strukturale Analyse von Bretons „Nadja". Neuwied, Berlin 1971

Steinwachs, Ginka: Mythologie des Surrealismus oder die Rückverwandlung von Kultur in Natur. Basel, Frankfurt/M. 1985

Stocking, George W. jr. (ed.): Observers Observed: Essays on Ethnography. Madison/Wisconsin 1983

Taylor, Charles: Modern Social Imagineries. In: Public Culture 14(I), 2002, 19–124

Taylor, Robert B.: Cultural Ways. A compact introduction to cultural anthropology. Boston 1969

Teaching Stones of the Outcast Tribe, The. Ed. Aboriginal Culture Abroad (Australia) Pty. Ltd. 1988

Teilhard de Chardin, Pierre: Der Mensch im Kosmos. München 1982 (1955)

Theye, Thomas (Hg.): Der geraubte Schatten. Die Photographie als ethnographisches Dokument. Eine Ausstellung des Münchner Stadtmuseums in Zusammenarbeit mit dem Haus der Kulturen der Welt. München 1989

Thiel, Erich: Die Mongolei. Land, Volk und Wirtschaft der Mongolischen

Volksrepublik. München 1958

Thompson, Robert Farris: Traditionen. Voodoo in Afrika und Haiti. In: Kunst aus Haiti 1979, 89–97

Tomasević, Nebojsa: Jugoslawische Naive über sich selbst. Königstein 1974 (zit. nach Hof 1984)

Tomasević, Nebojsa: Naive Maler Jugoslawiens. Stuttgart 1978 (zit. nach Hof 1984)

Torres, María Dolores G.: La Modernidad en la Pintura Nicaragüense. 1948–1990. Managua 1995

Turner, V.W. and E. M. Bruner (eds.): The Anthropology of Experience. Urbana, Chicago 1986

Tyler, Stephen A.: Das Unaussprechliche. Ethnographie, Diskurs und Rhetorik in der postmodernen Welt. München 1991 (1987)

Tzschaschel, Sabine: Geographische Forschung auf der Individualebene. Darstellung und Kritik der Mikrogeographie (Münchner Geographische Hefte Nr. 53). Kallmünz/Regensburg 1986

Ulay. Great Wall Walk (Textauszüge aus „Lovers, The" 1989). In: Kunstforum 137: Atlas der Künstlerreisen, Juni–August 1997, 296–299

Urban Ideal, The: Conversations with Paolo Soleri. Berkeley, CA 2002

Utopie, Die große. Die russische Avantgarde 1915–1932. Schirn Kunsthalle Frankfurt 1992

Valenzuela, Orlando: Róger y el nacimento del primitivismo: www.laprensa.com.ni/nacionales, edicion no. 22183, 5.11.2000.

Valle-Castillo, Julio: Róger Pérez de la Rocha. Managua 1999

Veit, Veronika: Die fünf Tierarten der mongolischen Herdenhaltung. In: Heissig, Müller 1989, 154–162

Veit, Veronika: Das Pferd – Freund und Gefährte der Mongolen. In: Heissig, Müller 1989, 163–169

Verein Berliner Mauer (Hg.): Berliner Mauer Dokumentationszentrum. Berlin 2002

Verlag Reise und Tourismus, Shaanxi (Hg.): Die wiedererwachte Terrakotta-Armee der Quin-Dynastie. Shaanxi 2001

Waldberg, Patrik: Der Surrealismus. Köln 1981

Walker, Ranginui: Ka Whawhai Tonu Matou. Struggle Without End. Harmondsworth 1990

Wandmalereien & Texte. Herausgegeben, gestaltet und zusammengestellt von Stadtteilgruppen, Bürgerinitiativen, Frauengruppen, von Individuen, Horden, Banden, Gespenstern, Gruppen, Schmierfinken, Subversiven & dergleichen. Berlin 1979

Weiss, Peter: Die Ästhetik des Widerstands. Roman. Frankfurt/M. 1975

Weißinger, Sabine: Wandmalerei – Kunst des Volkes. In: Osterwold 1981, 5.9

Welsch, Wolfgang: Ästhetisches Denken. Stuttgart 1998 (1990)

Welz, Gisela: Die Wilden Bilder von New York City. In: Greverus, Schütz, Stubenvoll 1984, 191–207

Welz, Gisela: Inszenierungen kultureller Vielfalt: Frankfurt am Main und New York City. Berlin 1996

Wendland, Sigurd: Mauersta(d)ttleben – da müssen Menschen gelebt haben. Berlin 1980

Werner, Gabriele: Mathematik im Surrealismus. ManRay – Max Ernst – Dorothea Tanning. Marburg 2002

West, Margie K. C. (ed.): The Inspired Dream. Life as art in Aboriginal Australia. Brisbane 1988

Western Australian Artists in Residence. Perth 1995

Wiethoff Bodo: Grundzüge der älteren chinesischen Geschichte. Darmstadt 1971

Willis, Paul: The Ethnographic Imagination. Cambridge, Malden/MA 2000

Wörner, Martin: Vergnügen und Belehrung. Münster 1999

Wörner, Martin: Die Welt an einem Ort. Berlin 2000

Wright, Frank Lloyd: The Disappearing City. New York 1932

Wulff, Helena: Anthropological Voyage. In: Ramona Lenz und Gisela Welz (Hg.): Von Alltagswelt bis Zwischenraum. Eine kleine kulturanthropologische Enzyklopädie. Münster 2005

Zijderveld, Anton C.: Die abstrakte Gesellschaft. Zur Soziologie von Anpassung und Protest. Frankfurt/M. 1972 (1970)

Zuck, Rüdiger: Naive Malerei. München, Wien 1974

Zukunftswerkstatt Mariposa. Hg. von Hans-Jürgen und Helga Müller. Regensburg 2001

Abbildungsnachweis

Vorwort
Die Autorin am Wave Rock /Westaustralien 2004, Foto: Silvan Greverus

Aphorismen über Mauern und Zwischenräume
„The Lovers" In: Lovers, The. 1989
„MüllMenschen" von HA Schult. In: HASchult 2001
„Berliner Mauer" und Potsdamer Platz 1999, Fotos: I.-M.Greverus
Alexey Taranin, East Side Gallery in: Kuzdas 1998
Statuen-Park in Budapest, Fotos: I.-M. Greverus
„Der Stern" und Blick in den Tarotgarten von Niki de Saint Phalle in ihrem Tarotgarten, Fotos: I.-M. Greverus

Ästhetische Vermittlungen
Performance Gabriele u. Thomas Neumaier /Darmstadt, Foto: Anna Ritschel
Schrottsammler in Port au Prince/Haiti, Foto: I.-M. Greverus
Surrealistische Weltkarte, erstmals erschienen in der Zeitschrift Variétés 1929

On the Heritage Trail
Alle Fotos von I.-M. Greverus

Protest und politische Utopie
Alle Fotos, bis auf die unten erwähnten Abb. und Fotos, von I.-M. Greverus
„Bolívars größter Traum" (Managua, 1990 zerstört) in: Kunzle 1995, 91f.
Helden der Befreiung von Sergio Michilini in: Kunzle 1995
Carlos Fonseca und Sandino, Wandbild in der Kirche Santa Maria de los Angeles/Managua, Foto: Immanuel Zerger

Imaginationen der Nähe
Alle Fotos, bis auf die unten erwähnten Abb. und Fotos, von I.-M. Greverus
Abb. „Mein Atelier", „Hirschenhochzeit", „Virius' Tod" von Ivan Generalić und „Sofia Loren", „Yadwigha aus Hlebine" von Josip Generalić in: Naive Malerei 1977
Abb. „Etliches fällt auf gutes Land und trägt Früchte (nach Mt. 13,8)" von Rodolfo Aranello in: Bauern von Solentiname 1982
„Eiserner Ogoun" von Wifredo Lam, „Zusammenstellung und Skulpturen" von Pablo Picasso und „Der Ogoun mit Eisengerät" von Hector Hyppolite in:

Abbildungsnachweis

Breton 1967, 175, 113, 317
Die Inseln von Solentiname, Foto: Immanuel Zerger
Sklaventreiber und neuer Kolonisator, Foto: Frantz Zéphirin
Abendmahl von F. Zéphirin, Foto: Bill Bollendorf, Galerie Macondo
Citadelle La Ferriere (Ausschnitt), in: Kunst aus Haiti 1979 (Umschlagabb.)
„Traum der Yadwigha" von Henri Rousseau in: Bihalji-Merin 1959
Die Bilder von Felix Brioché, Gabriel Coutard, Philton Latortue, Zvonimir Sigetić und Alfonso Ximénez, das Poster von Ivan Generalić (Roter Stier) und die Zeichnungen von Frantz Zéphirin: Privatbesitz I.-M. Greverus

Ein Tag im Leben der Mongolei
Alle Fotos, bis auf die unten erwähnten Abb. und Fotos, von I.-M. Greverus
Kleine Reiter, Foto: Ewald Neubauer
Sieger im Ringkampf, Foto: Marietta Schult
Sieger im Ringkampf von L. Dar'süren in: Heissig-Müller 1989, Bd. 2, 50
„Fohlenaussonderung im Sommer" in: Heissig, Müller 1989, Bd. 2, 10/11
Die Bilder „Das Airag-Fest" (Kopie) und Leben der Mongolei (unbekannter Maler, Sharav-Stil): Privatbesitz I.-M. Greverus

Gegenwartskunst der australischen Aborigines
Alle Fotos, bis auf die unten erwähnten Abbildungen und Fotos, von Ina-Maria Greverus
Bilder von Anmanari Brown: Galerie Artplace/Perth 2003
Mary McLean vor ihrem Wandbild und im Gespräch mit der Autorin, Fotos: Marietta Schult
„Uluru Dreaming Three" von Trevor Nickolls in: McCulloch 2001, 205
„Heritage Hills" und „Dream Traveller" von Treahna Hamm in: Raabe 2001, 35, 27
„Australian Icon" von Gordon Bennett in: Bennett 1993, 89
Bilder von Mary McLean und Lukas Warai: Privatbesitz I.-M. Greverus

Die große Flut
Flutwelle Sarakiniko in: Sarakiniko. Das neue Info178, 1996
Schülerarbeiten aus dem Maxim-Gorki-Gymnasium in Heringsdorf/Usedom und der Rudof-Koch-Schule in Offenbach/Main

Zukunftswerkstatt ästhetischer Ort
Fotos von I.-M. Greverus

Abbildungsnachweis

Die Autorin in der Edelsteingrotte/ Mariposa von Sylvia und Tony Reich, Foto: Sylvia Reich
„Gefühl Neugierde" von Angelika Schlüter, Foto: Werner Ratering
Entwurf „Theology" von Paolo Soleri in: Soleri 1969

Spurensicherung von Orten und Zeichen
Fotos von I.-M. Greverus

Grenzerfahrungen einer Reisenden
Fotos von I.-M. Greverus
Autorin in New York 1977, Thema Automobility, Foto: Silvan Greverus

Die Autorin dankt allen Künstlerinnnen und Künstlern, Fotografinnen und Fotografen, ihren Angehörigen oder Sachwaltern, Galeristen und Museumskuratoren für Gespräche über die Werke, Fotografiererlaubnis der Originale oder aus Büchern, die Zurverfügungstellung von Fotos und die Genehmigung zum Abdruck. Die Bilder der Anderen sind wie die Texte der Anderen Zitate und darüberhinaus Dialoge, die ich über mein Buch weitervermitteln möchte. Ich würde mich freuen, wenn zwischen meinen Lesern und denen, über die ich geschrieben habe, neue Dialoge entstehen.

TRANS
anthropologische texte/anthropological texts
hrsg. von /edited by Ina-Maria Greverus and George Marcus

Ina-Maria Greverus
Anthropologisch reisen
Das Buch bietet eine Perspektive des anthropologischen Reisens oder einer mobilen Feldforschung, die im sozial- und kulturanthropologischen Diskurs der Gegenwart als Alternative zu einer stationären Langzeitforschung gesehen wird. Die Aufmerksamkeit für den Augenblick oder die Offenheit für das Unerwartete (das Serendipity-Prinzip) spielt dafür eine ebenso große Rolle wie die Aufmerksamkeit für die "zufälligen" Verortungen der globalen Ströme und der Vergleich ihrer Wirkungen auf die Orte, die Länder und die Menschen.
Bd. 1, 2002, 404 S., 20,90 €, br., ISBN 3-8258-5720-4

LIT Verlag Münster – Berlin – Hamburg – London – Wien
Grevener Str./Fresnostr. 2 48159 Münster
Tel.: 0251 – 62 032 22 – Fax: 0251 – 23 19 72
e-Mail: vertrieb@lit-verlag.de – http://www.lit-verlag.de

Alexei Elfimov
Russian Intellectual Culture in Transition
The Future in the Past
Russian Intellectual Culture in Transition offers a critical perspective on the character of academic and broader intellectual discourses in post-perestroika Russia. It focuses on the distinctive paradigm in intellectual worldviews – new historical paradigm, as the author calls it – that found its quintessential expression in the rhetoric of "cultural restoration", or "cultural revival". The pervasiveness of this rhetoric, the manner in which it captured intellectual imagination, and the array of cultural effects it produced in various spheres of society are described in this work. The impact of the rhetoric on the area of humanities and social sciences is given special attention. The author explores the phenomena and processes that led to the formation of the new historical paradigm in the intellectual consciousness: the specificity of intellectual traditions in nineteenth-century Russia, the social place of intelligentsia in the Soviet Union, and the transformations in its social status after perestroika. He examines the ideological implications of this paradigm, its connection to the split between Slavophiles and Westernizers in new Russia, and its peculiar effects on social policies and on the shaping of intellectual identities. Many curious details on contemporary Russian culture – intelligentsia's ideals and cultural habits, language peculiarities, and others – will await the reader in this account.
Bd. 2, 2004, 216 S., 24,90 €, br.,
ISBN 3-8258-6820-6

Kirsten Salein
Das Leben ist keine Himbeere
Perspektiven Jugendlicher in Kaliningrad
Bd. 3, 2005, 320 S., 29,90 €, br.,
ISBN 3-8258-8353-1

Monika Oberfrank
Agrarfront im Regenwald
Grenzziehungen und Grenzüberschreitungen in Nicaraguas Biosphärenreservat BOSAWAS. Mit einem Nachwort von Eileen Mairena Cunningham und Ralph A. Buss
Nicaragua ist Schauplatz einer rasant fortschreitenden Zerstörung des tropischen Regenwaldes. Ein gefährlicher Kreislauf zwischen Umweltproblemen, Armut und Verdrängungsprozessen führt zum Verteilungskampf um knappe Ressourcen. Im Mittelpunkt dieser umweltanthropologischen Studie stehen Konflikte zwischen der indigenen Bevölkerung, Siedlern und Umweltschützern angesichts einer vorrückenden Agrargrenze. Es werden dabei komplexe Interaktionsprozesse zwischen lokalen Akteuren, nationaler Gesellschaft und transnationalen Einflüssen herausgearbeitet. Wichtige Instrumente im Kampf um Land und Ressourcen sind in diesem Kontext ethnische Zuschreibungen und die Argumentation mit kultureller Differenz.
Bd. 4, 2005, 264 S., 29,90 €, br.,
ISBN 3-8258-8520-8

LIT Verlag Münster – Berlin – Hamburg – London – Wien
Grevener Str./Fresnostr. 2 48159 Münster
Tel.: 0251 – 62 032 22 – Fax: 0251 – 23 19 72
e-Mail: vertrieb@lit-verlag.de – http://www.lit-verlag.de

Gisela Welz; Ramona Lenz (Hg.)
Von Alltagswelt bis Zwischenraum
Eine kleine kulturanthropologische Enzyklopädie
Die Begriffe und Konzepte, die in dieser kleinen Enzyklopädie erklärt werden, sind von der Kulturanthropologin Ina-Maria Greverus geprägt worden und mit ihrem wissenschaftlichen Werk verbunden. Von „Alltagswelt" bis „Zwischenraum" gibt dieses Wörterbuch einen Einstieg in Theorien und Ansätze, die in der internationalen Kulturanthropologie heute diskutiert werden. Mit Beiträgen von Hermann Bausinger, Massimo Canevacci, Henk Driessen, Christian Giordano, Ulf Hannerz, Barbara Kirshenblatt-Gimblett, George Marcus, Helena Wulff und vielen anderen.
Bd. 6, 2005, 144 S., 9,90 €, br., ISBN 3-8258-8748-0

LIT Verlag Münster – Berlin – Hamburg – London – Wien
Grevener Str./Fresnostr. 2 48159 Münster
Tel.: 0251 – 62 032 22 – Fax: 0251 – 23 19 72
e-Mail: vertrieb@lit-verlag.de – http://www.lit-verlag.de